Franz (Josef) Peter Ebert
* 4. 7. 1770 (Schollbrunn); kath., Bauer und Schneider;
∞ 19.10.1801 (Limbach);
† 4. 8. 1830

Matthäus Ebert
* ? (Schollbrunn); kath.;
∞ 10. 2. 1766
Bauer und Maurer;
† ?

Barbara Schork
* ? (Balsbach); kath.;
† ?

Maria Franziska Münch
* ? (Krumbach); kath.,
~ 4. 9. 1783 (Limbach);
† 12.11.1872 (Lohrbach)

Sebastian Münch
* ? (Krumbach); kath.;
∞ 31. 1. 1775;
Bauer und Tagelöhner;
† ?

Maria Franziska Knapp
* (Wagenschwend); kath.;
† ?

Franz Müller
* 31.10.1754 (Fahrenbach); kath.;
† ?

Franz Müller
* ? (Zwingenberg); kath.;
Beissasse (Zwingenberg);
† ?

Johann Martin Müller
* ?; ref. Neckargerach);
† nach 1770

Unbekannt

Eva Catharina Hinkel
* ? (Zwingenberg); luth.;
~ 4.11.1759,
† 10. 2. 1811 (Zwingenberg)

Johann Georg Henckel (Hinckel)
* (Mülben);
∞ ? 12. 1. 1751 (Waldkatzenbach);
Bürger (Zwingenberg)
† vor 1788

Philipp Adam Hinckel
* ?; Hintersasse (Mülben);
† vor 1751

Anna Maria Keßler
* ? (Zwingenberg); ref.;
† ?

Johann Michael Dorst
* 30. 6. 1776 Neckargerach); ref.;
∞ 6.12.1801;
Waldhüter und Feldschütz;
† 10.10.1832 (erschlagen in Neckargerach)

Johann Philipp Durst
* ?; ref.;
∞ 3. 3. 1772 (Gerach)
Bürger;
† ?

Peter Durst
* ?; ref. (Neckargerach);
† nach 1770

Maria Magdalena Müller
* ?; ref.;
† ?

Katharina Maria Elisabeth Reinmuth
* 13.12.1783 (Neunkirchen); ref.;
† 11. 3. 1849 (Neckargerach)

Johann Philipp Reinmuth
* ?; ref.;
∞ vor 1782;
Bürger und Wagnermeister (Neunkirchen);
† ?

Eva Katharina Steinkönig
* ?; ref.;
† ?

Droemer Knaur®

WERNER MASER

Friedrich Ebert

der erste deutsche Reichspräsident

Eine politische Biographie

Droemer Knaur

Bildnachweis (Abbildungen in numerischer Abfolge)
Archiv Gerstenberg: 8, 10, 14, 20, 24, 25; Archiv für Kunst und Geschichte: 2, 7, 12, 13, 15, 16, 21, 22, 25, 31, 34, 37; Bilderdienst Preußischer Kulturbesitz: 30; Friedrich-Ebert-Stiftung: 4, 5; Historia-Photo: 19; Süddeutscher Verlag-Bilderdienst: 1, 3, 9, 18, 23, 26, 29, 32; Ullstein Bilderdienst: 6, 11, 17, 27, 28, 33, 36.

CIP-Kurztitelaufnahme der Deutschen Bibliothek

Maser, Werner: Friedrich Ebert, der erste deutsche Reichspräsident: e. polit. Biographie/Werner Maser. – München: Droemer Knaur, 1987.
ISBN 3-426-26215-0

Umschlaggestaltung: Adolf Bachmann
Satzarbeiten: Compusatz GmbH, München
Druck und Bindearbeiten: Ebner Ulm
Printed in Germany
3-426-26215-0

2 4 5 3 1

Inhalt

Einleitung

»Da wir jetzt nach dreiwöchentlichem ›Streik‹ den Sieg errungen haben«, so heißt es im *Neuen Socialdemokrat* vom 14. April 1872 als Meldung aus Mannheim, »sagen wir Allen, die uns im Kampf unterstützt haben, unseren Dank mit dem Bemerken, daß in ähnlichen Fällen wir unsere Schuldigkeit thun werden. Wir haben zwar nicht die ganze Forderung durchgesetzt, aber doch einen Erfolg gehabt. Wir ersuchen vor allen Dingen jetzt alle Genossen, daß sie uns noch vor Zuzug bewahren, da die Meister allen Verheiratheten, welche den Streik mitgemacht haben, drohen, sie werden sie vor die Thür setzen, sobald sie andere Arbeiter bekämen. Die Abrechnung folgt. Die Reiseunterstützung wird ausbezahlt bei Herrn Herrmann...«
Die für die Zeit ungewöhnliche »Siegesmeldung« endet – drei Jahre vor der Gründung der Sozialistischen Arbeiterpartei Deutschlands[1]– »Mit social-demokratischem Gruß« und ist von einem Mann namens Strötz als »Bevollmächtigtem« des Allgemeinen Deutschen Schneidervereins unterzeichnet. Die meisten Mannheimer Schneider und anderen Handwerker kennen den Verfasser persönlich. Dient seine Gastwirtschaft »Grünes Haus« ihnen doch allen als ein Domizil besonderer Art: Für Funktionäre des Allgemeinen Deutschen Arbeitervereins und der Sozialdemokratischen Arbeiterpartei ist es ein Treffpunkt für »konspirative« Zusammenkünfte, für politisch Suchende, Fragende und Zweifelnde ein behagliches Informationszentrum und für Diskutierende ein gern genutzter Versammlungsplatz.[2]
Als Schneidergeselle ist Strötz gewandert, hat er die Schweiz kennengelernt und ist schon früh mit politisch links orientierten Zeitgenossen

[1] Die Sozialistische Arbeiterpartei Deutschlands (seit 1890 Sozialdemokratische Partei Deutschlands) entstand 1875 in Gotha durch den Zusammenschluß des 1863 von Ferdinand Lassalle in Leipzig ins Leben gerufenen Allgemeinen Deutschen Arbeitervereins und der 1869 von August Bebel und Wilhelm Liebknecht in Eisenach gegründeten Sozialdemokratischen Arbeiterpartei. Karl Marx und Friedrich Engels begrüßten den Zusammenschluß nicht. Im Gegenteil! »Das Ganze ist im höchsten Grad unordentlich, konfus, unzusammenhängend, unlogisch und blamabel«, resümierte Engels und erklärte, daß »Marx und ich uns nie zu der... Partei bekennen können«.
[2] Die Mannheimer Linksliberalen und Demokraten, die 1870/71 sowohl die Oberbürger-

zusammengetroffen, die ihn nachhaltig beeinflußt und sein politisches Engagement und Gesellschaftsverständnis maßgeblich bestimmt haben. 1838 im ärmlichen und wegen seines ungastlichen Klimas im Volksmund als »Winterhauch« bezeichneten Bauerndorf Krumbach im südöstlichen Odenwald als zweites Kind der seit 1837 verheirateten Bauern- und Schneiderstochter Anna Maria Strötz zur Welt gekommen, die 1834 bereits einen unehelichen Sohn geboren hatte, verfügte er 1872 über ein gerüttelt Maß an Berufs- und Lebenserfahrung. Sein Berufskollege und Halbbruder Franz Karl, den Georg Strötz, der 1847 verstorbene Ehemann Anna Marias, nicht adoptiert hatte, trug zeitlebens den Mädchennamen seiner bereits 1840 gestorbenen Mutter als Nachnamen: Ebert.[3]

Franz Karl Ebert lebt seit Beginn der sechziger Jahre in Heidelberg, wo er in der Pfaffengasse 26 eine Wohnung und eine Schneiderwerkstatt besitzt. Am 4. Februar 1871, 18 Tage nach der Gründung des Deutschen Kaiserreiches und rund 15 Monate vor dem spektakulären Streik seiner Mannheimer Berufskollegen, wird ihm hier in den Mittagsstunden ein Sohn geboren. Sein Name: Friedrich Ebert.

Als das vierte Kind des seit 1864 mit Katharina Elisabeth Hinkel verheirateten katholischen 37jährigen Schneiders (der von November 1863 bis April 1864 Vorstandsmitglied des national-liberalen Arbeiterbildungsvereins gewesen ist[4], in der katholischen Kirchengemeinde als praktizierender Christ gilt und als vielgereister und bildungshungriger Handwerker über einen guten und unbescholtenen Namen verfügt) am 19. März 1871 als Täufling Nr. 68 in das Taufbuch des Heidelberger katholischen Pfarramts »Heiliggeist« eingetragen wird, ist Wilhelm Strötz sein einziger Taufpate.

---

meisterwahlen als auch die Gemeinderatswahlen gewannen, figurierten für die Wahlen sogar als »Grüne-Haus-Partei«.

[3] Zeitgenossen Anna Maria Eberts mutmaßten, daß Strötz der leibliche Vater Franz Karl Eberts gewesen sei. Vor der Einführung des Römischen Rechts gehörten illegitim gezeugte Kinder, soweit es um die (zu der Zeit allerdings noch nicht grundsätzlich feststehenden) Nachnamen ging, der Familie des Vaters an. Nach Römischem Recht, das sich in Deutschland im ausgehenden 18. Jahrhundert durchzusetzen begann, war der außereheliche Erzeuger mit dem Kind nicht verwandt, so daß es gewöhnlich den (Mädchen-)Namen der Mutter erhielt. Nach preußischem Landrecht (seit 1794) mußten in den preußischen Gebieten die unehelich geborenen Kinder offiziell den Namen der Mutter führen. Seit 1875, seit der allgemeinen Einführung der Standesamtsregister und der Realisierung der einheitlichen Rechtsbestimmungen des BGB (1900), hat das außerehelich geborene Kind den Namen der Mutter zu tragen.

[4] Der von marxistischen Vorstellungen freie national-liberale Heidelberger Arbeiterbildungsverein wurde am 2. Mai 1863 auf Anregung des späteren Mannheimer Landtagsabgeordneten Johann Peter Eichelsdörfer gegründet.

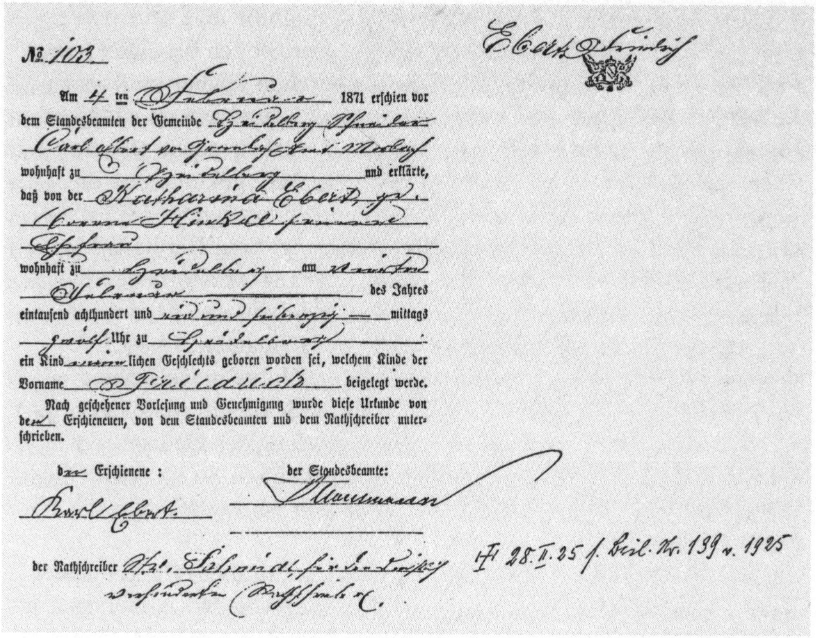

№ 103

Ebert Friedrich

Am 4ten Februar 1871 erschien vor dem Standesbeamten der Gemeinde Heidelberg Schneider Carl Ebert

wohnhaft zu Heidelberg und erklärte, daß von der Katharina Ebert, geb. Hinkel

Ehefrau

wohnhaft zu Heidelberg am vierten Februar des Jahres eintausend achthundert und ein und siebenzig mittags

Uhr zu Heidelberg

ein Kind männlichen Geschlechts geboren worden sei, welchem Kinde der Vorname Friedrich beigelegt werde.

Nach geschehener Vorlesung und Genehmigung wurde diese Urkunde von dem Erschienenen, von dem Standesbeamten und dem Rathschreiber unterschrieben.

der Erschienene: Karl Ebert.

der Standesbeamte:

der Rathschreiber

Achtzehn Tage vor Friedrich Eberts Geburt ist Deutschland Kaiserreich geworden, hat Eberts Landesherr, der Großherzog von Baden, den König von Preußen nach dessen Sieg über Frankreich im »Spiegelsaal« des Versailler Schlosses als »Seine Kaiserliche und Königliche Majestät Kaiser Wilhelm« hochleben lassen und damit diplomatisch die davor nicht nur in Otto von Bismarcks unmittelbarer Umgebung engagiert diskutierte Frage beantwortet, ob Wilhelm denn nun »Deutscher Kaiser« oder »Kaiser von Deutschland« sein solle.[5]

Als diese Monarchie im November 1918 zusammenbricht, ist es wiederum ein badischer Bundesfürst, der Geschichte macht: Prinz Max von Baden. Er erklärt öffentlich und tatsachenwidrig, daß Kaiser Wilhelm II. abgedankt habe, und ernennt als Kanzler des Kaiserreiches rechtswidrig eines seiner Landeskinder zum ersten Kanzler der Republik: Friedrich Ebert.

Kurz vor Eberts Geburt hatte der spätere Kaiser Wilhelm I. an einen Bielefelder Fabrikdirektor namens Hoffmann geschrieben: »Was auch

[5] Baden hatte 1866 auf der Seite Österreichs gegen Preußen gekämpft, war nach dem Sieg der Preußen Mitglied des Deutschen Bundes geworden und wurde 1871 nach Frankreichs Niederlage gegen Preußen schließlich dem Deutschen Reich einverleibt.

kommen mag, Kinder entwickeln sich oft wunderbar und ganz anders, als man es erwartet, ja manchesmal gefürchtet hat.« Zwar hat er seinen – mit einem verkrüppelten Arm behafteten – Enkel Wilhelm damit gemeint, der 1888 schließlich Kaiser wird und Ebert 1918 ein geschlagenes, geschundenes und von seinen Feinden verfluchtes Deutschland »hinterläßt«, über das die Siegermächte des Ersten Weltkrieges angesichts der Lage nach ihren Vorstellungen über Jahrzehnte hinaus souverän gebieten zu können hoffen; aber die Feststellung des preußischen Königs trifft letztendlich für beide zu: für Kaiser Wilhelm II. und für Friedrich Ebert.

Die »Entwicklung« des letzten Kaisers haben einige seiner Gegner und Kritiker relativ früh vorauszusagen vermocht,[6] einige seiner ihm byzantinisch schmeichelnden Freunde befürchtet. Friedrich Eberts Position in der Geschichte dagegen konnte niemand auch nur vorausahnen. Sie wurde erst offenbar, als die Macht des Kaisers gebrochen und das Kaiserreich am Ende war. Ihm – dem Nachkommen von Tagelöhnern, Dorfeinwohnern ohne Bürgerrechte, Bauern und Handwerkern, dessen Abstammung auch heute noch nicht einmal über fünf Generationen lückenlos nachgewiesen werden kann, dem mit einer Arbeitertochter verheirateten Handwerker ohne Abschlußprüfung – wurde die Bilanz bankerotter habsburgisch-hohenzollernscher Weltpolitik buchstäblich über Nacht mit der Auflage aufgebürdet, die totale Katastrophe abzuwenden und die Auslöschung Deutschlands aus der Geschichte zu verhindern.

Der Kaiser, der im November 1918 von »Verrat« sprach und in letzter Stunde »an der Spitze der treu gebliebenen Regimenter« wieder »Ordnung schaffen« wollte, ging als gescheiterter Exponent der 19. Hohenzollern-Generation ins sichere holländische Asyl[7], nachdem sein General-

---

[6] Ludwig Quidde beispielsweise, dessen 1894 in Leipzig erschienene Flugschrift *Caligula, eine Studie über römischen Cäsarenwahnsinn* Wilhelm II. unmittelbar nach dem Erscheinen las, charakterisierte den Kaiser (wenn auch verschlüsselt) besonders treffend.
Seit seiner Kindheit kannte Wilhelm von seinem Lehrer Georg Hinzpeter und von seinem Vater die Prophezeiung der legendären »Sibylle von Schlesien«, die der Preußenkönigin Louise zur Zeit der Demütigung Preußens durch Napoleon I. geweissagt hatte, daß ihr ältester Sohn (Friedrich Wilhelm IV.) keine besondere Bedeutung für das Land haben, der zweite Sohn (Wilhelm I.) jedoch die Deutschen einigen werde. Seinem Nachfolger (dem 99-Tage-Kaiser Friedrich III.) war eine nur kurze Regierungszeit, dessen »gezeichnetem« Sohn (Wilhelm II. mit verkrüppeltem linkem Arm) prophezeit worden, daß Deutschland unter seiner Herrschaft eine Katastrophe erleben und er auf seiner Flucht verzweifelt fragen werde: »Wo ist mein Land, wo ist mein Volk geblieben?«

[7] Die in Deutschland weilende Kaiserin, die dem Kaiser nach Holland folgen wollte, wurde auf Eberts Veranlassung von dem sozialdemokratischen Abgeordneten und

quartiermeister Wilhelm Groener ihm im Kaiserhauptquartier in Spa erklärt hatte, daß ein Bürgerkrieg vor der Tür stehe und die deutsche Armee nicht einmal »mehr unter der Führung« des Monarchen »in Ruhe und Ordnung in die Heimat zurückmarschieren« werde. Er, mit dessen Flucht die 507jährige Geschichte des regierenden Hauses Hohenzollern endete, hat deutschen Boden niemals wieder betreten.

Was Ebert im November 1918 »vorfand«, beschrieb er am 25. November 1918, zwei Wochen nach der sozialdemokratischen »Machtübernahme«, in seinem ersten Rechenschaftsbericht über seine Tätigkeit seit dem Sturz der Monarchie: »Vier Jahre wahnsinnigen Krieges mit dem Aufgebot der Volkskraft bis zum Äußersten, mit den entsetzlichsten Blutopfern und Zerstörungen an Kulturgütern«, sagte er, »haben zu einem völligen Zusammenbruch Deutschlands geführt. Einem Zusammenbruch nicht nur auf militärischem Gebiete; auch wirtschaftlich ist unser Land völlig ausgesaugt. Als wir die politische Macht des Reiches übernahmen, standen wir vor einem Trümmerhaufen.« Doch Soldaten, die am 10. Dezember 1918, einen Monat nach der Flucht Kaiser Wilhelms II., aus dem von ihnen bis zum Waffenstillstand noch gehaltenen feindlichen Territorium zurückkehrten, begrüßte er mit der Feststellung: »Wetteifernd haben Angehörige aller deutschen Stämme draußen im Kampf gestanden, Angehörige aller deutschen Stämme stehen vor uns. Schulter an Schulter habt Ihr gemeinsam gerungen, geopfert, geblutet, Not und Tod ins Auge geschaut. Nun liegt Deutschlands Einheit in Eurer Hand, sorgt Ihr dafür, daß Deutschland beieinander bleibt, daß nicht das alte Kleinstaatenelend uns wieder übermannt, daß nicht die alte Zerrissenheit unsere Niederlage vervollständigt. Rettet Ihr die Einheit der deutschen Nation, die Ihr nun Bürger werdet der einen, der untrennbaren Deutschen Republik!«

Ebert-Freund Hermann Molkenbuhr nach Holland begleitet, nachdem »eine Exzellenz, eine hochgestellte Persönlichkeit des alten Regimes« (so Friedrich Ebert in einem Brief vom 4. Februar 1920 an Matthias Erzberger) abgelehnt hatte, dies zu tun.

I. Kapitel

Der Sohn eines Schneiders

Elternhaus und Schule

Friedrich Eberts Vater, der Schneidermeister Franz Karl Ebert, ist – wie sein Halbbruder Wilhelm Strötz auch – als Schneidergeselle gewandert, bevor er sich in Heidelberg in der Pfaffengasse 26 niedergelassen und eine Werkstatt etabliert hat. Für ein ausgeprägtes Selbstbewußtsein, für Strebsamkeit und ein besonderes gesellschaftspolitisches Engagement spricht nicht zuletzt, daß er zu den Vätern des dortigen Arbeiterbildungsvereins gehörte. Obwohl er als Dörfler aus einem der elendsten Notstandsgebiete Badens in die Stadt gekommen ist, in der die fast 500 Jahre alte und besonders traditionsreiche Universität mit rund 800 Studenten das Fluidum bestimmte, ist er von den Eingesessenen problemlos akzeptiert und rasch so vollkommen integriert worden, daß er als unverheirateter und unehelich geborener Neubürger mit Volksschulbildung im akademischen Umfeld eine maßgebliche Rolle im Bildungsgeschehen spielen konnte.
Die Wohnverhältnisse der Familie Ebert sind bescheiden, entsprechend der allgemeinen Lage der in den Städten lebenden Handwerker, jedoch keineswegs so ärmlich, wie die Legende es will. Während in Berlin 1885 beispielsweise 100 000 sogenannte behördlich erfaßte »Schlafstellen« registriert sind, die Handwerker und Tagelöhner jeweils nur zum Schlafen mieten, weil sie sich eigene Zimmer oder gar Wohnungen nicht leisten können, verfügt die in guten Verhältnissen lebende Familie Ebert über eine Dreizimmerwohnung und eine mit – damals modernen – Nähmaschinen ausgerüstete Werkstatt,[1] in der Karl Ebert mit seinen Gesellen und Lehrlingen arbeitet.
Zwar sind die im ersten Geschoß liegenden Wohnräume – eine weiß gekachelte Küche mit eingebautem Spülstein, die sogenannte gute Stube und das Schlafzimmer der Eltern – nur relativ klein und so niedrig, wie es anderswo in Wohnungen von Altstädten auch der Fall ist; aber die sechs Kinder schlafen in der Schneiderwerkstatt, die am Abend jeweils eigens dafür hergerichtet wird, so daß von einem ausgesprochenen Platzmangel nicht unbedingt die Rede sein kann. Ferner verfügt die Wohnung über

[1] Friedrich Ebert verstümmelte sich beim unsachgemäßen Hantieren an einer der väterlichen Nähmaschinen einen Daumen.

Fenster zur schmalen Straße, liegt in der Nähe der Universität, des Neckars und der an kleinen Geschäften und Gaststätten verhältnismäßig reichen Unteren Straße, in der sich auch der Pferdestall, die Wagenremise und die Wohnung des mit dem Vater befreundeten Fuhrunternehmers Seppich befinden, was nicht nur in den Augen Friedrich Eberts eine Reihe von Nachteilen aufwiegt.

Eberts Nachbarn in der rund 200 Jahre alten Pfaffengasse und in den benachbarten Straßen und Gassen sind vor allem Handwerker, Fuhrunternehmer, Kleinkaufleute, Droschkenkutscher, Tagelöhner, Wäscherinnen und Witwen. Die Gegend, obwohl in der unmittelbaren Nähe der Universität, gilt als eines der Wohngebiete der gesellschaftlichen Unterschicht. Die Pfaffengasse aber zieht infolge ihrer Lage und der Qualität der Gebäude und deren Räumlichkeiten immer neue Wohnungsinteressenten an; viele von ihnen jedoch sehen sich schließlich außerstande, die Mieten zu bezahlen. Bis zu einem Drittel ihrer Bewohner wechseln alljährlich die für ihre Verhältnisse zu teueren Wohnungen.[2]

In Georg Herweghs Bundeslied für den 1863 »behufs friedlicher Erkämpfung des allgemeinen Stimmrechts« gegründeten Allgemeinen Deutschen Arbeiterverein Lassalles hieß es effektvoll:

»Bet' und arbeit'! ruft die Welt,
Bete kurz! denn Zeit ist Geld.
An die Thüre pocht die Noth –
Bete kurz! denn Zeit ist Brod.
Und du ackerst und du säst,
Und du nietest und du nähst,
Und du hämmerst und du spinnst –
Sag', o Volk, was Du gewinnst?«

Franz Mehrings Resümee von 1879, daß dieses Lied »niemals populär« geworden und letztlich sogar so unbekannt geblieben sei, daß es nötig wäre, seinen Text gelegentlich zu veröffentlichen, dürfte in Eberts Elternhaus kaum als Abbild einer zu verfluchenden »Wirklichkeit« verstanden worden sein. Arbeit ist für Friedrich Ebert zeitlebens einer der Faktoren gewesen, denen er eine zentrale Position in seinem Weltbild einräumte. »Arbeiter«, so sagte er beispielsweise am 15. Dezember 1918, »Ihr müßt unsere zusammengebrochene Wirtschaft wieder aufrichten. Ihr müßt dafür sorgen, daß uns Hunger und Bürgerkrieg erspart bleiben ... Ihr müßt

---

[2] Auch Karl Ebert verlegte seine Wohnung vor 1890 von der Pfaffengasse in die Mittelbadgasse 14. Wieso dies geschehen ist, kann infolge der unzureichenden Quellenlage nicht ermittelt werden.

arbeiten! Ihr müßt arbeiten. Der Sozialismus verlangt Arbeit, kann nur bestehen auf Grundlage der Arbeit... wer feiert, obwohl er arbeiten könnte... versündigt sich an seinem Volke.«

Hinsichtlich der Leistungen Eberts in der zu der Zeit im ganzen Reich autoritär-patriotisch geleiteten Schule, die sich infolge des Aufblühens des kapitalistischen Wirtschaftssystems und der Umformierung der Gesellschaft nach der Reichsgründung überall zwangsläufig den neuen Gegebenheiten anpaßte, ist der Historiker und Biograph hauptsächlich auf Erinnerungen einstiger Mitschüler Eberts angewiesen. Die Angaben aber differieren zwischen »mittelmäßig« bis »außergewöhnlich gut« und »in jeder Hinsicht hervorragend«. So haben stilisierende Darstellungen denn auch nicht zufällig einen festen Platz in der Ebert-Literatur gefunden. Einer der Biographen, der Pfarrer Emil Felden, idealisierte Ebert 1927 in seinem Ebert-Roman *Eines Menschen Weg* stellen- und streckenweise so kraß, daß selbst manche seiner als authentisch ausweisbaren Schilderungen Vorbehalte auslösen müssen. Bereits Philipp Scheidemann, einer der Weggefährten und späteren unversöhnlichen Konkurrenten[3] Eberts in der sozialdemokratischen Partei- und Staatsführung, sah sich 1928 gedrängt, Feldens »Geschichten aus der Kindheit Eberts« als zum Teil »merkwürdig« zu charakterisieren. »Er läßt den kleinen Fritz«, so schrieb Scheidemann, seine Befangenheit nur ansatzweise verbergend, »schon als Kind so klug reden und handeln, daß der zwölfjährige Jesus im Tempel dagegen gehörig ins Hintertreffen gekommen wäre.«

Nach den erhalten gebliebenen zwei Zeugnissen,[4] die allerdings – bis auf eine Ausnahme – keine Fächerdifferenzierung enthalten, absolvierte Ebert die VII. Klasse im ersten und zweiten Quartal als 32. von 44 Schülern, im dritten und vierten Quartal als 16.[5]

---

[3] Unter anderem war Scheidemann vom 13. Februar bis 21. Juni 1919 sozialdemokratischer Reichskanzler unter Ebert als Reichspräsident.

[4] Im Zeugnis vom 5. Oktober 1883 für das I. und II. Quartal hieß es: »Fleiß: ziemlich gut. Fortschritt: Unter 44 Schülern 32ter. Betragen: gut. Muß schöner schreiben.« Im Zeugnis für das III. und IV. Quartal bescheinigte sein Lehrer Zeuner Ebert Ostern 1884 genügenden bis guten Fleiß, die Verbesserung vom 32. auf den 16. Platz und gutes Betragen.

[5] Da statistisch auswertbare Differenzierungen über Leistungen der Sandgassen-Schule und deren Schüler nicht vorhanden sind, können nur gesicherte Unterlagen über vergleichbare Schulen die Maßstäbe für Schlußfolgerungen liefern. Für die Heidelberger Altstadt-Schule dürften sich infolge ihrer Lage und der Zusammensetzung der Bevölkerung Berliner Gemeindeschulen im seinerzeitigen Stadtteil Wedding und Volksschulen aus der Gegend um den Alexanderplatz als Vergleichsinstitutionen anbieten. Rund ein Jahrzehnt nach Eberts Schulentlassung wurde in Berlin registriert: 58,5 Prozent der männlichen und 60 Prozent der weiblichen Schüler waren Arbeiter-

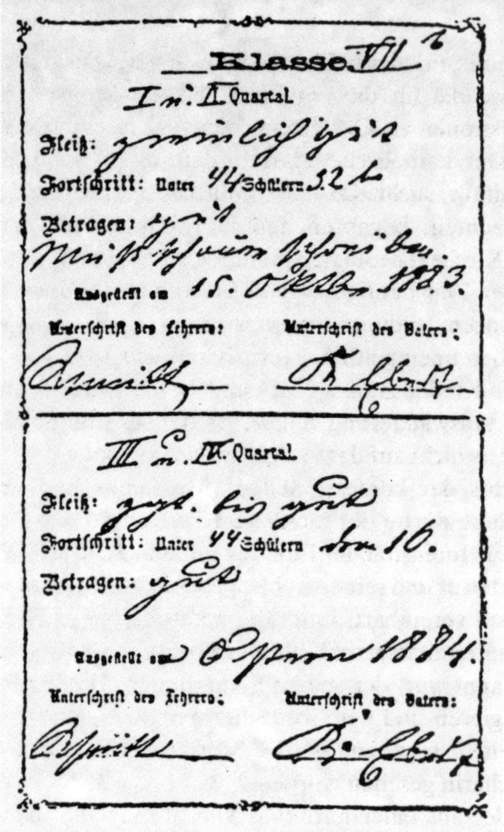
Klasse VII

I. u. II. Quartal

Fleiß: ziemlich gut

Fortschritt: Unter 44 Schülern 32te

Betragen: gut

Muß schöner schreiben.

Ausgestellt am 15. Oktbr. 1883.

Unterschrift des Lehrers: Unterschrift des Vaters:

III. u. IV. Quartal

Fleiß: [illegible] bis gut

Fortschritt: Unter 44 Schülern der 16.

Betragen: gut

Ausgestellt am Ostern 1884.

Unterschrift des Lehrers: Unterschrift des Vaters:

Daß schlechte Schulnoten keineswegs Garantien für spätere geringe Leistungen bedeuten müssen, haben – neben Friedrich Ebert – beispielsweise Otto von Bismarck, Gerhart Hauptmann, Thomas Mann, Carl Zuckmayer und Albert Einstein bewiesen. Die Schulalpträume, die Thomas Manns Hanno in den *Buddenbrooks* plagten, den Zusammenbruch des Jungen, den Hermann Hesse in der Novelle *Unterm Rad* schilderte, und den Widerwillen, den der Geschichtsphilosoph Theodor Lessing empfand, wenn er an seine Schulzeit zurückdachte, hat Ebert nicht gekannt. Im Gegenteil. Er ging gern zur Schule, engagierte sich mit zunehmendem Alter mehr und träumte zeitweilig sogar von einem Universitätsstudium.[6]

---

kinder. 58 Prozent der Volksschüler insgesamt erreichten das Lehrziel, 30 Prozent »zum Teil« und 12 Prozent »nur zur Hälfte«.

6 Durch Eberts Ablehnung des Angebots der katholischen Kirche (vgl. auch Anm. 7), ihn das Gymnasium besuchen und danach Theologie studieren zu lassen, war dem Traum der Boden entzogen. Karl Ebert, der jüngste Sohn Friedrich Eberts, berichtete

Daß der Katholik Friedrich Ebert eine evangelische Mutter hat, stört in Heidelberg, wo die für die Familie Ebert zuständige Heiliggeistkirche beiden Konfessionen als Gotteshaus dient, nicht einmal die exponierten Katholiken. Der katholische Pfarrer, dem der besonders aufgeweckte Ministrant auffällt, sucht Karl Ebert auf und versucht ihn zu überreden, seinen intelligenten, begabten und lernwilligen Sohn auf Kosten der katholischen Kirche Theologie studieren und Priester werden zu lassen. Obwohl zu der Zeit häufiger »gebildete, aber mittellose Eltern« durch Zeitungsannoncen Bildungsanstalten suchten, die »wohlerzogene und gesunde Knaben unentgeltlich« aufnähmen und 1879 und 1880 verschiedentlich sogar Kinder zum »Kauf« angeboten wurden, weil Eltern das Geld für die Auswanderung fehlte, ist der »bildungsbeflissene« Vater Friedrich Eberts nicht auf das verlockende Angebot der Kirche eingegangen. Angesichts der konfessionellcn »Mischehe« und seiner liberalen Grundeinstellung dürfte der familiäre Hintergrund den Ausschlag gegeben haben.[7] Die Intensität der Bindung an seine Kirche hatte durchlässige Grenzen. Hatten er und seine kirchlich ebenfalls nicht orthodox denkende Frau doch auch vereinbart, ihre Söhne katholisch, die Töchter dagegen evangelisch taufen zu lassen.[8] Während Eberts Vater als »praktizierender« Katholik bekannt war, der seinen Sohn anhielt, sich im Religionsunterricht zu engagieren und bei Gottesdiensten auch dem Pfarrer als Ministrant zur Seite zu stehen, ist die Mutter nur selten als sonntägliche Kirchenbesucherin gesehen worden.[9]

Früh erlebt der aus einer harmonischen »Mischehe« stammende Ministrant, daß es nicht nur eine »seligmachende« Kirche und Konfession gibt. Daß er sich später als »konfessionslos« bezeichnet, die Kirchen in Reden und Ansprachen zwar kaum jemals erwähnt, aber als Institutionen von

---

1975, von seinem Vater erzählt bekommen zu haben, daß er in seiner Heidelberger Zeit gern das studentische Leben beobachtet und auch »schlagenden« Studentenverbindungen während ihrer (damals verbotenen) Übungen auf dem Paukboden in der Hirschgasse zugeschaut habe.

[7] Wenn zutrifft, was Eberts früher Biograph Anton Fendrich überliefert, haben allerdings auch der Münchener Professor Wilhelm Heinrich Riehl und der Heidelberger Theologieprofessor und Burschenschafter Adolf Hausrath Friedrich Eberts Eltern erfolglos angeboten, ihrem Sohn ein Studium zu ermöglichen. Der Burschenschafter Hausrath war offenbar nicht nur Karl Eberts Kunde, sondern ihm auch freundschaftlich verbunden. Vgl. dazu auch S. 23.

[8] In der »guten Stube« der Wohnung hingen ein Bild von Martin Luther und eine Darstellung der Madonna.

[9] Die Heiliggeistkirche, innen durch eine Wand geteilt, stand sowohl den Katholiken als auch den Protestanten als Gotteshaus zur Verfügung. Erst 1936 ging sie ganz in den Besitz der evangelischen Kirche über.

großer Bedeutung für die sittliche und moralische Entwicklung der Staatsbürger achtet, ist gewiß auch eine Folge der Erfahrungen, die er im Elternhaus gemacht hat.

Lehre und Gewerbeschule

Im April 1885, ein Jahr bevor Friedrich Ebert am 28. März 1886 die Sandgassen-Schule verläßt und – anders als sein Vater und dessen Großvater Franz Peter Ebert es getan haben – nicht mit der Ausbildung zum Schneider, sondern mit der Sattlerlehre beginnt, publiziert das von bildungshungrigen und wegen ihres täglichen Umganges mit »gebildeten« Kunden auf bestimmte Allgemeinkenntnisse angewiesenen Handwerkern regelmäßig gelesene Familienblatt *Die Gartenlaube*[10] zu Bismarcks 70. Geburtstag ein aggressiv großdeutsch artikuliertes Gedicht. Sein Verfasser, der im 19. Jahrhundert gefeierte Österreicher Robert Hamerling, hat mit Adolf Hitler mehrere Vorfahren gemeinsam.

Bismarck, den Schöpfer des kleindeutschen Kaiserreiches, preisend und ehrend hat Hamerling gedichtet:

> »Doch – ist es noch nicht errungen ganz, wofür er kämpfte und lebte,
> Und schwebt es noch in den Lüften halb, das Deutschland, das er erstrebte,
> So gönnet ihm doch, nicht wolkenverhüllt, nicht umdräut von finsterem Grauen,
> Nein, winkend in rosigem Zukunftslicht es mit brechendem Auge zu schauen.«

Ebert dachte hinsichtlich des Reichsterritoriums ähnlich wie Hamerling. Auch er forderte ein großdeutsches Reich durch »den endgültigen Zusammenschluß« Deutschlands und Österreichs und befürwortete den neuerlichen Erwerb von Kolonien.[11] Unmißverständlich erklärte er beispielsweise 1919 in seiner Rede zur Eröffnung der Nationalversammlung: »Unsere österreichischen Stammes- und Schicksalsgenossen dürfen versi-

---

[10] Vgl. S. 35.

[11] Ebert hat Anfang Dezember 1924 »lebhaft« gehofft, ausschließlich für deutsche Aussiedler »mit amerikanischem Gelde« zunächst Kolonien (in internen Gesprächen war – nach Eberts Aufzeichnungen vom 2. Dezember 1924 – von Angola die Rede) kaufen zu können.

chert sein, daß wir sie im neuen Reich der deutschen Nation mit offenen Armen und Herzen willkommen heißen. Sie gehören zu uns, und wir gehören zu ihnen.
Ich darf auch wohl die Erwartung aussprechen, daß die Nationalversammlung die künftige Reichsregierung ermächtigt, baldigst mit der Regierung des deutsch-österreichischen Freistaates über den endgültigen Zusammenschluß zu verhandeln. Dann soll kein Grenzpfahl mehr zwischen uns stehen. Dann wollen wir sein ein einig Volk von Brüdern.
Deutschland darf nicht wieder dem alten Elend der Zersplitterung und Verengung anheimfallen.«
Daß Karl Ebert 1871 die Reichsgründung entschieden abgelehnt habe, weil er – wie August Bebel – die Annektierung Elsaß-Lothringens seitens des Deutschen Reiches als ungerecht empfunden habe, ist eine politisch stilisierte Legende. Schon die Tatsache, daß er seinen knapp drei Wochen nach der Kaiser-Proklamation geborenen Sohn auf den Namen Friedrich (ohne zusätzliche Vornamen) taufen ließ, führt die Stilisierung ad absurdum. Niemals zuvor hat es in der Ebert-Familie seit der Mitte des 18. Jahrhunderts einen Vornamen gegeben, der einem der herrschenden Hohenzollern entlehnt worden wäre. Adam, Franz, Georg, Johann, Karl, Martin, Matthäus, Michael, Peter und Philipp hießen sie, so daß der erste »Friedrich«, wie der spätere Reichspräsident auch seinen 1894 geborenen ältesten Sohn nannte, ganz offensichtlich als ein demonstratives Bekenntnis zum eben proklamierten Bismarck-Reich verstanden werden dürfte.[12]
In seinem Elternhaus und in dessen Umgebung ist Ebert zu der Überzeugung gelangt, daß soziale Unterschiede nicht zwangsläufig und nicht unbedingt durch revolutionäre Umstürze beseitigt werden müßten. Einer seiner Großväter, der Ende der vierziger Jahre des 19. Jahrhunderts zu den aufmerksamen Sympathisanten der Paulskirche-Versammlung gehört hatte, war in seiner Heimat ohne Revolution vom rechtlosen »Beysaß«, einem Einwohner ohne Bürgerrecht, zum Bürger avanciert[13], sein Vater seinem links orientierten Halbbruder politisch nur halbwegs gefolgt.[14]
Während der klassenkämpferisch denkende Gewerkschaftsfunktionär

[12] Da Friedrich III. erst 1888 Kaiser wurde, haben Karl Ebert wahrscheinlich Friedrich der Große und (oder) Friedrich Wilhelm IV. als Namensvorbilder gedient.

[13] Dabei handelte es sich um den 1850 verstorbenen Johann Peter Hinkel (vgl. die Ebert-Genealogie), der in Gerach zunächst ohne Bürgerrechte gelebt hatte und schließlich Schutzbürger und zuletzt sogar noch Bürger von Gerach geworden war.

[14] Wilhelm Strötz hielt sich bis 1869 in Heidelberg auf, wo er im November 1865 (als Nr. 158) Mitglied des Arbeiterbildungsvereins wurde, aus dem er im Januar 1866 jedoch bereits wieder ausschied. Offensichtlich war ihm der Verein zu bürgerlich und zu wenig links eingestellt.

Strötz die sozialen Verhältnisse gewaltsam ändern zu können hofft, ist Karl Ebert nicht nur seiner gesellschaftspolitischen Weltanschauung, sondern auch seiner Kirche treu geblieben.[15] In Heidelberg hat er 1863 und 1864 im Vorstand des Arbeiterbildungsvereins neben Professoren und Doktoren fungiert, die im Reichskammergericht trotz des Ebenbürtigkeitsprinzips grundsätzlich auch über Fürsten urteilen durften.
Wenn der Inhaber einer kleinen Schneiderwerkstatt und Mitglieder des Lehrkörpers einer Universität, die im 19. Jahrhundert prinzipiell Sitz und Stimme in den Kammern der Herren neben den Prinzen und den Standesherren hatten und damit über fürstlichen Rang verfügten, gleichrangig und freundschaftlich in einer öffentlichen und als »fortschrittlich« deklarierten Institution tätig sein konnten, mußte für Vater und Sohn keineswegs zutreffen, was Karl Marx und Friedrich Engels lehrten.
In der kleinen Universitätsstadt Heidelberg mit im Jahr 1880 rund 24 000 Einwohnern ist der Einfluß der bürgerlichen Intellektuellen, die sich nebenberuflich der Arbeiterbildung widmen, weitaus dominierender als in Städten wie Mannheim, wo organisierte Handwerker bereits 1865 gestreikt haben. Die Hochschullehrer, beispielsweise Physiologen, Mathematiker und Theologen, sind nicht an der Propagierung von Streiks, anderen Kampfmitteln und Klassenkampfideen interessiert, sondern an der reinen Bildungsvermittlung im Sinne ihrer Berufungen. Friedrich Eberts Vater diskutiert zwar häufig mit seinem in Mannheim lebenden und klassenkämpferisch orientierten Halbbruder Wilhelm Strötz; aber er verkehrt seit 1863 regelmäßig auch mit den später sehr bedeutenden Heidelberger Universitätsprofessoren Moritz Benedikt Cantor und Wilhelm Wundt,[16] deren Rang, Kenntnisse und Haltung er zwangsläufig weitaus

[15] Wilhelm Strötz trat im August 1886 aus der katholischen Kirche aus und schloß sich der Mannheimer Freireligiösen Gemeinde (als Mitglied Nr. 163) an.

[16] Der 1829 in Mannheim geborene (und 1920 in Heidelberg gestorbene) jüdische Kaufmannssohn Cantor (vgl. dazu auch S. 33) war zu der Zeit, als Karl Ebert ihn kennenlernte, noch unverheiratet. Er hatte in Heidelberg, Göttingen und Berlin Mathematik studiert, sich 1853 habilitiert und war 1863 in Heidelberg außerordentlicher Professor geworden. 1886 erhielt er das Ritterkreuz I. Klasse des Ordens vom Zähringer Löwen und wurde 1909 Mitglied der Akademie der Wissenschaften. Weitere Auszeichnungen folgten. Der 1832 in Mannheim-Neckarau geborene (und 1920 in Großbothen bei Leipzig gestorbene) Pfarrerssohn Wilhelm Wundt, der 1846 seinen Vater (1868 die Mutter) verloren hatte und von seinem Großvater, dem Heidelberger Professor für Landesgeschichte Friedrich Peter Wundt, aufgezogen worden war, hatte in Tübingen Naturwissenschaften, Philosophie und Medizin studiert, sich 1857 in Heidelberg habilitiert und war dort ein halbes Jahr nach Cantor außerordentlicher Professor geworden. 1874/75 lehrte er in Zürich und von 1875 bis 1917 in Leipzig (wo er 1879 das erste Institut für experimentelle Psychologie gründete)

höher einschätzen muß. Die den Arbeitern und Handwerkern von dem 1863 gegründeten und 1864 rund 4 600 Mitglieder zählenden Lassalleschen Allgemeinen Deutschen Arbeiterverein und der 1875 in Gotha mit ihm zusammengeschlossenen Sozialdemokratischen Arbeiterpartei[17] August Bebels und Wilhelm Liebknechts angebotenen Bildungsmöglichkeiten erschienen den Mitgliedern der primär lokalitätsgebundenen Arbeiterbildungsvereine ganz allgemein als zu einseitig und als »zu politisch« orientiert. Wo renommierte Professoren unterrichteten, die der Staat und die Universitäten danach hoch auszeichneten, wie es bei Cantor und Wundt der Fall war, mußten zwangsläufig andere Vorstellungen vermittelt werden als in Industriestadtvereinen, in denen ansässige Intellektuelle, Bildungsbeflissene und nicht selten auch voreingenommene politische Karrieristen ihre Auffassungen multiplizierten.
In der Gewerbeschule, die Ebert seit 1886 während seiner Lehrzeit besucht, entfaltet er sich zusehends. Der Mathematiklehrer Dr. Lender ist von den vorzüglichen Leistungen des Sattlerlehrlings im Fach Projektionslehre derart beeindruckt, daß er, wie ein paar Jahre zuvor der Gemeindepfarrer, Karl Ebert empfiehlt, seinen Sohn studieren zu lassen. Doch auch diesmal verhalten sich sowohl die Eltern als auch der junge Ebert passiv. Die Ursachen liegen im dunkeln. Mangelndes Engagement Friedrich Eberts kann es nicht gewesen sein. Er brilliert weiterhin, wird demonstrativ gelobt und erhält als bester Schüler eine Auszeichnung: Schillers sämtliche Werke. Schiller und Viktor von Scheffel öffnen ihm den Zugang zur Literatur, deren autodidaktischem Studium er von nun an einen großen Teil seiner Freizeit widmet.
Wie weit dies geht, verdeutlicht ein Beispiel. Im April 1885 ist Walther von Goethe, Goethes letzter Enkel, unerwartet gestorben. Ein halbes Jahrhundert verborgen gehaltene Schätze – unbekannte handschriftliche Manuskripte und Briefe, Notizen aller Art und Zeichnungen Goethes – sollen plötzlich der Forschung zugänglich gemacht werden. Engagiert diskutiert in Zeitungen und Zeitschriften die an diesem Nachlaß wissenschaftlich interessierte Welt. Doch ebenso wird überall auch gefragt, wo und wann es denn eventuell möglich sein werde, die ganze Sammlung des Dichterfürsten auch der breiteren Öffentlichkeit vorzustellen. Die Frage, wie Fried-

---

Philosophie. Mitglied der Akademie der Wissenschaften war er in Leipzig, Berlin, München und Wien.

[17] 1881 erhielt sie bei Reichstagswahlen 6 Prozent und 1890 19,7 Prozent aller abgegebenen gültigen Stimmen. In Mannheim, wo Friedrich Eberts Onkel besonders rührig agitierte und organisierte, ging sie 1884 sogar als stärkste politische Partei aus den Wahlen hervor.

rich Ebert auf diese – eigentlich doch gänzlich außerhalb seiner Gedanken- und Erlebniswelt liegende – Problematik aufmerksam geworden ist, kann nicht mehr beantwortet werden. Jedenfalls ist er eines Sonntags im Stift Neuburg erschienen, wo sich, wie er in Erfahrung gebracht hatte, ebenfalls Originalmanuskripte und Zeichnungen von Goethe befanden.

Während die »große Welt« theoretisiert, in unerreichbaren Sphären schwebt und Zukunftspläne konstruiert, faßt der schon zu der Zeit ausgesprochen pragmatisch denkende Ebert sich ein Herz und läßt sich dem erstaunten adeligen Verwalters des Stifts als »Sattlerlehrling Friedrich Ebert aus Heidelberg« mit der Bitte melden, einmal die hier aufbewahrten Goethe-Hinterlassenschaften sehen zu dürfen – was geschieht. Als der junge Handwerker das Stift und den Freiherrn von Braun verläßt und nach Heidelberg zurückkehrt, nimmt er eine Erkenntnis mit, die sein Leben gravierend prägt. Obwohl in seinem Elternhaus ständig »gebildete« Leute verkehren, mit denen sein Vater zu tun hat, weiß er spätestens seit der Begegnung mit dem Freiherrn aus persönlicher Erfahrung, daß der Geist und die Kultur soziale Schranken zu überwinden vermögen. Zu Eberts Lektüre gehört seitdem das Werk Johann Wolfgang von Goethes, zu dem er zuvor keinen Zugang gefunden hat.

Im Februar 1922, dreieinhalb Jahrzehnte nach seinem Besuch im Stift Neuburg, sagt er – als Reichspräsident – in einer Rede zur Eröffnung der Frankfurter Goethe-Woche: »Ein kleiner, freilich immer wachsender Kreis des geistigen Deutschlands hat... die Meinung vertreten, daß Goethe, der wie jedes Genie seiner Zeit vorauslebte, erst von späteren Geschlechtern voll gewürdigt und als ein Führer der ganzen Nation angesehen werde. Neu ist... daß wir jetzt... entschlossen sind, Goethe aus dem kleinen Kreis fachgelehrter Bewunderer herauszuführen und ihn der ganzen Nation zu geben, für die er gelebt hat.«

Daß er bereits als Handwerkerlehrling auf die für ihn typische Weise damit begonnen hat, behält er für sich.

Sein Verhältnis zur Dichtung und Literatur, das während des Besuches der Gewerbeschule seine ersten Konturen bekommen hat, charakterisiert ein Passus aus der Rede, die er am 6. Februar 1919 bei der Eröffnung der Verfassunggebenden Deutschen Nationalversammlung in Weimar hält. Nach dem Zusammenbruch der Hohenzollern-Herrschaft mit ihrer »schimmernden Wehr«, so sagt er, müsse »die Wandlung... vom Imperialismus zum Idealismus, von der Weltmacht zur geistigen Größe« vollzogen werden. »Es charakterisiert durchaus die nur auf äußeren Glanz gestellte Zeit der Wilhelminischen Aera«, doziert er, »das Lassallesche Wort, daß die klassischen deutschen Denker und Dichter nur im Kranichzug über sie

hinweggeflogen seien. Jetzt muß der Geist von Weimar, der Geist der großen Philosophen und Dichter, wieder unser Leben erfüllen. Wir müssen die großen Gesellschaftsprobleme in dem Geiste behandeln, in dem Goethe sie im zweiten Teil des Faust und in Wilhelm Meisters Wanderjahren erfaßt hat: Nicht ins Unendliche schweifen und sich nicht im Theoretischen verlieren. Nicht zaudern und schwanken, sondern mit klarem Blick und fester Hand ins praktische Leben hineingreifen!
›Denn der Mensch, der zur schwanken Zeit auch schwankender Gesinnung ist,/Der vermehrt das Übel und leitet es weiter und weiter./Aber wer fest auf dem Sinne beharrt, der bildet die Welt sich.‹«
Auch in Reden und Ansprachen, die er unvorbereitet hält, flicht er gerne Zitate beispielsweise von Schiller, Goethe und Gerhart Hauptmann ein, und immer geschieht dies in einer Weise, die den Schluß zuläßt, daß er genau weiß, worüber er redet, womit er sich identifiziert und wem er auch als Staatsmann seinen Respekt zollt.
Bescheiden und ehrfürchtig gesteht er zum Beispiel am 12. August 1922 nach einer Rede, die er zu Ehren Gerhart Hauptmanns in Breslau gehalten hat, daß er sich intensiv mit Hauptmanns Werk beschäftigt habe,[18] aber infolge seines Respektes vor der Größe des Nobelpreisträgers niemals dreist genug gewesen sei, den vorübergehend in seiner Nachbarschaft wohnenden Dichterfürsten einmal auch zu besuchen.
Nach dem Tode Eberts schrieb Gerhart Hauptmann: »Wenn ich über den ersten deutschen Reichspräsidenten sprechen soll, so kann es nur unzulänglich sein. Es sind Männer genug da, welche seine Verdienste kennen, sie in ausführlicher Weise darzustellen tüchtiger sind. Aber auch eine Menge Menschen sind vorhanden, die solche Verdienste recht gut kennen, aber verschweigen und, schweigend, verunglimpfen lassen. – Für mich ist Friedrich Ebert ein warmherziger, ganzer Mann, ein ebenso warmherziger, ganzer Deutscher und ganzer Mensch... Die Aufgaben, welche

[18] Am 12. August 1922 sagte Ebert in Breslau: »Mit der Breslauer Festspielwoche wollen wir einen Teil des Dankes abstatten, den Deutschland Gerhart Hauptmann schuldet; diese Schuld vollends abzutragen wird Sache des ganzen deutschen Volkes sein. Denn ihm, dem deutschen Volke, galt von Anfang an Gerhart Hauptmanns dichterisches Streben und Schaffen; im deutschen Volkstum und im vielgestaltigen Leben unseres Volkes wurzelt Hauptmann kräftiger und tiefer als irgendein anderer deutscher Dichter. Keiner hat so wie er in tiefem Mitleiden und in wahrer Erlösungssehnsucht die sozialen Nöte der Massen und tragisches Schicksal einzelner aus ihnen erfaßt und ihnen Gestalt und Sprache gegeben, die zum deutschen Herzen dringt. So ist sein dichterisches Schaffen immer Dienst am ganzen deutschen Volke gewesen. Dankbar erkennen wir es an, daß Gerhart Hauptmann auch der Republik freudig die Hilfe seines gewichtigen Wortes lieh, wenn es galt, neben den amtlichen Vertretern des Reiches der Stimme des geistigen Deutschland Ausdruck zu geben...«

Friedrich Ebert beim Antritt seines hohen Amtes fand, naheliegende, unabweisliche, gewaltige, furchtbare Aufgaben, hat er mit breiter Kraft, breiter Güte und fester Entschlossenheit, als großer Staatsmann, gelöst und ist dadurch zum Retter Deutschlands in schwerster Not geworden. Fern sei es mir, mich den unsterblichen Mächten des finsteren Undanks anzuschließen! Lieber will ich mitsamt meinem Dank sterblich sein. Friedrich Ebert, bei dem man tief erschüttert an die Baracke denken muß, in welcher der große Lincoln das Licht der Welt erblickte, hatte nicht nur die Führereigenschaften des Verstandes, sondern ebenso die des Herzens. Mit dem Herzen umfaßte er Volk und Vaterland: beide haben sein Opfer gefordert. Ehre deshalb für immer seinem Andenken in jedem wahrhaft deutschen Herzen!«

In den Schulen kommt dem jungen Ebert entgegen, daß seine Eltern, Vorfahren und Verwandten sämtlich rheinfränkischer Herkunft sind und als ihre Heimat Baden ansehen. Die im Umkreis der Städte Mosbach und Eberbach am Neckar in einem relativ kleinen Raum angesiedelten Eberts, Hinkels und Strötz' und deren Verwandte sprechen einen einheitlichen Dialekt, der auch im nahen Heidelberg nicht fremd klingt. Zudem ist Friedrich Ebert in Heidelberg geboren und aufgewachsen, so daß er – anders als seine Eltern – seit Anbeginn »dazugehört«. Zeitlebens hat er diesen Umwelteinfluß wachgehalten. Wo immer es ihm – vor allem in Stegreifreden – angebracht erschien, zitierte er Redewendungen und Lebensweisheiten »aus meiner Heimat«.

Entgegen kommt dem Handwerkersohn in den Schulen auch, daß die Lehrer der Schulen mit einem Modell experimentieren, das der 1865 verstorbene deutsche Pädagoge Franz Ahn für den Fremdsprachenunterricht entwickelt hatte. In seinem 1879 in 200. Auflage – nach rund vier Jahrzehnten – erschienenen und vor allem Ende der siebziger Jahre ungewöhnlich lebhaft diskutierten Lehrbuch *Praktischer Lehrgang zur schnellen und leichten Erlernung der französischen Sprache* wurde den Lehrern geraten, den Fremdsprachenunterricht wenigstens zunächst nicht mit massiver Grammatik und »abstraktem Wust« zu belasten, sondern die Schüler zunehmend Begriffe lernen und immer längere und kompliziertere Sätze bilden zu lassen[19]. So fiel niemand auf, der grammatikalisch falsch formulierte. Kinder aus Familien, in denen ein Dialekt, eine beruflich bedingte Umgangssprache oder auch eine aus anderen Gründen reduzier-

[19] In den Volks- und Gemeindeschulen wurden Fremdsprachen zwar nicht gelehrt; aber die Lehrer bedienten sich rasch und gern der von Ahn empfohlenen Unterrichtsmethoden auch im Rahmen der schmalen Skala der Unterrichtsfächer.

te Sprache »gepflegt« wurde, konnten sich diesbezüglich mit Kindern von »gebildeten« Eltern weitgehend gleichgestellt empfinden.
Ebert und seine Mitschüler haben sich in der Schule und außerhalb des Unterrichts vor allem mit Ernst Stötzners *Lehr- und Lesebuch für städtische und gewerbliche Fortbildungsschulen* zu beschäftigen. »Lehrstücken« aus Werken namhafter deutscher Schriftsteller sollen sie Richtlinien zur »Charakterbildung« und »Vorbild«-Entfaltung sowohl innerhalb ihres Berufes als auch in der Gesellschaft entnehmen und aus spezifischen Betrachtungen über Lehr-, Wander- und Meisterjahre lernen, wie Gewerbebetriebe zu organisieren und zu führen sind. Die angehenden Gesellen sehen sich zwar verpflichtet, ihre Schulkenntnisse zu vertiefen und durch berufsbezogene theoretische Details zu ergänzen, doch bereits die an jeden von ihnen gerichtete Aufforderung, nicht nur »Meister in seinem Fache«, sondern »auch... Meister in der schweren Kunst eines gesitteten Lebens« zu werden, deutet den Schwerpunkt der Erwartungen an.
Mitschüler und einstige Nachbarn haben den jungen Ebert als gewöhnlich ausgeglichen, höflich, freundlich-zurückhaltend, aber manchmal auch rechthaberisch-aufbrausend und unnachgiebig charakterisiert. Er sei zwar kein Einzelgänger gewesen, habe sich aber gern allein und sehr oft bei den Pferden des Fuhrunternehmers Seppich aufgehalten,[20] der – wie sein Sohn Karl mit ihm – mit seinen Eltern befreundet war und sein Unternehmen nur einen Steinwurf vom Ebert-Haus entfernt betrieb. Obwohl immer auf dem Weg »nach oben«, hat er sich bis an sein Lebensende so zu seiner Herkunft bekannt, wie er es in seiner ersten Rede nach seiner Wahl zum Reichspräsidenten[21] tat, in der er erklärte, daß er ein »Sohn des Arbeiterstandes« sei und weder seinen »Ursprung« noch seine »Überzeugung jemals zu verleugnen« gedenke.
Noch als Reichspräsident korrespondiert Ebert mit einstigen Mitschülern, Freunden und Nachbarn, fragt nach ihren Sorgen und erinnert sie an gemeinsame Zeiten. »Seien Sie versichert«, schreibt er beispielsweise im Frühjahr 1919 an Frau Seppich, »daß ich viel an Sie gedacht habe. Sie sind mir überhaupt unvergeßlich, weil ich Ihnen aus meiner Kindheit für manche Liebestat Dank schulde.« Ehemalige Mitschüler duzt er auch als Reichspräsident, und so ist niemand entsetzt oder auch nur betroffen, als ihn bei einem seiner beiden Besuche, die er Heidelberg während seiner sechsjährigen Amtszeit abstattet, eine Bekannte aus der Schulzeit mit der

[20] Vier mit schwarzen Federbüschen und schwarzen Pelerinen geschmückte Pferde aus dem Stall Seppichs waren es denn auch am 5. März 1925, die den Wagen mit dem Sarg des toten Reichspräsidenten zum Heidelberger Bergfriedhof zogen.
[21] Vgl. S. 231f.

witzigen Bemerkung begrüßt: »Fritz, daß du mal Kaiser wirst, hat damals keiner von uns gedacht!«

Der jahrelange Umgang mit den Pferden Seppichs, die täglich durch die Straßen und Gassen zur Universität fahrenden Kutschen und die am Neckarstrand reitenden Herrenreiter und Studenten haben Eberts Wunsch geweckt, Sattler zu werden. Sein erster Lehrherr ist der in der »Plötz« wohnende Sattlermeister Ludwig Henrich. Ebert, der sich auf die Arbeit mit Leder, mit Geschirren und Sätteln gefreut hat, wird jedoch enttäuscht. Er muß drei Monate hindurch tagaus, tagein Botengänge erledigen, den Werkstatthof fegen und mit Schubkarren Waren ausliefern, ohne mit der Handwerksarbeit unmittelbar etwas zu tun zu bekommen. Er weiß aus eigener Erfahrung, wie sein besonders gutmütiger Vater[22] mit seinen Gesellen und Lehrlingen umgeht, und er muckt auf, ist nicht bereit, als Sohn eines Handwerksmeisters widerstandslos den Laufburschen für schikanierende Gesellen zu spielen. Seine Mutter, die ihn besorgt beobachtet, schaltet sich nach einigen Monaten schließlich ein und veranlaßt den Sattlermeister Henrich dazu, seinen Lehrling endlich in der Werkstatt arbeiten und etwas lernen zu lassen. Ebert bleibt dennoch unzufrieden; denn seine Tätigkeit besteht nun darin, Sattlergarne anzuspitzen und die Innenwände von Koffern mit Papier zu bekleben. Und wiederum ist es die Mutter, die Wandel schafft. Der Sohn darf die Lehrstelle wechseln. Sein neuer Meister ist J. P. Rummel, dessen Werkstatt sich ebenfalls in der Nähe der elterlichen Wohnung befindet. Hier, in der Hauptstraße, die den Universitätsplatz begrenzt, bleibt der Lehrling bis vier Wochen vor der Gesellenprüfung. Er muß – wie schon bei Henrich – mit einem Handkarren durch die Straßen ziehen, die Kunden aufsuchen, reparierte und neue Koffer und Schulranzen abliefern und reparaturbedürftige Gegenstände in die Werkstatt bringen, wozu die gewöhnliche Arbeitszeit oft nicht ausreicht. Und dann geschieht Ende 1888 etwas, was seinen Lebensweg in eine andere Richtung drängt: Als Ebert eines Abends von seinem Gang durch die Stadt zurückkehrt, bezichtigt Rummel ihn, faul gewesen zu sein und gebummelt zu haben. Der 17jährige Ebert, den der Meister noch eineinhalb Jahre zuvor demutsvoll und »ergeben« im Prozessionszug neben dem Pfarrer hat gehen sehen, nimmt den Vorwurf nicht schweigend hin, so daß es zu einer heftigen verbalen Auseinandersetzung kommt, die der Meister schließlich mit einer Ohrfeige beendet.[23]

---

[22] Überliefert ist, daß Karl Ebert lieber auf das ihm zustehende Geld verzichtete, als daß er Mahnungen schrieb oder seine Forderungen zwangsweise eintrieb.

[23] Eberts Sohn Karl erklärte 1975, von seinem Vater erfahren zu haben, daß es nicht ganz so gewesen sei, wie er es seinen Eltern am Abend geschildert hätte. Er sei, so soll er

Ebert geht nach Hause, berichtet seinen Eltern von dem Vorfall, packt einen Koffer und begibt sich, von seiner Mutter mit zwei Mark für die Wegzehrung[24] versehen, am nächsten Morgen auf die Wanderschaft. Unnachgiebig und konsequent beharrt er darauf, den Bitten seiner Eltern, doch die »Schande«[25] des Lehrabbruches vom Hause Ebert abzuwenden und unter allen Umständen die letzten vier Wochen bis zur Prüfung durchzuhalten, um seiner Ehre und Selbstachtung willen nicht nachgeben zu können.

Daß er die ihm – auf seinen Antrag – am 15. November 1888 vom Heidelberger Einwohnermeldeamt erteilte Erlaubnis, in die Schweiz wandern zu dürfen, nicht wahrnimmt, beweist nicht nur, daß er die Gesellenprüfung ursprünglich ordnungsgemäß hat ablegen wollen, sondern auch, daß er mit dem nunmehrigen Status keineswegs zufrieden ist. Daß er es in dieser Situation abgelehnt hat, zu seinem ihm besonders verbundenen, kinderlosen, politisch zielstrebig agitierenden und erfolgreich handelnden Mannheimer Onkel zu gehen, was eigentlich eine logische Konsequenz gewesen wäre, läßt mehr als nur ahnen, wie wenig den jungen Ebert zu der Zeit die Sozialdemokratie und ein parteipolitisch orientiertes Engagement überhaupt interessiert haben. Er wich einer unmittelbaren Begegnung mit Strötz bedacht aus, weil er es auf dessen Beeinflussungsversuche erst gar nicht hat ankommen lassen wollen.

Beim Abschied von den Eltern, so hat Ebert später selbst berichtet, habe seine Mutter geweint, der Vater nach nächtlichen Überlegungen jedoch erklärt: »Mutter, ein Kerl wie unser Fritz, der macht seinen Weg.«

Der »Weg« führt Ebert in eine »Welt«, deren Gesicht sich in den 17 Jahren seit seiner Geburt rapide verändert hatte.

---

dem Sohn berichtet haben, unter dem Schlag »weggetaucht« und daher nicht tatsächlich getroffen worden. Wie es sich auch immer verhalten haben mag, Ebert fühlte sich in seiner Ehre verletzt. Wurde er nicht getroffen, hat er die Absicht als Tat gewertet.

[24] Für zwei Mark konnte Ebert, der nun augenblicklich allein für sich sorgen mußte, zweimal im Gasthaus zu Mittag essen.

[25] Tatsächlich wurde Friedrich Ebert im Januar 1892, als er aus Bremen zur Beerdigung seines Vaters nach Heidelberg kam, von Heidelberger Handwerkern als »das schwarze Schaf« der Familie Ebert bezeichnet. Daß Eberts Entscheidung, die Lehre infolge des geschilderten Vorfalles nicht zu beenden, den Abbruch aller familiären Beziehungen ausgelöst habe, wie gelegentlich behauptet wird, ist eine Erfindung. Friedrich Ebert korrespondierte mit seinen Eltern, während er sich auf Wanderschaft befand, und auch Verwandte (so beispielsweise die Ehefrau seines 1911 verstorbenen Bruders Wilhelm Karl) erhielten relativ häufig Post von ihm. Einmal, so ist zu vermuten, muß er seinen Vater um einen Lederkoffer gebeten haben; denn in einem erhalten gebliebenen Brief Karl Eberts, der seinem wandernden Sohn mitteilte, daß er daheim jederzeit willkommen sei, ist davon die Rede, daß er infolge der nicht eingetriebenen Außenstände gegenwärtig lediglich einen festen Karton schicken könne.

Gründerjahre und Depression

Das Kaiserreich hat infolge des neuen Selbst- und Identitätsbewußtseins der Deutschen nach dem Sieg über Frankreich und infolge der französischen Kriegstribute von fünf Milliarden Francs, die die französische Republik innerhalb von drei Jahren an das Reich zahlen mußte, mit Neuerungen und Veränderungen aufgewartet, die der neuen deutschen Geschichte einen besonderen »Glanz« verliehen haben. Vielfältiger Fortschritt und spezifisch artikulierte Hoffnungen reflektierten ein irritierendes Zukunftsbild, dessen Titel »Aufbruch zu neuen Ufern« hätte lauten können.

Die Städte, in denen 1871 nur 36 Prozent der Gesamtbevölkerung lebten, ziehen mit ihren Fabriken und Transportunternehmen vor allem im Ruhrgebiet, im Aachener Becken, im Saargebiet und im Lothringer Eisenerzgebiet, im Mannheimer Raum, in Schlesien, am Niederrhein, in Süddeutschland und Südwestdeutschland zahlreiche Arbeitskräfte auch aus den untersten Schichten an. Hatte beispielsweise Dortmund im Jahre 1843 rund 25 000 Einwohner gezählt, waren es 1900 mehr als 200 000. In Düsseldorf, wo 1843 knapp 40 000 Menschen lebten, wurden 1900 nahezu 200 000 registriert. In Duisburg stieg die Zahl der Einwohner im gleichen Zeitraum von ungefähr 10 000 auf rund 90 000 an und in Aachen von knapp 50 000 auf über 150 000.[26]

Die Umschichtung der Gesellschaft, die »explosionsartige« Zunahme der Bevölkerung und die Massierung billiger Arbeitskräfte an bestimmten Orten gehören zu den zwangsläufigen Konsequenzen der Gesellschaftsordnung, deren Basis das Kapital darstellt.

Während beispielsweise von 1850 bis 1870 insgesamt 295 Aktiengesellschaften mit rund 2404 Millionen Mark Aktienkapital gegründet worden waren, schießen zwischen 1870 und 1874, also in einem Viertel der Zeit, 857 neue Gesellschaften mit etwa 4290 Millionen Mark buchstäblich aus dem Boden. »Eine epidemische Sucht, schnell reich zu werden«, so schildert Lutz Graf Schwerin von Krosigk die Situation, »hatte fast alle

---

[26] Die Häuser und Wohnungen reichten in Städten bald nicht mehr aus, so daß vielerorts Mietskasernen entstanden. Von 1871 bis 1881 waren es in der jungen Reichshauptstadt Berlin 23 289 Kellerwohnungen mit insgesamt 100 301 Bewohnern, 10 416 Dachgeschoßwohnungen und 248 Wohnungen im 5. Stock, was zu der Zeit als ganz außergewöhnlich galt. Die Wohnungen, vor allem in Arbeitergegenden, waren überfüllt. So wurden beispielsweise 1885 in einem einzigen Gebäude 227 Wohnungen mit 1080 Bewohnern registriert.

Schichten ergriffen. Spekulationen in Eisenbahnaktien waren an der Tagesordnung. Wer traute sich nicht, das gleiche Glück zu haben... Den Eisenbahngesellschaften, bei deren Gründung die Werte künstlich in die Höhe getrieben wurden, folgten bedenkliche, oft an Betrug grenzende Gründungen für industrielle Zwecke, bei denen bestehende Betriebe unter Verdeckung des wirklichen Wertes in Aktiengesellschaften umgewandelt wurden, sowie Gründungen von Makler-, Wechsler- und vor allem Baubanken, an deren Schaltern die Spekulationen in Schaumgold grassierten und Schwindelgeschäfte mit Baugelände betrieben wurden... Alles spielte, Adel und Beamtenschaft, Handwerker und Krämer, Arbeiter und Dienstboten.«

Die wechselvolle Bilanz der Maschinen- und Montanindustrie (Bergbau, Hütten, Maschinen und Werkzeuge), an der sich augenblicklich große und angesehene Firmen mit hohen Einsätzen beteiligten, spiegelt die Folgen der hektischen Sucht nach Gewinnen drastisch wider. 1870: 5 mit 5 Millionen Mark, 1871: 48 mit 171 Millionen Mark, 1872: 105 mit 300 Millionen Mark und 1873, bestürzend rückläufig: 16 mit nur noch 89 Millionen Mark.

Mit der sogenannten »Großen Depression«, die im Mai 1873 nach der zuvor in teutonischer Großmannssucht weit überzogen angeheizten (Hoch-)Konjunktur mit dem Zusammenbruch der Wiener Kreditanstalt begann, verschärften sich die Klassengegensätze und die bis dahin nur latent vorhandenen Gegensätze von Stadt und Land, Industriekapitalismus und Landwirtschaft, Liberalismus und Konservatismus. Tiefe Niedergeschlagenheit, Enttäuschung, Ratlosigkeit, Pessimismus und das aus Betroffenheit resultierende Bedürfnis, Schuldige ausfindig zu machen, breiteten sich überall unter den Deutschen aus, die gemeint hatten, im Augenblick vermögend oder gar reich werden zu können.

Nicht wenige der Unternehmen – unter ihnen alte Firmen mit Weltruf wie beispielsweise Godefroy in Hamburg – mußten ihr spekulatives Engagement mit dem Bankrott bezahlen. Hunderttausende von Arbeitgebern – Unternehmer, Rittergutsbesitzer, Fabrikanten, Bankiers, Kaufleute und Händler – wurden augenblicklich ruiniert, und zahlreiche der zwischen 1871 und 1873 im Gefolge des geradezu irrwitzigen Börsenbooms gegründeten Unternehmen, deren Besitzer oder Inhaber mit täglich neuen Aktien spekuliert hatten, mußten ihre Belegschaft reduzieren oder ihre Tore wieder schließen. Ende 1874 waren schließlich 77 Gesellschaften mit 441 Millionen Mark Kapital wieder pleite.

»Von Panik ergriffen«, schrieb der preußische Historiker und Reichstagsabgeordnete Heinrich von Treitschke, »warf das Publikum die Aktien, um die es sich eben noch gerissen hatte, auf den Markt. Die Aktienkurse stürzten. Im Gründungsgeschäft versiegte der Zustrom von Kapital. Im Bau befindliche Betriebe mußten liquidiert werden. Leichtsinnig gegründete Gesellschaften brachen zusammen. Die Baubanken wurden zahlungsunfähig und rissen die Bauhandwerker ins Verderben. Die kleinen und großen Spekulanten merkten erschreckt, wie ihnen die Scheingewinne zwischen den Fingern zerrannen. Viele hatten sich mit geborgtem Geld beteiligt. Jetzt drückten die Schulden. Die fast wertlos gewordenen Effekten ließen sich nicht absetzen. Seriöse Firmen wurden durch die Bankenzusammenbrüche und den Sturz der Aktienkurse mitgetroffen.«

Die Konkurse ziehen sich über mehr Jahre hin, als die »Gründerzeit« sie in Anspruch genommen hat.[27] 1877, als Friedrich Ebert in die Schule zu gehen beginnt, notiert die Bochumer Handelskammer: »Die ökonomische Signatur des Jahres bilden eine noch nie dagewesene Zahl von Liquidationen, Subhastierungen (öffentliche Versteigerungen), Kapitalreduktionen, das Zurückfallen der Eisenbahn-, Industrie- und Bergwerkseffekten noch unter den Stand des Jahres 1876, die fortgesetzte Entwertung der Fabrikate und vielfach weiteres Sinken der Arbeitslöhne, die Einschränkung der Produktion oder der Absatz ihrer Erzeugnisse zu Schleuderpreisen und eine erschreckende Abnahme der Kauffähigkeit aller Klassen der Bevölkerung.«

Die Konservativen geben Bismarck die Schuld und begründen ihre dem Bürgertum von dem Komponisten Richard Wagner, dem Historiker Heinrich von Treitschke, dem Schriftsteller Paul de Lagarde, dem evangelischen Hofprediger Adolf Stoecker und anderen intellektuellen Antisemiten salonfähig gemachte Auffassung auf eine in Deutschland und Österreich keineswegs erst seitdem wirkungsvoll praktizierte Weise. Sie werfen ihm vor, mit seiner liberalen Freihandelspolitik Tausende von geschäftstüchtigen Ostjuden ins Reich gelockt und sich und das Reich ihnen und ihren »verschwörerisch« reichsfeindlichen »Machenschaften« ausgeliefert zu haben.

»Wer regiert denn eigentlich im neuen Reiche?« fragen die konservativen Bismarck-Kritiker und fahren anklagend fort: »Und wozu haben die Siege von Sadová (Königgrätz) und Sedan gedient, wozu sind denn die Milliarden erbeutet, wozu wird (für) Kultur gekämpft, wenn nicht vor allem zur Beförderung der Judenherrschaft?« Sarkastisch raten sie dem mit den jüdischen Bankiers Gerson Bleichröder und Rothschild verkehrenden

[27] Generell konnte erst um 1895 von einer Wiedergesundung des Wirtschaftslebens die Rede sein.

Eberts Vorgänger als Reichskanzler: Prinz Max von Baden.

Friedrich Ebert: Der machtbewußte erste Reichspräsident der Republik Deutsches Reich.

Hofseite des Geburtshauses in der Heidelberger Pfaffengasse. Das Bild könnte dem Lied als Vorlage gedient haben, das Friedrich Ebert oft sang:
„Es stand meine Wiege in niedrigem Haus;/ Die Sorgen, die gingen drin ein und aus./ Und weil meinem Herzen der Hochmut liegt fern,/ Drum bin ich auch immer beim Volk so gern./ Und guckt die Sorge auch mal durch die Scheiben:/ Ein Sohn des Volkes will ich sein und bleiben."

Friedrich Ebert (x) als Schüler der Heidelberger Sandschule.

Kanzler, nicht das Porträt Wilhelms I., sondern Konterfeis von Bleichröder und Rothschild auf die Banknoten des Reiches drucken zu lassen, damit jedermann wisse, wer die gegenwärtige Gesellschaft regiere. Tatsächlich befanden sich zwischen 1871 und 1873 etwa 700 000 Juden in Deutschland, von denen allein 500 000 in Preußen lebten. Allein in Berlin wurden 1876 rund 50 000 jüdische Einwohner gezählt, was Ende der 70er Jahre zwar nur drei Prozent der Berliner Bevölkerung ausmachte; aber jeder zweite Berliner Unternehmer war zu der Zeit jüdischen Glaubens. Plötzlich zu zusätzlichem Geld gekommen und ungewöhnliche Chancen ahnend, hatten sich auch Hofchargen, Politiker, Adelige und Offiziere, die Friedrich der Große als »schlechte Wirte und Windbeutels« bezeichnet hätte, die bei der »armee... durch einen Sip« (beim Militär durch ein Sieb) gefallen wären, in berufsfremde Geschäfte eingelassen, von denen sie nur wenig – oder nichts – verstanden, so daß sie sich an Fachleute wenden mußten. Daß es sich bei ihnen nicht selten um Juden handelte, war kein Zufall. Die allgemein bekannten jüdischen Bankiers Bleichröder, von Schwabach, Löwe, Markus und Fürstenberg und die Großindustriellen Friedländer und Henoch waren nur einige von ihnen. Mit Befriedigung registrierten Hofschranzen Wilhelms II. noch in Doorn, daß in den Gründerjahren mit Juden zwar zahlreiche Geschäfte gemacht, aber keine Freundschaften geschlossen worden seien.[28]

Wie die Familie Ebert gegenüber den Juden eingestellt war, ist nicht zu ermitteln. Da Karl Ebert seit 1863 mit jüdischen Gelehrten der Heidelberger Universität verkehrte und als ein mit einer Protestantin verheirateter Katholik – für damalige Verhältnisse – in konfessioneller Hinsicht ohnehin mehr als nur Toleranz bewies, kann kaum angenommen werden, daß er womöglich Antisemit gewesen sei. Mit dem fünf Jahre älteren jüdischen Mathematikprofessor Moritz Benedikt Cantor, der mit seinen 1863 in Halle veröffentlichten *Mathematischen Beiträgen zum Kulturleben der Völker* die Fachwelt auf sich aufmerksam gemacht hatte, ist er 1863 und 1864 regelmäßig, zumindest im Vorstand des Arbeiterbildungsvereins, zusammengetroffen.[29]

Friedrich Ebert jedenfalls ist organisierten Antisemiten unerschrocken

[28] Heinrich Himmler rechnete es sich später zur Ehre an, daß sich SS-Leute bei der systematischen Vernichtung von Juden persönlich nicht bereichert hätten.

[29] Wahrscheinlich ist, daß sich unter Karl Eberts Kunden auch eine Anzahl von Juden befunden hat. Friedrich Ebert dürfte als Sattler – zumindest während seiner Münchener Zeit – mit einiger Sicherheit häufig unmittelbar mit Juden zu tun gehabt haben, die traditionsgemäß gern als Pferdehändler tätig waren und in den Sattlereien Zaumzeuge, Geschirre und Sättel reparieren und herstellen ließen.

und mutig entgegengetreten, als sie am 29. Mai 1893 in den Bremer Centralhallen für sich warben. Als »noch nicht wahlberechtigt« von der Wortmeldung ausgeschlossen, hat er sich nicht beirren lassen und ist so couragiert aufgetreten, daß ihm schließlich »unter stürmischem Beifall der Versammlung« doch das Wort erteilt werden mußte, wie die *Bremer Bürger-Zeitung* berichtete. Die »dumme und gehirnverkleisternde Judenfresserei«, die er fünf Jahre nach dem Verlassen des Elternhauses in Bremen anprangerte, hat niemals zu seinen Vorstellungen gehört.
Die große Depression hat den Haushalt des in »gehobener« bürgerlicher Gesellschaft verkehrenden Schneidermeisters Ebert nicht gravierend tangiert. Die in Heidelberg dominierende bürgerliche Gesellschaft, in der er sich beheimatet fühlte, verfügte auch in der allgemeinen Krisenzeit über Geld genug, sich Anzüge, Mäntel, Kleider und andere Bekleidungsstücke herstellen zu lassen. Universitätslehrer und Staatsbeamte ganz allgemein, die auch zur Zeit der Krise ihre festen Gehälter bezogen, hatten keinen zwingenden Anlaß, ihren Lebensstandard zu reduzieren. Wer als Beamter beispielsweise 1888, mitten in der Wirtschaftskrise, mehr als 150 Mark für Weihnachts- und Geburtstagsgeschenke und über 80 Mark für Rennbahnbesuche ausgeben konnte,[30] brauchte – bei 30 Mark für einen Mantel oder Winterrock – nicht auf seinen Schneider zu verzichten.
Am 11. November 1881 – drei Jahre nach dem Erlaß des als »Sozialistengesetz« in die Geschichte eingegangenen und bis zu Bismarcks Entlassung im Jahre 1900 gültigen Gesetzes »gegen die gemeingefährlichen Bestrebungen der Sozialdemokratie«, das alle Vereine verbot, »welche durch sozialdemokratische, sozialistische oder kommunistische Bestrebungen den Umsturz der bestehenden Staats- oder Gesellschaftsordnung bezwecken« – verlas Bismarck im Reichstag eine Erklärung Kaiser Wilhelms I., in der es unter anderem hieß: »Wir Wilhelm, von Gottes Gnaden Deutscher Kaiser, König von Preußen etc. thun kund und fügen hiermit zu wissen: ... Schon im Februar dieses Jahres haben Wir Unsere Überzeugung aussprechen lassen, daß die Heilung der sozialen Schäden nicht ausschließlich im Wege der Repression sozialdemokratischer Ausschreitungen, sondern gleichmäßig auf dem der politischen Förderung des Wohles der Arbeiter zu suchen sein werde. Wir halten es für Unsere Kaiserliche Pflicht, dem Reichstage diese Aufgabe von Neuem ans Herz zu legen, und würden Wir mit um so größerer Befriedigung auf alle Erfolge, mit denen Gott Unsere Regierung sichtlich gesegnet hat, zurückblicken, wenn es Uns gelänge, dereinst das Bewußtsein mitzunehmen, dem Vaterlande

[30] Vgl. dazu die Angaben S. 46.

neue und dauernde Bürgschaften seines inneren Friedens und den Hilfsbedürftigen größere Sicherheit und Ergiebigkeit des Beistandes, auf den sie Anspruch haben, zu hinterlassen.«
1883 wird die Sozialversicherung eingeführt, 1884 die Unfallversicherung und 1889 die Alters- und Invalidenversicherung. Die Arbeitsverhältnisse werden verbessert, die bis dahin bestürzend niedrigen Löhne wenigstens so weit angehoben, daß auch die Arbeiterinnen, Hausangestellten, Tagelöhner, Facharbeiter und Handwerksgesellen einigermaßen zu leben vermögen.
Von den fünf Milliarden Francs in Gold, die Frankreich an das Reich zu zahlen hat, erhalten die Invaliden und Hinterbliebenen der Gefallenen des Deutsch-Französischen Krieges 561 Millionen Mark der seit 1871 reichseinheitlichen Währung. Bismarck, der überzeugt ist, daß Leute, die im Alter über Pensionen oder Renten verfügen, leichter zu behandeln seien als Menschen, die sich an ihrem Lebensabend ganz besonders um ihren Lebensunterhalt sorgen müssen, bemüht sich, Ansprüche zu befriedigen, Hoffnungen zu erfüllen und Anlässe zum Engagement zu bieten.
Zahlreiche Arbeiter und Handwerker haben ihre Vorbehalte gegenüber dem Staat und der bürgerlichen Gesellschaft aufgegeben und sich – wie Friedrich Eberts Vater – kleinbürgerlichen Denk- und Verhaltensweisen angepaßt und nehmen die ihnen beispielsweise von den von Max Hirsch und Franz Duncker ins Leben gerufenen Hirsch-Dunckerschen Gewerkvereinen und auch von anderen arbeiterschaftlichen Organisationen gebotenen Chancen wahr, sich für Aufgaben im Rahmen der Industrialisierung rein technisch schulen, ausbilden und daneben auch bilden zu lassen.
»Der Bildungsfortschritt der Arbeiter ist seit den letzten fünfzig Jahren ein so großer«, schrieb Professor Karl Biedermann in dem von Ernst Keil seit 1853 herausgegebenen und von Theodor Fontane, Wilhelm Raabe und anderen namhaften Exponenten des Geisteslebens gern als Publikationsorgan genutzten Familienblatt *Die Gartenlaube,* »daß er den Bildungsfortschritt der sogenannten höheren Klassen (des Adels, des Gelehrten- und Bürgertums) relativ überwiegt. Wenn wir den Handwerksburschen von vor vierzig oder fünfzig Jahren, der ›fechtend‹ durch die Lande zog, mit dem Gewerbsgehilfen von heute vergleichen, welch gewaltiger Unterschied! Wenn wir sehen, was der letztere nicht bloß liest, sondern auch versteht, wenn wir wahrnehmen, mit welchem Eifer er die Gelegenheiten zu seiner allgemein menschlichen wie Berufsfortbildung, die ihm in Vereinen oder sonst geboten werden, ergreift und benutzt, wenn wir hören, welche Lieder er in seinen zahlreichen Gesangsvereinen singt und wie er sie singt, wenn wir den geselligen Zusammenkünften und Festlichkeiten

der Arbeiter beiwohnen, so müssen wir uns sagen – und wir sagen es mit Freuden –, daß die Empfänglichkeit, das Verständnis und das Interesse für die Bildungsfrüchte, deren Samen die besten Geister unserer Nation ausgestreut haben, in diesen Volksschichten, die früher kaum etwas davon kannten, in der erfreulichsten Weise gewachsen ist.
Es ist in der Tat höchst achtenswert, wie die Arbeiter zu einem großen Teile, und nicht bloß solche im jugendlichen Alter, sondern auch gereifte Männer von vierzig bis fünfzig Jahren, oft mehrere Abende in der Woche nach harter und erschöpfender Tagesarbeit eifrigst ihrer Fortbildung widmen, wie wir das in Leipzig an Hunderten und Hunderten, sowohl im ›Volksverein‹ wie im ›Volksbildungsverein‹, wahrnehmen; und es ist ein erhebendes Schauspiel, wie ebenda Männer und Frauen dieses Standes sich stundenlang in jeder Witterung vor den Türen des Theaters drängen, in welchem klassische Stücke in billigen Vorstellungen geboten werden, während bei der Darstellung derselben klassischen Stücke auf der größeren Bühne oft genug die Plätze der vornehmen Welt leer bleiben!«
Daß dieses Urteil allerdings nicht für alle Arbeiter und Handwerker zutraf, bezeugten so sachkundige Beobachter und Kritiker wie beispielsweise Franz Mehring.[31]

Erster Aufbruch »in die Welt«

Die erste Station auf dem Weg, den Ebert Ende 1888 zu gehen beginnt, ist Karlsruhe. Nach außenhin folgt er einer alten Tradition des Handwerkerstands, der ein halbes Jahrtausend älter ist als das Proletariat, das die Industrialisierung schlagartig zu erzeugen begonnen hat. »Nach außenhin«; denn Friedrich Ebert ist infolge seines eigenen Entschlusses nur Lehrling, nicht Geselle, was seine Position belastet. Die Gesellen, mit denen er unterwegs zusammentrifft, machen strenge Unterschiede. Der Geselle hat zu wandern, nicht der Lehrling.
Zwar nahm die Gesellschaft der Zunft den akzeptierten[32] Lehrling seit alters her unter ihre Fittiche, gab ihm Schutz, Ansehen und Rang; aber er

[31] Vgl. S. 46f.
[32] Der angehende Lehrling und seine Eltern hatten unbescholten zu sein und einen untadeligen Lebenswandel zu führen. Ausländern blieben das Handwerk und die Zunft ebenso verschlossen wie den Söhnen von Bauern und »dienstbaren Leuten«.

war derjenige, der auf der untersten Sprosse der zum ehrwürdigen Meister hinaufführenden Leiter stand und sich noch konsequenter als seine beruflich weiter qualifizierten »Kollegen« an die Bräuche und Regeln der Zunft zu halten und jederzeit gehorsam zu sein hatte. Ein vorsätzlicher Abbruch der Lehre oder eine – über die üblichen und generationsbedingten Differenzen hinausgehende – Mißachtung der Befugnisse und des Ansehens des Meisters mußten Konsequenzen nach sich ziehen, die nahezu ausnahmslos nur dem Lehrling schadeten. Was die Zunft dem ehrbaren Gesellen bot – den Beistand während der Wanderschaft, die Unterstützung bei Krankheit und fehlendem Arbeitsplatz –, blieb ihm versagt.

Der bodenständige und besonders traditionsgebundene junge Ebert weiß, womit er konfrontiert wird und was er wahrscheinlich durchzustehen hat, wenn er die Sicherheit aufgibt und wandernd »die Weite« sucht. Daß seine Wanderschaft zudem auch nicht mehr den Erlebnissen und Erfahrungen gleichen wird, die seine einstmals als Gesellen wandernden Vorväter Franz Peter Ebert und Matthäus Ebert geformt haben, weiß er nicht nur aus Erzählungen von Berufskollegen.

So berichteten die Zeitungen seit Mitte der siebziger Jahre entweder besorgt über das »Wanderburschenelend« oder hämisch über die »Bettlerpest«. Die Leser erfuhren, daß die »wandernden Handwerksburschen und Fabrikarbeiter« häufig unterwegs keine Arbeit fanden, Hunger leiden, im Freien oder in miserablen Quartieren kampieren und mit Krankheiten fertig werden mußten, die vom Volksmund meist generalisierend als »Hungertyphus« bezeichnet wurden. Trunkenheitsdelikte vieler »marschierender« Jammergestalten beschäftigten die Polizei im ganzen Reich. Besonders in Berlin, Breslau, Leipzig, München, Hannover, Stuttgart, Darmstadt, Göttingen und Osnabrück – in Städten, in denen sich auch Friedrich Ebert zwischen 1889 und 1894 aufhielt – haben diese »Wanderer« die Öffentlichkeit so nachdrücklich alarmiert, daß in ihnen »Vereine zur Verhütung der Hausbettelei« ins Leben gerufen wurden. Sie baten die Bevölkerung um Spenden und empfahlen, den Handwerksgesellen und Fabrikarbeitern nicht Geld, sondern Marken für warmes Essen und Übernachtungsgutscheine zur Verfügung zu stellen und ihnen – wie beispielsweise in Weimar, Elberfeld[33], Barmen, Krefeld, Düsseldorf, Karlsruhe und Bremen vorbildhaft organisiert – Zeitarbeiten wie »Holzhacken« anzubieten, um gezielt die Trunksucht unterbinden, Krankheiten einschränken und Betteleien überflüssig machen zu können.

---

[33] So gab es 1879 in Elberfeld eine städtische Armenverwaltung, die (bei 83 000 Einwohnern) 252 Armenpfleger beschäftigte.

Nicht zufällig wurde 1879 unter den Handwerkern die Forderung laut, wieder an bestimmte Gepflogenheiten des Innungswesens aus dem 16. Jahrhundert anknüpfen zu wollen. Wie Friedrich Ebert darüber dachte, ist nicht überliefert. Daß er nicht alles hat akzeptieren können, liegt auf der Hand. So hätte beispielsweise sein Vater das Schneiderhandwerk gar nicht erst erlernen können, weil er ein uneheliches Kind war, was im 16. Jahrhundert als Ausschließungsgrund gegolten hatte. Und auch die Verordnung, daß Lehrlinge, die ihre Lehrstellen vor »Ablauf der Lehrzeit« verließen, wie er selbst es nach der Ohrfeige seines Meisters vier Wochen vor dem Abschluß seiner Lehrzeit getan hatte, ihres »Handwerks beraubt... und weiter zu lernen nicht zugelassen« werden durften,[34] hätte er nicht gutheißen können.
Trotz aller negativen Erwartungen und Befürchtungen, die angehende Wandergesellen hegen mußten, wußten sie jedoch, daß sie Land und Leute kennenlernen, neue Berufserfahrungen sammeln und Einsichten gewinnen würden. Wie bestimmte Details und Zusammenhänge mit einiger Sicherheit vermuten lassen, ist Ebert während seiner Wanderschaft durch Deutschland mit Vorstellungen konfrontiert worden, die 1832 das Hambacher »Nationalfest der Deutschen« trugen, auf dem 300 Handwerksburschen ein von dem Homburger »Landkommissär« Philipp Jakob Siebenpfeiffer eigens für sie gedichtetes – und seitdem von wandernden Handwerksgesellen gern gesungenes – Lied nach der Melodie des Schillerschen Reiterliedes vorgetragen hatten, in dem es unter anderem hieß:

»Was tändelt der Badner mit Gelb und Roth,
Mit Weiß, Blau, Roth Baier und Hesse?
Die vielen Farben sind Deutschlands Noth,
Vereinigte Kraft nur zeugt Größe:
Drum weg mit der Farben buntem Tand!
Nur *eine* Farb' und *ein* Vaterland!

Wenn Einer im Kampfe für Alle steht,
Und Alle für Einen, dann blühet
Des Volkes Kraft und Majestät,
Und jegliches Herz erglühet
Für ein einiges Ziel, für ein einziges Glut.
Es brennet der Freiheit, des Vaterlands Gut.«[35]

---

[34] Allerdings gab es Bestimmungen, die Ausnahmen zuließen. So galt die Ausschließung beispielsweise nicht in Fällen, in denen Lehrlinge »gefährlich mißhandelt« wurden, kein »ordentliches Essen« und »keine ordentliche Lagerstatt« erhielten.

Nur wenige Ebert-Reden deutschlandpolitischen Inhalts gibt es, aus denen sich nicht die Emotionen ansprechenden Metaphern, gleichsam individuelle und kollektive Betroffenheit auslösenden konkreten Bilder, Formulierungen, Ansprüche, Erwartungen und Wunschvorstellungen herauslesen lassen, die auf dem Hambacher Fest durchweg mit emotionalem Engagement vorgetragen worden waren. Auch inhaltlich hätte bis Oktober 1918 von ihm gesagt worden sein können, was sein Neustädter Landsmann, der liberal-demokratische Kaufmann Friedrich Deidesheimer, auf dem von ihm und 33 weiteren Gesinnungsgenossen – gegen diverse staatliche Widerstände – vorbereiteten grandiosen Fest 1832 gefordert hatte. »Wir wünschen«, so hatte er erklärt, »unsere Verfassung zu erhalten,[36] die uns Freiheit der Rede und der Presse sichert und auch wohl zu Freiheit des Handels und Vernichtung der Wohlstand und Sitten verderbenden Zwischen-Mauthen[37] führen muß. – Darum, Freunde, laßt uns fest aneinanderhalten; wird Einer in seinen Rechten gekränket, so setzen wir es alle! – Wir wollen keine Revolution, wir wollen aber unsere Rechte – unsere Freiheiten, die uns gesetzlich garantiert sind... die wollen wir erhalten, in ihrer ganzen Ausdehnung erhalten. – Wer auch nur das Kleinste davon verletzt, der ist meineidig, der sey unser gemeinschaftlicher Feind; entstehe dann auch daraus was da wolle.«

Wie die Hambacher Redner von 1832 mied auch Ebert stets abstrakte Bilder. Und wie sie wählte auch er gern pathetische Formulierungen zur Überhöhung konkreter Tatsachen, die ohne spezifizierendes Dekor alltäglich und lapidar blieben. Daß sein – für die heutige Generation zuweilen schwer erträgliches – Pathos niemals hohl klang, hing von der Tatsache ab, daß er stets glaubwürdig wirkte, keinen irritierenden Glanz ausstrahlte, »deutsche« Biederkeit personifizierte, schon früh wie eine Vaterfigur mit Großvaterhabitus auftrat und niemals Agitator im eigentlichen Sinne gewesen ist. Ihm fiel es infolge seiner Charakterstruktur und Mentalität nicht schwer, Dinge beim Namen zu nennen, die andere umschreiben zu müssen meinten. Wenn Ebert sprach, redete nicht der Exponent einer Ideologie-Partei, deren Vokabular jedermann kannte, sondern der auf eine besondere Weise sozialdemokratisch orientierte Heidelberger Bürgersohn, dem die Nation und das Reich stets mehr als Ideologien bedeuteten.

---

[35] Offensichtlich sollten die beiden letzten Zeilen lauten:
»Für ein einziges Ziel, für ein einziges Gut:
Es brennet der Freiheit, des Vaterlands Glut.«

[36] Er meinte: ... zu bekommen.

[37] Mauthen = Zölle.

Auf dem Hambacher Fest hatte J. G. A. Wirth – den Heinrich Heine als »zwar irrenden, aber tapferen Ritter der Freiheit, wie Deutschland deren wenige gesehen« habe, bezeichnete – seine Feststellung, daß Deutschland »aus der Liste der europäischen Reiche gestrichen und der Verspottung Preis gegeben« sei, mit der literarisch klingenden, bestimmte Emotionen auslösenden und zur Identifizierung drängenden Ouvertüre eingeleitet: »Das Land, das unsere Sprache spricht, das Land, wo unsere Hoffnung wohnt, wo unsere Liebe schwelgt, wo unsere Freuden blühen, das Land, wo das Geheimnis aller unserer Sympathien und all' unserer Sehnsucht ruht...« Rund 90 Jahre später, am 17. September 1920, stellte Ebert seiner Forderung, sich »die Liebe zu unserem großen Vaterland... auch in unserer Not nicht nehmen« zu lassen und es stets zu »verherrlichen« und »kraftvoll« zu verteidigen, eine ähnliche »Einleitung« voran. »Die Liebe und die Freude zum Schaffen, zum Schaffen für das Volksganze, zum Schaffen für die Heimat«, sagte er und fuhr – ähnlich wie Wirth – fort, »die Liebe zu unseren Wäldern, zu unseren Tälern, zu unseren Bergen, die Liebe zu dem Fleckchen Erde, wo unsere Wiege gestanden hat, die Liebe zu unserem großen Vaterland...«

Erst nachdem Ebert den Schoß der Familie und der Vaterstadt verlassen hat, der er sich nach altem Brauch höchstens bis auf 50 Kilometer nähern darf, woran er sich allerdings nicht konsequent gehalten hat,[38] haben politische Aspekte sein »Weltbild« stilisierend zu prägen begonnen.

Erst jetzt, als das Essen, ein Bett und die Kleidung ihm nicht mehr automatisch zur Verfügung gestellt werden, als er darum täglich neu zu »kämpfen« beginnen und sich mit Problemen auseinandersetzen muß, die im Elternhaus keine Rolle gespielt haben, wird er zu einer Umorientierung und Modifizierung seiner Vorstellungen – zumindest hinsichtlich des täglichen Lebens und der Beurteilung der Umwelt – gezwungen. Daß er jeweils und unmittelbar nach den Wurzeln, den Ursachen und Anlässen für bestimmte Erscheinungen gefragt haben dürfte, lassen seine Charakterstruktur, Mentalität und Gewohnheiten als sicher voraussetzen.

Georg Herweghs bittere Frage »Sag', o Volk, was Du gewinnst«, die Ebert im trauten Heidelberg keineswegs als authentisches Spiegelbild der Gegenwart hätte bezeichnen können, wäre ihm nun in einem anderen Licht erschienen.

In Karlsruhe, der Residenz- und Hauptstadt des Großherzogtums Baden,

---

[38] Danach hätte er sich während seiner Wanderschaft 1888/89 nicht in Heidelberg und in Mannheim aufhalten dürfen.

dessen regierender Fürst Prinz Max ihm 30 Jahre später sein letztes kaiserliches Amt überträgt, das Amt des Reichskanzlers, wird Ebert Ende 1888 mit einer Umwelt konfrontiert, die ihm, dem unerfahrenen jungen Mann aus der »Provinz«, als Zentrum politischer Macht erscheinen muß. Da dominieren die Bismarckstraße, die Kaiserstraße, der Friedrichsplatz und die Karlstraße – Straßen und Plätze mit Herrschernamen und Namen von Staatsmännern. Wie in den meisten Städten (und auch Dörfern) Deutschlands ist der »Denkmalrausch« nach der Reichsgründung auch in Karlsruhe nicht ausgeblieben. Zu den alten Denkmälern aus der Zeit der Vielstaaterei haben sich neue gesellt, die den jungen Nationalstaat verherrlichen und Majestäten, Staatsmänner und Feldherren idealisiert personifizieren. Hehre Kriegerdenkmäler und Statuen, die deutsche Schriftsteller darstellen, sind landauf, landab hinzugekommen. (Das Palais des Prinzen Max von Baden, Denkmäler für Ludwig I., Karl Friedrich und Kaiser Wilhelm I. erinnern an Exponenten der Geschichte.) Die großen Hotels heißen »Germania«, »Viktoria«, »Erbprinz« und »National«. Das Staatsministerium, das Ständehaus und das Direktionsgebäude der Staatseisenbahn suggerieren massiv den Eindruck, daß hier Geschichte und Politik zugleich »gemacht« werden. Zwar gibt es in Karlsruhe die 1825 gegründete und seit 1865 den Universitäten gleichgestellte Technische Hochschule; aber die Aura, wie sie die alte Universität mit ihren Professoren und Studenten in Heidelberg verbreitet, fehlt hier. Das in der Bismarckstraße stehende Denkmal des 1886 gestorbenen Schriftstellers Viktor von Scheffel, mit dem Ebert sich beschäftigt hat, kann nicht darüber hinwegtäuschen, daß Karlsruhe nicht der eigentliche Schauplatz ist, auf dem die seit Ende der fünfziger Jahre in der Nachfolge des Scheffel-Romans *Ekkehard* erdachten sogenannten »Professorenromane« spielen. Erstmals sieht und erlebt Ebert »von außen«, welche Rolle die (meist Groß-)Familie für den Mittelstand und für die unteren Schichten der Gesellschaft spielt, deren Familienmitglieder bei der sogenannten »Heimarbeit« helfen und in den von den Familienvorständen betriebenen Werkstätten und Geschäften mitarbeiten müssen, um sich den überall als selbstverständlich propagierten bürgerlich orientierten Lebensstandard leisten zu können. Und er findet bestätigt, daß die bürgerlichen Tugenden – Vaterlandsliebe, Ordnungsbewußtsein, Pünktlichkeit, Gehorsam und Zuverlässigkeit –, die ihn in Heidelberg geprägt haben, auch anderswo Richtschnur für die Tagesordnung und das Leben sind. Er braucht nicht umzudenken, sich nicht neu zu orientieren. Doch er wird in Karlsruhe mit einem »Großstadt«-Problem konfrontiert, das er aus seiner Heimatstadt nicht kennt: mit der von Frauenrechtlerinnen seit seiner Wanderzeit überall in Industriestädten energisch geforderten Gleichberechtigung des weiblichen Geschlechts. Die drei Jahrzehnte später von ihm maßgeblich initiierten und mitgetragenen Lösungen,[39] zu denen nicht zuletzt das Wahlrecht für Frauen gehört, resultieren weniger aus den beispielsweise von Clara Zetkin und Rosa Luxemburg theoretisierend propagierten Ansprüchen als aus persönlichen Erlebnissen, die er während seiner Aufenthalte vor allem in Mannheim, Hannover, Bochum, Elberfeld, Remscheid und Quakenbrück hat registrieren müssen. In Mannheim, der zweiten Residenz- und Hauptstadt des Großherzogtums Baden, arbeiteten Frauen in einer Zigarrenfabrikation, in der Zuckerraffinerie, in Hannover in Baumwoll- und Flachsspinnereien, in Webereien, in Tabakfabriken und in Unternehmen, die Lampen, Strohhüte, Wachstuche, Tapeten, Spielkarten, Zündhölzer, Seife und Parfüme produzierten. Während jugendliche Tagelöhner beispielsweise in Berlin täglich 1,30 Mark verdienten, erhielten Frauen für die gleiche Arbeitsleistung nur 1,00 Mark; in Düsseldorf waren es 1,20 gegenüber 0,80 Mark, in Hamburg 1,20 gegenüber 1,00 Mark. Ungelernte männliche Berliner Tagelöhner konnten täglich bis zu 2,70 Mark, Frauen jedoch nur bis zu 1,50 Mark verdienen. In Breslau waren es 2,00 Mark für Männer, 1,10 Mark für weibliche Arbeitskräfte, in Frankfurt 2,50 Mark für Männer und 1,70 Mark für Frauen. 25 Prozent der ungelernten Arbeiterinnen mußten 1892 mit Wochenlöhnen von 9 bis 15 Mark auskommen, rund 50 Prozent mit 15 bis 18 Mark und 20 Prozent mit 18 bis 24 Mark. Als Ebert sich in Karlsruhe, in München und in Mannheim aufhielt, bekamen beispielsweise Wäschearbeiterinnen wöchentlich 5 Mark, solange sie Anfängerinnen waren, und spezialisierte Mantelnäherinnen 8 bis 9 Mark, während ungelernte männliche Arbeiter bei gleichem Leistungsaufwand mit Wocheneinnahmen von bis zu 20 Mark rechnen konnten.

In der badischen Residenzstadt arbeitet Ebert eine kurze Zeit als Sattler und verdient, obwohl er kein Geselle ist, relativ viel. Er näht Tornister und besucht – zur Verwunderung seiner Kollegen – in seiner Freizeit das Hoftheater, besichtigt das Schloß, den Botanischen Garten und die Orangerie, malt und zeichnet. Schließlich wandert er weiter nach München.

München, die Stadt, die mit über 550 000 Einwohnern mehr als zwanzigmal so groß wie Heidelberg ist, wird in gedruckten Hotelführern als »eine der gesündesten Großstädte« gerühmt. »Die hohe Lage der Stadt, die Nähe des Gebirges und die luftreinigende Tätigkeit der raschfließenden Gebirgswässer der Isar bewirken zusammen jenes charakteristische physiologische Wohlbefinden«, hieß es beispielsweise rund 20 Jahre später in Otto

---

[39] Schon 1909 wurde mit Luise Zietz eine Frau in den Vorstand der SPD gewählt.

Ziesches *Auskunft-Buch über Hotels, Restaurants, Cafés und Weinstuben,* das »insbesondere alle jene Gäste Münchens schon nach einem Aufenthalte von wenigen Tagen an sich festzustellen vermögen, deren Nerven Anregung und Stärkung bedürfen... München ist... die Stadt der Erholung par excellence.«

Den jungen, gesunden Wandersmann können derartige Werbesprüche nicht locken. Er ist erstmals in einer der größten Städte Deutschlands, will in seinem Beruf arbeiten, die Stadt mit ihrem reichen Kulturleben kennenlernen und schließlich wieder weiterziehen. Erstmals kommt er hier mit den Erzeugnissen seines Handwerks in Berührung, die er Jahre zuvor in Heidelberg hat herstellen und reparieren wollen: mit Pferdegeschirren. Doch auch die Erfüllung seines Kindheitstraumes hält ihn nicht länger als ein paar Wochen in der bayerischen Hauptstadt.

Er macht sich, neu und schmuck eingekleidet, zurück auf den Weg nach Heidelberg, wo ihn kein Sattlermeister einstellen will, weil er seine Lehre nicht vorschriftsmäßig beendet hat. Wieder wird er nachhaltig darauf aufmerksam gemacht, daß die bürgerlichen Tugenden Ordnung, Gehorsam, Disziplin, Rechtsgläubigkeit und Gesetzeserfüllung von niemandem schadlos ignoriert werden können. Er muß nun feststellen, daß ihm nur diese Alternative bleibt: entweder weiterwandern oder aber eine berufsfremde Arbeit akzeptieren.

Nachdem es zum Bruch mit seiner Jugendliebe, der Tochter eines Heidelberger katholischen Küfermeisters gekommen ist, geht er Anfang 1889 zu seinem Onkel Wilhelm Strötz nach Mannheim. Daß die Küferstochter sich von Ebert abgewandt habe, weil er plötzlich Sozialist geworden sei, wie einige Biographen behaupten oder mutmaßen, ist eine Legende. Als »Sozialisten« hat das junge Mädchen seinen Freund zu der Zeit nicht sehen können; denn das ist er nicht gewesen. Mutmaßungen über mögliche aufgefrischte Erinnerungen an den Abbruch der Lehre und an den spontanen Aufbruch als Trennungsanlässe sind so müßig wie Spekulationen über eventuelle Ängste der jungen Handwerkertochter vor der Zukunft mit einem Mann ohne abgeschlossene Berufsausbildung. Friedrich Ebert war 18 Jahre »alt«, als er nach Mannheim ging, und an Heirat konnten so junge Leute Ende des 19. Jahrhunderts schwerlich denken. Daß Ebert zeitlebens für die Frühehe eingetreten ist, hat mit seiner zerbrochenen Jugendliebe zweifellos nichts zu tun gehabt.

Mehr als 40 Prozent der körperlich arbeitenden Bevölkerung starben Ende der achtziger Jahre – infolge mangelnder medizinischer Versorgung, unzulänglicher Ernährung und Wohnverhältnisse – an Tuberkulose, an Influenza, an Cholera und an anderen epidemischen Krankheiten. Zwar hat es 1881, 1884 und 1887 Novellen zur Reichsgewerbeordnung zur Verbesserung der Lage des bis dahin weithin »vogelfreien« Handwerks und, dank Bismarck, präzise Arbeitsschutzverordnungen gegeben, niemand jedoch konnte die Arbeitgeber zwingen, sie in jedem Fall auch zu beachten. Wohl existierten seit den achtziger Jahren die gesetzliche Krankenversicherung, die Unfallversicherung und die Invalidenversicherung;[40] aber sie »funktionierten« nur so lange, wie die Prämien ordnungsgemäß bezahlt werden konnten.

Wer immer in »herrschaftlichen« Diensten stand, durfte nach der (bis 1900 verbindlichen) Gesindeordnung wegen Widerspenstigkeit oder Ungehorsams eigenmächtig gezüchtigt oder jederzeit augenblicklich und entschädigungslos entlassen werden. Das Recht des Stärkeren herrschte nüchtern, erbarmungs- und gnadenlos. Hausangestellte vom Lande beispielsweise waren froh, in den Städten für 10 Mark monatlich überhaupt eine Arbeit, Lohn und Unterkunft zu finden.[41] Daß sie gelegentlich als »Perlen« behandelt wurden, wie Theodor Fontane überliefert, bestätigt lediglich die Regel. Ungelernte Arbeitskräfte mußten sich glücklich schätzen, ihren Lebensunterhalt schlecht und recht bestreiten zu können. So erhielt 1892 beispielsweise ein Berliner Tagelöhner einen Tageslohn von 2,70 Mark, während eine ungelernte Arbeiterin sogar nur 1,50 Mark bekam. Und dies waren keine Ausnahmen. Die Bücher beispielsweise des Zentralsvereins für Arbeitsnachweis von 1896 bezeugen: Von 1000 ungelernten Arbeitern verdienten mehr als die Hälfte wöchentlich 15 bis 18 Mark, rund 20 Prozent 18 bis 24 Mark und 25 Prozent 9 bis 15 Mark. Da Tagelöhner durchschnittlich nur an 250 Arbeitstagen tätig waren, weil es sich bei ihnen oft um Gelegenheitsarbeiter handelte, konnten sie nur mit Einnahmen

---

[40] 1911 kamen weitere Einzelversicherungen und die Reichsversicherungsanstalt für Angestellte hinzu, die die arbeitende Bevölkerung vor den Wechselfällen und Risiken des täglichen Lebens schützen sollten.

[41] Zahlreiche arbeitsfähige und arbeitswillige Menschen lebten ohne ein angemessenes Obdach. So wurden beispielsweise am 30. Januar 1895 in Berlin an einem einzigen Tag 4000 Personen gezählt, die in einer der »Wärmehallen« der Reichshauptstadt ein Tagesasyl suchten.

von knapp 700 Mark im Jahr rechnen.[42] Als Friedrich Ebert sich 1889 in Mannheim bei seinem Onkel aufhielt, verdiente beispielsweise ein Maurergeselle bei gewöhnlich nicht unter zehn Stunden Arbeitszeit täglich 4 Mark, ein Tischlergeselle 3 bis 4 Mark. Friseure arbeiteten täglich 15 bis 16 Stunden, Kutscher 16, Bäcker, Konditoren und Fleischer 14 bis 16 Stunden. Bedürftigkeit jedweder Art gehörte zur Zeit des kaiserlichen »Glanz und Gloria«-Regimes ganz allgemein zum Leben der Arbeiterschaft. Ein Former einer Bronzewarenwerkstatt verdiente 1889 rund 1700 Mark im Jahr. Seine Ausgaben betrugen: 259 Mark für die Wohnungsmiete, 924 Mark für den Haushalt, 30 Mark für Steuern, 13 Mark für Krankenkassenbeiträge und andere Versicherungsprämien, 45 Mark für die Heizung, 30 Mark für einen »Winterrock für den Mann«, 27 Mark für zwei Paar Stiefel, 33 Mark für die Bekleidung der Frau und Kinder, 20 Mark für den Arzt und für Arzneien, 3 Mark für Zeitungen,[43] 64 Mark für »Verschiedenes: Flickereien, Wäsche, Vergnügungen« und 162 Mark für »Getränke, Tabak und Groschensammlungen«.
Zur gleichen Zeit registrierte ein vermögender »Herr der Gesellschaft« in seiner Jahresbilanz für 1888 als Einnahmen aus preußischen Staatspapieren 23 165 Mark. Ihnen stellte er als Ausgaben gegenüber: 2460 Mark für den Neunzimmerhaushalt, 486 Mark für Dienstbotenlöhnung, 4200 Mark für die Haushaltsführung, 600 Mark für die Bewirtung von Gästen des Hauses, 300 Mark für Wäsche- und Geschirrkäufe, 542 Mark für die Bekleidung der Ehefrau und zweier Töchter, 186 Mark für sich selbst, 260 Mark für den Sohn, 1950 Mark für Bücher und neun Monatswechsel für den Sohn, 560 Mark für Musik- und Malunterricht für die Töchter, 412,50 Mark für Zeitschriften und Zeitungen, 600 Mark Taschengeld für die Ehefrau und 480 MarkTaschengeld für die Töchter, 1120 Mark für eine vierwöchige Sommerreise, 122 Mark für den Zahnarzt, 453,50 Mark für die Teppichreinigung, für Wäsche, Fußbodenreparaturen, für Zuwendun-

[42] Zur Zeit der Jahrhundertwende kosteten Küchen- und Schlafzimmer zwischen 90 und 140 Mark, Schreibtische zwischen 28 und 60 Mark, Bücherschränke zwischen 40 und 75 Mark, große »Salonteppiche« zwischen 38 und 65 Mark, lederne Klubsessel 60 bis 100 Mark, eichene Standuhren 45 bis 100 Mark, 50 kg Kohlen 1,35 Mark, 1886 in der »Neuen Leipziger Speisenanstalt« eine Essenportion 20 Pfennige, in der vornehmen »Neuen Welt« in der Berliner Hasenheide ein Wiener Schnitzel 1,00 Mark, ein Kalbskotelett 75 Pfennige, ein Gänsebraten 1,00 Mark, ein Hecht in Butter 75 Pfennige, ein Sardellenbrötchen 40 Pfennige, ein Heringssalat 25 Pfennige und ein belegtes Brötchen ebenfalls 25 Pfennige.

[43] Die Zeitung kostete jährlich zwar 6 Mark; aber der Former hatte sie mit jemandem zusammen abonniert und brauchte daher nur die Hälfte des Jahresbetrages, also 3 Mark, zu zahlen.

gen für den Lohndiener, für Trinkgelder und Neujahrsgelder für den Briefträger, 720 Mark für einen »gelähmten Jugendfreund als festen Beitrag zu seinem kleinen Ruhegehalt von monatlich 60 Mark«, 1000 Mark für Vereine, Sammlungen und Wohltätigkeiten, 1000 Mark für Dienstboten, 62,30 Mark für Korrespondenzen, 1146 Mark für Steuern, 35 Mark für die Möbel-Feuerversicherung, 1000 Mark Spareinlagen für die Töchter, 390 Mark für Heizung und Küchenbefeuerung, 275 Mark für Gas, Petroleum und Kerzen, 275 Mark für Zigarren und schließlich 220 Mark für »Vergnügungen: Schauspiel und Oper, Konzerte, Nachmittags-Ausflüge im Sommer«.
Ein Staatsbeamter, der im Jahr 5450 Mark verdiente und über Zinsen aus einem Kapital von 9000 Mark verfügte, gab 1889 nach eigenen Angaben unter anderem aus: 1225 Mark für die Wohnungsmiete, 140 Mark für die Heizung, 45 Mark für die Beleuchtung, 2040 Mark für die Beköstigung der sechsköpfigen Familie, 120 Mark für das Hausmädchen aus der Provinz, 6 Mark für die Dienstbotenkrankenversicherung, 264,75 Mark für die Schule der beiden Söhne, 120 Mark als Taschengeld für die Ehefrau, 254 Mark für Steuern und für die Witwenkasse, 152,50 Mark für Weihnachts- und Geburtstagsgeschenke, 82,50 Mark für Pferderennen und 62 Mark für »Vergnügungen«. Die spür- und sichtbare Kluft zwischen »oben« und »unten« galt weithin als unüberwindbar und wurde auf beiden Ebenen als so gottgegeben angesehen wie der »Kaiser von Gottes Gnaden« als oberste Staatsinstanz.
Vielerorts traf zu, was der politisch weit links orientierte Franz Mehring den Arbeitern im Sommer 1879 attestierte: »grenzenlose Indolenz«. Er beschuldigte den Arbeiter, dem Arbeitgeber unangebrachte Schwierigkeiten zu bereiten und die Zeichen der Zeit nicht zu verstehen. Sein »unglaublicher Widerwille gegen alles«, so klagte er, »auch gegen die segensreichen Neuerungen, seine beispiellose Kurzsichtigkeit gegenüber seinen wichtigsten Interessen, die auch den freudigsten Eifer wohlwollender Arbeitgeber zu ermüden vermögen. Namentlich wo die Sozialdemokratie über starken Anhang geboten hat oder gebietet, zeigen sich die Arbeiter als ein dumpfes, träges, jeder tatkräftigen Selbsthilfe unfähiges Geschlecht; gerade am Rhein, dem preußischen Hauptherde der kommunistischen Agitation, bekunden sie völlige Teilnahmslosigkeit gegen die eifrigsten Bestrebungen, welche die Fabrikinspektoren zu ihren Gunsten aufwenden. In anderen Gegenden verrät sich dann freilich auch wieder lebhafteres Interesse, aber zweifellos steht den deutschen Arbeitern eine lange und mühsame Prüfungszeit bevor, ehe sie die Folgen eigener und fremder Sünden überwunden und die Reife erlangt haben, welche ihre

englischen Kameraden auszeichnet. So sind die Beziehungen zwischen Unternehmern und Arbeitern noch vielfach unerquicklicher Natur. Überwiegend durch ungelöste Dissonanzen wird das moderne Arbeitsverhältnis gekennzeichnet.«[44]
Da die Gewerkschaften insgesamt noch zu schwach waren, die Sozialdemokraten lange mit den Folgen des Sozialistengesetzes rangen und beider Funktionäre mehr über ideologische und programmatische Fragen als über die Lage der Handwerker und Arbeiter stritten und dadurch einen erheblichen Teil ihrer Energien und Mittel verbrauchten, konnte auf ihre Hilfe kaum gerechnet werden. So sahen sich die Tagelöhner, Berg- und Hüttenleute, Fabrikarbeiter und Handwerker meist gezwungen, unter dem Schirm regionalgewerkschaftlicher Organisationen auf eigene Faust Streiks als Kampfmittel zur Verbesserung der Löhne und Arbeitsverhältnisse zu organisieren. Doch dies geschah – wie 1872 durch Strötz in Mannheim – immer nur in lokalem Rahmen und beschränkte sich auf bestimmte Betriebe und Handwerkszweige. Wo die »Anstifter« durch sofortige Entlassungen von ihren Arbeitsplätzen entfernt werden konnten, geschah dies, wie Friedrich Ebert es beispielsweise 1889 in Hannover und Kassel und 1891 in Quakenbrück am eigenen Leibe erleben mußte. Militär und Polizei fungierten als Büttel der Staatsmacht und schufen »Ordnung und Ruhe«. Streikbrecher wurden von Gendarmen, die zwangsläufig immer auf ihrer Seite standen, zu den Arbeitsstellen geleitet und dort vor eventuellen Maßnahmen ihrer streikenden Arbeitskollegen geschützt. Meist gingen die Streiks nicht nur wie das »Hornberger Schießen« aus, sondern hatten für die Streikenden auch Folgen, die ihre Situation nur noch verschlechterte.
Abhilfe schufen gelegentlich zwar Vereine, die sich um Arbeitslose und sozial schlecht gestellte Arbeitskräfte kümmerten. Doch auch sie konnten immer nur in lokalem Rahmen eine Rolle spielen und auch dann meist nur ansatzweise helfen. Zudem war ihre Hilfe zu bezahlen. Wohnungs- und arbeitslose Mägde beispielsweise, denen der 1885 in Berlin gegründete »Verein zur Hebung der öffentlichen Sittlichkeit« in seiner »Mägdeherberge« vorübergehend Unterkunft gewährte, mußten monatlich 15 Mark bezahlen, um ausschließlich nachts den mit 30 Betten ausgestatteten Schlafsaal benutzen zu dürfen, täglich ein Mittagessen, zwei Brötchen und

[44] Eigentlich erst nachdem die Wirtschaftskrise zahlreiche Arbeitsplätze zunichte zu machen begonnen hatte, wurden Klassenkampftheorien und Politik schlechthin für die Fabrikarbeiter, Tagelöhner, Handlanger und handwerklichen Dauergesellen, die das Bürgertum geringschätzig als »Paupers« (Arme) und Pöbel betrachtete, zu Themen, mit denen sie sich systematischer als bislang auseinanderzusetzen begannen.

Kaffee zu erhalten und eventuell eine Arbeitsstelle vermittelt zu bekommen.[45]
Obwohl Ebert alles dies unterwegs erfahren konnte, mußte er 1888 noch nichts davon am eigenen Leibe spüren. Die »große Politik« beherrschte die Diskussionen.
Im März war Kaiser Wilhelm I. 91jährig gestorben, Friedrich III. Kaiser geworden, nach 99 Tagen Mitte Juni einem schweren Krebsleiden erlegen und Wilhelm II., den Ebert 30 Jahre später »ablöste«, seinem Vater auf den Thron gefolgt. Die Monarchie Deutsches Reich und der gleichaltrige Ebert haben in 17 Jahren drei Kaiser erlebt. Der mit Viktoria Adelheid Maria Luise, der herrschsüchtigen Tochter der englischen Königin Viktoria, verheiratete hünenhafte, blonde, Monarch, dessen Vornamen Ebert auch trug, Friedrich III., hat gehofft, aus Deutschland ein fortschrittliches, liberales und geistiges Land machen zu können. Doch seine Krankheit ließ diese Pläne zu einer Illusion und seinen – gänzlich andere politische Ziele verfolgenden – Sohn Wilhelm zu dem Kaiser werden, dessen »Schicksal« schließlich die Geschichte Deutschlands und Friedrich Eberts maßgeblich bestimmte.
Im sogenannten »Drei-Kaiser-Jahr« mit seinen spektakulären Thronwechseln dürfte das Interesse des 17jährigen Lehrlings mit einiger Sicherheit kaum von sozialpolitischen Überlegungen beherrscht worden sein.

Auf Wanderschaft

In Mannheim, wo die Sozialdemokraten nicht nur 1884 als stärkste politische Partei aus den Reichstagswahlen hervorgegangen sind, sondern schon zur Zeit der Geburt Eberts das politische Gesicht der Stadt maßgeblich mitbestimmt haben, vermittelt sein Onkel Zusammenkünfte mit organisierten Sozialdemokraten und Gewerkschaftlern und bemüht sich, ihn mit der Theorie des Klassenkampfes vertraut zu machen und ihm Karl Marx, Friedrich Engels, August Bebel und Ferdinand Lassalle näherzubringen.

---

[45] 15 Mark verdienten Hausmädchen monatlich, wenn sie gut bezahlt wurden. Allerdings hatten sie dann freie Verpflegung und Unterkunft. Innerhalb der ersten neun Monate nach der Gründung des Vereins beherbergte er 1000 Mägde.

Da nicht überliefert ist, wie Ebert diesen »Unterricht« aufgenommen hat, können nur die Spuren zählen, die sich aus seinen Äußerungen und Handlungen herauslesen lassen.[46] Als unanfechtbare Interpretation eines gesetzmäßigen Antriebs der gesellschaftspolitischen Entwicklung und der Geschichte überhaupt erscheint der Klassenkampf nirgendwo, und niemals werden von ihm Marx oder Engels im Zusammenhang mit der Einsicht in geschichtliche »Gesetzmäßigkeiten« genannt und als deren Entdecker gepriesen. Wie sein – von ihm als Vorbild verehrter – Vater, der 1889 Bevollmächtigter des Heidelberger Fachvereins der Schneider geworden ist, seine Funktion (im Gegensatz zu Wilhelm Strötz) nicht klassenkämpferisch interpretiert, so sind auch für ihn die kommunistischen Urväter weder die unfehlbaren Interpreten der Geschichte noch deren Propheten. Bis 1888 hat er wahrnehmen können, wie sein Vater von der Umgebung ganz allgemein hochgeschätzt und nicht nur von seinen Kollegen und anderen Handwerksmeistern, sondern auch von exponierten Akademikern und anderen bürgerlichen Zeitgenossen »höheren« Zuschnitts gesellschaftlich akzeptiert und ohne Vorbehalte respektiert worden ist.

Obwohl politisch mehr »rechts« als »links« orientiert, deckt sich Friedrich Eberts Einstellung mit der fortschrittsgläubigen Überzeugung der »Linken«, daß der Mensch von Natur aus grundsätzlich gut und friedfertig sei; aber weder sein Vater noch er sind auch der ebenda angesiedelten Auffassung gefolgt, daß unbedingt eine befristete Despotie nötig sei, um die Menschen zu einer wünschenswerten sozialistischen Vernunft führen zu können, die – aus der Sicht – eine Vergesellschaftung der Produktionsverhältnisse als Synthese von privaten und öffentlichen Bedürfnissen zur Folge haben müsse.

Sosehr Strötz sich 1889 auch bemüht haben mag, seinen Neffen als Mitglied für die Sozialistische Arbeiterpartei Deutschlands (der späteren SPD) zu gewinnen, und so erfolgreich seine Anstrengungen gewesen sein mögen, Ebert mit der Fachliteratur und den (zum Teil noch verbotenen Parteischriften) vertraut zu machen: Die Praxis irritierte ihn. Dr. Rüdt beispielsweise, der zu jener Zeit namhafteste Mannheimer sozialdemokratische Agitator, zog so primitiv aufklärerisch gegen die Kirchen zu Felde, daß ein auch nur lose mit ihnen verbundener Christ ihm nur schwerlich folgen konnte. Der junge Katholik Ebert, der auch später

[46] So ist beispielsweise seine schon früh nachweisbare hohe Einschätzung des allgemeinen Wahlrechts zur Erringung der politischen Macht vermutlich auf seine Beschäftigung mit Lassalle zurückzuführen.

niemals antikirchliche oder gar atheistische Ideen verfocht, auch wenn er sich seiner Kirche im Laufe der Zeit entfremdete, mußte Rüdts Agitation als authentischen Ausdruck der Gedankenwelt der Sozialdemokratie wörtlich nehmen. Und er hat es wohl auch getan.

Zwar hat Ebert in Mannheim, wo er bald nach seiner Ankunft Arbeit gefunden hat, augenblicklich damit begonnen, sich auf dem Wege über die Beschäftigung mit Gewerkschaftsfragen mit bestimmten sozialistischen Vorstellungen zu identifizieren; aber organisierter Sozialdemokrat ist er, entgegen der Behauptung beispielsweise seines Biographen Waldemar Besson, dort noch nicht geworden. Und er hat sich auch nicht dem »Sattlerverband« angeschlossen, wie Besson, Georg Kotowski und andere fälschlich behaupten. Einen derartigen Verband gab es 1888/89 in Mannheim gar nicht. Daß er Anfang 1889 bereits als aktiver Sympathisant arbeiterschaftlicher Organisationen nach Mannheim gekommen sei, wie häufig zu lesen ist, gehört ebenfalls zu den stilisierenden Erfindungen.[47]

Buchstäblich beispielhaft hatte schon Anton Fendrich in der frühen und für viele Biographen richtungweisenden Ebert-Würdigung *Friedrich Ebert und seine Zeit,* die den sozialdemokratischen Reichstagspräsidenten Paul Löbe, Philipp Scheidemann, Hermann Müller-Franken, den Zentrumsexponenten Josef Wirth und Scheidemanns sozialdemokratischen Reichsjustizminister Otto Landsberg zu ihren Mitarbeitern zählte, über Eberts Zeit in Mannheim geschrieben: »Einige Monate lang rauchte der Kopf des Achtzehnjährigen vor Wissenschaft und den unerhörten Gesichten einer neuen Zeit. Aber er war nicht der schwache Schwärmer, um sich benebeln zu lassen. Ein Zeichen seiner nüchternen Selbständigkeit des Denkens war die Art, wie er dem vielbewunderten kulturkämpferischen Paraderedner der Partei, Dr. Rüdt, glatt den Rücken drehte. Sein Wirklichkeitssinn rückte ihm die Gefahr der Zerfahrenheit im Mannheimer Sattlerverband näher als die goldenen Berge des Zukunftsstaats. Was wollten Arbeiter im Kampf gegen die Übermacht des wirtschaftlichen Todfeindes erreichen, die nicht einmal in ihren Berufsorganisationen einig waren? Hier hieß es zunächst einmal anpacken! Und der junge Sozialdemokrat wandte sich als

[47] Die vielfach kolportierte Behauptung, daß Friedrich Ebert – mit seinem Vater – in Heidelberg im Arbeiterbildungsverein organisiert gewesen sei und mit Organisationen der Arbeiterbewegung aktiven Kontakt gepflegt habe, ist nicht zu beweisen. Ein in der Universitätsbibliothek Heidelberg archiviertes und mit »Fritz Ebert« unterzeichnetes Protokoll über eine Diskussion des Arbeiterbildungsvereins vom 15. Februar 1887 könnte zwar für Friedrich Eberts Engagement sprechen, doch die Statuten des Vereins schrieben vor, daß die Mitglieder mindestens 17 Jahre alt sein mußten. Friedrich Ebert war im Februar 1887 erst genau 16 Jahre alt.

einer der ersten Sendboten gewerkschaftlicher Organisationen nach dem herberen und gefährlicheren Norden. Er ging den Leidensweg jedes innerlich Gesandten.«

Als sich der 18jährige im Sommer 1889 wieder auf die Wanderschaft begibt, ist er zwar weder Mitglied einer Gewerkschaft noch der Sozialistischen Deutschen Arbeiterpartei, doch er meint, dank seiner autodidaktischen Studien und der Bemühungen seines Onkels, das Rezept zur Befriedung der »Welt« zu kennen: die Gewerkschaften. Kaum in Hannover, wohin er zuerst geht, gründet er im August 1889 eine Sattlerzahlstelle und wird deren Schriftführer. Es ist seine erste Funktion im Rahmen der Arbeiterbewegung. Daß sie auf seine eigene Initiative zurückgeht, paßt ins Bild. Infolge seiner Charakterstruktur, Mentalität, Ambitionen und Vorstellungen kann er sich kaum anders verhalten. Er muß Organisator sein. Die Voraussetzungen, die er im industriereichen Hannover antrifft, sind ihm entgegengekommen. Haben doch die Unternehmer Johann Egestorff und sein Sohn Georg Egestorff in dem durch die Ihme von Hannover getrennten Linden bereits zu Beginn des 19. Jahrhunderts eine Kasse zur Sicherung ihrer Arbeiter eingerichtet, so daß Eberts Sattlerzahlstelle zunächst selbst auch den Behörden als eine Nachahmung – für einen Handwerkszweig – erscheinen kann.

Daß Ebert in der fast 250 000 Einwohner zählenden Hauptstadt der Preußischen Provinz Hannover[48] ein Fremder ist, stört ihn offenbar nicht. Im Gegenteil! Unverhältnismäßig selbstbewußt und ungeduldig, ehrgeizig, geltungshungrig, risikobereit und absolut unerfahren, ignoriert er, der offenbar seinen Ausbildungsabbruch vergessen machen und demonstrativ beweisen will, wozu er fähig ist, die konspirativen Agitationsmethoden der Sozialdemokraten, die das Sozialistengesetz noch immer lähmt. Während sie in der als Gesangverein getarnten Organisation »Waldesgrün« als »Sänger« zusammentreffen und beraten, was hinsichtlich der bevorstehenden Reichstagswahlen in erster Linie zu tun sei, geht Ebert unbefangen und in jugendlichem Überschwang auf die Straße. Als die Former streiken und im »Odeon« zu einer großen Versammlung zusammenströmen, steigt der junge Ebert auf die Bühne und hält eine so leidenschaftliche Rede, daß er von den Behörden augenblicklich als gefährlicher Agitator eingestuft wird, seine Arbeitsstelle verliert und Hannover verlassen muß.

In Kassel, wo er kurz danach in der Salzmannschen Schuhfabrik Arbeit

[48] 1866 von Preußen besetzt, wurde Hannover nach dem preußischen Sieg über Österreich von Preußen annektiert und zur Hauptstadt der Preußischen Provinz Hannover erhoben.

findet und Patronentaschen für das Militär herstellen muß, wiederholt er sofort, womit er in Hannover begonnen hatte. Auch hier ruft er eine Sattlerzahlstelle ins Leben. Er wird deren Vorsitzender und geht einen Schritt weiter als in Hannover. Die Unzufriedenheit seiner Arbeitskollegen nutzend, organisiert er einen Streik und zwingt die Fabrikleitung, seinen Forderungen nachzugeben. Zwar hat er diesmal gewonnen, Kollegen aus anderen Städten zur Solidarität bewegt und sie auf die Notwendigkeit einer Zentralisierung der Gewerkschaftsmacht aufmerksam gemacht; aber selbst ist er wiederum als untragbarer Agitator stigmatisiert worden. Er wird entlassen und muß weiterziehen.

Obwohl inzwischen auf die unter den Arbeitgebern kursierende schwarze Liste gesetzt, findet er in Braunschweig rasch wieder eine Anstellung. Jedoch auch sie ist nur von kurzer Dauer. Als der dortige Sattlerinnungsmeister Repenhagen öffentlich behauptet, daß diejenigen, die arbeitslos seien, nur faul seien und daher mit Hilfe der Prügelstrafe zur Arbeit gezwungen werden müßten, schreibt Ebert einen offenen Brief, der seinen weiteren Aufenthalt in Braunschweig unmöglich macht.

In Bochum engagiert er sich im Dezember 1890 als Redner für die Reichstagsnachwahlen und betätigt sich so lange als eifriger Flugblattverteiler vor allem in der ländlichen Umgebung der Berg- und Hüttenstadt, bis er eines Tages von Bauern »furchtbar verprügelt« wird, wie Emil Felden in seinem Ebert-Roman festgestellt hat. Wiederum zieht er weiter.

Längst hat Ebert den ursprünglichen Hochmut abgestreift, nicht Tagelöhner oder Fabrikarbeiter, sondern Handwerker zu sein. In Elberfeld-Barmen erscheint er als Sattler und findet Arbeit, womit allein er es jedoch nicht bewenden läßt. Die Politik hat sich seiner in kurzer Zeit total bemächtigt. Angesichts seiner Erfahrungen gründet er am 25. Januar 1891 allerdings nicht in Elberfeld-Barmen, sondern in Remscheid eine Filiale des Sattlerverbandes, was seinem Arbeitgeber jedoch nicht verborgen bleibt. Er muß gehen und sich anderswo seinen Lebensunterhalt verdienen. In Quakenbrück ist ihm dies bei einem Meister mit kleinem Betrieb möglich. Mit freier Kost und Logis und einem bescheidenen Lohn von sechs Mark wöchentlich, dem Zweitagesverdienst beispielsweise eines mittelmäßig verdienenden Tischlergesellen, bemüht er sich, »über den Winter« zu kommen und sich theoretisch für die Agitation zum 1. Mai zu rüsten. Zwar wird das, weil er einen imponierenden Erfolg verbuchen kann, ganz sein Tag; aber jetzt ist die Polizei hinter ihm her.

Er wird zu einer Haftstrafe von drei Tagen verurteilt, der er sich allerdings durch die Flucht entzieht. Diese geschieht so überstürzt, daß er sogar sein – für Anstellungen nötiges – Arbeitsbuch mit den Tätigkeits- und Arbeitsplatznachweisen zurückläßt. Notgedrungen nimmt er nun die Einladung wahr, die ihm Bremer Gesinnungsgenossen für den Fall signalisiert haben, daß er plötzlich wieder auf der Straße säße.

Etablierung in Bremen

Als Ebert Anfang Mai 1891 nach Fußmärschen und Eisenbahnfahrten in der (1895) fast 150 000 Einwohner zählenden Freien Hansestadt Bremen eintrifft, ist ihm ein Ruf vorausgeeilt, der sich weder mit seiner äußeren Erscheinung noch mit seinem augenblicklichen Status deckt. Er, dem ein ungewöhnliches Organisationstalent, ein stets wacher Blick, die Fähigkeit, zu vermitteln und als Redner und Gesprächspartner stets andere in seinen Bann ziehen zu können, ebenso nachgerühmt werden wie klug abwägende Entscheidungen, erscheint in abgerissener Kleidung, macht den Eindruck eines Flüchtlings, ist arbeitslos und total pleite. Nachdem er – in der Sattlerherberge in der *Kurzen Wallfahrt* – das Essen für den Ankunftstag und die Übernachtungskosten bezahlt hat, besitzt er noch genau zwei Pfennige. Doch seine Genossen, unter ihnen ein Sattler, der ihm bereits während des Militärsattlerstreiks in Kassel Geld hatte zukommen lassen können, helfen ihm sofort.
Kaum vier Wochen in der Hansestadt, wird er am 13. Juni 1891 bereits nach seinem ersten »Auftritt« im Sattlerverband zum Vorsitzenden der Filiale Bremen des Allgemeinen Deutschen Sattlerverbandes gewählt. Sofort bemüht er sich, einen geordneten Arbeitsnachweis für Sattler einzurichten und menschenwürdige Herbergen für wandernde Kollegen vorzubereiten. Nach den Erfahrungen, die hinter ihm liegen, könnte er eigentlich zufrieden sein. Doch der temperamentvolle und kontaktfreudige Süddeutsche fühlt sich im Norden des Reiches nicht sonderlich wohl. Ihm, der im Sinne Lassalles taktierend die Auffassung verficht, daß gegen den »Klassenstaat« zwar ein revolutionärer Kampf geführt werden müsse, dieser jedoch »nicht im Heugabelsinne« verstanden werden dürfe, wird das Leben auch hier bald schwergemacht. Die Bremer Polizei ist darüber besorgt, daß der schwarzhaarige Süddeutsche sozialistisch[49] agitiert und

[49] Die Anfänge der Sozialdemokratie in Bremen gingen auf das Jahr 1863 – auf Lassalles Gedankengut – zurück. 1870 entstand der Sozialdemokratische Verein mit marxisti-

damit möglicherweise den Bürgerfrieden stören könne. Obwohl die Meldung des Kriminalkommissars Bartels vom 28. November 1891, daß Ebert als »Führer der Sattlergesellen, Vorsitzender der socialdemokratischen Kontroll-Kommission (und) Mitglied des socialdemokratischen Discutier-Clubs« sozialdemokratische Versammlungen leite und sich als Organisator und Redner besonders hervortue, für Ebert ohne negative Folgen bleibt, erwägt er Ende 1891, Bremen wieder zu verlassen und noch einmal zu versuchen, in Heidelberg Fuß zu fassen. Als sein Vater am 8. Januar 1892 stirbt, ist Friedrich Ebert überzeugt, nach der Beerdigung in seiner Vaterstadt bleiben zu können. Doch dort gilt er bei den Handwerksmeistern nach dem Tode seines Vaters immer noch – und jetzt erst recht – als das schwarze Schaf, das vier Jahre zuvor selbst aus den Reihen ihres Standes ausgeschert ist. Er fühlt sich als Fremder und folgt dem Ruf des aus Hamburg stammenden einstigen Bremer Zigarettenmachers und 1880 in den Reichstag gewählten Reichstagsabgeordneten Julius Bruhns, der ihm empfiehlt, dringend wieder nach Bremen zu gehen und dort weiterhin in seinem Sinne tätig zu werden. Im Februar ist er wieder in Bremen, wo seine Freundin, die als Kistenbekleberin tätige Arbeitertochter Louise Rump, auf ihn wartet. Da er keine Arbeit findet, folgt er dem Rat Wennemanns und macht den Versuch, sich – obwohl weder Geselle noch Meister – als selbständiger Sattler zu etablieren.

Am 12. Februar 1892 erscheint in der sozialdemokratischen *Bremer Bürger-Zeitung* eine Annonce, die ankündigt, daß Friedrich Ebert Polsterarbeiten innerhalb und außerhalb des Hauses übernehme und »zu billigen Preisen« Schultaschen, Tornister und Koffer anfertige. Doch auch das Experiment scheitert. Die Kunden bleiben aus. Wennemann muß Ebert rund ein Jahr lang »durchfüttern«.

Als sich in dieser Situation die von dem Bäcker Paul Sandhoff geleitete lokale Bäckergesellen-Brüderschaft an ihn wendet und ihn um seine Hilfe bittet, sagt der sich ständig mit Organisationsfragen beschäftigende und praktisch arbeitslose Ebert zu. Er gründet eine – von den Sozialdemokraten abgelehnte – Konsumgenossenschaft, die Bäckergesellen gegen ungerechte Maßregelungen schützen und ihnen die Möglichkeit bieten soll, in einer Genossenschaftsbäckerei unter eigener Regie Backwaren zu produ-

---

schem Gedankengut. 1877 entfielen auf seinen Kandidaten bei den Reichstagswahlen 35 Prozent der abgegebenen gültigen Stimmen. Das Sozialistengesetz, das in Bremen relativ großzügig gehandhabt wurde, unterbrach die Entwicklung, so daß für die Reichstagswahlen von 1881 kaum Agitation möglich war. 1890 jedoch konnte ihr Kandidat Julius Bruhns, der sich früh für Ebert einsetzte, 48,7 Prozent der Stimmen auf sich vereinigen. In die Bürgerschaft wurde der erste Sozialdemokrat 1881 gewählt.

zieren und zu verkaufen. Bevor das – praktisch allein von Ebert mit vier Gesellen betriebene – Unternehmen wieder eingeht,[50] weil Ratenzahlungen und Zahlungsstundungen nicht akzeptiert werden können, hat Ebert 300 Fragebogen an Bäckergesellen verschickt und sie gebeten, seine Fragen nach ihren Lebensverhältnissen, ihren Arbeits- und Wohnverhältnissen genau zu beantworten. Daß nur rund 80 Adressaten antworten, enttäuscht ihn zwar, weil er erkennen muß, daß die Handwerkergesellen und Arbeiter ohne entsprechende Vorbereitung nicht reif genug sind, ihre Wünsche zu artikulieren; aber er gibt sich nicht damit zufrieden. Er wertet die Antworten aus und stellt sie zu einer Broschüre zusammen, die Sandhoff im April 1892 unter dem Titel *Die Lage der Arbeiter im Bremer Bäckergewerbe und die notwendigen Aufgaben der Bäckerbewegung* herausgibt. Die Veröffentlichung wirkt wie ein Schock. Ebert hat Einzelheiten zusammengetragen, die nicht nur die Innung und die Bäckermeister aufschrecken und betroffen reagieren lassen. Die Öffentlichkeit erfährt, daß die Arbeiter keines anderen Industriezweiges »ihr Dasein mühevoller und trauriger fristen als im Bäckergewerbe«. »Tag und Nacht«, so erklärt Ebert, »Sonntag und Werktag, jahraus, jahrein sind sie bei einer oft 16-, 17- und 18stündigen Arbeitszeit, bei unzureichendem Lohn, schlechter Beköstigung, oft roher Behandlung angestrengt tätig«. Die Gesellen auffordernd, ihre Lage richtig einzuschätzen, die Errungenschaften der Wissenschaft und Industrie angemessen zu nutzen und endlich eine Organisation ins Leben zu rufen, die geeignet sei, die ungeheuere Macht der Innung zu beschneiden und die angeprangerte Not und das Elend zu beseitigen, schreibt Ebert: »...der Geist und die heiße Sehnsucht nach Erlösung aus unwürdigen Zuständen hat heute das Proletariat aller Kulturländer beseelt. Die Lehre vom Vorrecht des Besitzes ist erschüttert. Die Behauptung alter Philosophen, der Arme sei auf ewig zur Knechtschaft bestimmt, findet heute keinen Glauben mehr, und überall regt sich der Unterdrückte in unablässigem Ringen um ein besseres Los. Das Morgenrot der allgemeinen Menschenrechte dringt auch in die Reihen der Bäckerarbeiter, und der Ruf nach Gerechtigkeit, der über die weite Erde hallt, hat auch in jenen Kreisen Widerhall gefunden.«

[50] Ebert hatte nicht nur die gesamte Organisation übernommen, sondern auch die Auslieferung der Backwaren und die Eintreibung der Gelder für Lieferungen. Selbst die beiden Pferde, mit denen Ebert die (10 Prozent billigeren) Backwaren ausfuhr, fütterte und pflegte er selber im Stall. Die Sozialdemokraten waren gegen die Konsumgenossenschaft, weil sie befürchteten, daß durch Genossenschaftsgründungen der revolutionäre Elan verdrängt werden könnte. Ebert dagegen erwies sich als einer der eifrigsten Förderer der Konsumvereinsbewegung.

Auch wenn bestimmte Details die Lage der jungen Bäcker möglicherweise schwärzer erscheinen lassen, als sie es tatsächlich ist – Ebert hat eine Misere aufgedeckt und auf Verhältnisse aufmerksam gemacht, die nicht wenige Exponenten der Gesellschaft schließlich dazu bewegt, dem Sozialdemokraten ihren Respekt zu bekunden. Daß Albert Kalthoff, der nicht nur in Bremen besonders angesehene Pastor Primarius von St. Martini, an die Seite Eberts und der Bäckereiarbeiter tritt und von da an der Sozialdemokratie verbunden bleibt, tröstet Ebert zwar ein wenig über diese Niederlage hinweg; aber ganz verschmerzt er sie nicht, zumal er nun wieder arbeitslos geworden ist.[51]

Seine materielle Lage ändert sich erst im März 1893, als ihm die Mitarbeit als Lokalredakteur an der *Bürger-Zeitung* angeboten wird,[52] was er akzeptiert, obwohl die Zeitung ihm für seine Tätigkeit nur ein Wochenhonorar von 25 Mark zahlt.[53] Durch dieses Honorar, das lediglich dem Verdienst eines gut bezahlten Arbeiters entspricht, einigermaßen gesichert, engagiert sich der 22jährige Junggeselle noch mehr als zuvor als Redner, der Säle füllt. »Da Herr Ebert einen Vortrag zugesagt hat«, heißt es beispielsweise in einer Einladung der Bremer Textilarbeiter, »wird eine lebhafte Beteiligung erwartet.« Kaum ein Thema, über das er nicht spricht. So redet er innerhalb weniger Wochen beispielsweise über den Militarismus, über die Gesindeordnung, das Gewerbegericht, die Lage der Bäckereiarbeiter, die Sozialpolitik, die Arbeitszeitverkürzung, die Judenfrage, die Arbeiterbildung, den Notstand der Arbeiter, über die Militärvorlagen, die Steuerpläne, die Zehn Gebote und die besitzende Klasse.

Der Mann mit dem »nichtbremischen Dialekt«, wie ein Abgeordneter der Bürgerschaft einmal anerkennend hervorhebt, gehört nicht zu den Agitatoren, die Klischeereden halten und leeres Stroh dreschen. Und er identifiziert sich sichtlich mit dem, was er sagt. Der »stürmische, nicht

---

[51] Sandhoff, der seine Unterstützung des Ebert-Unternehmens infolge der auch gegen ihn gerichteten Maßnahmen der Innung und der Meister empfindlich »bezahlen« mußte, sich mit Hilfe eines Darlehens jedoch als Bäcker selbständig machen konnte, gab Ebert zwar die Möglichkeit, seine Backwaren auszuliefern; aber der für ihn dabei abfallende Verdienst war nur gering.

[52] Im Februar 1893 hatte die SPD Ebert bereits in die Pressekommission der 1890 gegründeten *Bürger-Zeitung* gewählt.

[53] Als Lokalredakteur hatte Ebert über Ereignisse in Bremen und Umgebung zu berichten und sich mit Skandalen und »Enthüllungen« zu befassen, was er mit einem so rücksichtslosen Eifer tat, daß er schon bald nach seinem Arbeitsbeginn zu einer Geldstrafe von 20 Mark verurteilt wurde. Bildungshungrig und »organisationswütig«, wie er nun einmal war, übernahm er auch die Gerichtsberichterstattung und arbeitete darüber hinaus auch noch in der Expeditionsabteilung des Verlages.

endenwollende Beifall«, über den die *Bremer Bürger-Zeitung* nach einer Diskussionsrede berichtet, die Ebert am 25. Mai 1893 auf einer Wahlversammlung der Freisinnigen vor vielen tausend Zuhörern aus dem Stegreif gehalten hat, ist keine Ausnahme. Immer beweist er großen Respekt vor der Wissenschaft und dem Fachwissen, und stets »befragt« er erst die Fachliteratur, bevor er sich engagiert. Daß er zuweilen auch Vorträge hält, die ihm selbst seine engste Umgebung nicht zugetraut hat, bezeugt seine Vielseitigkeit und breite Interessenskala.

Allerdings muß in diesem Zusammenhang berücksichtigt werden, daß es sich bei Eberts »Zuhörern« zuweilen um Jugendliche, Männer und Frauen handelte, deren intellektuelle Ansprüche äußerst niedrig angesiedelt waren.[54] Referenten, denen arbeiterschaftliche Lebenserfahrung und die Fähigkeit fehlte, sich einzufühlen und Probleme zu simplifizieren, standen gewöhnlich vor leeren Stühlen und Bänken.

Als nach den aufreibenden Wahlkämpfen von 1893, bei denen Ebert im Juni erstmals mit August Bebel zusammengetroffen ist, 1894 ein wenig Ruhe einkehrt, findet Ebert die Möglichkeit, seinen unerquicklichen beruflichen Status zu ändern. Obwohl er seit seinem Aufenthalt bei Wilhelm Strötz in Mannheim weiß, daß nicht nur Gastwirte, sondern auch alle Hoteliers,[55] die Gäste beherbergen, jedoch keine Speisen und Getränke verkaufen, handelsrechtlich lediglich den gesellschaftlich nicht gerade besonders geschätzten »Hökerern«, Hausierern, Fuhrleuten und Schiffern gleichgestellt sind, akzeptiert er das Angebot des Brauereidirektors Schurig, der ihn ob seiner Redlichkeit und Einstellung besonders schätzt, eine Gastwirtschaft zu übernehmen. Er wird Gastwirt und heiratet unmittelbar danach seine – ebenfalls gewerkschaftlich tätige – außergewöhnlich schöne und intelligente Freundin, die Arbeitertochter Louise Rump.

Das hauptsächlich von Louise Ebert und ihrer Mutter geführte Gasthaus »Wirt zur guten Hilfe«, das nach Eberts Vorstellungen ähnlich wie das Mannheimer »Grüne Haus« seines Onkels als Zentrum für Gesinnungsgenossen dienen soll, spiegelt bald die Vorstellungen und Absichten seines Pächters wider. Waldemar Besson schrieb darüber: »Das Geschäft ließ sich gut an. Alle bekannten Genossen tranken jetzt hier ihr Glas Bier, und die Neugier in Bremen war groß, wie sich der jugendliche Lokalredakteur und Parteiagitator hinter der Theke ausnehme. Freude hat Friedrich Ebert freilich an diesem Geschäft nicht gewonnen. Er gab sich zwar redlich

---

[54] Vgl. S. 56.

[55] Erst seit der Jahrhundertwende galten sie als Vollkaufleute und verfügten über den handelsrechtlichen Status.

Mühe, seine Gäste freundlich zu bedienen, aber mit ihnen trinken wollte er nicht. Er schätzte mehr die Chance, die sich ihm bot, mit seinen Gästen über ihre Sorgen zu reden. Es machte bald die Runde in Bremen, daß der Gastwirt Ebert ein rechtskundiger und vor allen Dingen billiger Helfer in allerlei Alltagsnöten war. Er wurde eine Art Rechtsanwalt für die armen Leute. So entstand in Eberts Gastwirtschaft ein inoffizielles Arbeitersekretariat.«

Richtig ist daran, daß Ebert endlich eine Stätte gefunden hatte, die ihm die Möglichkeit bot, im Sinne seiner politischen Vorstellungen stationär tätig werden zu können, nicht richtig dagegen, daß nun »alle bekannten Genossen« dort »ihr Bier getrunken« hätten. Erwiesen ist nämlich, daß mancher Genosse vom betont bürgerlich auftretenden und stets auf außerordentliche Korrektheit achtenden Wirt Ebert ermahnt wurde, künftig für den Besuch des Restaurants einen »anständigen Gehrock« anzuziehen, was verständlicherweise nicht jedermanns Gepflogenheiten und Möglichkeiten entsprach. Und nachweisbar ist ebenso, daß der in Bremen einflußreiche orthodoxe Marxist und einstige Volksschullehrer Heinrich Schulz – der die sozialdemokratische *Bremer Bürger-Zeitung* »nach seinem Bild« gestaltete und als entschiedener Gegner Eberts in der Partei seine Mittel ausschöpfte, wenn es möglich war, Ebert Knüppel zwischen die Beine zu werfen – seinen Freunden und Anhängern nicht ohne Erfolg empfahl, das in der Brautstraße 16 liegende Lokal zu meiden. Daß Ebert als Gastwirt nicht mehr regelmäßig für die Zeitung schrieb, kam Schulzes Position automatisch zugute. Eberts Einnahmen müssen erklecklich gewesen sein; denn er konnte sich nun sogar leisten, demonstrativ einem kostspieligen »Vergnügen« nachzugehen, dem der Adel und das gehobene Bürgertum zu frönen pflegen. Er pachtete – mit einigen Freunden – eine Jagd bei Langwedel und ging, ganz saturierter Bürger, in seiner kargen Freizeit dem »edlen Waidwerk« nach.

Falsch hat diesen Aspekt mit Sicherheit Anton Fendrich interpretiert, als er in seiner Ebert-Würdigung schrieb: »Wenn der von allen Seiten in Anspruch genommene starknervige Arbeiterführer nicht manchmal... einen Tag lang mit der Flinte in der Heide hätte herumstreichen, ein paar Hasen abknallen, einen Rehbock umlegen können, er hätte das Wirtspielen und Helfersein an allen Ecken und Enden nicht ausgehalten.« Der Gastwirt Ebert, der erwartete, daß Genossen »anständige Gehröcke« trügen, wenn sie sein Restaurant beträten, ging auf die Pirsch, nicht um sein Durchhaltevermögen dadurch zu stabilisieren, daß er Hasen »abknallte« und Rehe »umlegte«, sondern weil er seinen Bürgerstatus auffällig demonstrieren wollte. Ein Mann, der im »grünen

Rock« durch die Straßen geht und fährt, im exklusiven Klub mit eigenem Boot[56] in weißem Dreß segelt und im Gehrock arbeitet, will zeigen, daß er erfolgreich ist und zu denen gehört, die sich ein bourgeoises Leben leisten können.

Nicht nur seine negativen Wanderschaftserfahrungen bewogen Ebert, aus seiner Gaststätte ein Haus zu »machen«, das so betont gutbürgerliche Gediegenheit auszustrahlen hätte, daß jeder Verdacht, es könnte womöglich ein Zentrum für konspirative Proletarierzusammenkünfte sein, absurd erscheinen müßte. Der »Wirt zur guten Hilfe« wollte die Wirtschaft als Visitenkarte für die Gewerkschaften und für die Sozialdemokratie erscheinen lassen, wie er sie verstand.

Allerdings: Widerspenstig, wie der junge Ebert stets gewesen war, ist er auch hier geblieben. Kaum daß er sich in diesem für ihn neuen Gewerbe einigermaßen auskennt, gründet er den »Bremer Wirteverein 1894«, obwohl in Bremen bereits seit 1877 ein »Wirtsverein« existiert.

Unsicher bleibt indes vorerst weiterhin, wann Ebert – der sich seit der Mitte der neunziger Jahre nahezu ausschließlich auf die gewerkschaftliche und parteipolitische Tätigkeit konzentrierte und dabei vor allem organisatorische Probleme zu lösen und grundsätzlich neue Organisationsformen zu schaffen versuchte – Vorsitzender des 1870 gegründeten Bremer Sozialdemokratischen Vereins geworden ist, aus dem dort die SPD hervorging. Sein Biograph Paul Kampffmeyer behauptete 1926, daß er es bereits gewesen sei, als er die Gastwirtschaft übernahm, Emil Felden 1927 dagegen, daß er »bald« danach »die Leitung in die Hand« bekommen habe. Wesentlicher als die Klärung dieser Frage ist die nach wie vor unanfechtbare Tatsache, daß Ebert stets der souveräne Kopf des Partei-Organisationswesens gewesen ist, das unter seiner Regie bald über das Territorium Bremens hinauswirkte und schließlich sogar die Landgebiete bis nach Ostfriesland hin in den Griff bekam.

Bruhns schilderte in seinen 1921 unter dem Titel *Es klingt im Sturm ein altes Lied* erschienenen Erinnerungen an die »Jugendzeit der Sozialdemokratie« in Bremen, mit wem Ebert es dort zu tun hatte. »Hier saß ich in einem großen Raum zwischen... Männern und Weibern. Aber was für Männer! Den ganzen Tag wurde dummes Zeug geredet und zur Abwechslung mit den Weibern Zoten gewechselt. Dabei spielte die Schnapsflasche die Hauptrolle. Montags war ziemlich alles betrunken, viele Weiber eingerechnet; dienstags noch ein erheblicher Teil, und selbst mittwochs waren manche noch im Tran. Dabei gab es oft die häßlichsten Szenen,

[56] Vgl. S. 76.

sowohl mit Männern untereinander wie unter Männern und Weibern, Eheleuten und anderen Leuten.«

Daß der sozialdemokratische Reichstagsabgeordnete nicht etwa eine Versammlung von Zuzüglern aus dem Osten und Südosten des Reiches schilderte, die häufig nicht einmal der deutschen Sprache mächtig waren, sondern eine »Sitzung« von Arbeitern eines Betriebes der zu der Zeit besonders einflußreichen Tabakindustrie, läßt mehr als nur ahnen, was Ebert letztlich geleistet hat. Daß sein Ansehen und Einfluß mit seinen Erfolgen wuchsen, war daher nur zu verständlich. Nicht zufällig kam es denn auch bald zu »Neuaufnahmen« der von der Bürgerschaft vor seiner Zeit abgelehnten sozialdemokratischen Anträge wie beispielsweise die 1888 vergeblich geforderte Einrichtung einer Arbeiterkammer.

Daß Eberts Erfolge ganz offenbar nicht der Multiplikation der von der sozialdemokratischen Partei vorgegebenen Ideologierichtlinien, denen er – in der Hinsicht wenig originell – durchaus treu blieb, zu verdanken waren, sondern primär seinen abweichenden gewerkschafts- und genossenschaftspolitischen Vorstellungen, registrierte er nicht nur. Er hielt sich auch weiterhin aktiv daran. Nüchtern urteilend, pragmatisch handelnd und schrittweise vorgehend, ließ er erkennen, daß es ihm gewöhnlich wichtiger erschien, dem großen Ziel etappenweise zuzustreben, als es, koste es, was es wolle, sofort und um jeden Preis anzugehen. Als er beispielsweise den Neunstundentag forderte, erklärte er exemplarisch: »Wir hätten ja eigentlich die 8stündige Arbeitszeit beantragen sollen und halten selbstverständlich noch an dieser Forderung fest. Aber wir haben uns zunächst, um in dieser Sache weiterzukommen, dazu verstanden, die 9stündige Arbeitszeit vorläufig zu fordern.«

Seit Ebert im Mai 1897 die Gründung eines Arbeitersekretariats für Bremen gefordert hat, wie es sie seit den neunziger Jahren in Nürnberg, Berlin, Stuttgart, München und Hannover gibt, sind in Bremen – vor allem in den Gewerkschaften – vielschichtige und lebhafte Diskussionen im Gange. Zwar verhindern aufreibende Lohnkämpfe die unmittelbare Realisierung des Ebert-Vorschlages; aber das Gewerkschaftskartell ist dabei, die neue Institution vorzubereiten. Am 1. Januar 1900 erscheinen in der *Bremer Bürger-Zeitung,* im *Vorwärts* und in der *Neuen Zeit* Annoncen, durch die ein geeigneter Arbeitersekretär gefunden werden soll. Von ihm wird nicht wenig erwartet. Vorausgesetzt werden »die vollständige Kenntnis der sozialpolitischen Gesetzgebung« und die Fähigkeit, eine Position mit Geschäftsführercharakter souverän auszuüben. Schriftliche Bewerbungen mit einer Darstellung der eigenen Auffassung über die Zweckmäßigkeit eines derartigen Sekretariats werden gefordert.

Neun Bewerber senden ihre Unterlagen ein, die einer Kommission zur Prüfung vorgelegt werden. Einer der Bewerber ist Friedrich Ebert. Überzeugender Inhalt, ansprechender Stil, korrekte Orthographie, guter Satzbau und einwandfreie Interpunktion bilden die Kriterien für die erste Auswahl. Vier Bewerber erfüllen diese Erwartungen nicht. Drei kommen in die »engere« und zwei schließlich in die »engste« Wahl. Obwohl davon ausgegangen worden war, daß der mit 2000 Mark[57] jährlich zu honorierende Sekretär tunlichst Bremer sein sollte, entscheiden sich 56 gegen 50 Delegierte der kombinierten Sitzung der Bremer und Hastedter Gewerkschaftskartelle mit den einzelnen Gewerkschaftsführern für den Heidelberger Ebert.
Wie später in Berlin,[58] so läßt Ebert auch hier schon, kaum daß das Sozialistengesetz »gefallen« ist, eine Schreibmaschine anschaffen, im 1. Stock des Hauses Ostertorstraße 26, wo das am 5. März 1900 eröffnete Sekretariat seinen Platz hat, ein Telefon installieren und richtet ein Büro nach seinen Vorstellungen ein.
Nicht nur der Aufgabenkatalog Eberts, der bis Ende 1900 ohne Hilfskräfte auskommen muß und nicht nur »nebenbei« Fraktionsvorsitzender in der Bürgerschaft, sondern darüber hinaus auch noch mit weiteren Partei- und Gewerkschaftsfunktionen betraut ist, beweist überzeugend, wie unzureichend die Führer der SPD und der Gewerkschaften mit der Praxis vertraut sind. Mit dem Arbeitersekretariat,[59] das von den im Bremer und Hastedter Gewerkschaftskartell zusammengefaßten Gewerkschaften und von der gewerkschaftlich organisierten Arbeiterschaft von Woltmershausen und Schwachhausen getragen wird, hat er einen schier unglaublich vielschichtigen Arbeitsplan zu erfüllen. Sein Wortlaut:
»Das Arbeitersekretariat erteilt mündliche Auskunft in gewerblichen Streitigkeiten, welche der Kompetenz der Gewerbegerichte unterstehen; über Kranken-, Unfall-, Invalidenversicherung, über Arbeiterschutz, Vereins- und Versammlungsrechte sowie über die Gewerbeinspektion. Das Sekretariat nimmt Beschwerden über diese Gegenstände auf und veranlaßt deren zweckmäßigste Erledigung. Soweit zur Erledigung dieser Aufgabe schriftliche Arbeiten erforderlich sind, werden auch diese vom Sekretariat angefertigt.

---

57 Volksschullehrer erhielten zu der Zeit in Bremen 1800 bis 3600 Mark, Polizeiwachtmeister 1800 bis 2800 und Schutzmänner 1350 bis 1950 Mark.
58 Vgl. S. 77ff.
59 Das Arbeitersekretariat unterstand der Aufsicht einer aus acht Personen bestehenden Kommission, in die das Bremer Gewerkschaftskartell und die Bremer Gewerkschafts-

Berechtigt, aber nicht verpflichtet sind die Sekretäre zur Erledigung von Auskunft in Heimats-, Bürgerrechts-, Verehelichungs- und Armensachen sowie bei Mietstreitigkeiten.
In allen Fällen, wo erkenntlich ist, daß die Auskunftsuchenden sich ihren moralischen oder gesetzlichen Verpflichtungen (böswillige Verweigerung der Alimentationspflichten, Entziehung von Pfandgegenständen usw.) entziehen wollen, ist die Auskunft zu verweigern.
Statistische Erhebungen sind nach Bedarf zu pflegen und können sich erstrecken auf: Lohnverhältnisse, Arbeitszeit, Wohnung und Nährung der Arbeiter, Betriebsunfälle, Gewerbekrankheiten, Sterbefälle, Ab- und Zuzug von Arbeitern, Gewerbebewegung, Arbeiterorganisationen, Arbeiterschutz, Wohlfahrtseinrichtungen, Arbeitslosigkeit, auf alle innerhalb der wirtschaftlichen Arbeiterbewegung auftauchenden Zeit- und Streitfragen.«
Wie 1892 im Zusammenhang mit seiner empirischen Untersuchung über die Situation der Bäckergesellen,[60] so verschickt Ebert, der gleichzeitig die Einrichtung einer Arbeiterkammer als gesetzlich anerkannte, Vertretung der Arbeiterschaft im Rahmen des staatlichen Gemeinwesens fordert und die Hoffnung hegt, daß das mit staatlichen Behörden verkehrende Arbeitersekretariat in mancher Hinsicht so etwas wie Pilotcharakter haben könne, auch 1901 wiederum Fragebögen, für die er die Kriterien selbst entwickelt hat. Durch ihre Auswertung will er sich über die Lohn-, Arbeits- und Wohnverhältnisse der Bremer Arbeiter informieren. Und wie zehn Jahre zuvor, so publiziert er das Ergebnis auch jetzt nicht ohne öffentlich wirksame Resonanz. Vor allem innerhalb der Gewerkschaften werden seine »Ergebnisse einer statistischen Erhebung über die Lebensverhältnisse der bremischen Arbeiter« diskutiert. Auf ihrem Kölner Kongreß von 1905 legen sie im Sinne Eberts fest, daß die Arbeiterkammern die Aufgabe haben sollen, »in allen die Interessen der Arbeiterschaft betreffenden Angelegenheiten Anträge zu stellen, Gutachten zu erstellen, Beschwerden zu führen, bei der Veranstaltung von Enqueten und arbeitsstatistischen Aufnahmen sowie insbesondere bei der Ausgestaltung, Durchführung und Beaufsichtigung des Arbeiterschutzes und an der Förderung korporativer Arbeitsverträge mitzuwirken.«
In Bremen, das Ebert Ende 1905 verließ, blieb seine Forderung zwei Jahrzehnte hindurch Programm. Erst dann etablierte die Hansestadt eine Arbeiterkammer.

---

vorstände sechs, das Gewerkschaftskartell Hastedt einen und der Vorstand des »socialdemokratischen Vereins Bremen« ebenfalls einen Vertreter delegierten.

[60] Vgl. S. 55.

Unmittelbar bevor Ebert Anfang 1900 Mitglied der Bremer Bürgerschaft und Arbeitersekretär der Bremer Gewerkschaftskartelle geworden ist, haben die Menschen in aller Welt Bilanz des verflossenen Jahrhunderts gezogen. Was »die Deutschen« dachten, hat die *Berliner Illustrirte Zeitung* 1898 und 1899 durch einigermaßen repräsentative »demoskopische Befragungen« festgestellt und festgehalten. Tausende von erwachsenen Deutschen beider Geschlechter, aller Altersgruppen, sozialen Schichten und Berufssparten sind seit Ende 1898 bereit gewesen, 27 Fragen zu beantworten und ihre persönlichen Einsichten, Vorstellungen, Enttäuschungen, Erwartungen, Träume und Hoffnungen präzise zu formulieren und zur statistischen Auswertung zur Verfügung zu stellen.

Otto von Bismarck, der am 30. Juli 1898 verstorbene Reichsgründer, »beherrschte« das Jahrhundert. Als »bedeutendster Mann Deutschlands« rangierte er mit 4800 Stimmen vor Kaiser Wilhelm I. mit 700 und Freiherr vom Stein mit 500 Nominierungen. Selbst als Namensgeber für das 19. Jahrhundert, das Namen wie »Jahrhundert des Kapitalismus«, »der Schnellebigkeit«, »der politischen Reaktion« und »des Lichts« erhielt und als das »kulturreichste«, »industrielle«, »patriotische«, »eiserne«, »große«, »schaffende« und gar »alkoholische« Säkulum bezeichnet wurde und schließlich mit 1200 Plebisziten als »Jahrhundert des Dampfes« und mit 900 Nennungen als »Jahrhundert der Elektrizität« tituliert wurde, erschien sein Name. Daß er als größter Staatsmann des Jahrhunderts unangefochten an der Spitze stehen würde, war vorauszusehen gewesen, daß er mit 1600 Nennungen hinter Wilhelm I. mit 2400 Nominierungen bei der Frage nach dem »Helden des Jahrhunderts« rangieren würde, konnte angesichts des Gottesgnadentums des Monarchen ebenfalls so wenig überraschen wie seine Hervorhebung als Mann, der »der Menschheit in diesem Jahrhundert den größten Dienst erwiesen«[61] habe. Gelegentlich wurden zwar auch Ferdinand Lassalle und Karl Marx (jeweils als Antwort auf die Frage nach dem »bedeutendsten Mann Deutschlands in diesem Jahrhundert«) nominiert; aber sie gingen im Katalog der zahlreich genannten Namen unter.

Nirgendwo war von der Notwendigkeit eines Aufbruchs zu neuen Ufern die Rede. Im Gegenteil. Saturiertheit bestimmte die Antworten. Stolz und Freude über den erreichten technischen, wissenschaftlichen, künstlerischen und kulturellen Standard wurden zum Ausdruck gebracht und die Realisierung der staatlichen Einheit der Nation (ohne Überheblichkeit

---

[61] Die Reihenfolge lautete: Koch 500, Röntgen 400, Wilhelm I. und Bismarck je 300, Darwin und Lord Simpson je 200 Stimmen.

oder Mißachtung anderer Nationen) als das bedeutendste Ereignis der Geschichte gefeiert.

Die Hoffnungen der Deutschen für die Zukunft galten primär der Erhaltung des Weltfriedens und der Sicherung des Erreichten. Zwar gab es auch Stimmen, die für »den Sieg des Sozialismus oder bloß die Lösung der sozialen Frage« plädierten; aber sie fanden sich – wie die Wünsche nach Abrüstung – in einem Umfeld von Erwartungen so bescheidener Art wie die Hoffnung auf »ein lenkbares Luftschiff« und auf »die Freigabe sämtlicher Straßen Berlins für den Radfahrverkehr«.[62]

Etablierung des Status quo hieß das Gebot der Stunde, in der knapp 70 Prozent der befragten erwachsenen Deutschen die »Einigung und Wiederaufrichtung des Deutschen Reiches« als »größtes historisches Ereignis« des Jahrhunderts begrüßten. Ebert konnte die Ergebnisse der »demoskopischen Umfrage« als Beweis dafür werten, daß seine konservativen Vorstellungen, die vom linken Flügel der sozialdemokratischen Partei teilweise sogar als suspekt und parteischädigend interpretiert wurden, »richtig« seien. Daß seine Abweichungen vom revolutionären Kern des sozialdemokratischen Programms nicht nur seine persönliche Karriere, sondern auch die Geschichte der SPD maßgeblich beeinflussen würden, konnte zur Zeit der Jahrhundertwende niemand ahnen.

In Bremen jedenfalls, wo er Vorsitzender des Sattlerverbandes, Arbeitersekretär, Parteivorsitzender, Gastwirt und Mitglied der Bürgerschaft ist, wird er immer populärer, und dies nicht nur bei denen, die »mühselig und beladen« sind. Die Anfechtungen seitens der radikalen Linken irritieren ihn (zumindest bis 1904) nicht. Viele Handwerker, Arbeiter, Witwen und Jugendliche suchen seinen Rat, bitten ihn um Hilfe. Da er nach Möglichkeit niemals urteilt, ohne sich zuvor differenziert informiert zu haben, was beispielsweise 4406 Personalakte bezeugen, die er als Arbeitersekretär innerhalb von zehn Monaten sorgfältig bearbeitet hat, sind sowohl seine Psyche als auch seine Physis einem Streß ausgesetzt, den er offenbar braucht. Das Unbehagen, das ihm die eintönige Tätigkeit im Gasthaus bereitet, versucht er durch sein Engagement im »Wirtsverein 1894« und durch Segelfahrten mit seinem eigenen Boot zu neutralisieren. So hilfsbereit und auf Harmonie bedacht er immer ist, so zielstrebig, sachlich, unbestechlich und diplomatisch ist er auch. Bezeichnend für seinen Stil ist,

---

[62] Daß das (seit Juli 1886 durch kaiserliches Patent geschützte) Auto eine Erfindung sei, die dereinst auch der breiten Masse nützen würde, glaubte offenbar niemand. In den Antworten der Leser fehlte es. Die Eisenbahn, die Elektrizität, »die Dampfkraft«, »der Telegraph und die Röntgenstrahlen«, »die Anwendung der Narkose« und »die Nähmaschine« hielt man für wichtiger und zukunftsträchtiger.

Der erheblich älter wirkende 19jährige Ebert im zweiten Jahr seiner Wanderschaft.

Der 27jährige Bremer Parteivorsitzende, Ratsherr und Gastwirt Friedrich Ebert mit seiner Frau Louise und seinen Söhnen (von links nach rechts) Friedrich, Georg und Heinrich während des Weihnachtsfestes 1898, Georg und Heinrich fielen im Ersten Weltkrieg.

Die Dozentin Rosa Luxemburg (stehend 4. von links), der Parteivorsitzende August Bebel (stehend 5. von links) und der Parteisekretär Friedrich Ebert (links in der 3. Bank der rechten Bankreihe) im Jahre 1907 während eines Besuches der 1906 ins Leben gerufenen Parteischule der SPD mit Lehrgangsteilnehmern aus dem ganzen Reich.

Der Vorstand der SPD 1909 in Leipzig. Von links nach rechts (obere Reihe): Luise Zietz, Friedrich Ebert, Hermann Müller-Franken und Robert Wengels. Untere Reihe: Alvin Gerisch, Paul Singer, August Bebel, Wilhelm Pfannkuch und Hermann Molkenbuhr.

Jena 1913. Ebert, Scheidemann, Haase und Noske (von links nach rechts) auf dem letzten SPD-Parteitag vor dem Ersten Weltkrieg.

was er am 31. Januar 1900 im Bremer Rathaus als Bürgerschaftsmitglied sagt, nachdem sich die Hafenarbeiter an ihn gewandt und ihn um seine Hilfe[63] gebeten haben. »Sie haben«, so schließt er seinen in urbaner Form gehaltenen und zwingend auf Versöhnlichkeit drängenden Appell ab, »große Ausgaben zur Regulierung von Straßen bewilligt. Sie haben Kosten für Kunst aufgewandt, wobei Sie unsere Sympathie hatten, Sie haben große Summen zur Ausführung eines hohen Kulturwerks zur Verfügung gestellt, wobei Sie ebenfalls unsere Sympathie hatten. Ich glaube daher, daß es vielen unbegreiflich sein würde, wenn Sie sich jetzt, da es sich um den Schutz von Leben und Gesundheit von Arbeitern, von Hunderten von Familienvätern handelt, um einige hundert Mark beknappen und deshalb die ganze Sache in Frage stellen wollten.«
Nicht weniger eindrucksvoll und zwingend klingt sein an die Adresse der Bürgerschaftsversammlung gerichteter Vorwurf vom 7. März 1900, die Sozialdemokraten nicht proportionsgerecht berücksichtigt zu haben. »Wenn Sie gestatten«, so hat er den tonangebenden Vertretern der Freisinnigen Vereinigung entgegengehalten, »möchte ich darauf hinweisen, daß ich es recht eigentümlich finde, daß bei den Wahlen von Deputationen und Kommissionen die doch ziemlich stark vertretene Partei, der auch ich angehöre, fortgesetzt nicht berücksichtigt wird. Das ist eine Intoleranz, die Sie gegen uns üben, die Sie in keinem Parlament finden. Ich mache darauf aufmerksam, daß selbst Ihre Partei, die im Reichstag mit kaum einem Dutzend Männlein vertreten ist, dort in Deputationen und Kommissionen vertreten ist. Das ist Usus und entspricht der Gerechtigkeit. Der Standpunkt, den Sie vertreten, ist kleinlich, daß Sie bei Zusammensetzung der Kommission die Minderheit unvertreten lassen. Wollten Sie fortgesetzt so handeln, so würde das eine durch nichts berechtigte Intoleranz gegenüber politisch anders denkenden Menschen sein.«
Obwohl im parlamentarischen »Geschäft« noch absolut unerfahren, ist Ebert unmittelbar und komplikationslos in seine neue Rolle hineingewachsen. Er, der erst am 4. Dezember 1896 den Bürgereid geleistet hat und damit nach den Bestimmungen des Wahlgesetzes in Bremen noch gar nicht wählbar ist, wurde in die Bürgerschaft hineingewählt, ohne auf den Wählerlisten gestanden zu haben. Er hat augenblicklich so nachdrücklich auf seine politische Ausnahmepotenz aufmerksam gemacht, daß er hinfort schwerlich übergangen werden kann, weder von seiner Partei noch von seinen politischen Gegnern. Daß er, obwohl Gewerkschaftler, führender

[63] Seit 1903 war Ebert Mitglied der Finanz- und Steuerpetition und bekleidete damit eines der maßgeblichsten Ämter in der Bürgerschaft.

Sozialdemokrat und maßgeblicher Kopf der politischen Opposition, in der Hansestadt nicht nur zu den bekanntesten, sondern auch zu den angesehensten Bürgern zählt, was zu der Zeit nur außerordentlich wenige der sich politisch öffentlich engagierenden Sozialisten für sich in Anspruch nehmen können, flankiert seinen Status auf dem Feld der Politik.

August Bebel, für den Ebert noch 1905 zu weit »rechts« steht, ist von den Auftritten seines – ihm seit dem 8. Juni 1893 persönlich bekannten – späteren Nachfolgers nicht erbaut, was er beispielsweise auf dem Lübekker Parteitag des Jahres 1900 durch seine drohende Kritik an der badischen Landtagsfraktion hat offenbar werden lassen. Doch Ebert geht seinen Weg beharrlich weiter.[64] Früher als die intellektuellen Wortführer proletarischer Unbedingtheit hat er erkannt, daß nicht sie, sondern die Arbeitersekretäre, Gewerkschaftsführer und Kommunal- und Landtagsabgeordneten den Charakter der Partei seit der Jahrhundertwende bestimmen.[65] Und früher als sie hat er begriffen, daß das auf Marx und Engels zurückgehende universale Geschichtsverständnis weder die Jugend noch das Bürgertum daran hindern darf, sich der sozialdemokratischen Partei anzuschließen.

Ebert, der nicht nur wußte, sondern auch ständig daran erinnert wurde, daß er im Rahmen seiner Partei so etwas wie die Position eines Außenseiters innehatte, blieb beharrlich und »bodenständig«. Er unterstützte Anhänger, die seine Vorstellungen multiplizierten, und fand dort Beifall, wo er als bürgerlich orientierter Sozialdemokrat und Gewerkschaftler wirkte. Zwar versuchten seine ideologischen Gegner 1904 die längst zu einem Grundsatzstreit gewordene Frage, ob Arbeiter auch weiterhin in bürgerlichen Bildungsvereinen mitarbeiten sollten, parteiverbindlich dahingehend zu beantworten, daß dies nicht geschehen dürfe, doch die Ergebnisse sprachen für Eberts kompromißbereite und pragmatische Einstellung und Haltung.

Wie Karl Ebert einst im Heidelberger Arbeiterbildungsverein, so will Friedrich Ebert die Volksbildung auch jetzt nicht aus der Perspektive eines vermeintlich notwendigen Klassenkampfes dirigiert sehen. Er geht davon aus, daß der gemeinsame aufklärerische Kern von Sozialismus und Libera-

---

[64] Als Ebert am 3. September 1922 in einer Rede in Bremen sagte, daß er »gerne an diese Jahre« seiner »Tätigkeit in Bremen zurückdenke«, wo er seine »zweite Heimat gefunden habe«, wollte er dies nicht bloß als höfliche Begrüßungsfloskel verstanden wissen. Bremen, dessen Bürger er bis zu seinem Tod blieb, war der Ort, an dem er erfahren hatte, daß seine politischen Vorstellungen und die Art ihrer Verwirklichung Modellcharakter auch für die große Politik haben könnten.

[65] Vgl. dazu auch S. 60ff.

lismus ein »Bündnis« zulasse, und arbeitet richtungweisend im Goethe-Bund mit, der sich gegen betont konservative und klerikale Bestrebungen wendet, für die Freiheit der Kultur eintritt und sie breiten Schichten zugänglich machen will. Die von links gegen ihn erhobenen Vorwürfe,[66] in Bremen auch durch seine Zusammenarbeit mit dem Goethe-Bund einem kleinbürgerlichen Bildungsbetrieb den Weg bereitet und den Klassenkampf und damit »die Interessen der Arbeiter verraten«[67] zu haben, kann er 1904 während des maßgeblich von ihm vorbereiteten Bremer Parteitages nicht so weit entkräften, daß seine radikalen Genossen die von ihm bis dahin betriebene Bildungsarbeit weiterhin akzeptieren zu können meinen. Ebert schmerzt diese von langer Hand vorbereitete Niederlage, der die Gründung eines (von seinem Intimfeind Heinrich Schulz repräsentierten) radikalen Bildungsausschusses des Gewerkschaftskartells auf dem Fuße folgt, zwar empfindlich, doch er kann mit Genugtuung auch noch einmal einen nennenswerten Erfolg registrieren. Der auf seine Initiative von den Bremer Sozialdemokraten eingebrachte Antrag, eine Kommission zur Neuorganisierung der Partei einzusetzen, wird in modifizierter Form angenommen. Da die chronisch schwelende Debatte über den Generalstreik erst 1905 nach dem Beginn der russischen Revolution überall auf der Tagesordnung stand, brauchte Ebert seine diesbezügliche Position 1904 noch nicht zu verteidigen. Im Gegensatz zum vorausgegangenen Dresdener Parteitag, auf dem erbitterte Ideologiediskussionen dominiert hatten, sind in Bremen, wo Eberts organisatorisches Vermögen alle Teilnehmer überzeugte, vornehmlich organisatorische Fragen behandelt und Zukunftsperspektiven für die sozialdemokratische Kommunalpolitik festgelegt worden.

Dennoch: Eberts Position ist nicht mehr so souverän wie zuvor. Die Partei droht in Bremen in Radikale (Schulz-Gefolgsleute) und Gemäßigte (Ebert-Anhänger) zu zerfallen, was in relativ kurzer Zeit so augenfällig geworden ist, daß Ebert sich mit Abschiedsgedanken zu tragen beginnt. Doch ehe er sich selbst endgültig für oder gegen den Verbleib in Bremen

---

[66] Einer seiner entschiedensten Gegner war der orthodox marxistisch orientierte einstige Volksschullehrer Heinrich Schulz, der zu der Zeit Redaktionsmitglied der *Bremer Bürger-Zeitung* war.

[67] Hermann Müller-Franken, der spätere zeitweilige Reichskanzler von 1920 (72 Tage) und ab Juni 1928 (636 Tage), schrieb nach Eberts Tod: »Bezeichnend war, daß gegen Ebert in letzter Stunde auf Grund seiner Bremer Tätigkeit in der Bürgerschaft der Einwand erhoben wurde, daß er zu reformistisch denke, opportunistisch wäre und nicht revolutionär genug gesonnen sei. So haben radikale Kreise der Partei schon bei der Wahl des 34jährigen in den Parteivorstand den kommenden Staatsmann richtig gewittert.«

entscheidet, tun dies andere für ihn. Er wird im September 1905 auf dem Jenaer Parteitag mit 174 von 283 Stimmen[68] als Sekretär in den Parteivorstand gewählt. Obwohl er, den gemäßigt orientierte Anhänger bereits zuvor gefragt hatten, ob er gegebenenfalls bereit sei, dieses »Amt« anzunehmen, hinsichtlich der Haltung Bebels zunächst Zweifel gehegt hat,[69] nimmt er die Wahl an. Daß sie von den hinter ihm stehenden Gewerkschaftlern gegen Bebels ausdrücklichen Wunsch durchgesetzt worden sei, um sich an ihm wegen seiner (auf dem Kölner Gewerkschaftskongreß vom 22. bis 28. Mai 1905) gegen sie gerichteten Entscheidungen im Zusammenhang mit ihrem (Mit-)Führungsanspruch und ihrer Ablehnung des Massenstreiks zu rächen, wie gelegentlich behauptet wird, ist nicht beweisbar. Bebel, den die Forderungen des linken Flügels nach »Revolution« und »Blutvergießen« in Jena so sehr irritiert hatten, daß er meinte, selbst im Blut zu waten,[70] war innerlich offenbar von seiner noch im Jahr zuvor offen verfochtenen Auffassung abgerückt, daß Ebert infolge seiner für ihn »zu rechten« Einstellung für entscheidende Aufgaben im zentralen Führungsrahmen nicht tragbar sei. Angesichts der radikalen Töne innerhalb der

---

[68] 1906 wählten ihn in Mannheim 344 von 352, 1907 in Essen 290 von 291, 1908 in Nürnberg 331 von 364, 1909 in Leipzig 319 von 330, 1910 in Magdeburg 340 von 350, 1911 in Jena 379 von 393, 1912 in Chemnitz 423 von 468 Delegierten in den Vorstand. 1913, nach Bebels Tod, wurde er in Jena mit 433 von 473 Stimmen Vorsitzender der SPD.

[69] Ebert, dessen Vorstellungen in der Nähe der Auffassungen seines adeligen bayerischen Genossen Georg von Vollmar angesiedelt waren, wußte nicht nur aus persönlichen Erfahrungen, wie Bebel zuweilen zu taktieren pflegte. So hatte er 1891 beispielsweise die Forderungen der radikalen »Jungen« innerhalb der Sozialdemokratie energisch abgelehnt, nach der Aufhebung des Sozialistengesetzes die »Diktatur der Führer« auszuschalten, die parlamentarische Taktik aufzugeben und an das Kommunistische Manifest anzuknüpfen. Aber er hatte ebenso auch darauf verzichtet, die den »Jungen« entgegengehaltenen Vorstellungen von Vollmars als Programm zu empfehlen: Demokratisierung des Staates durch praktische sozialdemokratische Sozialpolitik und Verzicht auf die Anstrebung utopischer Ziele.

[70] Rosa Luxemburg beispielsweise, deren Ausführungen Bebel mit seiner bildhaften Bemerkung auch meinte, hatte in Jena – gegen Bebel gerichtet – unter anderem erklärt: »Wenn man die bisherigen Reden in der Debatte zur Frage des politischen Massenstreiks hier gehört hat, muß man sich wirklich an den Kopf fassen und fragen: Leben wir tatsächlich im Jahre der glorreichen russischen Revolution, oder stehen wir in der Zeit zehn Jahre vor ihr? ... Die bisherigen Revolutionen, namentlich die von 1848, haben bewiesen, daß man in revolutionären Situationen nicht die Massen im Zügel halten muß, sondern die parlamentarischen Rechtsanwälte, damit sie die Revolution nicht verraten... Gegenüber der ganzen Kleingeisterei müssen wir uns sagen, daß für uns die letzten Worte des Kommunistischen Manifests nicht nur eine schöne Phrase sind, sondern daß es uns blutiger Ernst ist... Die Arbeiter haben nichts zu verlieren als ihre Ketten, sie haben eine Welt zu gewinnen.«

Spitze der zu der Zeit rund eine halbe Million eingeschriebene Mitglieder zählenden SPD und deren Existenzbedrohung durch extrem links orientierte Ideologieverfechter hat er in Ebert 1905 den immer auf Ausgleich bedachten, ungewöhnlich organisationsbegabten und im Umgang mit Behörden sehr erfahrenen Funktionär akzeptiert, den er vermutlich – auch mit Hilfe der ihm folgenden Mitglieder des Gesamtvorstandes der Partei – jederzeit dirigieren und zügeln zu können hoffte.
Als Ebert am 1. Dezember 1905 Bremen verläßt, um in Berlin tätig zu werden, nimmt er die Erkenntnis mit, daß die Erfahrungen, die er nach Heidelberg in Karlsruhe, München, Mannheim, Hannover, Kassel, Braunschweig, Bochum, Elberfeld, Remscheid, Quakenbrück und Bremen gemacht hat, zwar spezifische Blessuren hinterlassen, ihn insgesamt aber nicht gezwungen haben, seine politischen Maximen und Vorstellungen grundsätzlich zu korrigieren oder gar gänzlich zu modifizieren. Seit jeher kein ausgesprochener Exponent philosophisch-historisch fundierter und interpretierter Ideologien und romantisch-revolutionärer Führervorstellungen, räumt er – nach einer von jugendlichem Überschwang bestimmten ideologisch artikulierten hektischen Zwischenphase – nicht nur der Funktionsfähigkeit überkommener Institutionen mehr Gewicht ein als weltanschaulichen Problemen und deren möglichen Einflüssen auf geschichtliche Zäsuren und Entwicklungen, sondern fordert zusätzliche spezifische arbeiterschaftliche Organisationen und stellt seine persönlichen Erfahrungen über ideologische Imperative.
Die ideologischen Debatten auf Hochschulniveau überläßt er Eduard Bernstein, Karl Kautsky, Bruno Schoenlank, Parvus[71], Wilhelm Liebknecht, Franz Mehring, Rosa Luxemburg, Clara Zetkin, Belfort Bax, Georgij Plechanow, Antonio Labriola, Jules Guesde, Jean Jaurès – und schließlich auch August Bebel. Er registriert Bernsteins Bemerkung »Das Endziel, was immer es sei, ist mir nichts, die Bewegung alles« und sieht, wie auch Kautsky, Schoenlank und Liebknecht, die den ursprünglich aus Friedrich Engels' unmittelbarer Umgebung kommenden Revisionisten, der sich zunächst ihres Wohlwollens und ihrer Unterstützung hatte erfreuen können, plötzlich verdammen.[72] Der Tisch ist nicht Eberts Tisch. Er macht sich in der Parteizentrale an die Arbeit »in dem Diesseits«, in dem er sich beheimatet weiß.
Daß ein mehr als nur umrißhaft vorgegebener ideologischer Überbau das

[71] Eigentlich Alexander Helphand.
[72] Die innerhalb der Sozialdemokratie seit der Mitte der neunziger Jahre über Eduard Bernsteins »Revisionismus« heftig geführten Debatten gefährdeten die Einheit der

»Diesseits« nicht nur überwölbt, sondern auch mitgestaltet, kann Ebert selbstverständlich nicht ignorieren. Doch er ist überzeugt, aus eigener Erfahrung zu wissen, was die SPD seit der Jahrhundertwende zu einer tatsächlichen Arbeiterpartei hat werden lassen.

---

sozialistischen Bewegung und deren Einheitlichkeit bis zum Beginn des Ersten Weltkrieges zeitweise empfindlich. Von Engels beeinflußt, hatte Bernstein sich zunächst vom ethisch-kleinbürgerlichen zum radikalen Sozialisten gewandelt, war aber bald unter dem Einfluß des englischen Milieus, der dort breiten Demokratie, der Wirtschaftspolitik der Trade Unions und der sozialreformerischen Anschauungen des Fabier und vor allem nach seinen Studien über die französische Revolution von 1848 zum Gegner des Marxismus geworden. Er führte das Scheitern der Revolution auf die radikale und dem orthodoxen Marxismus verwandte Politik der extremen (Blanqui-)-Klubs zurück und schrieb von 1896 bis 1898 in der *Neuen Zeit* Artikel, in denen er den Marxismus entschieden angriff und als Rezept für die Sozialdemokratie ablehnte. Die Feststellung des englischen Sozialisten Belfort Bax, daß Bernstein »das Endziel der sozialistischen Bewegung zugunsten des Gedankenkreises des heutigen bürgerlichen Liberalismus und Radikalismus völlig aufgegeben« habe, löste innerhalb der deutschen Sozialdemokratie die ersten Irritationen aus, die bald weitere Nahrung erhielten. Der Name Bernstein wurde für Gemäßigte und Radikale zum Reiz- und Schlüsselwort.

II. Kapitel

Auf dem Weg zum Staatsmann

Im Vorstand der Partei

»Die Stadt ist so schön, so interessant; alle Tage ein neues Bild und ein so bewegtes Leben, daß man nicht fertig wird mit Bewundern«, hatte der 1867 geborene Dichter Ludwig Thoma im November 1901 aus Berlin geschrieben. Er, der welterfahrene und als *Simplicissimus*-Mitarbeiter auf eine besondere Art kritische Bayer, war von der mitten in Preußen liegenden Reichshauptstadt begeistert gewesen. Friedrich Ebert und seine Familie sahen die Stadt – seit dem 1. Dezember 1905 – aus einer anderen Perspektive als Thoma.

Louise Ebert und die inzwischen zehn, neun, acht, sechs und fünf Jahre alten Kinder, sämtlich in der Großstadt Bremen zur Welt gekommen, sehen sich in eine völlig andere Großstadtumwelt hineingestellt. Nicht nur der vertraute alltägliche Rahmen fehlt. Das Verhältnis der Menschen zueinander erscheint ihnen anders als in Bremen. Obwohl weltoffen und schnell zu Kontakten bereit, bewegen die Berliner sich geschäftig-gelassen und wie selbstverständlich innerhalb hierarchisch geordneter Grenzen, die ihr sozialer Status bestimmt. Die Brücken zwischen »oben» und »unten«, die für Friedrich Ebert in Heidelberg selbstverständlich waren, fehlen hier und erinnern auch ihn ständig daran, mit Neuland konfrontiert zu werden. Bestätigt findet er jedoch auch hier seine alte Auffassung, daß es ein homogenes Proletariat, wie Marx und Engels es prophezeit haben, noch nicht gibt. Rasch hat er erkannt, daß die von orthodoxen Marxisten angestrebte organisierte Verschmelzung und »ideologische« Übereinstimmung zwischen den Mägden, Wäscherinnen, Knechten und Tagelöhnern, Fabrikarbeitern, Invaliden, Rentnern, Handwerkern und Hausangestellten eine Illusion ist. Und ebenso schnell hat er festgestellt, daß die patriarchischen Bindungen vor allem der vielfach aus ostelbischen Gebieten stammenden Landarbeiter[1] an ihre »Herren« und die nach wie vor

---

[1] Die von Ost nach West, vom Lande nach Berlin abwandernden Landarbeiter, die bis dahin auf den Gütern ihrer »Herren« Arbeit und Brot (1926 für verheiratete Arbeiter zusätzlich zum Lohn u. a.: 18 Zentner Roggen, 4 Zentner Weizen, 36 Zentner Kartoffeln, 365 Liter Vollmilch, 26 Pfund Butter, 36 Zentner Steinkohle, 30 Zentner

intakten alten Rollenvorstellungen im preußisch geprägten Berlin es sind, die die marxistischen Klassenkampfvorstellungen relativ chancenlos bleiben lassen.

Ebert sieht die seit jeher von ihm verfochtene Feststellung bestätigt, daß die sozialdemokratische Partei nicht vom »armen Volk« getragen wird, nicht von den verwahrlosten, entwurzelten, zermürbten und nach Hilfe rufenden Schichten, sondern von denen, die den »Aufstieg« suchen, sich selbst helfen wollen, die Akzeptierung der Menschenwürde fordern und stolz auf ihren Status sind. Er verachtet die weinerliche Armeleutephilosophie des Pöbels und redet einem besonderen Klassenstolz so das Wort, wie es beispielsweise eineinhalb Jahrzehnte später bei der Eröffnung der Nationalversammlung geradezu exemplarisch geschieht.[2] Die »Benutzbarkeit« derjenigen, die »unten« sind und nicht »dazu«-gehören, ist hier, wo der Kaiser residiert und hofhält, so augenfällig wie nirgendwo sonst. Dabei ist die rapide Entwicklung von der Agrarnation Deutschland zur mächtigen Industrienation – mit 41 Millionen Einwohnern im Jahr 1871 und 56 Millionen Einwohnern 1900 – in Berlin mehr als anderswo spürbar. Obwohl die explosionsartige Entwicklung am Rhein und an der Ruhr, in Franken, Württemberg und Mitteldeutschland eher als in Berlin begonnen hat, wird hier am schroffsten offenbar, wie die sich stürmisch entfaltende Produktion[3] die Gesellschaft verändert. Aber Ebert kann in der Zweimillionenstadt mehr als anderswo erkennen, daß der »dritte« und der »vierte« Stand, die den neuen Staat tragen, nicht auch seine staatserhaltenden Kräfte geworden sind. Nach wie vor bestimmen diejenigen das Bild, die es zuvor sowohl nach außen als auch nach innen entscheidend geprägt haben.

Als die Familie Ebert Ende 1905 nach Berlin kommt, trifft sie auf eine Bevölkerung, die sich bereits vor drei Jahrzehnten mit der Tatsache identifiziert hat, daß Berlin die Hauptstadt des Reiches ist, die ungezählte Bewohner aus den »Provinzen« anzieht. Haben dort 1848 rund 432000 und

---

Brennholz, 625 m² Kartoffelacker, Wohnung und Schweinestall. Sie konnten eine Kuh, Schweine, Hühner, Gänse und Enten halten) gehabt hatten, tauschten nicht selten Sicherheit gegen Unsicherheit, schwere Arbeit (noch nach Eberts Tod: im März, April, September, Oktober: täglich 10 bis 10½ Stunden, im November, Dezember, Januar, Februar: täglich 11 Stunden) gegen Arbeitslosigkeit und Entwurzelung ein. Aus ihren Reihen kamen sowenig Sozialdemokraten wie aus der etablierten Arbeiterschaft der Gutsbetriebe.

[2] Vgl. S. 227ff.

[3] Während der Index der industriellen Produktion zwischen 1850 und 1913 in Großbritannien um das Dreieinhalbfache und in Frankreich um das Dreifache anstieg, geschah dies in Deutschland um das Zehnfache. 1871 gab es acht deutsche Städte mit mehr als 100 000 Einwohnern, 1890 waren es 26 und zur Zeit der Jahrhundertwende 33.

1875 rund 967000 Einwohner gelebt, sind es 1910 bereits mehr als zwei Millionen.

Die Eberts lernen hier die »modernen« Mietskasernen kennen, hören von den über 100000 »Schlafstellen« wohnungsloser Berliner und erfahren, daß rund 45 Prozent aller Berliner in Einzimmerwohnungen leben. Sie registrieren die unterschiedliche Struktur der einzelnen Stadtbezirke und werden täglich mit dem »Glanz« und der »Glorie« des preußischen Militärs[4] konfrontiert, das in der Gesellschaft eine ganz besondere Rolle spielt.

In Berlin steht an der Spitze des Sozialprestiges der Offizier. Friedrich des Großen Überzeugung, daß selbst ein adeliger Fähnrich »immer noch vor dem Kabinettsrate« rangiere, ist weder zu übersehen noch zu überhören. Eberts später vielfach geäußerte bittere Kritik am wilhelminischen Gesellschaftssystem, an der Politik der »schimmernden Wehr« und des »Hohenzollernschen Heeres« basiert vor allem auf den herben Erfahrungen, die er in Berlin hat registrieren müssen.

Da war es – zum Gespött für alle Welt – bezeichnenderweise möglich, daß ein eben aus dem Gefängnis entlassener Schustergeselle selbst vor staatlichen Institutionen unangreifbare Staatsmacht repräsentieren konnte, nur weil er eine Offiziersuniform trug. Im Oktober 1906, Ebert lebte seit einem Jahr in Berlin, lachte jedermann über den Husarenstreich des Wilhelm Voigt, der sich von einem jüdischen Trödler eine alte Hauptmannsuniform gekauft, sie angelegt, rund 20 auf der Straße marschierende Soldaten angehalten, unter seinen »Befehl« gestellt und im Rathaus von Köpenick den Bürgermeister arretiert hatte, weil er auf »normalem« behördlichem Wege keinen – für eine Anstellung benötigten – gültigen Personalausweis bekommen konnte. Der »bunte Rock des Kaisers«, vor allem, wenn ihn ein Adeliger trug, war mehr als ein Sinnbild der Macht, galt nicht nur »bei Hof« mehr als hohe Titel auf Visitenkarten bürgerlicher Exponenten der Gesellschaft.

Was Otto von Leixner 1894 in seinen *Sozialen Briefen aus Berlin* feststell-

[4] Offiziere, vor allem adelige Offiziere, bildeten überall in der Gesellschaft den Mittelpunkt. Das Militär ganz allgemein galt als »Schule der Nation«, was es teilweise tatsächlich auch war. Ausgediente Unteroffiziere und Feldwebel wurden als Beamte in den Staatsdienst übernommen, wo sie korrekt, zuverlässig und meistens auch unbestechlich bei der Eisenbahn, bei der Polizei und in anderen Behörden und staatlichen Institutionen fungierten. Eingezogene einfache Soldaten, von denen nach Schätzungen im Laufe der Zeit bis zu 80 Prozent heimlich mit den Sozialdemokraten sympathisierten, lernten den Kameradschafts- und Gemeinschaftsgeist kennen. Sie erfuhren, was es hieß, »des Kaisers bunten Rock« tragen zu dürfen und »dabeizusein« oder »dabeigewesen« zu sein. Vorzüge genossen auch sie nach ihrer Dienstzeit überall.

te, galt für die Berliner Vorkriegszeit Eberts mehr als in den neunziger Jahren. »So halten sich die Gesellschaftskreise im allgemeinen für sich, für den höheren Adel bildet der Hof den natürlichen Mittelpunkt«, hatte er geschrieben und erklärt: »An den einheimischen höheren und höchsten Adel schließt sich die diplomatische Welt, die auch heute noch zumeist aus der Aristokratie angeworben wird. Übrigens hat auch der Bürgerliche, wenn er Gesandter oder Botschafter ist, an sich schon Stellung genug durch seinen Rang und wird in jeder Weise als gleicher behandelt. Zu dem Kreise gehören ferner die Minister und ihre Familien. Die übrigen Stände treten in diesen Kreisen nur ausnahmsweise ein und einzelne Gelehrte, Künstler usw. meist nur bei großen Festlichkeiten des Hofes. Die Ausnahmen sind an den Fingern herzuzählen. Mehr oder minder exclusiv lebt auch der hohe Beamtenstand und leben die Lehrer der Hochschulen. Aber sehr leicht entwickelt sich starkes Selbstgefühl, das nicht selten bei den gelehrten Herren in Dünkel ausartet. Ein eigentliches Gesellschaftsleben besitzen diese Stände als solche nicht. Die Verhältnisse erlauben es selbst einem hohen Beamten in Berlin sehr selten, ›Haus zu machen‹.«

Es ist nicht schwer, sich vorzustellen, wie der in erheblichem Maße von einer Kleinstadt geprägte Handwerkersohn, der für viele beruflich »gescheiterte« Handwerker, der sozialdemokratische Funktionär ohne dominierende Klassenkampfperspektiven und schließlich aus der ganz anders als Berlin strukturierten Kaufmanns- und Hansestadt Bremen kommende Ebert auf den Wechsel von Bremen nach Berlin reagiert hat. Aus dem »trauten« Bremer Neckarstraßen-Haus mit Garten, den Enten und Kaninchen, der anheimelnd individuellen – aber prominenten – Heimstatt, ist er in Berlin-Lichtenberg in eine in der Bahnhofstraße im vierten Stock liegende bescheidene und anonyme Wohnung umgesiedelt, die nicht nur seine Kinder später als »Einschnürung« ihrer natürlichen Lebensbedürfnisse bezeichnet haben. An Bremen wird sie nur noch an schönen Wochenenden erinnert, wenn Ebert sie zu Spazierfahrten im eigenen Segelboot einlädt, das er aus Bremen mitgenommen hat. Doch auch bei den Segelfahrten auf der Spree, so erinnerte sich der spätere sozialdemokratische Landtagsabgeordnete Karl Ebert 70 Jahre danach, ist ihrer aller Freiheit beschnitten geblieben. »Mucksmäuschenstill mußten wir Kinder sein, damit das Boot«, in dem der Vater zuweilen selbst während der Fahrten in Akten zu blättern pflegte, »nicht kenterte«, überlieferte Karl Ebert, der bedauerte, seinen »Vater eigentlich erst sehr viel später kennengelernt« zu haben. Während der Rast, die Friedrich Ebert zur Arbeit nutzte, hatten die Kinder das Boot zu waschen und Louise Ebert den mitgenommenen »Kartoffelsalat mit Buletten« bereitzuhalten.

Während Ebert 1905 mit Genugtuung registrieren kann, sich in seiner Partei gegen unerbittliche Konkurrenz durchgesetzt und unerwartet Karriere gemacht zu haben, muß er sich eingestehen, daß seine Familie diesen Triumph – trotz der mit seinem »Amtswechsel« für alle verbundenen Erleichterungen – anders interpretiert. Er bekommt ein Jahresgehalt von 4200 Mark[5], braucht sich nicht mehr – wie in Bremen – um eine Gastwirtschaft zu kümmern und kann sich ausschließlich der Parteiarbeit widmen. Das leise Murren seiner Familie überhört er geflissentlich, während er sich Arbeiten aufbürdet, wie er sie schon einmal in Bremen geleistet hat. Daß die Umstände dies allerdings auch hier erforderlich machen, muß ihn verblüffen.

Das Ende der konspirativen Politik

In der Parteizentrale, in der die Folgen der »Sozialisten«-Gesetzgebung – die Angst vor Polizeikontrollen und anderen staatlicherseits möglichen Maßnahmen – noch immer herrschen und die Entfaltung hemmen, existieren bislang weder ein Telefon noch eine Schreibmaschine und Karteien. Ablagen fehlen ebenso wie schriftliche Notizen über Vorgänge, die eine Archivierung voraussetzen. Von keinem Brief, der von der Parteizentrale verschickt worden ist, gibt es Kopien oder Abschriften. Kein Schreiben, das an sie gerichtet wurde, ist archiviert oder registriert, sämtliche eingegangene Post ist nach der Bearbeitung vernichtet worden. Der von der Verfolgung beeinflußte und an konspirative Politik gewöhnte Vorstand hat auch nach Bismarcks Verabschiedung auf die bis dahin unerläßliche Disziplin seiner Anhänger gebaut, ein großes Maß an Aufopferungsbereitschaft, Glauben und Leidenschaft vorausgesetzt und sich seit der Aufhebung der Sozialistengesetze geradezu in seiner Ehre gekränkt gesehen, weil es seitdem keine Hausdurchsuchungen und ähnliches mehr gegeben hat. Da August Bebel die Hälfte des Jahres in der Schweiz zu verbringen pflegt und der mit allen Einzelheiten vertraute alte Parteisekretär Ignaz Auer mit ihm so zerstritten ist, daß das Parteivolk verächtlich von »Sauhordentum« redet, kann Ebert sich zwischen den Fronten entfalten, zumal die Kontrolle des Parteiapparates zu der Zeit mehr in den Händen Auers

[5] Seit 1911: 5000 Mark.

als Bebels liegt. Daß es gravierende ideologische Richtungskämpfe innerhalb der Parteiführung und persönlich artikulierte Streitigkeiten zwischen den maßgeblichen Führungspersönlichkeiten gibt, weiß Ebert nicht erst seit seinem ersten Besuch eines Parteitages. Klug weiß er, den der alte Vorstand anfänglich mit gönnerhafter Überheblichkeit zu behandeln versucht, die Folgen der Differenzen und teilweise tatsächlich feindseligen Spannungen beispielsweise zwischen Bebel und Paul Singer zu nutzen und setzt sich, wenn manchmal auch erst »nach zornigem Augenrollen«, wie Friedrich Stampfer[6] aus eigener Erfahrung berichtet, nahezu immer durch. Im Laufe der Zeit leitet er die Parteizentrale – von einigen Schwierigkeiten mit Philipp Scheidemann in den Jahren 1911 und 1912 und später mit Hugo Haase abgesehen – buchstäblich wie ein Alleinherrscher. Daß er sich mit Hugo Haase, mit dem er seit Bebels Tod die Position des Vorsitzenden zu teilen hat, nicht sonderlich versteht, weil Haase nach seiner Auffassung viel zu weit links orientiert ist, überspielt er. Da Haase als Anwalt zunächst noch in Ostpreußen und später in Berlin tätig ist und schon aus Zeitgründen alle Last Ebert aufbürdet, nutzt dieser die Situation zu seinen Gunsten und repräsentiert meist allein den Vorsitz.

Der Parteiideologe Karl Kautsky, dem Eberts Anspruch mißfiel, maßgebliche Entscheidungen treffen zu dürfen, ohne sich lang und breit auf theoretische Diskussionen einlassen zu müssen, beurteilte Eberts Führungsstil und Persönlichkeit in einem Brief an Viktor Adler: »Er (Ebert) ist sicher ein Mann von großer Intelligenz und Tatkraft, dabei aber sehr herrisch und eifersüchtig, und, wie mich dünkt, in nicht rein proletarischen Dingen etwas beschränkt. Er ist sehr eifersüchtig auf Haase und hat mit ihm wegen bloßer Etikettefragen schon Konflikte gehabt. Er ist im Vorstand sehr nützlich, aber es ist fraglich, ob er gerade als engerer Kollege Haases am richtigen Platz ist, und bei der Leitung der Abstimmung über den Fall Radek[7] zeigte er sich mehr despotisch als klug. In dieser Sache operierte der Vorstand nicht sehr glücklich.«

Mit ihm jedenfalls, dem von Bremen nach Berlin geholten »Funktionär« aus Heidelberg, geht die von den Gründungsvätern heroisch verbrämte konspirative Periode der sozialdemokratischen Partei zu Ende.

---

[6] Friedrich Stampfer (1874–1957): Reichstagsabgeordneter der SPD und Chefredakteur der SPD-Zeitung *Vorwärts*.

[7] Karl Radek, ein polnischer, linksradikaler Journalist, war für den Leninismus in der SPD eingetreten, was Ebert bewogen hatte, seinen Ausschluß aus der Partei zu verlangen und zu erklären, daß die linksradikale Propaganda nur die bisherigen Erfolge gefährden könnte.

Hinsichtlich der Führung und Organisation der Partei schöpft Ebert die Möglichkeiten aus, die ihm das in Jena neu gefaßte Organisationsstatut bietet. Er kann von Parteitag zu Parteitag, der obersten Instanz hinsichtlich der Fragen, die das »Parteileben« und die »Parteiorganisation« betreffen, Entscheidungen fällen und Maßnahmen einleiten, die bleibende Spuren hinterlassen. Auch wenn der Parteivorstand nur begrenzte Handlungsvollmachten hat und eigentlich nur so etwas wie ein Generalsekretariat darstellt, verfügt er jedoch »nach eigenem Ermessen« über die vorhandenen Gelder und kann sie so einsetzen, wie er es für richtig hält.[8] Ebert dirigiert auf dem Wege über die satzungsmäßig vorgesehene Kontrolle der Parteiorgane und der Parteigeschäfte durch den Parteivorstand mehr, als die untereinander zerstrittenen Vorstandsmitglieder es augenblicklich erkennen.

Was immer auch die Vorstandsmitglieder über ihren Genossen Ebert und dessen Aktivitäten in der Zentrale und über seine Vorstellungen und Politik gedacht haben mögen, ohne es auszusprechen: Die Honorierung, die ihm seitens der alljährlichen Parteitage zuteil wurde, konnte er nur als unangefochtene Anerkennung verstehen. Haben dort doch von 1906 bis 1913, bis auf die Parteitage in den Jahren 1908 und 1912, stets mehr als 90 Prozent der Delegierten für ihn als Vorstandsmitglied votiert.[9]

Die SPD, die 1907 bereits über 530 466 Mitglieder in örtlich begrenzten sogenannten »Wahlvereinen« der 397 Reichstagswahlkreise verfügte,[10] hatte mit Ebert den Mann in den Vorstand gewählt, der an neue Gesetze »wider die gemeingefährlichen Bestrebungen« nicht dachte und eine fließende Korrespondenz zwischen der Zentrale und den Bezirks- und Kreisorganisationen der Partei einleitete. Die alten Mitglieder des Vorstandes, die mit August Bebel meinten, daß »die Gesetzlichkeit« die SPD »töten« werde, mußten einsehen, daß sich die konspirativen Methoden überlebt hatten und Massenparteien der Mittel bedurften, die Ebert wählte.

---

[8] Dem Parteivorstand (ressortmäßig Ebert) war damit zwar die Möglichkeit gegeben, nur ihm genehme Parteisekretäre und Redakteure von Parteizeitungen einzusetzen, doch Ebert hat dies nicht getan. Selbst seine Gegner (wie beispielsweise Karl Liebknecht) attestierten ihm, über den streitenden »Fraktionen« innerhalb der Partei gestanden und sichtlich nur zu deren Nutzen gehandelt zu haben.

[9] Vgl. S. 68, Anm. 68.

[10] Am 31. März 1914 zählte die SPD 1 085 905 zahlende Mitglieder. 174 754 von ihnen waren Frauen. Nur dank Eberts Entscheidung von 1905, ein reguläres Büro einzurichten, waren derartige Einzelheiten feststellbar. Bezeichnend dafür ist beispielsweise, daß die erste zuverlässige Mitgliederzählung erst 1907 vorgenommen werden konnte.

Der Mann für alle Fälle

August Bebel hat mit seinem Zugeständnis und baldigen Sinneswandel hinsichtlich der Wahl und Beurteilung des ihm gegenüber bis zu seinem Tode unbedingt loyalen Pragmatikers Friedrich Ebert, der auf dem Parteitag von 1917 rigoros mit dem seit 1913 mit ihm gleichberechtigten Mitvorsitzenden Hugo Haase wegen seines (nach Eberts Auffassung) parteischädigenden Verhaltens[11] zur Zeit des Kriegsbeginns abrechnete, nicht nur die Entwicklung der Geschichte der SPD beeinflußt.

Ebert, der trotz seines Ehrgeizes und seiner Eitelkeit nicht unbedingt charismatischen Glanz verbreiten will, sondern sich stets darum bemüht, durch Identifizierung mit den von ihm ausgeübten Tätigkeiten den Funktionen Glaubwürdigkeit zu verleihen, beginnt die Wahrnehmung seines Amtes mit einer simplen Arbeit. Er mißachtet die skeptischen Warnungen seiner Vorstandskollegen, baut auf die Achtung von Gesetz und Recht, richtet ein normales Büro mit Telefon, Schreibmaschine, Ablage und Archiv ein und macht die Parteizentrale zu einer von jedermann ohne Bedenken ansprechbaren und zuverlässigen öffentlichen Institution. Die Grundbegriffe der Büroführung kennt er seit seiner Heidelberger Gewerbeschulzeit. Von 1894 bis 1905 hat er in Bremen als »Wirt zur guten Hilfe« spezifische Geschäftsführungserfahrungen gesammelt und die letzten vier Jahre seines dortigen Aufenthaltes als Kaufmann mit amtlicher Buchführungsvollmacht, Mitglied der Bürgerschaft und Arbeitersekretär des Gewerkschaftskartells Kenntnisse erworben, die der Partei und ihm nun von großem Nutzen sind.

Vom alten Vorstand zunächst als Unterstützung für den Kassierer und Pressechef Alwin Gerisch gedacht, ist Ebert infolge seiner Fähigkeiten, Erfahrungen, Anlagen und der in der Parteizentrale anfänglich zwiespältig registrierten Unterstützung, die ihm die Gewerkschaften demonstrativ zuteil werden lassen, nach und nach ein Aufgabenkreis zugewachsen, der die ganze Skala der Vorstandsfunktionen umfaßt. Geradezu fließend hat er Position um Position okkupiert und sich darüber hinaus auch noch als »Zugnummer« für die von ihm »erfundenen« und eifrig propagierten

[11] Haase gehörte zu den 14 sozialdemokratischen Reichstagsabgeordneten (von insgesamt 110), die am 3. August 1914 gegen die Bewilligung der Kriegskredite stimmten. Am 4. August beugten die 14 Abgeordneten sich der Fraktionsdisziplin und stimmten ebenfalls zu. Friedrich Ebert, der befürchtete, verhaftet zu werden, war am 30. Juli in die Schweiz ins Asyl gegangen. Er billigte die Entscheidung der SPD-Fraktion nachträglich.

Massenversammlungen ausgewiesen. Als er beispielsweise Ende Januar 1909 am sogenannten »roten Wahlrechtssonntag« im Berliner Tiergarten über das Wahlrecht spricht und die Abschaffung des preußischen Dreiklassenwahlrechts fordert,[12] das die Demokratisierung des Kaiserreiches verhindert, hören ihm Tausende zu.

Der kranke Bebel, der seine ursprünglichen Vorbehalte gegenüber Ebert bald revidiert und sich hinter den »rechten Mann« gestellt hatte, konnte zufrieden sein. Die gelegentliche Frage, wie er den 1905 in den Vorstand eingezogenen Sekretär denn nun beurteile, pflegte er mit der Gegenfrage zu beantworten: »Hat er sich denn nicht gut bei uns eingearbeitet?«

August Bebel, der als Frühwaise in sehr bescheidenen Verhältnissen aufgewachsene Sohn eines königlich-preußischen Berufssoldaten, der literaturbeflissene einstige Drechsler mit dem Habitus eines feinnervigen Gelehrten, lebte seit eineinhalb Jahrzehnten zeitweilig in Berlin. Er war 31 Jahre älter als der neue Parteisekretär, 1867 als Abgeordneter in den Reichstag des Norddeutschen Bundes eingezogen und hatte 1869 in Eisenach zusammen mit Wilhelm Liebknecht die Sozialdemokratische Arbeiterpartei gegründet. 1872 wegen »Vorbereitung zum Hochverrat und Majestätsbeleidigung« und 1886 wegen »Geheimbündelei«[13] zu Haftstrafen verurteilt, hatte er – zumal als kranker Mann – erhebliche Energien verbraucht und Aktivitäten entfalten müssen, um sich schließlich durchzusetzen. Obwohl kein akademisch gebildeter Intellektueller, steuerte er, der unter dem Einfluß von Wilhelm Liebknecht Marxist geworden war, die sozialdemokratische Partei einigermaßen unbeschadet durch alle Fährnisse, die ideologische, strategische und taktische Probleme immer erneut initiierten.

Obwohl von seiner Vita her nicht gerade ein »typischer« Sozialdemokrat, repräsentierte Bebel, der sich in seiner Jugend demonstrativ monarchistisch gebärdet und mit allen nur möglichen Mitteln – wie sein Vater –

---

[12] Zwar existierte seit 1867 das allgemeine, gleiche, direkte und geheime Wahlrecht, wie Lassalle es gefordert hatte; aber in Preußen galt nach wie vor das 1849 oktroyierte Dreiklassenwahlrecht. Seit 1906 schürten die Sozialdemokraten in Preußen, Sachsen, Thüringen, in den Hansestädten und Mecklenburg, wo es noch nicht einmal ein Parlament gab, Wahlrechtskämpfe. Eberts »Handschrift« war schnell erkennbar.

[13] Als Anklagematerial des Leipziger Schwurgerichts »in Sachen Hochverrat« dienten im März 1872 Protokolle von Reden, Zeitungsartikel, Briefe, Broschüren und Flugschriften. Zusammen mit der Verurteilung wegen »Majestätsbeleidigung« umfaßte die Strafe 31 Monate Festungshaft. Am 1. April 1875, zu Bismarcks Geburtstag (was Bebel später sarkastisch feststellte), wurde er – nach der Verlegung von der Feste Königstein ins Zwickauer Gefängnis – aus der Haft entlassen.

Soldat[14] zu werden versucht hatte, eine spezifische Gattung der ersten sozialdemokratischen Generation. Von einem Studium des Berg- und Hüttenwesens träumend, war er nach seiner Drechslerlehre als Geselle durch Süddeutschland und Österreich gewandert und 1860 in Leipzig seßhaft geworden, wo er – den Kommunismus und selbst Lassalles Theorien konsequent ablehnend – sich dem gewerblichen Bildungsverein anschloß und dessen Vorsitzender wurde. Wie sein späterer Nachfolger, der derzeitige neue Vorstandssekretär Friedrich Ebert, mit dem er in Berlin von nun an gelegentlich (zusammen mit dem Mitvorsitzenden Paul Singer, dem Kassierer Alwin Gerisch und den alten Sekretären Wilhelm Pfannkuch, Hermann Molkenbuhr und Ignaz Auer und den Berliner Beisitzern Wengels und Eberhard) im vierten Stock des vierten Hinterhofes der Lindenstraße 69 am Vorstandstisch der SPD sitzen mußte, war auch er nicht schon von Kindesbeinen an parteipolitisch tätig gewesen.[15]

Was ihm nach seiner Wahl zum Reichstagsabgeordneten 1867 im Alten Herrenhaus in der Leipziger Straße in Berlin widerfahren war, wo der Reichstag des Norddeutschen Bundes tagte, hat sein späterer Nachfolger 1912, dem großen Erfolgsjahr der SPD vor dem Ersten Weltkrieg, schon unter erheblich anderen Voraussetzungen erleben können: 110 sozialdemokratische Abgeordnete waren zusammen mit ihm in den Reichstag des Kaiserreiches eingezogen. Ihr Selbstbewußtsein demonstrierten ihre Reden, Einwände und Anträge. Bebels Erinnerungen sahen anders aus: »Als ich eben die Tür zum Alten Herrenhaus... öffnen wollte... wurde dieselbe von innen geöffnet, und heraus trat der Prinz Friedrich Karl, der ebenfalls Mitglied des Reichstages war. ›Da begegnet der auf der sozialen Stufenleiter Höchste dem Niedersten‹, dachte ich.« So hat er das in der Geschichte der Arbeiterbewegung Zäsurencharakter besitzende Ereignis geschildert. Ebert, der Exponent der Bebel folgenden SPD-Generation, konnte das »Hohe Haus« mit anderen Vorstellungen, Gefühlen und Identifizierungsmotiven betreten.

Daß Ebert erst als 41jähriger Funktionär in den Reichstag einziehen konnte, lag nicht zuletzt daran, daß er seit seiner Bremer Zeit vor allem

---

[14] Das Potsdamer Militärwaisenhaus, in das der im Alter von 13 Jahren bereits elternlose Bebel eintreten wollte, lehnte ihn wegen allgemeiner Körperschwäche ab. Aus demselben Grund scheiterte auch sein Versuch, in Österreich Soldat zu werden.

[15] Bezeichnend für seine »frühe« Einstellung war, daß er noch beim zweiten Stiftungsfest seines Vereins dafür eintrat, den Arbeitern das allgemeine, gleiche, geheime und direkte Wahlrecht vorzuenthalten, weil sie noch nicht reif dazu seien.

immer der »Mann für alle Fälle« vor Ort war, der tatsächlich nicht fugenlos hätte ersetzt werden können. Bis 1903 von Bremen aus im Nachbarkreis Hannover ohne durchschlagende Erfolge kandidierend, hat er 1906 und 1907 nicht auf den Wahllisten gestanden, weil er von Berlin aus die sozialdemokratische Wahlregie koordinieren mußte.
Zwei singuläre Ereignisse jedoch verbinden die beiden herausragenden sozialdemokratischen Führer: Während mit Bebel 1867 der erste Proletarier ein deutsches Parlament als Abgeordneter einer Arbeiterpartei betreten hat, die ihm ihren Fortbestand auch über die Zeit des praktizierten Sozialistengesetzes hinaus verdankt, ist die SPD unter der Führung Eberts nicht nur in die kaiserliche Reichsregierung eingetreten, sondern er selbst auch als erster Sozialdemokrat 1918 Reichskanzler und 1919 Reichspräsident geworden.
Seit seiner Umsiedlung nach Berlin hat Ebert – selbst innerhalb des Vorstandes seiner Partei – Differenzen, Spannungen, Mißverständnisse, Eifersüchteleien und Vorbehalte auszuräumen, Feindschaften zu blokkieren, seine eigene Position zu sichern und schrittweise systematisch auszubauen. Zwar verliert er 1911 vorübergehend an Einfluß, nachdem Philipp Scheidemann,[16] der sechs Jahre ältere, erfahrene Reichstagsabgeordnete, Hauptsprecher der sozialdemokratischen Reichstagsfraktion und in der Partei von vielen als der eigentliche Parteiführer angesehene einstige Schriftsetzer, als Ersatz für den eben verstorbenen Paul Singer in den Vorstand gewählt worden ist, doch tritt er schon 1912, als er selbst auch in den Reichstag eingezogen ist, wieder aus dessen Schatten heraus.

[16] Philipp Scheidemann: Von 1903 bis 1918 Mitglied der sozialdemokratischen Reichstagsfraktion, 1911 Mitglied des SPD-Vorstandes, 1912 Erster Vizepräsident des Reichstages, 1913 Vorsitzender der SPD-Fraktion im Reichstag, September 1918 Staatssekretär in der kaiserlichen Regierung. Am 9. November 1918 rief Scheidemann die Republik aus.

Revolutionserfahrung nur aus zweiter Hand

Die im dritten Jahrzehnt nach der auf halbem Wege steckengebliebenen Revolution von 1848 entstandene Sozialistische Arbeiterpartei Deutschlands, die sich seit 1890 Sozialdemokratische Partei Deutschlands (SPD) nennt, verfügt über keine eigene Revolutionserfahrung. Sie strebt die Okkupation der – von der bürgerlichen Opposition preisgegebenen – Reformen an und sieht nicht in der Bourgeoisie, sondern im traditionellen Junkertum ihren eigentlichen politischen Gegner. Ungefähr so alt wie ihr jüngster Sekretär Friedrich Ebert, hat sie im Laufe der Zeit jedoch bemerkenswerte Kurswechsel vollzogen und allein innerhalb des letzten Vorkriegsjahrzehnts Wandlungen durchgestanden, die nicht nur bestimmte Phasen der deutschen Geschichte, sondern deutlich auch bereits die Handschrift Friedrich Eberts reflektieren. Nachdem sie 1907 beispielsweise gegen die kaiserliche Kolonialpolitik zu Felde gezogen ist, hat sie sich infolge der Konsequenzen – Abstempelung zum Sammelbecken vaterlandsloser Gesellen, politische Isolierung und Mandatsverlust von 50 Prozent – 1912 zur gut deutschen und patriotischen Partei gemausert, die ein »gesundes Nationalgefühl« forderte. Dafür wurde sie von den Wählern mit einem überraschend großen Stimmenzuwachs belohnt.

Was Wilhelm Strötz seinem Neffen 1889 in Mannheim als unerläßlich prophezeit hat, nämlich die Notwendigkeit von Generalstreiks und die Anerkennung des sozialdemokratischen Führungsanspruches in Gewerkschaftsfragen, erscheint Ebert in Berlin weniger denn je als »Rezept« für zukunftsträchtige sozialdemokratische Politik. Und er steht nun, anders als noch in Bremen, mit dem »Rücken zur Wand«. Ist doch auch August Bebel inzwischen bereits für eine (wenn eigentlich auch nur Schein-) Neutralität der Gewerkschaften und für den Verzicht auf den nicht nur von Rosa Luxemburg und letztlich auch Karl Kautsky[17] propagierten Generalstreik eingetreten. Zwar hat Ebert noch 1908 Streiks gebilligt, bei denen es »sich um die Verbesserung der Lage der Arbeiter, um die Herbeiführung höherer Menschenrechte handelt«; aber er hat im selben Zusammenhang ebenso auch unmißverständlich erklärt, daß politische Massenstreiks »in offenem Gegensatz zur Sozialdemokratie« stünden.

Zwar hat die industrielle Revolution mit der hektischen Konzentration

[17] Kautskys These vom Generalstreik als Waffe in der Revolution lautete: Abwarten, bis das historische Fatum die Revolution bringt. Ebert hat diese Auffassung nicht einmal während des Krieges geteilt.

von Arbeitskräften traditionelle Bindungen gelöst, die Arbeiter von den Produktionsmitteln getrennt und Identifizierungsprobleme spezifischer Art geschaffen; aber sie hat auch den Lebensstandard der Arbeiterschaft gravierend verbessert und ideologischen und politischen Radikalisierungsvoraussetzungen die Basis genommen. So sehen die einstigen Handwerker Bebel und Ebert, die – im Gegensatz beispielsweise zu Karl Marx, Wilhelm Liebknecht und anderen akademisch gebildeten Sozialisten – aus eigener Erfahrung wissen, wo die Handwerker und Arbeiter der Schuh drückt, ihre eigentliche Aufgabe denn auch nicht darin, hochtrabenden Ideologien theoretisierender Intellektueller das Wort zu reden und vermeintlich »geschichtsgestaltenden« Theorien Prioritätscharakter einzuräumen, sondern darin, nüchtern zu kalkulieren und Tagträume durch realitätsnahe Parteipolitik zu ersetzen. Die Partei profitiert nicht nur durch den von der industriellen Revolution begünstigten raschen Mitgliederzuwachs.

Im Zentrum Preußen-Deutschlands, von wo aus die sozialdemokratische Partei dirigiert wird, behalten nicht die Programmatiker, sondern die von Ebert beeinflußten Pragmatiker das letzte Wort. Sie spüren ständig die straff organisierte Staatsmacht, die eine Erzwingung politischer Konzessionen beispielsweise durch Massenstreiks als Illusion erscheinen lassen muß, und sie wissen, daß diese Tatsache nicht ohne negative Folgen für die Partei ignoriert werden kann.

Die Situation in Rußland, wo am 22. Januar 1905 die von namhaften Intellektuellen unterstützte und von russischen Sozialdemokraten ohne ausreichend politisch-strategische und organisatorische Vorbereitungen mitgetragene Streikbewegung russischer Arbeiter vor dem St. Petersburger Winterpalais des Zaren mit Waffengewalt blutig zerschlagen worden ist[18], setzte auch in der SPD-Führung rückwärts gerichtete Maßstäbe.

Zwar waren dem Zaren für kurze Zeit wesentliche Zugeständnisse aufgezwungen, die Rede-, Versammlungs- und Vereinsfreiheit, das allgemeine Wahlrecht, die maßgebliche Mitwirkung der Reichsduma bei der Gesetzgebung und 1907 schließlich sogar die Zulassung der Sozialdemokraten als Oppositionspartei abgetrotzt worden; aber die russischen Revolutionäre hatten für die nur kurze »konstitutionalistische« Phase[19] der Revolution zu

---

[18] 2000 von 200 000 Demonstranten verloren ihr Leben, und 4000 erlitten Verletzungen. Der Ausbruch der Revolution mobilisierte in den Ostseeprovinzen auf dem Lande systematisch geschürte antideutsche Tendenzen.

[19] Die »konstitutionalistische« Phase der Revolution dauerte nicht lange, und nur für kurze Zeit sah Zar Nikolaus II. sich um seine herkömmliche Macht gebracht. Er behauptete sich bald wieder als Alleinherrscher Allrußlands, degradierte die »Halb-

schwere Opfer bringen müssen. Daß die Kopie eines solchen »Modells« für Deutschland, wo das besonders zuverlässige und dem Kaiser treu ergebene Militär und die Polizei schon infolge des verhältnismäßig engen und mit Hilfe der unvergleichlich weiter als in Rußland entwickelten Technik[20] fugenlos und sicher beherrschbaren Raumes nur von Illusionären und Utopisten empfohlen werden konnte, war nicht nur für Ebert selbstverständlich. Die sozialdemokratische Führung konnte sich als Exponentin nicht nur der politischen Vorstellungen ihrer Anhänger verstehen. Ebert, der in Bremen zuletzt große Mühe gehabt hatte, sich mit seiner Generalstreikablehnung gegen die Radikalen zu behaupten, kam – Ende 1905 – zur rechten Stunde nach Berlin.

Am 21. Januar 1906 schickte die SPD-Führung 33 ihrer besten und prominentesten Redner aller sozialdemokratischen Ideologierichtungen auf die Straßen und in Massenversammlungen. Friedrich Ebert, gerade erst sieben Wochen in Berlin, sprach im V. Wahlkreis, einem ausgesprochenen Arbeiterviertel des Berliner Nordens. Unzureichend vorbereitet und mit einem Thema konfrontiert, das er gern mehr als nur verdrängte, war das, was er sagte, intellektuell blaß und wenig originell. Ganz offensichtlich hielt er sich, hier noch der sich tastend einarbeitende Neue, an Richtlinien, die aus der Parteizentrale stammten. Sie wiederum dürften auf Ausführungen basiert haben, die aus der Feder der Rußlandkennerin Luxemburg stammten, die erst während des Parteitages von 1911 mit Bebel brach. Jedenfalls unterschieden sich die durch Polizeiberichte belegten Ausführungen Eberts wenig von den Darstellungen, die Rosa Luxemburg ein Jahr zuvor in der *Neuen Zeit* veröffentlicht hatte. Den russischen Sozialdemokraten Sympathien bekundend, verlas er die Parteiresolution, die feststellte, daß das »mit Verbrechen jeder Art beladene absolutistische Regiment in seinen Grundfesten erschüttert« sei und nunmehr »den unter bisherigen grauenvollen Zuständen schmachtenden Völkern im russischen Reich die Bahnen freiheitlicher, kultureller Entwicklung geöffnet« wären. Wie we-

---

parlamente« (Dumas) zu Beraterinstitutionen, denen nicht das Recht zugestanden wurde, die Regierung zu kontrollieren.

[20] Zwar gab es in Rußland (nach einer Zählung von 1902) 6334 Unternehmen mit jeweils bis zu 1000 (1 202 800 Personen) und 458 mit mehr als je 1000 (insgesamt 155 000) Beschäftigten, doch im Verhältnis zu Deutschland, wo (nach einer Zählung von 1895) 18 698 Unternehmen mit bis zu 1000 (insgesamt 2 595 536 Arbeiter und Angestellte) und 255 Unternehmen mit mehr als jeweils 1000 (insgesamt 448 731) Beschäftigten existierten, zur Zeit der Revolution bereits eine bemerkenswerte Industrialisierung; aber der Umfang des russischen Territoriums, der Zustand des Verkehrswesens und der Technik und ihrer Nutzungsmöglichkeit, der Bildungsgrad der Arbeiterschaft und deren Verhältnis zum Monarchen setzten besondere Maßstäbe.

nig dies Eberts eigentliches Thema war, beweist nicht zuletzt auch die Tatsache, daß er sich nach der »Pflichtlektüre« im Zentrum Preußens und des Reiches dem »Dreiklassenwahlsystem zum preußischen Landtage« zuwandte und dem Hauptgegner der SPD, dem preußischen Junkertum, Raffgier, Rechtsbruch hinsichtlich des Wahlsystems und klassenbetonte Anmaßung vorhielt.

Daß Ebert seit seiner Bremer Zeit immer erneut und bei jeder sich bietenden Möglichkeit gegen das preußische Dreiklassenwahlrecht agitierte, resultierte nicht zuletzt auch aus seiner Aversion gegen Revolutionen. Solange nämlich das in Preußen aufrechterhaltene Dreiklassenwahlrecht die Existenz des radikalen Parteiflügels garantierte, der den gewaltsamen Umsturz anstrebte, so lange mußte er seine politischen Vorstellungen als gefährdet ansehen.[21]

Das besorgt nach Osten blickende deutsche Bürgertum war überzeugt, »daß diese entsetzlichen Massakres« in St. Petersburg »künstlich inszeniert« worden seien, nur »um so das Volk beschuldigen und verdächtigen zu können«, wie es in der *Berliner Illustrirten* vom 12. November 1905 richtungweisend hieß. Seine Vorstellungen trafen sich mit denen der – sich nicht mit abstrakten Rezeptkonstruktionen für imaginäre politische Situationen befassenden – SPD-Führung, die Gedanken über eventuell nötige neue politische Kampfformen,[22] die über das penibel ausgearbeitete parlamentarische Routinesystem hinausgingen, systematisch erstickte.

Rosa Luxemburg, eine der aggressivsten Gegnerinnen revisionistischer Tendenzen innerhalb der SPD, hatte das »Erwachen des russischen Proletariats« vehement begrüßt und gehofft, daß die »Massen schöpferisch« sein und gravierende Verhältnisänderungen erzwingen würden. Sichtlich betroffen hatte sie im Februar 1905 unter dem unmittelbaren Eindruck der Ereignisse in der *Neuen Zeit* geschrieben: »Die demütige ›Bitte‹ der Volksmassen an den Zaren bestand in nichts anderem als darin, seine heilige Majestät möge sich gütigst mit höchstdero eigenen Händen als

[21] Zwar bestimmten die beiden Flügel die Politik der Partei wesentlich, doch war es der SPD-Führung nicht möglich, dabei von fest gefügten Fraktionen auszugehen. Die Entscheidungen auf allen Seiten (Parteiführung, Reichstagsfraktion, Revisionisten, Radikale) wurden von Fall zu Fall getroffen, so daß die Taktiken jeweils von konkreten Anlässen bestimmt werden mußten.

[22] Allerdings hatte selbst Friedrich Engels zuletzt die Auffassung verfochten, daß es künftig nur noch möglich sein werde, die staatliche Militärmacht durch stürmische Offensiven großer Massen zu Zugeständnissen zu zwingen. Vorerst, so hatte er erklärt, komme es darauf an, die Arbeiterklasse mehr als zuvor zu bilden und zu organisieren, weshalb sich die Sozialdemokratie für längere Zeit darauf beschränken müßte, die legalen Möglichkeiten auszunutzen.

Alleinherrscher aller Reußen enthaupten. Es war die Bitte an den Autokraten, der Autokratie den Garaus zu machen. Es war der modernste Klassendrang eines tiefernsten, reifen Proletariats, gesteckt in den phantastischen Einfall eines bunten Ammenmärchens... Es genügt, daß die erregte Volksmasse auf den formell kindlichen, tatsächlich furchtbaren Gedanken kommt, sich einmal ihren Landesvater von Angesicht zu Angesicht anzusehen und die Mythe vom ›sozialen König- und Kaisertum‹ verwirklichen zu wollen, damit sich die Bewegung mit eherner Notwendigkeit in einen Zusammenprall zweier Todfeinde, in die Auseinandersetzung zweier Welten, in die Schlacht zweier Zeitalter verwandelt.«

Anders als Ebert unterschätzte sie die Macht der Organisationen, sobald sich ihre Leitung in den Händen der Gegner befand. Der konservative Pragmatiker Ebert, dem Besson vorhielt, zeitlebens »einen übertriebenen Respekt vor der intellektuellen Abstraktion« gehabt zu haben, wußte nicht nur in diesem Zusammenhang besser als viele der Theoretiker, worauf es für die SPD ankam. Gewiß, Ebert hat seit jeher Respekt vor intellektuellen Leistungen bekundet; aber er wußte immer auch, wo Differenzierungen am Platze waren. So mußten sich beispielsweise die Delegierten des Würzburger Parteitages 1917 seine selbstsicher zelebrierte Feststellung anhören, daß »die Behauptungen vom Verrat der Parteigrundsätze leeres Geschwätz« seien und auch Berufungen beispielsweise auf Theorien Karl Kautskys keineswegs dafür garantierten, daß sachliche Entscheidungen immer nur dann richtig seien, wenn sie ideologischen Richtlinien folgten, die erfahrungsgemäß nicht selten auch noch konträr ausgelegt werden würden.[23]

Friedrich Ebert, der am Ende des Ersten Weltkrieges angesichts der revolutionären Anzeichen die vielzitierte Feststellung traf, daß er die Revolution wie die Sünde hasse, bestimmte zunehmend den Kurs der Politik der SPD, die insgesamt versäumte, rechtzeitig die von ihr angestrebte parlamentarische Demokratie präzise zu interpretieren. Was in der 1906 in Berlin eingerichteten Parteischule gelehrt wurde, die bis 1914 jeweils in den Wintermonaten rund 30 ausgewählten Sozialdemokraten und Gewerkschaftlern aus den Bezirksorganisationen das Rüstzeug für ihre Agitationstätigkeit und journalistische Arbeit lieferte, trug eher zu Irritationen als zur Klärung bei. Schon die Auswahl der Lehrer,[24] zu denen

---

[23] Ebert antwortete damit auf Vorwürfe gegenüber der SPD-Führung im Zusammenhang mit deren Bewilligung der Kriegskredite.

[24] Unter anderem: Franz Mehring, Rudolf Hilferding, Hermann Duncker, Arthur Stadthagen, Emmanuel Wurm, Gustav Eckstein, Hugo Heinemann.

seit 1907 – neben anderen namhaften Exponenten des radikalen Flügels – auch Rosa Luxemburg gehörte, mußte für die Etablierung der Doppelgleisigkeit und ideologischen Spaltung garantieren. Die Multiplikatoren sozialdemokratischer Vorstellungen und Politik, die durch die Parteischule gegangen waren, Redakteure, Parteisekretäre, Intellektuelle, Autodidakten, Handwerker, Bergleute und Hausfrauen, gehörten daher nicht unbedingt zu denen, auf die der zwar pragmatische, aber nicht ohne ideologische Vorgaben führende Ebert sich in seinem Bestreben stützen konnte, die Macht der Partei vor allem durch ihre Organisationen und Parteipresse zu stärken.
Vorgegebenen Bahnen folgend, improvisierte Ebert nicht selten auch da, wo es darauf angekommen wäre, bestimmten neuen Prinzipien Realitätscharakter zuzuerkennen und sie in die praktizierte Politik einzubeziehen. Daß die SPD Nichtmarxisten und anderen politischen Parteien unter den Umständen ein Buch mit sieben Siegeln bleiben mußte, scheint er nicht realisiert zu haben, obwohl die bürgerlichen Parteien die Bündnisfähigkeit der SPD nicht nur bis 1914 offen anzweifelten. Dennoch müssen sich seine Kritiker, die zwar anerkennen, daß er die konspirative Phase der Geschichte der SPD rigoros beendet, aber tadeln, daß er der Partei bis 1914 kein grundsätzlich anderes Gesicht gegeben habe, den Vorwurf der Einäugigkeit gefallen lassen. Das von Ebert initiierte neue Verhältnis zwischen Partei und Gewerkschaften, die neue Beziehung der Jugend zur Sozialdemokratie, das Bekenntnis zum Staat als »Gemeinschaft aller Staatsbürger«, die Loyalität gegenüber den staatlichen Instanzen und Institutionen, die Darstellung der SPD als legales politisches Instrument und schließlich auch ihre Bündnis- und Regierungsfähigkeit sprechen eine andere Sprache und führen realitätsfremde Ideologiekriterien ad absurdum.

Vermittler ohne Dogmen und Doktrinen

Ebert hat Erfolge, die bald auch den Mitgliedern des Vorstandes, die ihm Ende 1905 zunächst mit Mißtrauen begegnet sind, Respekt abgewinnen. Das Parteibüro, er schreibt zeitgemäß »Bureau«, funktioniert seit 1906 so effektvoll, daß sich augenblicklich nicht nur positive Konsequenzen zeigen, sondern auch Versäumnisse aus der bis zu Eberts Revirement gepflegten Arbeitsweise aufrechnen lassen. Die Jugendpolitik des jüngsten

Vorstandsmitgliedes wird durch neue Wegmarken und Zielsetzungen gekennzeichnet. Daß ihr der ungeteilte Beifall aller Sozialdemokraten versagt bleibt, schmälert ihre Wirkung nicht. Die Kontroversen mit den Gewerkschaften, bis dahin ein Problem besonderer Art, nehmen dank Eberts Engagement sichtlich ab. Seine persönlichen Gewerkschaftserfahrungen seit 1889 und sein freundschaftliches Verhältnis zu Carl Legien, dem zehn Jahre älteren Reichstagsabgeordneten und Vorsitzenden der Generalkommission der sozialistisch orientierten Gewerkschaften, haben ihn für den Einsatz auf diesem Gebiet ebenso prädestiniert wie seine Fähigkeit, grundsätzliche politische Streitigkeiten zu schlichten oder durch sein Engagement gar nicht erst aufkommen und ausbrechen zu lassen.

Obwohl die meisten Gewerkschaftsführer der SPD angehörten und Fragen des Arbeiterrechts und der Arbeiterversicherungsgesetzgebung zwischen der SPD-Führung und den Gewerkschaftsleitungen bis ins Detail hinein als übereinstimmend geregelt galten, belasteten Streitigkeiten nicht nur ausnahmsweise die Zusammenarbeit. Da sie gewöhnlich von radikal orientierten Sozialdemokraten ausgingen, die den Gewerkschaften vorwarfen, reformistisch orientiert zu sein und revolutionäre Ideologien und Maßnahmen zur Erreichung des sozialistischen »Endzieles« abzulehnen, brauchte Ebert Zeit, die Generalkommission der deutschen Gewerkschaften davon zu überzeugen, daß er in der Lage sein werde, dies zu ändern und die SPD zu ihrem zuverlässigen Partner zu machen. Hermann Müller-Franken, der spätere sozialdemokratische Reichskanzler,[25] der zusammen mit Ebert und Legien im bergisch-märkischen Land herumgereist war und die lokal organisierten Solinger Metallarbeiter für den Zusammenschluß mit dem großen Metallarbeiterverband zu gewinnen versucht hatte, erinnerte sich nach Eberts Tod: »Als Vermittler war Ebert besonders geeignet. Seine süddeutsche Art ließ ihn leicht die ausgleichenden Formeln finden, ohne daß er in der Sache mehr nachgab, als sich mit seinem Gewissen vereinbaren ließ. In Konflikten, die innerhalb der Partei selbst ausbrachen, was in einem so großen Organismus von Zeit zu Zeit nun einmal unvermeidlich ist und wobei es gilt, die Konflikte bald zu lokalisieren und dann zu lösen, hat Ebert im Norden und Süden Deutschlands sich als Vermittler oft bewährt. Dabei kam ihm eine Fähigkeit sehr zugute, nämlich die, den Dingen rasch auf den Grund und den Menschen ins Herz zu sehen.«

Ebert selbst, im Laufe der Zeit zur überlegenen »Instanz« nicht nur

[25] 27. März bis 21. Juni 1920 und 28. Juni 1928 bis 30. März 1930.

innerhalb der SPD avanciert, resümierte 1917 auf dem Würzburger Parteitag: »Vor allem wurde ein möglichst enges Zusammenwirken zwischen Partei und Gewerkschaften notwendig; nicht damit einer den anderen beherrsche, wie vielfach behauptet wurde, sondern zum einheitlichen kraftvollen Vorgehen. Nur auf diesem Wege ist es möglich, den Hebel der Staatsmaschine den kapitalistischen Händen zu entreißen und den großen proletarischen Aufgaben dienstbar zu machen. Hier aber lagen die Hauptwurzeln unserer inneren Meinungsdifferenzen. Unsere Stellung zum Staat war meist der Ausgangspunkt unserer Meinungskämpfe.

So heftig aber auch dieser Streit ausgefochten wurde – hielten wir in ruhigen Stunden Rückschau, dann hatten wir doch oft den Eindruck, daß etwas weniger Leidenschaft und Erbitterung dabei besser gewesen wäre. Gingen doch die wirtschaftlichen und politischen Ereignisse oft ganz andere Wege, als sie die Parteitheorie vorgesehen hatte... In der Partei gab es aber eine Gruppe, die auch dann, wenn der Gang der Ereignisse ihr unrecht gab, sich nur widerwillig dem Gesamtwillen der Partei einfügte. Alle Auseinandersetzungen in der Partei, mochte die Parteikonstellation dabei noch so verschieden sein, stigmatisierte sie nach der Formel: Radikalismus und Revisionismus. Jede Differenz mit der Meinung dieser Gruppe ist den Parteigenossen als sträfliche Abirrung vom allein richtigen Wege denunziert worden. Kein im Vordergrund stehender Genosse, selbst der erste Theoretiker der Partei nicht, blieb von diesen Vorwürfen verschont.«

Selbst aus diesem verschleierten und alte Wunden tunlichst schonenden Resümee des rückschauend verzeihenden Siegers ist noch herauszuhören, wie sehr sich die rivalisierenden Theoretiker der SPD und der Gewerkschaften[26] gegenseitig im Wege gestanden haben. Ebert, der nach eigenen Angaben, die er 1919 in einem Lebenslauf formulierte, »wie die meisten sozialistischen Arbeiter« über »den Weg der Gewerkschaftsbewegung zum Sozialismus gekommen« sei, sah die in den jeweils in lokalem Rahmen tätigen Gewerkschaften als arbeiterschaftliche Selbsthilfeorganisationen an, die es endlich zentral zusammenzufassen und zu politischen Machtfaktoren zu machen gelte. In unermüdlichem Einsatz und mit großer Energie hat er, in dem nicht wenige Kritiker fälschlich einen »Nur-

[26] Nachdem die SPD 1903 bei den Reichstagswahlen 81 Mandate erhalten hatte und damit zweitstärkste Fraktion des Reichstages geworden war, verbreitete sich in den Gewerkschaften die – von namhaften sozialdemokratischen Führern abgelehnte – Auffassung, daß die Mitarbeit an öffentlichen Dingen nicht länger verneint werden dürfte.

Gewerkschaftler« erblickten, sich dieser Aufgabe – mit Erfolg – gewidmet.
Erfolgreicher Mittler zwischen Gewerkschaften, Staat und Sozialdemokratie konnte nur jemand sein, der als honorig galt, fair war und nachzuweisen vermochte, daß sein Engagement nicht parteipolitischen Sonderinteressen diente. »Unsere Stellung zum Staat«, so referierte Ebert denn auch 1917 während des Parteitages, »war meist der Ausgangspunkt unserer Meinungskämpfe« innerhalb der Partei- und Gewerkschaftsführungen. Daß er selbst, der den Staat ganz und gar unmarxistisch als »Gemeinschaft aller Staatsbürger« interpretierte, gegenüber dem Staat und seinen Institutionen auch in seinem politischen Alltagshandeln ebenso offen war wie gegenüber den Gewerkschaften, hat er nicht nur in Bremen oft genug bewiesen. Wie er mit außerparteilichen Institutionen umzugehen verstand und wie sie seine politischen Forderungen zuweilen honorierten, selbst wenn sie prononcierte Gegner der SPD waren, beweist dieses Beispiel: Am 19. Februar 1902 hatte er im Plenum der Bremer Bürgerschaft die Errichtung einer Arbeiterkammer als öffentlich-rechtliche Interessenvertretung der Arbeiter im Staat gefordert und gesagt: »Nach der Verfassung sind alle Staatsbürger gleich... Wir glauben, daß der Antrag so, wie wir ihn... formuliert haben, in die bremischen Verhältnisse am besten hineinpaßt, weil... die Gewerbetreibenden, die Kaufleute und Landwirte usw. bereits eine... vollwertige Interessenvertretung haben.«
Auch wenn es ihm nicht gelungen war, sich mit seinem Antrag durchzusetzen,[27] hatte er die Gewißheit mitnehmen können, eine Idee auf den Weg gebracht zu haben, die irgendwann Früchte tragen würde. Hatte doch selbst der prominente Bremer SPD-Gegner Dr. Feldmann als Vorsitzender der Gewerbekammer dem Sozialdemokraten Ebert respektvoll seine Referenz erwiesen und offen bekannt: »Ich erblicke in dem Antrag des Herrn Ebert einen Fortschritt in der Entwicklung unseres Staatswesens.«
Hätte Ebert sich an die »Tradition« gehalten und sich insgesamt sklavisch an den Theoretikern orientiert, deren Namen vor 1914 auf dem politisch linken Territorium als »Propheten« in aller Munde waren, an Lenin beispielsweise, an Karl Kautsky, Rosa Luxemburg und Karl Liebknecht[28], die Sozialdemokratische Partei Deutschlands wäre im Oktober 1918 mit Sicherheit nicht in der Lage gewesen, die Umwandlung Deutschlands zur parlamentarischen Monarchie entscheidend mitzutragen.
Daß nicht alle Weggenossen Eberts – Freunde, Anhänger, Gegner, Kon-

[27] Vgl. S. 62
[28] Vgl. S. 69

kurrenten und Feinde – deckungsgleiche Urteile formulieren konnten, liegt auf der Hand, zumal seine Gegner und Feinde ihre Mißachtung oft geradezu absonderlich zu artikulieren pflegten. Aber auch Genossen, die jahrelang an seiner Seite gestanden und mit ihm zusammen »Politik gemacht« hatten, haben gelegentlich Vorbehalte geltend gemacht. So schrieb beispielsweise Philipp Scheidemann 1928, daß es seinem ganz besonders exponierten Parteigenossen keineswegs immer gelungen sei, die Wogen zu glätten, weil er keineswegs der ruhige, unerschütterliche und ausgeglichene Mann gewesen sei, den die »Legende« zeige. »Ebert war als temperamentvoller Mensch«, so erinnerte Scheidemann sich, »leicht aufgeregt und noch leichter verletzt. Dabei behielt er, was ich immer am meisten bedauert habe, Widerspruch selbst in kleinen Dingen viel zu lange im Gedächtnis; er war ein wenig jähzornig und konnte dann mitunter direkt ungenießbar sein... Zeitweilig wurde Eberts Heftigkeit um so größer, je kleiner uns die Ursachen dazu erschienen. Wenigstens erschien das allen denen so, die weder von der Galle gezwickt noch von Brüchen gepeinigt wurden.«

Eberts Gallen- und Bruchleiden als Urteilskriterien? Der vom 10. Mai 1921 bis zum 22. November 1922 als Reichskanzler amtierende Zentrumspolitiker Joseph Wirth dagegen – der Ebert zwar attestierte, den Aufgaben des Tages kühl abwägend gegenübergestanden, »das deutsche Leid (aber) persönlich in einem« so »außerordentlichen Maße« getragen zu haben, daß es ihm nicht immer möglich gewesen sei, die Beherrschung zu wahren – führte Eberts leichte Erregbarkeit auf »das lebendige, leicht erregbare Blut des Pfälzers« zurück.

Seine Frau und seine Kinder haben ihm »Arbeitswütigkeit«, unruhvollen Tätigkeitsdrang, visionäre Unbeirrbarkeit, realistische Zielstrebigkeit, natürliches Rechtsempfinden, Güte und aufopferungsvolle Hilfsbereitschaft bescheinigt, aber auch Eigenschaften als wesensbezeichnende Anlagen bestätigt, die Kautsky, Scheidemann und Wirth als dominierend ansahen. Daß die Familie sie allerdings anders erlebte, empfand und umschrieb,[29] ist selbstverständlich. Sicher ist: Spätestens seit Bremen hat eine nahezu totale Identifizierung mit seinen Tätigkeiten und Ämtern Ebert gehindert, sich »loszulassen«, auszuruhen und die Politik wenigstens vorübergehend zu »vergessen«. Sein früher Tod war eine tragische Folge.[30]

Was immer auch Eberts gelegentliche Temperamentsausbrüche ausgelöst und verursacht haben mag: Weder der in der letzten Zeit mit Ebert auf

---

[29] Vgl. S. 76.

[30] Vgl. S. 307ff.

Kriegsfuß lebende Sozialdemokrat Scheidemann noch der Zentrumsexponent Wirth oder der Theoretiker Karl Kautsky[31] konnten Eberts positiv ausgleichende Tätigkeit leugnen.

Stationen und Zäsuren: Parteitage

Bis zum Tode Bebels im August 1913 markieren für Außenstehende vor allem die Parteitage[32] der SPD Eberts Stationen auf dem Wege zur Spitze der Partei. 1905 ist er in Jena in den Vorstand gewählt, 1906 in Mannheim, 1907 in Essen, 1908 in Nürnberg, 1909 in Leipzig, 1910 in Magdeburg, 1911 in Jena und 1912 in Chemnitz immer wieder mit großer Mehrheit in seiner Funktion bestätigt worden.[33] Als er 1913 in Jena mit 433 von 473 Stimmen zum Nachfolger Bebels gewählt wurde, konnte er zwar auf große Erfolge als Kommunalparlamentarier in Bremen, Parteiorganisator und maßgeblich auf allen Parteiebenen wirkendes Vorstandsmitglied zurückblicken; aber in den Reichstag war er erst im Jahr zuvor gewählt worden. In Elberfeld-Barmen, wo sein Freund und Vorstandsgenosse Hermann Molkenbuhr bei den vorausgegangenen Reichstagswahlen gescheitert war, hat er sich zwei Wochen nach Ignaz Auers Tod endlich durchzusetzen vermocht.

Vermutlich hatte der relativ geringe Respekt, den er den Reichstagsabgeordneten bis zu seinem eigenen Wahlgewinn entgegenbrachte, auch dort seine Wurzeln. Schon die Delegierten, mit denen er 1907 in Essen auf dem Parteitag zusammentraf, ließ er deutlich spüren, daß die Reichstagsfraktion in seinem politischen Denkschema, soweit es die Macht der Partei betraf, nur eine zweitrangige Rolle spielte.[34]

---

[31] Vgl. S. 78.

[32] Zwischen den Parteitagen wurden wichtige politische Entscheidungen satzungsgemäß weniger vom Vorstand als von der mit dem Vorstand kooperierenden sozialdemokratischen Reichstagsfraktion getroffen, der Scheidemann seit 1903 und Ebert seit 1912 angehörte.

[33] Vgl. Anm. 68 S. 68.

[34] 1912, seit Ebert auch im Reichstag saß, gaben Bebel und Ebert die Auffassung auf, daß Stimmengewinne bei Wahlen wichtiger seien als Mandatsgewinne. Daß Stimmengewinne allerdings nicht gleichsam und überall auch entsprechende Mandatsgewinne bedeuteten, lag am Dreiklassenwahlrecht. Als die SPD sich beispielsweise 1903 an den Wahlen zum preußischen Landtag beteiligte, erhielt sie bei 315 000 Stimmen nicht

Seine eigenen Wirkungsbereiche und Möglichkeiten ihm Rahmen des Parteivorstandes herausstreichend und den satzungsmäßig festgelegten Entscheidungsmodus nicht ganz proportionsgerecht auslegend, hat er dort selbstbewußt und anspruchsvoll gesagt: »Wenn ich auch durchaus nicht die große Bedeutung einer starken Reichstagsfraktion verkennen möchte, so ist doch eine starke Fraktion nicht gleichbedeutend mit der Macht und Aktionsfähigkeit der Partei. Diese wurzelt vielmehr in der Stärke ihrer Organisation, in der Ausbreitung ihrer Parteipresse. Und nach der Richtung hin hat das abgelaufene Jahr uns recht erfreuliche Erfolge gebracht,[35] Fortschritte, die beweisen, daß die Sozialdemokratie unaufhaltsam siegreich vorwärts dringt. Wir verkennen nicht, daß unser Kampf immer heftiger und schwieriger wird. Das Verhalten unserer Gegner, der Regierung und der behördlichen Organe zeigt uns, daß heute das A und O ihrer Politik der Kampf gegen die Sozialdemokratie, das Niederhalten der aufstrebenden Arbeiterklasse ist. Dieser Kampf wird sich verschärfen, je mächtiger sich die Sozialdemokratie entfaltet, je nachdrücklicher die Arbeiter für ihre Forderungen eintreten.«

Die Rangfolge ist eindeutig, die Autorenschaft indes nur so weit, wie sie sich auf die Prioritäteneinstufung bezieht. Was Ebert als Bilanz der Parteiführung vortrug, verriet – außer der Selbstdarstellung über die Wirkungsmöglichkeiten – die Handschrift Kautskys und Bebels, die theoretische und taktische Entscheidungen gewöhnlich miteinander abzusprechen pflegten, und hätte durchaus auch von Rosa Luxemburg formuliert worden sein können. Daß Ebert sie referierte, als sei sie sein Werk, mag August Bebel mit mehr als nur Befriedigung erfüllt haben. Die Wandlung seiner anfänglichen Vorbehalte in geradezu freundschaftliche Gefühle gegenüber Ebert datiert jedenfalls in diese Zeit.

Es kam nicht von ungefähr, daß sozialdemokratische Zielsetzungen, Strategien und Taktiken nicht nur Außenstehenden diffus, widersprüchlich und improvisiert erschienen. Wer immer nach konkreten Richtlinien suchte, konnte sie aus Eberts Bilanz als Richtschnur für politisches Handeln im eigenen Entscheidungsbereich nicht herauslesen. Wie die von der SPD angestrebte parlamentarische Demokratie ohne parlamentarische Mehrheiten und das Streben nach ihnen verwirklicht werden sollte, mußte

---

einen Abgeordneten, während die Konservativen, die von 325 000 Urwählern gewählt wurden, mit 134 Abgeordneten in den Landtag einziehen konnten.

[35] Ebert vertauschte die Gewichte. Daß die SPD bei den Wahlen rund 250 000 Neuwähler für sich gewonnen, im Reichstag jedoch 50 Prozent ihrer Mandate eingebüßt hatte, konnte nur gewaltsam als »erfreulicher Erfolg« bezeichnet werden.

nach diesen Ausführungen des Parteisekretärs ebenfalls ein Geheimnis bleiben.

Daß die SPD zu den Reichstagswahlen mit der Devise angetreten war, die nationale Hochstimmung im Zusammenhang mit der von Wilhelm II. betriebenen Kolonialpolitik mehr als nur zu dämpfen, hatte sie, die demonstrativ den allgemein bekundeten Willen nach nationaler Größe und Weltmacht ignorierte, bei den Wählern als nicht gerade annehmbar erscheinen lassen. Die Delegierten, die 1907 am Essener Parteitag teilnahmen, um sich für das nächste Jahr zu orientieren, hatten dies registrieren müssen. Die gegen die SPD gerichteten Aktivitäten des Reichskanzlers Bernhard von Bülow und des von ihm um Unterstützung bemühten *Reichsverbandes zur Bekämpfung der Sozialdemokratie* waren von Erfolg gekrönt gewesen, die Reduzierung der sozialdemokratischen Reichstagsfraktion um 50 Prozent eines der Ergebnisse.

Obwohl Eberts politische Vorstellungen durch die Ereignisse des Jahres als zutreffend bestätigt worden waren, stellte er dies weder heraus, noch kritisierte er die vor allem von Bebel festgelegte Richtung. Er, der bis zum Ende seines Lebens davon überzeugt war, daß das Reich über Kolonien verfügen sollte, fügte sich.

Mag sein, daß Ebert die Phase der Selbstverleugnung unbeschadet in der Hoffnung durchstand, dereinst seine Vorstellungen zu verbindlichen Richtlinien für die Partei machen zu können. Angesichts des Umstandes, daß die Bekämpfung der nationalen Welle 1907 nachträglich nicht nur noch einmal ausdrücklich als richtig bestätigt, sondern auch als Marschrichtung für die Zukunft deklariert wurde, wäre Ebert auch schlecht beraten gewesen, wenn er gegen Bebel und diejenigen, die seiner Meinung waren, offen aufgestanden wäre.

Schon die nächsten Jahre lehrten, daß Ebert besser als alle anderen Führungsmitglieder und Ideologieträger wußte, wie die Zukunft der SPD gestaltet werden mußte, wenn die Partei ihre Ziele erreichen wollte. Solange sie die nationalen Interessen auf die auch in Essen wiederum verfochtene Weise deutete und solange die Führer sie repräsentierten, die dafür verantwortlich zeichneten, konnten tragende Impulse nur schwerlich frei werden. Der langsame Wandel der SPD zur nationalen Partei ging auf Ebert zurück, dessen Wahl zum Nachfolger Bebels auch aus dieser Saat keimte.

Geradezu zwangsläufig ist Ebert als jüngstem Vorstandsmitglied 1908 auf dem Nürnberger Parteitag die Aufgabe zugefallen, sich der sozialdemokratischen Jugendarbeit zu widmen, die seit zwei Jahrzehnten zu den chronischen Problemen des Parteivorstandes und der Parteitage zählte.

Hindenburg, Kaiser Wilhelm II. und Ludendorff (von links nach rechts) während des Weltkrieges im kaiserlichen Hauptquartier in Spa in Belgien.

Auf dem Weg ins Exil: Kaiser Wilhelm II. (mit Pelz) am 10. November 1918 auf dem holländischen Bahnhof Eysden.

Fanatische Ebert-Feinde: Bewaffnete Spartakisten in einer Berliner Straße.

Auf dem Weg zur Beisetzung der Revolutionsopfer vom 6. und 21. Dezember 1918 in Berlin.

Eine politische Partei, die bis Ende 1905 nicht einmal über ein angemessen funktionierendes Zentralbüro verfügt hatte und erst seit 1907 in der Lage war, die genaue Anzahl ihrer eingeschriebenen Mitglieder anzugeben, konnte schwerlich in der Lage sein, einheitlich orientierte Jugendorganisationen einzurichten und intakt zu halten.
Da Ebert in der Partei seit seiner Bremer »Bäckereiarbeiteraktion« als besonders versierter und jugendfreundlicher Parteiführer galt, lag nahe, ihm auch diese Funktion zu übertragen. Zwar existierten in Offenbach, Heidelberg, Mannheim, Pforzheim und Freiburg seit der Jahrhundertwende sozialistische Jugendorganisationen,[36] die sich Ostern 1906 zum »Verband junger Arbeiter Deutschlands« zusammengeschlossen hatten und sich »Die junge Garde« nannten, wie auch ihr monatlich erscheinendes Publikationsorgan hieß; aber die SPD und vor allem die Gewerkschaften, sahen in ihnen keine Partner.
So begann Eberts zusätzliche Tätigkeit in einem Umfeld, in dem die SPD und die Gewerkschaften nur ein außerordentlich geringes Ansehen besaßen. Von der sozialistischen Jugendbewegung als »Bonzen«- und »Bürokraten«-Partei diffamiert, stand die SPD nicht auf gutem Fuß mit der politisch links engagierten Jugend. Gesellenvereine, Lehrlingsvereine, Jünglingsvereine und der »Windhorstbund« nahmen sich ihrer zunehmend an und versuchten sie auf ihren Kurs zu bringen. Offen mußte der Parteivorstand während des Parteitages eingestehen: »Der Parteivorstand und die Generalkommission der Gewerkschaften haben sich vor und nach Inkrafttreten des Reichsvereinsgesetzes mit der Frage der Organisation der Jugenderziehung in gemeinsamen Sitzungen beschäftigt. In der Beratung wurde als notwendig anerkannt, daß sich Partei und Gewerkschaften mehr um die Erziehung der Arbeiterjugend zu kümmen haben, als das bisher geschehen sei. Unsere politischen Gegner sind uns darin weit voraus. Sie marschieren zwar nach Konfessionen getrennt. Gemeinsam ist ihnen aber das Ziel: durch ihre Veranstaltungen die jungen Arbeiter und Arbeiterinnen gegen den Einfluß der Sozialdemokratie immun zu machen. Wenn wir den großen Vorsprung einholen wollen, den unsere Gegner in der Beeinflussung der Arbeiterjugend haben, so gilt es, die Massen der politisch und gewerkschaftlich organisierten Eltern für die Frage der Jugenderziehung zu interessieren. Unter Mitwirkung von Ver-

[36] In Berlin war bereits 1904 als Folge von Lehrlingsselbstmorden eine (von der Polizei sorgfältig beobachtete) Jugendorganisation entstanden, in der wegen der Bestimmungen des Preußischen Vereinsgesetzes keine politische Bildungsarbeit betrieben werden durfte.

tretern der Jugendlichen sollen deshalb in den einzelnen Orten die Parteiorganisationen und Gewerkschaften die zur Jugendbildung nötigen Veranstaltungen treffen. Diese Veranstaltungen sollen für die Jugendlichen unentgeltlich und eine besondere Jugendorganisation zu ihrer Durchführung nicht erforderlich sein.«

Wieder war es Ebert, der alte Probleme lösen und neue Wege finden mußte.

Anders als der Mannheimer Ludwig Frank in Süddeutschland und Karl Liebknecht in Preußen, die auf die von ihnen politisch geprägte sozialistische Jugendbewegung richtungweisenden Einfluß nahmen und ihr über die in der »Jungen Garde« konsequent gepflegten reinen Bildungsbestrebungen hinaus politische – primär antimilitaristisch orientierte – Aufgaben zuwiesen, war Ebert grundsätzlich darum bemüht, einer parteipolitischen Beeinflussung der Jugend entgegenzuwirken.

Vortragsveranstaltungen, gemeinsame Ausflüge, Sport, Spiel, kameradschaftlicher Umgang, geschichtliche und naturwissenschaftliche Diskussionen und die Pflege des Arbeiterliedes sollten – wie in den Jungen Garden – das Gesicht der Jugendarbeit bestimmen, die Ebert – im Sinne des Reichsvereinsgesetzes rechtswidrig – verwaltungsmäßig zwar in Parteiorganisationen einbaute, ihnen jedoch die Selbstverwaltung überließ und sie unmittelbar in die Hände von Jugendführern legte. Seine Richtlinie: »Wir Alten sollten der Jugend nur helfen! Wir müssen ihr die Hand bieten, an die sie sich halten kann, aber wir dürfen sie nicht gängeln. Sie soll die Möglichkeit haben, ihre eigenen Wege zu gehen, unbehindert von uns, nur beraten von uns.«

Wie der Gewerkschaftsführer Carl Legien, der zunächst jederlei Jugendarbeit strikt abgelehnt hatte, so wollten auch Ebert und August Bebel nicht nur verhindern, daß Jugendverbände infolge einer womöglich parteipolitisch orientierten Bildungsarbeit Einfluß auf die politische Arbeit der Partei und der Gewerkschaften nähmen,[37] sondern auch die Jugendlichen davor bewahrt sehen, antimilitaristisch »erzogen« zu werden, wie vor allem Liebknecht es in den geistig von ihm gesteuerten Organisationen engagiert anstrebte. Versuche, den Wehrdienst zu verweigern, was Bebel, Ebert und Legien als Konsequenzen sahen, hätten mit Sicherheit massive staatliche Maßnahmen gegen die SPD nach sich gezogen und ihre Ent-

[37] Maßgebliche Gewerkschaftsfunktionäre machten energisch deutlich, daß beispielsweise der Jugendschutz, der Arbeitsnachweis für Jugendliche und Wirtschaftskämpfe niemals Sache von Jugendorganisationen sein dürften, sondern stets vornehmste Aufgaben der Gewerkschaften bleiben müßten.

wicklung – zumal in dieser Phase der nationalen Hochstimmung – wiederum behindert. Da das »Reichsvereinsgesetz« von 1908 Jugendlichen unter 18 Jahren untersagte, sich Vereinen anzuschließen, die sich politisch betätigten, wären die sozialdemokratischen Jugendbildner darüber hinaus auch gezwungen gewesen, in grundsätzlich verschieden ausgerichteten und von der Partei zu unterstützenden Organisationen unterschiedlich orientierten Programmen zu folgen.
Eberts Einfluß war 1908 infolge der Nürnberger Parteitagsbeschlüsse wiederum – und erneut mit sichtlicher Gewerkschaftsunterstützung – kontinuierlich gewachsen, sein Entscheidungsbereich systematisch ausgeweitet worden. Von nun an auch noch Vorsitzender der vom Parteivorstand und von der Generalkommission der Gewerkschaften gemeinsam im Oktober 1908 gegründeten »Zentrale für die Arbeitende Jugend Deutschlands«,[38] liefen in seinen Händen die Fäden zu den (1910: 360, 1911: 454, 1912: 574 und 1913: 655) Jugendausschüssen zusammen,[39] die sich politisch an der von der »Zentrale« herausgegebenen (1908: 32 000 und 1913: 108 300 Abonnenten zählenden) Zeitschrift *Arbeiterjugend* orientierten. Ebert, der den Jugendorganisationen zwar volle Selbständigkeit zugesichert sehen wollte, soweit es sich um ihre eigenen Belange handelte, setzte jedoch voraus und verlangte unnachsichtig, daß sie sich grundsätzlich den Prinzipien der Partei und deren Entscheidungsrechten zu unterwerfen hätten. Daß die jugendlichen SPD-Gegner nicht über Nacht zu kritiklosen und unbedingt loyalen Freunden der Partei und der Gewerkschaften umgemodelt werden konnten, lag auf der Hand, zumal andere Jugendverbände – wie beispielsweise der »Volksverein für das katholische Deutschland« – die rasche Ausbreitung der sozialistischen Jugendorganisationen zum Anlaß für verstärkte Aktivitäten auch hinsichtlich ihrer Bemühungen nahmen, diese Jugendlichen für sich zu gewinnen, um ihre Führungsposition innerhalb der Jugendbewegung auch weiterhin behaupten zu können. Diffamierungen, ungerechtfertigte Vorwürfe, Behauptungen jedweder Art, Besserwissereien und Unterstellungen korrespondierten zwischen den Fronten und betrafen gelegentlich auch den in Berlin »residierenden« Parteisekretär.
Ebert, dem gelegentlich ungerechtfertigt vorgeworfen wurde, Gleich-

---

[38] Neben Ebert als Vorsitzendem der Zentralstelle gehörten ihrem Ausschuß an: Von der SPD Hermann Müller-Franken, Heinrich Schulz und Luise Zietz, von den Gewerkschaften Carl Legien, Robert Schmidt, Johann Sassenbach und Emma Ihrer und von der »Jugend« Max Peters, Fritz Maschke, Karl Lüpnitz und Clara Roede.
[39] Bereits bestehende Jugendorganisationen, die unpolitisch tätig waren, wurden auf Parteitagsbeschluß weder aufgelöst noch in die Jugendausschüsse integriert.

schaltungsabsichten zu hegen, hat harmonisierend gewirkt, Gegensätze entschärft, zur Besinnung ermahnt und – trotz manchmal heftiger Attakken[40] einiger Jugendführer gegen ihn – immer danach getrachtet, die Partei als einigenden Hort für alle erscheinen zu lassen. So kameradschaftlich er sich den Jugendlichen gegenüber zu geben pflegte, denen er suggerierte, voll gleichberechtigt zu sein, so energisch, ungehalten, grob und unerbittlich reagierte er, wenn der Führungsanspruch der Partei oder deren Prinzipien in Frage gestellt wurden.

Max Peters, der in den Ausschuß der »Zentralstelle« als Jugendvertreter hineingewählt worden war, nachdem er dank Eberts Bemühungen seine Vorbehalte gegenüber der SPD aufgegeben hatte, urteilte 1954 aus eigener Erfahrung über Eberts Umgang mit den jugendlichen Führungsgremien: »Ebert leitete zunächst allein die Bewegung. Er gab sich große Mühe, die Jugendlichen zu verstehen. Im Umgang mit den Jugendlichen vermied er bewußt jene übertriebene Freundlichkeit, die von Erwachsenen den Jugendlichen gegenüber häufig geübt wird, die aber bei den kritisch veranlagten Jugendlichen nur Argwohn erweckt. Ebert gewann durch seine offensichtliche Ehrlichkeit und sein verständnisvolles Eingehen auf berechtigte Wünsche der Jugendlichen sowie durch seine unbedingte Zuverlässigkeit in der Erfüllung gegebener Versprechungen bald das volle Vertrauen der Jugendlichen.«

Ein Jahr später, auf dem Parteitag in Leipzig, sah Ebert sich mit anderen Problemen konfrontiert. Angesichts der massiven deutschen Rüstungspolitik, die von der fixen Vorstellung ausging, daß das Reich von den Flügelmächten England, Frankreich und Rußland existenzgefährdend »eingekreist«[41] werde, weshalb augenblicklich vor allem die Kriegsflotte zu modernisieren und erheblich auszubauen sei und das Reich letztlich sogar auf einen von ihm ausgelösten »Präventivkrieg« vorbereitet sein

---

[40] So war es 1910, während des ersten Kongresses der Jugendausschüsse, an dem auch Ebert teilnahm, beispielsweise zu heftigen Vorwürfen gegen ihn gekommen, die er zur Genugtuung der meisten Teilnehmer sachkundig und überlegen, souverän, vornehm und geduldig widerlegte und schließlich ins Gegenteil verkehrte.

[41] Um die »Einkreisung« durchbrechen zu können, hatte General Alfred von Schlieffen, der Chef des Generalstabes, einen (nach seinem Namen benannten) Plan entwickelt, dessen Durchführung (Verletzung der Neutralität Belgiens und militärischer Vorstoß durch Belgien) die Überrumpelung Frankreichs garantieren sollte, bevor Rußland eingreifen könnte. In ihrer politischen Vereinsamung und (gemessen an den Flügelmächten Rußland, England und Frankreich) potentiellen Schwäche, sah die kaiserliche Reichsführung in diesem Plan das Rezept zur Lösung der internationalen Lage im Sinne des Reiches und richtete ihre Politik darauf aus.

müsse, fragten Teile des Volkes besorgt, woher das Geld dafür kommen solle. Nicht nur von England wurde Deutschland beschuldigt, durch seinen rapide vorangetriebenen Flottenbau den Frieden zu gefährden und für die Steuererhöhungen verantwortlich zu zeichnen, die nötig seien, um die – als Antwort – eigenen Rüstungsanstrengungen finanzieren zu können. Vier Panzerschiffe des von England entwickelten und 1905 erstmals gebauten[42] Typs »Dreadnought« waren 1908 in Deutschland vom Stapel gelaufen, was zwar dem hoch angesiedelten und durch Verbände und Organisationen eigener Art systematisch forcierten nationalen Selbstbewußtsein weitere Impulse verlieh,[43] die sozialdemokratische Führung jedoch immer mehr in das Dilemma drängte, einerseits die Eindämmung der Staatsausgaben für Rüstungszwecke propagieren und andererseits zugleich angemessenen nationalen Interessen die Unterstützung der Sozialdemokratie und der Gewerkschaften angedeihen lassen zu müssen. Während Wilhelm II. dem englischen Unterstaatssekretär Charles Hardinge, der seinen König Eduard VII. im August zum deutschen Kaiser nach Kronberg begleitete, schroff erklärt hatte, das Reich würde »Krieg führen«, wenn England es zwinge, seine maritime Rüstung zu begrenzen,[44] mußte die – den nationalen Strömungen noch entgegentretende – Führung der SPD nach Antworten auf Fragen suchen, die zumindest ihre Mitglieder und Wähler stellten. Das »Budget« schlechthin wurde im Lager der Sozialdemokraten und Gewerkschaften zum engagiert diskutierten Thema der Zeit.

Heftige Debatten über die Frage, wie sich die Sozialdemokraten in den

---

[42] England hatte gehofft, dem deutschen Bestreben, eine möglichst starke Flotte aufbieten zu müssen, durch den Bau dieser ungewöhnlich teueren Kriegsschiffe Einhalt gebieten zu können. Das Gegenteil trat ein. Die Rivalität verstärkte sich in Form einer Rüstungsspirale – auch als Antwort auf die Tatsache, daß die bis dahin gebauten »alten« Kriegsschiffe zwangsläufig erheblich an Bedeutung verloren und durch neue ersetzt werden mußten.

[43] Die Behauptung, der militante Nationalismus sei zu der Zeit in Deutschland – vom extremen Alldeutschtum abgesehen – gefährlicher als in Rußland, England oder Frankreich gewesen, militanter, gnadenloser, hysterischer, engstirniger und bornierter, wie oft behauptet wird, widerlegen die historischen Tatsachen. In allen europäischen Ländern war die Bevölkerung überzeugt, daß eine nächste Krise zwangsläufig den Krieg zur Folge haben würde.

[44] Eduard VII. erklärte danach: »Durch seine unglaubliche Eitelkeit fällt mein Neffe (Wilhelm II.) auf alle Speichelleckereien der Nationalisten seiner Umgebung herein, die ihm immer wieder versichern, er sei der größte Souverän der Welt und müsse Suprematie Deutschlands über die Welt errichten... so wird er vor seinen Schmeichlern zittern, wenn sie ihn, unter dem Druck des Generalstabes, auffordern werden, den Degen zu ziehen. Er wird... den Krieg entfesseln...«

süddeutschen Landtagen im Zusammenhang mit den Budgetabstimmungen verhalten sollten, hatten die Parteitagsatmosphäre 1909 so empfindlich belastet, daß nicht wenige der Delegierten ein Auseinanderbrechen der Partei befürchteten. Da in den Ländern trotz der Bestimmungen des von der SPD-Führung ungerechtfertigt als »Arbeiterverrat in brutalster und zynischster Form« abgelehnten Reichsvereinsgesetzes von 1908, das das zwei Jahrzehnte zuvor aufgehobene Sozialistengesetz vergessen machen sollte,[45] verfassungsmäßig noch nicht die Möglichkeit bestand, mißliebigen Regierungen das Mißtrauen auszusprechen, galten Budgetablehnungen in den Landtagen automatisch als Mißtrauenskundgebungen. Ausnahmsweise Zustimmungen sollten infolge vorliegender Parteibeschlüsse daher nur unter ganz besonderen Voraussetzungen gegeben werden, worüber sich die süddeutsche Landtagsfraktion souverän hinweggesetzt und damit nicht nur Bebel und Ebert, sondern die gesamte Parteiführung brüskiert hatte. Zwar bewegten sich die Entscheidungen der Süddeutschen auf der politischen Ebene, die auch Ebert vertrat; aber hier wollte er, dem eine nationale und zugleich soziale Demokratie vorschwebte, wie sie sich 1914 abzuzeichnen begann, nicht nachgeben, die Verletzung der Disziplin und den Ausbruch der Minderheit aus prinzipiellen Erwägungen nicht wortlos hinnehmen. Seine Landsleute bekamen es zu spüren.

Das Hauptreferat des Vorsitzenden Bebel sollte die verbindlichen Richtlinien zumindest bis zum nächsten Parteitag in Leipzig enthalten. Doch August Bebel sah sich nach den Anstrengungen, die sein seit Jahren krankes Herz über Gebühr strapaziert hatten, nicht in der Lage, die entscheidende Rede zu halten. Er bat Friedrich Ebert, diesen Part zu übernehmen und seine Vorstellungen darzulegen.

Im zweitklassigen Hotel »Bamberger Hof« in Nürnberg, wo die sparsame SPD-Zentrale ihrem Vorstandsmitglied ein Doppelzimmer für rund zwei Mark pro Tag reserviert hat, das er mit dem späteren zweimaligen

---

[45] Die Befugnisse der Polizei und anderer Behörden wurden beschnitten, soweit es sich um die ihnen bis dahin gegebenen Möglichkeiten handelte, gegen Vereine und deren Versammlungen vorzugehen. Frauen konnten von da an im ganzen Reich Mitglieder politischer Vereine werden. In Preußen wurde das dort geltende Verbot von Landarbeiterkoalitionen (jedoch nicht auch von Streiks) aufgehoben. Was die extrem linken Sozialisten, die 1905 nach der russischen Revolution die russische Sprache als Pflichtsprache hatten einführen wollen, besonders verprellte, war die Tatsache, daß die deutsche Sprache für Versammlungen vorgeschrieben wurde. Im Endeffekt betraf der Sprachenparagraph jedoch das als politische »Heimat« jener Menschen geltende Zentrum mehr als die SPD.

Reichskanzler Hermann Müller-Franken teilen muß, arbeitet Ebert über Nacht seine eigene Rede aus, die die meisten Delegierten schließlich als das Ereignis des Parteitages überhaupt beurteilten. Müller-Franken schrieb nach Eberts Tod: »...seine süddeutschen Freunde waren damals nicht mit ihrem Heidelberger Landsmann zufrieden, der bei aller persönlichen Sympathie für sie und bei aller Einstellung auf die realpolitische Arbeit einen Ausgleich suchte, der weder Sieger noch Besiegte hinterlassen, aber auch den Auffassungen der Parteimehrheit Rechnung tragen sollte.«

Ebert, der in einer grundsätzlichen Ablehnung der Landesbudgets zwar auch eine Politik erblickt, die nicht länger blind und ohne Wenn und Aber verfochten werden dürfe, tadelt seine »süddeutschen Freunde« energisch, die Problematik in Nürnberg unnötig zugespitzt und die Autorität der Parteiführung mißachtet zu haben, was die verbal gemaßregelten Deputierten nicht unbedingt für ihn einnimmt. Doch Eberts Diplomatie setzt sich auch hier schließlich souverän durch. Von 364 der sehr unterschiedlich starke Wahlkreisgruppen vertretenden Delegierten[46] wählen ihn 331 erneut in den Vorstand der Partei.

Ebert setzt nach dem Nürnberger Parteitag sofort um, was er für angemessen und prinzipiell richtig hält. Dazu bedient er sich zunächst eines differenzierten Organisationsentwurfes seines weit links von ihm (aber persönlich noch recht nahe-)stehenden und als »Organisationsfachmann par excellence« geltenden Genossen Wilhelm Dittmann[47], der am 18. September 1908 auf dem Nürnberger Parteitag in eine 21 Delegierte umfassende Kommission gewählt worden ist, die den Auftrag hat, die Organisation der Partei auf der Grundlage des Vereins im Sinne des Reichsvereinsgesetzes von 1908 theoretisch vorzubereiten. Als Ebert das Ergebnis seines eigenen Entwurfes der Kommission am 11. und 12. Januar

[46] Nach Eberts Feststellungen habe der Delegierte der ersten Wahlkreisgruppe 845 Mitglieder vertreten. 1609, 2432, 2952, 4291 und 6172 Mitglieder seien dagegen von jeweils auch nur einem Delegierten repräsentiert worden.

[47] Wilhelm Dittmann: 1874 (Eutin) bis 1954 (Bonn), Tischler, seit 1894 Mitglied der SPD, 1899 Redakteur in Bremerhaven, 1900 Parteivorsitzender der SPD in Bremerhaven, 1902 Redakteur *(Solinger Zeitung)*, 1904–1909 Parteisekretär der SPD in Frankfurt/Main und Stadtverordneter (seit 1906), 1909–1918 Redakteur *(Solinger Zeitung)*, seit 1912 Mitglied des Reichstages, 1914–1916 Kriegsdienst, seit November 1916 Mitglied der Budgetkommission des Reichstages, 1917 Mitglied des Vorstandes der sozialdemokratischen Arbeitsgemeinschaft im Reichstag, 1917 (in Gotha) Mitbegründer der USPD, am 3. Februar 1918 wegen maßgeblicher Beteiligung am Berliner Munitionsarbeiterstreik zu 2 Monaten Gefängnis und 5 Jahren Festungshaft verurteilt, am 15. Oktober 1918 amnestiert.

1909 als Diskussionsgrundlage vorlegt, meint Dittmann zwar seine am 11. und 18. Dezember 1908 in der *Neuen Zeit* veröffentlichten Richtlinien zu erkennen; aber er muß sich eingestehen, daß Ebert sie erheblich »redigiert« hat. Ebert habe sich, so sagte Dittmann später, »wesentlich« an seine »Vorschläge... angelehnt, aber in den Einzelheiten immer Abänderungen vorgenommen, um seine ›geistige Selbständigkeit‹ zu beweisen.« Wie dies auch immer gewesen sein mag. Ebert veröffentlicht sein Konzept am 19. Januar 1909 im *Vorwärts* und findet breite Zustimmung, so daß schließlich die von allen gebilligte Version nicht Dittmanns, sondern Eberts Handschrift trägt. Auf dem Leipziger Parteitag wird sie am 16. September 1909 abstrichlos »mit erdrückender Mehrheit« akzeptiert, wie es im Protokoll heißt.

Wer sich von nun an als zur SPD gehörig bezeichnen wollte, mußte Mitglied eines sozialdemokratischen Vereins sein,[48] was die endgültige Überwindung des Sozialistengesetzes demonstrieren sollte. Die Frauenorganisation wurde eingegliedert, ein Schritt in Richtung auf die Etablierung eines (erst 1912 eingerichteten) Parteiausschusses getan, der künftig vor Entscheidungen von gesamtparteilichem Interesse über maßgebliche Kompetenzen verfügen sollte. Eberts großdeutsch angelegtes Konzept zur Zentralisierung der Parteiführung war nicht zu übersehen. Wann immer von nun an Neuerungen oder Maßnahmen beschlossen wurden, die für die gesamte Partei von Interesse sein konnten, mußte der Parteivorstand die Vorstände der Bezirks- und Landesorganisationen zuvor konsultieren und gegebenenfalls sogar Konferenzen für deren Vertreter einberufen.

Wie nicht anders zu erwarten, verhielten sich die älteren Delegierten, die sich zur Zeit des Sozialistengesetzes innerhalb der Partei einen Namen gemacht hatten, hinsichtlich des nunmehr erwarteten Engagements zurückhaltend. Dittmann, der wähnte, von Ebert um die allgemeine Anerkennung seiner Verdienste für die Partei gebracht worden zu sein, resümierte später treffend: Die zwischen 1870 und 1880 geborene Generation »war infolge der großindustriellen Entwicklung Deutschlands und der mit ihr einsetzenden Gewerkschaftsbewegung viel stärker auf reale Tagesfragen eingestellt als die ältere Generation und daher weniger auf das Theoretisieren versessen. Für die ältere Generation war die Tagespolitik nur die ›Wegzehrung‹ für die kommende Zeit des Sozialismus, für die jüngere Generation der demokratische Weg zum Sozialismus.«

Die Delegierten, die 1910 in Magdeburg zum Parteitag zusammenkamen,

---

[48] Noch auf dem Jenaer Parteitag von 1905 war formuliert worden, daß es genüge, sich zu »den Grundsätzen des Parteiprogramms zu bekennen«.

hatten während des Jahres Parteimaßnahmen durchgesetzt und mitgetragen, die beide »Fraktionen« vorweg als Antwort der Parteiführung auf die Generationsfrage »Wegzehrung oder demokratischer Weg zum Sozialismus?« auffassen mußten. Die seit Anfang des Jahres in Form ständiger Massenkundgebungen praktizierte neue Parteitaktik zur Durchsetzung eines neuen Wahlrechts war eindeutig nicht nur gegen die Vorstellungen der »Alten« gerichtet gewesen, sondern hatte auch Eberts »Programm« als zukunftsträchtig bestätigt. Daß er es gegen Bebel und Paul Singer hatte durchsetzen müssen, erfuhren die Parteitagsteilnehmer allerdings so wenig, wie ihnen gesagt wurde, daß Ebert der »Vater« der neuen Taktik sei. Doch den Delegierten, denen Eberts Vorstellungen über Organisationsfragen ohnehin nicht erst seit dem vorausgegangenen Parteitag bekannt waren, brauchte dies vermutlich gar nicht erst offenbar zu werden. Bebels und Singers Positionen konnten unangetastet bleiben, die Ebert-Erfolge ihrem Konto gutgeschrieben werden.
Während Rosa Luxemburg und andere Radikale gehofft hatten, daß die auf Eberts Initiative Anfang 1910 veranstalteten SPD-Massenkundgebungen einen Bürgerkrieg auslösen würden, waren Bebel und Singer der Überzeugung gewesen, daß die Veranstaltungen katastrophal negative Folgen für die Partei haben würden,[49] zumal der Berliner Polizeipräsident Traugott von Jagow öffentlich massiv gewarnt hatte: »Es wird das ›Recht auf die Straße‹ verkündet. Die Straße dient lediglich dem Verkehr. Bei Widerstand gegen die Staatsgewalt erfolgt Waffengebrauch. Ich warne Neugierige.« Ebert, fest überzeugt, die Dinge in der Hand zu behalten, war rundum als »Sieger« hervorgegangen, Bebel auch weiterhin der unbeirrbare Marxist und sowohl von den Revisionisten als auch von den Radikalen innerhalb der Partei noch »unbestritten« anerkannte Vorsitzende geblieben.
Von Parteitag zu Parteitag sind Eberts Einfluß, Ansehen und Autorität gestiegen, die auf ihn zurückzuführenden positiven Bilanzen unübersehbar geworden. Obwohl die Parteiführung bis zum Tode Bebels im August 1913 keinen klaren Standpunkt über die Frage verfocht, wie sie mit Hilfe ihrer Parlamentarier insgesamt an Macht und an Einfluß gewinnen könnte, konnte sie dank Eberts Massenversammlungstaktik Mitte 1913 bereits

[49] Daß Ebert von Bebel mit der gesamten Organisation der Massenversammlungen beauftragt worden sei, wie gelegentlich behauptet wird, ist zweifellos eine Legende. Bebel und Singer hatten auch die Redaktion des *Vorwärts* (zum Mißfallen Rosa Luxemburgs und zunächst auch Kautskys, der sich zu der Zeit ideologisch von Rosa Luxemburg abzusetzen begann) ausdrücklich angewiesen, auf jederlei Propaganda für die Massenversammlungen zu verzichten.

231 Abgeordnete in 21 Bundesstaaten zählen, rund 100 mehr, als es 1908 der Fall gewesen war.[50]

Wie gewöhnlich, so war Eberts Taktik auch 1910 keine Folge theoretischer Überlegungen am grünen Tisch, sondern eine realistische Antwort auf konkrete Voraussetzungen gewesen. Im Oktober 1908, kurz nach dem Nürnberger Parteitag, auf dem Ebert mit der Leitung der Jugendbildung beauftragt worden war, hatte Wilhelm II. in seiner Thronrede versichert, daß eine »organische Fortentwicklung« des Wahlrechts bevorstehe. Anfang 1910 stand der von der preußischen Regierung vorbereitete Entwurf für die Neufassung zur Debatte, die durch die SPD einen besonderen Tenor erhielt. Ironisch hatte die Parteiführung erklärt, daß durch das angekündigte Wahlgesetz wohl nur »verhindert« werden sollte, daß »Minister, Einjährige, Militäranwärter und hohe Beamte... ferner Wähler dritter Klasse« seien.

Die angestauten und sich teilweise bereits entladenden Protestbekundungen hatte Ebert mit feinem Gespür für Stimmungslagen und deren Nutzung nicht gedämpft, sondern angefacht und vor allem in Preußen und Sachsen, wo die Wahlgesetze der Aktualisierung am meisten bedurften, zu systematisch organisierten Straßenversammlungen und Massenkundgebungen entwickeln lassen. In Magdeburg konnte Ebert mit Genugtuung in Anspruch nehmen, die politische Situation im Gegensatz beispielsweise zu Bebel, Singer, Kautsky und Rosa Luxemburg richtig eingeschätzt zu haben, während sie, die Parteivorsitzenden und Theoretiker, sich eingestehen mußten, an der Wirklichkeit vorbeigegangen zu sein. Da Ebert sich aus den fortdauernden Ideologiediskussionen tunlichst heraushielt, Bebel ihm vertraute, weiterhin fest auf seine Loyalität baute und der Parteitag nach wie vor mit überwältigender Mehrheit hinter ihm stand, konnte er seine ganze Kraft auf die Durchsetzung und schrittweise Ausweitung der ihm satzungsgemäß zugestandenen Möglichkeiten konzentrieren und seinen Weg unbeirrt weitergehen.

1911 zwang ein Ereignis die deutschen Sozialdemokraten zu einem Profilbekenntnis von prinzipieller Bedeutung zumindest für die nächste Zukunft: die zweite Marokko-Krise. Seit Frankreich im April 1904 von England infolge der in London geschlossenen »Entente cordiale« »ermächtigt« worden war, in Marokko in Form einer Protektoratsherrschaft für Ruhe und Ordnung zu sorgen, und Frankreich schließlich den am Atlantik liegenden südlichen Teil (Spanien das nördliche Territorium) Marokkos für sich beanspruchen konnte, hat auch die Reichsregierung

[50] 1908 waren es in 18 Bundesstaaten insgesamt 135 gewesen.

intensiv nach Möglichkeiten gesucht, deutsche Interessen in Marokko wahrzunehmen. Nachdem der deutsche Kanzler Bernhard von Bülow dem Kaiser vergeblich empfohlen hatte, zur Wahrung des deutschen Prestiges ein Kriegsschiff nach Tanger zu entsenden, Wilhelm II. Ende März 1905 dort persönlich an Land gegangen, die Algeciras-Akte im April 1907 eine diplomatische Niederlage[51] des Reiches besiegelt, das im Februar 1909 zwischen Deutschland und Frankreich geschlossene Marokko-Abkommen dem Deutschen Reich die Wahrnehmung »wirtschaftlicher Interessen« gestattet und ihm auferlegt hatte, »die politischen Interessen Frankreichs... nicht zu stören« und »nicht darauf auszugehen... irgendwelche Entwicklungen« zu begünstigen oder sich »eine wirtschaftliche Sonderstellung zu schaffen«, war es 1911 zu einem spektakulären Eklat gekommen. Die Reichsregierung hatte das Kanonenboot »Panther« nach Agadir geschickt, um vor aller Welt drastisch zu demonstrieren, daß sie das französische Protektorat und die französische Marokko-Politik nun nicht mehr billige. Frankreich gab vor, sich bedroht zu fühlen.

Obwohl es sich bei dem deutschen Kanonenboot nur um ein relativ kleines Kriegsschiff handelte, von dem eine tatsächliche Gefährdung der arabischen Küstenstädte oder gar Frankreichs nicht ausgehen konnte, waren seitens der kaiserlichen Regierung doch weltweit deutschfeindliche Reaktionen ausgelöst worden. Der aggressive deutsche »Panthersprung nach Agadir«, wie die Weltpresse das Unternehmen titulierte, beherrschte die Diskussionen.

In Marokko hatte Deutschland sich vor allem eingemischt, um die Entente cordiale zu sprengen. Die kaiserliche Regierung war davon ausgegangen, daß Rußland nach seiner Niederlage gegen Japan und nach den gerade überstandenen revolutionären Erschütterungen kaum imstande sein würde, Frankreich gegebenenfalls gegen Deutschland zu Hilfe zu eilen. Und England, so meinte die Reichsregierung, würde für Frankreich auch kaum mehr als gute Worte haben, wenn das Reich nur entschlossen genug auftrete. Da die deutsche Regierung die Bedeutung des englisch-französischen Bündnisses in der Öffentlichkeit meist herunterspielte, lag die Vermutung nahe, daß mit der deutschen Einmischung in Marokko nicht zuletzt auch der Eindruck erweckt werden sollte, daß das Deutsche Reich

---

[51] Auf der internationalen Marokko-Konferenz zur Regelung strittiger Fragen wurde in Algeciras (unter Teilnahme deutscher, österreichisch-ungarischer, belgischer, spanischer, englischer, US-amerikanischer, italienischer, marokkanischer, portugiesischer, russischer und schwedischer Regierungsvertreter) die deutsche Vertretung (Josef von Radowitz und Graf von Tattenbach) mit ihren Ansprüchen isoliert.

trotz seiner bündnismäßigen »Unabhängigkeit« in internationalen Angelegenheiten jederzeit von den anderen Großmächten gehört und konsultiert würde.
Die SPD-Führung sah sich mit einem Problem konfrontiert, das sie nicht umgehen konnte. Die 1889 in Paris von französischen, englischen und deutschen Sozialisten zur Festlegung von Nahzielen, Grundsätzen und Kampfmethoden gegründete II. Internationale rief alle Sozialisten zu einer gemeinsamen Aktion gegen einen von ihr befürchteten Krieg auf und erwartete von der SPD ein Engagement, wie ihre Führung es 1906 bekundet hatte. Doch nicht nur die politischen Verhältnisse, sondern auch die Vorstellungen der SPD-Führung waren in der Zwischenzeit einem merklichen Wandel unterworfen worden.
Anders als während der sogenannten »ersten Marokko-Krise«, als ein scharfer Angriff August Bebels auf die kaiserliche Marokko-Politik im Reichstag einen Ohnmachtsanfall des Kanzlers von Bülow ausgelöst hatte, reagierte die Parteiführung 1911. Der Parteivorstand befürchtete nun, die Reichsregierung durch scharfe Reaktionen zu verprellen und die betont national eingestellten Wähler 1912 wieder gegen sich aufbringen zu können, wie es vor den Reichstagswahlen von 1907 geschehen war. Er verwies auf vorausgegangene Gespräche mit dem Auswärtigen Amt und erklärte, daß nach Angaben des Ministeriums deutscherseits an keinen Krieg gedacht werde.
Wieweit Ebert die grundsätzliche Entscheidung des Vorstandes beeinflußt hat, der schließlich auf Rosa Luxemburgs engagiertes Drängen doch noch matt reagierte,[52] ist nicht feststellbar. Die SPD jedenfalls hatte sich offen für das nationale Lager entschieden. Da Bebels Vertreter Paul Singer am 31. Januar gestorben war, hatte der Parteitag einen Nachfolger zu wählen. Carl Legien schlug Ebert vor und erklärte: »Gegenwärtig sowohl wie auch in der nächsten Zeit wird es vielleicht wesentlich darauf ankommen, daß wir den Posten eines Vorsitzenden mit einem Genossen besetzen, der nach den verschiedensten Richtungen ausgleichen kann und der bei Differenzen den nötigen Takt und ein gewisses Geschick bewiesen hat.«
Ebert ist vor dem höchsten Forum der Partei und von einem ihrer maßgeblichsten Exponenten bestätigt worden, daß er »eine überaus glückliche Hand« habe und – zumindest für die Gewerkschaften – der zweite

[52] Die SPD kritisierte nicht mehr das Bestreben des Kaiserreichs, in der Weltpolitik endlich auch eine maßgebliche Rolle spielen zu wollen, sondern nur noch bestimmte Einzelheiten, Methoden und Taktiken. Prinzipiell hatte sie sich längst für die Unterstützung deutscher Weltpolitik entschieden.

Mann der Parteispitze ist. Doch er, der dies freilich längst auch weiß, weicht zur Enttäuschung Legiens zurück. Er hat gehört, wie Bebel ihn zwar gelobt, aber doch nur halbherzig für ihn als Nachfolger Singers eingetreten ist. »Nun hat Legien«, hatte Bebel gesagt, »in einer für Ebert durchaus schmeichelhaften Weise hervorgehoben, welche Tätigkeit er ausgeübt habe und welche Stellung er im Parteivorstand einnimmt. Ich ... muß aber auf ausdrückliches Ersuchen von Genossen Ebert erklären, daß er seine Tätigkeit stets in voller Übereinstimmung und in freundschaftlicher Aussprache mit den Vorstandskollegen ausgeübt hat und daß er es ablehnen müsse, daß ihm dies als besonderes Verdienst angerechnet wird.«

So will Ebert nicht Stellvertreter des ersten Vorsitzenden werden, dessen Zeit infolge seiner unheilbaren Krankheit ohnehin bald abgelaufen sein muß. Er schlägt – wie zuvor von Bebel im Vorstand angeregt – den vom radikalen Flügel unterstützten, zur Aufgabe seiner Königsberger Rechtsanwaltspraxis jedoch nur schwer zu bewegenden Hugo Haase[53] vor und betont uneigennützig und zur Erleichterung Bebels, daß der juristische Sachverstand Haases der Partei von größerem Nutzen sein könne, wenn jener statt seiner zum zweiten Vorsitzenden des Vorstandes gewählt werde[54]. Dennoch votieren 102 von 395 Delegierten für den Parteisekretär, der zum Bedauern derjenigen, die ihn schon jetzt demonstrativ als kommenden Nachfolger Bebels empfehlen, gar nicht kandidiert hat.

1912 war die SPD nach den Januarwahlen mit 110 und damit mit doppelt so vielen Abgeordneten wie bisher in den Reichstag eingezogen[55] und jene politische Partei geworden, die über die stärkste Fraktion im Parlament verfügte, in dem von nun an auch Friedrich Ebert vertreten war. Was hatten die Wähler honoriert? Waren es die zaghaften Proteste gegen die Marokko-Politik, die Absage an die II. Internationale, die Appelle an die Vernunft oder der Gesichtswandel und das Bekenntnis zum nationalen Lager im Rahmen der Nation? Eine verbindliche Antwort ist ausge-

---

[53] Haase erhielt 283 von 395 Stimmen.

[54] Schon vor der Wahl war Bebel für die Kandidatur Haases eingetreten, was er jedoch bald bedauerte. Die Hoffnung der Radikalen, infolge der neuen Position Haases, zumindest künftig ihre eigenen Vorstellungen besser durchsetzen und Ebert ausmanövrieren zu können, blieb unerfüllt.

[55] Im Januar 1907 hatten sich bei den Reichstagswahlen 3 259 000 Wähler für die SPD entschieden. Im Januar 1912 waren es 4 250 000. Für die Stichwahlen hatte die SPD-Führung 1912 mit der Fortschrittspartei eine (vom linken Parteiflügel der SPD nur mißmutig akzeptierte) Vereinbarung geschlossen, die beide Parteien verpflichtete, ihren jeweils gegeneinander orientierten Wahlkampf in gegenseitigem Interesse zu »dämpfen«.

schlossen. Ebert jedenfalls scheint überzeugt gewesen zu sein, daß die Partei dem Bürgertum Dank schuldete; denn als Abgeordneter des Reichstages ist er sofort für die Gehaltsaufbesserung der unteren und mittleren Beamtenschaft eingetreten, die in ihm nun den Verfechter ihrer Interessen sehen konnte. Daß er dem radikalen Flügel, dessen Anhang und Wählern nicht zu danken gedachte, bewies nicht nur seine unnachgiebige Reaktion auf Radeks Bemühungen,[56] die SPD leninistisch auszurichten.

Erst einmal auf einer der obersten Etagen angekommen, brauchte Ebert nicht mehr zu befürchten, womöglich wieder in der Versenkung verschwinden zu müssen, nur weil er Töne angeschlagen und Maßnahmen empfohlen hatte, die einige Parteiideologen nicht decken zu können – oder akzeptieren zu müssen – meinten. Die SPD war seit ihrer Gründung eine Ideologiepartei, die ihre Exponenten nicht einfach fallenließ, wie reine Interessenvertretungsparteien es bei Mißerfolgen ihrer Führer seit jeher zu tun pflegen. In keiner anderen politischen Partei oder Gruppe wirkten Appelle an die Parteidisziplin daher so nachhaltig wie in der ideologisch formierten Sozialdemokratie. Daß dies zu einem keineswegs geringen Teil auch zu Eberts Verdiensten gehört, auch wenn er die Ideologie meist nur wie eine Glocke über seine jeweiligen Argumente zu stülpen pflegte, bedarf an dieser Stelle gewiß keiner detaillierten Beweise mehr. Die immer von kämpferischen Impulsen getragene und seit Eberts Zugehörigkeit zum Vorstand auch von den Gewerkschaften maßgeblich unterstützte Einheit und Geschlossenheit der Sozialdemokratie wurde nicht nur als Voraussetzung zur Machtdurchsetzung, sondern vor allem auch als Ausdruck einer von Ideologie- und Gefühlswerten geprägten Organisation verstanden, die zur sichtbar werdenden Identifizierung einlud.

Ebert ist mit 41 Jahren als ausgereifte Persönlichkeit mit außergewöhnlich großen Erfahrungen in den Reichstag gewählt worden. Das Ausland kennt er zwar nur von kurzen Besuchen, die er stets im Auftrage der Partei absolviert hat; aber überall ist er den Leuten begegnet, die ihm nützen konnten. 1904 ist er in Haag und in Amsterdam, 1910 in Kopenhagen gewesen. London und den späteren Premierminister Ramsay Macdonald, Paris, Aristide Briand und Jean Jaurès[57] kennt er ebenfalls, die Schweiz aus mehreren Aufenthalten ebenso wie Österreich-Ungarn.

---

[56] Vgl. Anm. 7 S. 78.
[57] Jaurès wurde am 31. Juli 1914 in Paris ermordet.

Daß er sich im Reichstag anfänglich möglichst zurückhält, überascht nicht nur die Fraktionskollegen. Ist er doch ein ausgezeichneter Rhetoriker, sicherer und gewandter Stegreif- und Debattenredner und intimer Kenner all der Details und Zusammenhänge, die im »Hohen Haus« behandelt werden. Außerdem kennt er die Abgeordneten und deren Argumente so gut, daß keiner von ihnen es unbedingt und risikolos darauf anlegen kann, sich mit ihm im Reichstag in offener »Feldschlacht« messen zu wollen.
Zielklar geht er seinen Weg, und dazu gehört für ihn, sich im Parlament nicht mehr als unerläßlich einbinden zu lassen. Er will hier vorerst nicht Partei ergreifen und gegebenenfalls Mitglieder seiner Fraktion korrigieren müssen, sondern Urteilsinstanz auf der Vorstandsetage sein und bleiben. Zumindest die sozialdemokratischen Abgeordneten sollen keine Gelegenheit bekommen, über seine Äußerungen zu diskutieren, die in bestimmten Fällen möglicherweise geeignet sein können, seinem Image zu schaden. So wahrt er Distanz zur Fraktion, wartet und überläßt die Wortführung im Reichstag so lange seinem im Parlament seit Jahr und Tag bekannten und von den anderen Reichstagsfraktionen als künftigen Vorsitzenden der SPD angesehenen Konkurrenten Scheidemann, bis der Tag kommt, an dem er als offizieller Parteivorsitzender an das Rednerpult treten kann. So jedenfalls scheint es.
Am 13. August 1913, kurz vor dem in Jena stattfindenden Parteitag, starb August Bebel. Die Klammer, von der die beiden Parteiflügel zusammengehalten wurden, die Autorität, auf die sowohl die Reformisten als auch die Radikalen jahrelang eingeschworen gewesen waren, fehlte plötzlich. Alte Prophezeiungen, daß die Partei ohne Bebel zerbrechen werde, standen nun wieder wie ein Menetekel vor aller Sozialdemokraten Augen. Der von Bebel vorsichtshalber und vorausschauend initiierte und 1912 zur Unterstützung des Parteivorstandes eingesetzte Parteiausschuß aus Delegierten der einzelnen Gaue funktionierte zwar; aber ihm fehlten noch das nötige Ansehen und die Autorität. Sicher, die Gewerkschaften und die Reformisten hatten längst ihren Nachfolger: Friedrich Ebert.
Aber Ebert, dessen Stunde nun gekommen war, ließ sich bitten. Ob er dies tat, weil er eventuell meinte, der Verantwortung und Aufgabe letztlich doch nicht gerecht werden zu können, oder ob er demonstrativ von allen um seine Zustimmung gebeten werden wollte, kann nicht zuverlässig beantwortet werden. Schwer vorstellbar erscheint angesichts seiner Ambitionen, Fähigkeiten, Erfahrungen, Charakterstruktur und Mentalität – auf den ersten Blick jedenfalls –, daß er auf einmal vor der Bürde, zusätzlichen Exponierung und endgültigen Verantwortungsbefugnis zurückgeschreckt sei. Offenbar hat er, so könnte es eher scheinen, auf das offene Votum

aller gewartet. Sicher ist das jedoch nicht; denn als er in Jena, wo der Parteiausschuß ihn anstelle des erkrankten Bebel-Vertreters Haase zum Präsidenten des Parteitages gewählt hatte, von 433 der 473 Delegierten zum Vorsitzenden der SPD nominiert wurde, war er nicht bereit, die Position allein zu übernehmen. Hugo Haase, der auf dem Parteitag des vorausgegangenen Jahres zum Nachfolger Singers als Stellvertreter Bebels gewählte Königsberger Rechtsanwalt und Führer des organisierten radikalen Flügels, wurde sein gleichberechtigter Partner, so daß die SPD seit dem 20. September 1913 über zwei gleichermaßen bevollmächtigte Vorsitzende verfügte.

Kriegsausbruch und Zerfall der II. Internationale

Beide Seiten gaben sich schließlich zufrieden, sowohl die Reformisten als auch die Radikalen, wenn auch den Gewerkschaften eine »Alleinherrschaft« Eberts lieber gewesen wäre. Die Radikalen meinten zwar – wie noch Ende Juli 1914 im Zusammenhang mit der Abstimmung der SPD-Fraktion über die Kriegskredite –, infolge ihrer meist sehr geräuschvollen Ideologiediskussionen auch die Parteiführung in ihre Hände zu bekommen; aber sie mußten bald einsehen, daß Ebert sich nicht ausmanövrieren ließ. Selbst als 1914 der Krieg vor der Tür stand und Ende Juli die Führer und Wortführer der sozialistischen Parteien Europas noch einmal in Brüssel zusammentrafen, um zu beraten, was zu tun sei, und die sozialdemokratische Reichstagsfraktion am 3. und 4. August in Berlin über die Frage der Kreditbewilligung abstimmte, wurden Beschlüsse gefaßt, die nicht nur Eberts Vorstellungen und Forderungen entsprachen, sondern auch offenbar werden ließen, daß sie alle sich nun anschickten, den Weg zu gehen, den Ebert seit jeher – in Übereinstimmung mit dem offiziellen Parteiprogramm – für richtig gehalten hatte und gegangen war.
In Brüssel trafen sich am 30. und 31. Juli – als Ebert mit seiner Familie von der Insel Rügen, wo er seinen Urlaub verbracht hatte, in die Schweiz floh, um einer angedrohten Haft[58] zu entgehen – sein Mitvorsitzender Hugo

[58] Die SPD-Führung befürchtete infolge eines Gerüchts, daß bestimmte sozialistische Führer im Falle eines Kriegsausbruches verhaftet werden sollten. Ebert soll sich am 29. Juli 1914, vor der Abreise Haases und Kautskys nach Brüssel, noch einmal

Haase und Karl Kautsky für die deutschen Sozialisten, James Keir Hardie für die englischen, Paul Axelrod für die russischen, Viktor Adler und sein Sohn Friedrich für die österreichischen, Rosa Luxemburg für die polnischen, Odino Morgari und Angelica Balabanow für die italienischen, Emil Vanderfelde für die belgischen und Piter Jelles Troelstra für die holländischen Sozialisten.

Zwar sind niemals Verhandlungsprotokolle, Kommuniqués oder offizielle Kommentare veröffentlicht worden; aber späteren Äußerungen von Teilnehmern ist zu entnehmen, in welcher Atmosphäre die Debatten über die Frage, welche Haltung die sozialistischen Parteien im Krieg einnehmen sollten, unmittelbar vor dem Ausbruch des Ersten Weltkriegs stattgefunden haben.

Geheimniskrämerei, Kompetenzengerangel und Mißtrauen gingen so weit, daß selbst Ebert noch 1917 nicht genau wußte, auf welche Weise Hugo Haase, der für ihn 1914 in Brüssel hatte mitentscheiden müssen, seine Vorstellungen dargelegt hatte. Während des Würzburger Parteitages von 1917 sagte er über Haase: »Schon damals stand der Parteivorsitzende zur Geheimorganisation der Opposition in engerer Fühlung als zur Parteileitung. Sein Vorgehen war der erste Schlag gegen die Parteieinheit.«

Karl Kautsky, der Theoretiker an Haases Seite, gestand 1920: »Es ist merkwürdig, daß keinem von uns, die wir dort waren, der Gedanke einfiel, die Frage aufzuwerfen, was tun, wenn der Krieg... ausbricht; welche Haltung haben die sozialistischen Parteien in diesem Krieg einzunehmen?« Und Viktor Adler, der international renommierte und in seiner Partei unangefochtene Vertreter der österreichischen Sozialisten, war in Brüssel, nach den Angaben seines Sohnes Friedrich von 1932, ein gebrochener Mann ohne Hoffnungen. »Wir haben den Krieg schon«, habe er verzweifelt gesagt und erklärt: »Wir haben bis jetzt gegen den Krieg gekämpft, so gut wir konnten. Die Arbeiterschaft hat gegen die Kriegstreibereien das Äußerste getan. Aber erwartet von uns keine Aktion mehr. Wir sind im Kriegszustand. Unsere Presse ist unterdrückt. Wir haben den Ausnahmezustand und das Kriegsrecht im Hintergrund. – Ich bin nicht da, um Reden in einer Volksversammlung zu halten, sondern um euch die

---

kurzfristig in der Berliner Parteizentrale aufgehalten haben. An den Parteivorstand hatte er am 27. Juli aus Breege auf Rügen geschrieben: »Die Zwackel soll der Teufel holen! Mit der Ruhe zu Ferien scheint's alle zu sein. Besonders beunruhigend wirkt, daß man nun so abseits vom Verkehr liegt und nicht recht weiß, was los ist... Ich bitte Euch sehr, mich schnell zu informieren. Selbstverständlich bin ich gern bereit, sofort zurückzukommen. Wir sind hier ja gut aufgehoben. Bei dieser Situation kommt man aber, wie gesagt, doch nicht zur Ruhe. Herzliche Grüße an Euch alle. Euer Fritz.«

Wahrheit zu berichten, daß eine Aktion hier, wo Hunderttausende bereits auf dem Weg zur Grenze sind und zu Hause das Kriegsrecht waltet, unmöglich ist.«

Als der Franzose Jules Guesde von ihm habe wissen wollen, was »die Arbeiterfront« denn nun in Österreich tun werde, sei er mit der resignierend-müden Antwort konfrontiert worden: »Non, non, non!« Die Sozialdemokratie denke nicht daran, »in Österreich der Kriegführung der Herrschenden... Widerstand« zu leisten. Einem verbalen Angriff Bruce Glaciers, der für die englische Unabhängige Arbeiterpartei (I. L. P.) sprach und die österreichischen Sozialdemokraten wegen ihrer Passivität kritisierte, soll er, wie Friedrich Adler vor dem »Ausnahmegericht«[59] erklärte, mit einem höhnischen Hinweis auf die Untätigkeit des englischen Proletariats während des Burenkrieges begegnet sein, was ebenfalls zeigte, daß die II. Internationale sich in der Stunde ihres Zerfalles befand. Zwar einigten sich die Vertreter der europäischen sozialistischen Parteien, bis zum 9. August, dem Beginn des Internationalen Kongresses in Paris, »ihre Demonstrationen gegen den Krieg, für den Frieden und für die friedliche Regelung des österreichisch-serbischen Konflikts nicht« nur fortzusetzen, sondern zu »verstärken«. Doch es war bereits viel später, als die mit der Wirklichkeit konfrontierten Theoretiker dachten oder wahrhaben wollten. Das Problem, vor dem sie jetzt standen, hatten sie niemals zuvor tatsächlich differenziert durchdacht.

Ebert, der im Sommer 1914 zunächst auch nicht an den Ausbruch eines Krieges geglaubt hat, kann den berechtigten Vorwurf, sich zuwenig mit der Frage befaßt zu haben, wie die SPD im Falle eines Krieges reagieren solle, nur mit dem Hinweis auf Feststellungen abfangen, die in der Sozialdemokratie nach wie vor als »Evangelium« gelten. August Bebel, der zu seinem Leidwesen niemals Soldat geworden war, hatte beispielsweise schon Mitte der siebziger Jahre im Reichstag erklärt: »Jeder waffenfähige Mann soll zum Wehrdienst und zur Verteidigung des Vaterlandes... bereit und fähig sein. Um das möglich zu machen, sollen die regelmäßigen Waffenübungen einen Teil der Jugenderziehung bilden.«[60]

---

[59] Friedrich Adler schoß am 21. Oktober 1916 den Minister Karl Stürgkh nieder, um dem österreichischen Proletariat ein Signal für Aktivitäten gegen den Krieg zu geben. Zum Tode verurteilt, dann zu 18 Jahren Haft begnadigt, wurde er nach dem Ende des Krieges amnestiert.

[60] Wesentlich ist hinsichtlich der sozialdemokratischen Vorstellungen über nationale Wehrhaftigkeit, daß die SPD-Führung das stehende Heer ablehnte, wobei sie sich, wie Philipp Scheidemann es gewöhnlich tat, auf Gneisenau berief, der die Auffassung

Selbst der linksradikale Sozialdemokrat und spätere »Spartakus«-Führer Karl Liebknecht hatte 1912 in einer Propagandaschrift für seine Kandidatur bei den Reichstagswahlen geschrieben: »Wenngleich die Sozialdemokratie Gegnerin des Militarismus ist, so will sie doch keineswegs das Vaterland wehrlos machen... Die Sozialdemokratie verlangt den denkbar höchsten Grad der Wehrhaftigkeit.«

Das offizielle Erfurter Parteiprogramm und seine ergänzende verbindliche Interpretation durch Karl Kautsky und Bruno Schoenlank[61] wiesen die Richtung. »Der leitende Gedanke«, so hatten Kautsky und Schoenlank in der Zeit erklärt, in der Ebert in Bremen lebte, »welcher Umfang und Weise der Turn- und Kampfspiele bestimmt, ist die Erziehung der Bürger zur Wehrfähigkeit. Ein freies Volk muß verstehen, die Waffen zu führen, seine kriegerische Tüchtigkeit ist ein Schutz und Schirm für den Frieden des Gemeinwesens. Schon dem Kinde ist die Auffassung einzuimpfen, daß niemand es verdient, ein Freier zu heißen, der nicht die Waffen zu führen und mit seinem Blut für die Freiheit einzustehen und für sie zu sterben weiß. Gilt es, einen kecken Feind von der Heimat fernzuhalten, der Bürger, von Jugend auf in körperlichen Künsten geübt und im Waffendienste geschult, wird den eigenen Herd und den gemeinen Nutzen mit flammendem Eifer und wackerem Mut verteidigen. Und wehe dem, welcher das geheiligte Gut der Freiheit zu verzehren wagt! Die geschlossenen Reihen der für ihre gute Sache Streitenden sind schlagfertig, und an ihre Fahnen knüpft sich der Sieg. Das Volk, das für seine Rechte ficht, ist unüberwindlich, ist ihm die Spannkraft der Sehnen und Glieder nicht gelähmt und führt es die Waffen sicher und rasch.«

Obwohl die SPD seit 1912 die stärkste Reichstagsfraktion stellte, 1914 bei Kriegsausbruch dank Ebert über 91 Zeitungen verfügte[62] und – neben den

---

verfochten hatte, daß stehende Heere »eine mehr eingebildete als wirkliche Macht« darstellen und dem Staat und dem Volk unnötig Geld und Aufwand kosten.

[61] Auf seinen Grabstein ließ Schoenlank bezeichnenderweise schreiben: »Mich reut die Stunde, die nicht Harnisch trug! / Mich reut der Tag, der keine Wunde schlug! / Mich reut – ich streu mir Asche auf das Haupt – / Daß ich nicht fester noch an Sieg geglaubt! / Mich reut, daß ich nur einmal ward gebannt! / Mich reut, daß oft ich Menschenfurcht gekannt! / Mich reut – ich beicht es mit zerknirschtem Sinn – / Daß ich nicht dreifach kühn gewesen bin!«

[62] Im Parteivorstand zeichnete ursprünglich und eigentlich Alwin Gerisch für die SPD-Presse verantwortlich. Als Ebert Ende 1905 in den Parteivorstand »einzog«, begann er, seine Bremer journalistischen Erfahrungen nutzend, »nebenbei« sofort damit, auch den ständig kränkelnden Autodidakten und äußerst sensiblen Romanautor Gehrisch unmittelbar zu unterstützen und ihn – wie sich bald zeigte – »beratend anzuleiten«.

Abgeordneten im Reichstag und in den Landtagen – 2821 Stadtverordnete und 9059 Gemeindevertreter zählte, war es ihr bis dahin nicht gelungen, den seit jeher auf ihr lastenden Vorwurf der »Vaterlandslosigkeit« von sich abzuwenden und das Bewußtsein der gesamten Bevölkerung tatsachengerecht zu beeinflussen. Zu stark war der Einfluß, den (vor allem extrem) rechtsgerichtete, nationalistisch orientierte Gruppierungen wie die *Alldeutschen* über ihre Publikationsorgane ausübten. Nachdem die von Scheidemann präsidierten deutschen Sozialdemokraten nach ihrem Wahlsieg von 1912 beispielsweise während der Feierlichkeiten im Pariser »Salle Wagram« erklärt hatten,[63] nicht auf ihre französischen Genossen schießen zu wollen, was von französischer Seite entsprechend beantwortet worden war, lasen die Leser der nationalistischen deutschen und französischen Presse, daß die Sozialdemokraten beider Länder erklärt hätten, im Falle eines Krieges unter keinen Umständen aufeinander zu schießen. Die Formulierung »Nous ne voulons pas tirer sur vous« (»Wir wollen nicht auf euch schießen«) hatten die deutschen politischen Gegner der Sozialdemokraten in die sinnentstellende Erklärung umgewandelt: »Nous ne tirerons pas sur vous« (»Wir werden nicht auf euch schießen«). Daß sich die Pariser »Erklärungen« beider Parteiführungen nicht auf einen Krieg schlechthin, sondern ausschließlich auf einen Angriffskrieg bezogen, blieb unerwähnt.
Noch zehn Jahre nach der Entscheidung der SPD-Fraktion für die Bewilligung der Kriegskredite sieht Friedrich Ebert sich als Reichspräsident veranlaßt, am 3. August 1924 noch einmal öffentlich auszusprechen, welcher Geist die überwältigende Mehrheit der Sozialdemokratie im Sommer 1914 erfüllt hatte: »Nur zur Verteidigung der bedrohten deutschen Heimat«, sagt er anläßlich einer Gedenkfeier für die Opfer des Krieges, »hat Deutschland vor zehn Jahren die Waffen ergriffen; in diesem Bewußtsein haben wir den langen Krieg geführt, und nur dieser Geist konnte uns die gewaltigen Opfer ertragen lassen, die alle Kreise unseres Volkes an Gut und Blut bringen mußten. Das, was das deutsche Volk seit 1914 um seines Deutschtums willen gelitten und geleistet hat, kann nicht verloren sein. Und deshalb ist der heutige Tag auch ein Tag der Hoffnung, der Hoffnung auf ein lebens- und kraftvolles Deutschland!
Trotz allen Stürmen der letzten Jahre ist uns das Reich erhalten geblieben. Wir geloben heute, daß an diesem Bau nicht gerüttelt werden darf, daß wir

[63] Das dort verfaßte und bald in millionenfacher Auflage in deutscher und französischer Sprache publizierte Manifest »Gegen den Rüstungswahnsinn« trug deutscherseits die Unterschriften von Bebel, Braun, Ebert, Haase, Molkenbuhr, Pfannkuch, Scheidemann und allen sozialdemokratischen Reichstagsabgeordneten.

alle unsere Kräfte einsetzen wollen, damit Deutschland den Platz unter den Völkern der Erde wieder einnehmen kann, der ihm gebührt.«

Allerdings: Nicht nur die deutschen Sozialdemokraten waren 1914 überzeugt, zur »Verteidigung von Volk und Vaterland« in den Krieg zu ziehen.[64] Georgij Plechanow, einer der bekanntesten Wortführer der russischen Sozialdemokraten, der Kriege bis dahin durch revolutionäre Maßnahmen hatte unterbinden wollen, pries plötzlich den Zaren und den Krieg »gegen Preußen« und dessen »Unkultur«. Jules Guesde, der unbeirrbare orthodoxe Marxist und laute Internationalist, war gar in das französische Kriegskabinett[65] eingetreten und Edouard Vaillant, Rosa Luxemburgs alter linksextremer Freund, zum glühenden Verfechter des französischen Nationalismus geworden. Rosa Luxemburgs bissiger Kommentar – »Also heute: ›Jeder Schuß ein Ruß – jeder Stoß ein Franzos‹... Denn die Internationale ist ›im wesentlichen ein Friedensinstrument‹, aber ›kein wirksames Werkzeug im Kriege‹« – charakterisierte die Haltung der Sozialdemokraten von 1914 einigermaßen treffend.

Noch bevor Kaiser Wilhelm II. am 4. August 1914 den ungezählt oft zitierten Satz aussprach, daß er »keine Parteien« mehr, sondern »nur noch Deutsche« kenne, haben die deutschen Sozialdemokraten dies auf ihre Weise auch getan. Die sozialdemokratische Reichstagsfraktion hatte sich in der »Stunde der Wahrheit« dafür entschieden, auch durch ihre Kreditzustimmung[66] die Reichsregierung zu unterstützen und die Kriegskosten mitzutragen.

---

[64] Heinrich Cunow, der Chefredakteur des *Vorwärts*, und Paul Lensch, der einstige radikal links orientierte Chefredakteur der *Leipziger Volkszeitung,* priesen den Verteidigungskrieg, und der bis dahin ebenfalls weit links stehende Konrad Haenisch tat es ihnen nicht nur gleich, sondern erklärte darüber hinaus, daß im Moment unerheblich sei, wer diesen Krieg als Folge der Mobilmachungen (anstatt der sonst üblichen Mobilmachungen infolge von offiziellen Kriegserklärungen) ausgelöst habe.

[65] Die Franzosen behaupteten gegenüber Hermann Müller-Franken, der Ende Juli 1914 im Auftrag der Parteiführung nach Paris gereist war, um mit französischen und belgischen Parteiführern zu beraten, sich in der Position der Verteidiger zu befinden und das Kriegsbudget deshalb nicht ablehnen zu können. Den Deutschen wurde seitens der belgischen Vertreter geraten, sich bei der Abstimmung über die Kredite der Stimme zu enthalten.

[66] Lenin, der in der neutralen Schweiz lebte und den Kontakt nicht nur zu den russischen Massen verloren hatte, war von der Pressemeldung über die Budgetzustimmung der sozialdemokratischen Fraktion so irritiert, daß er zunächst über die Meldung im *Vorwärts* behauptete, sie sei eine Fälschung des deutschen Generalstabes. In der Schweiz waren seine Aktivitäten auf die durch den Krieg aufgeworfenen Hauptprobleme ausgerichtet. Er sprach eine relativ kleine Gruppe theoretisch geschulter Menschen an, lehnte Friedenslosungen (und selbst einen »demokratischen Frieden«) ab, weil sie (nach seiner Auffassung) die Arbeiterklasse dazu verführten, dem guten

Der Krieg, den die Internationale ursprünglich hatte verhindern wollen, war ausgebrochen und die oberste Instanz der europäischen Sozialisten sang- und klanglos zerfallen. Aus europäischen Internationalisten waren unter dem Zwang der Ereignisse Nationalisten geworden, die von nun an aufeinander schossen.

Die Differenzen innerhalb der SPD-Führung, deren Parteiorgan *Vorwärts* zu der Zeit hinter Haase stand, galten nach außen hin als beigelegt, der am 6. August 1914 aus der Schweiz zurückgekehrte Vorsitzende Ebert und sein Anhang als Sieger. Eine Debatte zwischen ihm und seinem Mitvorsitzenden Haase offenbart noch einmal beider Seiten Positionen deutlich:

Haase: »Du willst dem Deutschland der Hohenzollern und der preußischen Junker die Kredite bewilligen?«

Ebert: »Nein, diesem Deutschland nicht. Aber dem Deutschland der schaffenden Arbeit, des sozialen und kulturellen Aufstiegs der Massen. Dieses gilt es zu retten.«

Haase: »Wir, ›die Rotten der Menschen‹, die nicht wert sind, den Namen Deutsche zu tragen, wir, die ›vaterlandslosen Gesellen‹ Wilhelms, die wir nicht einmal eines gerechten Wahlrechts in Preußen würdig sind – wir sollten... nein!«

Ebert: »Wir zeigen durch die Tat, daß wir nicht diese Menschen sind. Es handelt sich um das Wohl des ganzen Volkes. Wir dürfen das Vaterland, wenn es in Not ist, nicht verlassen. Es gilt, Kinder und Frauen zu schützen.«

Doch die organisierte Opposition war nur für ein paar Stunden tatsächlich aus der Welt geschafft, ihr ideologischer Überbau nicht einfach substanzlos geworden. Einige der wenigen Radikalen, die Haases Kapitulation nicht mitvollzogen hatten, Rosa Luxemburg, Franz Mehring, Julian Marschlewski-Karski und ein paar andere, waren noch am 4. August in der Wohnung Rosa Luxemburgs, die vom belgischen Sozialistenführer Vanderfelde im Brüsseler *Cirque Royal* eben erst öffentlich als »die gefährlichste Feindin des Staates« gerühmt worden war, zur Gründung einer organisatorisch und inhaltlich neuen Opposition zusammengekommen. Die Kader der von nun an aggressivsten und unnachgiebigsten Gegner Eberts und der SPD hatten sich hier gefunden und die Keimzelle für den linksex-

---

Willen der Herrscher zu vertrauen. Lenin forderte (heftig gegen Karl Kautsky argumentierend: »niederträchtige Heuchelei Kautskys, der alles vertuscht und durch Sophismen das erwachende Gewissen der Arbeiter beruhigen will«) den Sturm der »kapitalistischen Klassenherrschaft« und die »Umwandlung des Krieges in den Bürgerkrieg« sowie dessen Propagierung, Organisierung und Vorbereitung, so daß er die Haltung der deutschen Sozialdemokraten scharf verurteilen mußte.

tremen »Spartakus«-Bund ins Leben gerufen. Dem Beschluß der Rebellen, die sozialdemokratische Partei wegen ihrer Haltung im Zusammenhang mit der Kriegskreditbewilligung fortan systematisch zu bekämpfen, folgten unmittelbar ihre ebenso renommierten Genossen Klara Zetkin und (bald auch) Karl Liebknecht, die allerdings auch niemals zuvor Eberts Vorstellungen und Positionen aus Überzeugung gutgeheißen hatten. Und jetzt, nachdem sie sich geschworen hatten, ihn und seine Politik künftig gnadenlos befehden zu wollen, sahen sie sich – jedenfalls vorerst noch – nicht in der Lage, auf Ebert und die sozialdemokratische Politik einen spürbaren Einfluß auszuüben.[67]
Dies geschah – von Streikorganisierungen im Juni 1916 und antisozialdemokratischer Propaganda abgesehen – eigentlich erst, nachdem Karl Liebknecht,[68] Philipp Scheidemanns Ausrufung der deutschen Republik ignorierend, am 9. November 1918 vom Altan des Berliner Schlosses aus die sozialistische Republik proklamiert hatte.

Krieg und Parteispaltung

Als die Sozialdemokraten am 4. August 1914 – nach der Erklärung des Reichskanzlers Theobald von Bethmann Hollweg, daß das Reich in »Notwehr« handele – im Reichstag einstimmig für die Bewilligung der Kriegskredite stimmten, war der Krieg bereits ausgebrochen. Deutsche Truppen hatten am Morgen völkerrechtswidrig die Neutralität Belgiens im Sinne des Schlieffen-Planes von 1905 verletzt und die belgischen Grenzen

---

[67] Sie unterstützten (von August 1914 bis Ende 1918, bis zur Gründung der Kommunistischen Partei Deutschlands) die von Haase, Dittmann und anderen repräsentierten radikalen Linken in der SPD, die sich im März 1916 im Reichstag von der SPD trennten, internationale Schiedsgerichte, Abrüstung, Freiheit der Meere und Staatenbünde usw. forderten und seit Ostern 1917 als Unabhängige Sozialdemokratische Partei (USPD) agierten. Seit 1920 kooperierten die Kommunisten wiederum mit ihnen.

[68] Liebknecht wurde am 28. Juni 1916 zu zweieinhalb Jahren Zuchthaus verurteilt, Rosa Luxemburg am 10. Juli 1916 (nach Angaben des Generals Ernst von Wrisberg vor Gericht: auf direktes Verlangen eines sozialdemokratischen Abgeordneten) verhaftet. Franz Mehring und Julian Karski kamen kurz danach in Haft, so daß die eigentlichen Köpfe des »Spartakus« seit 1916 durch den Staat weitgehend ausgeschaltet worden waren.

überschritten, worauf die britische Regierung dem Reich den Krieg erklärte.[69] Was die deutschen und französischen Sozialdemokraten 1912 in Paris noch hatten vermieden sehen wollen, nämlich aufeinander schießen zu müssen, führten die Ereignisse ad absurdum.
Stefan Zweig überlieferte in seinem Buch *Die Welt von Gestern* eindrucksvoll, wie die Deutschen den so gänzlich anders als von den Exponenten der II. Internationale vorausgesehenen Kriegsbeginn aufnahmen. »Wie nie«, so schrieb er, »fühlten Tausende und Hunderttausende Menschen, was sie besser im Frieden hätten fühlen sollen: daß sie zusammengehörten. Eine Stadt von zwei Millionen, ein Land von fast fünfzig Millionen empfanden in dieser Stunde, daß sie Weltgeschichte, daß sie einen nie wiederkehrenden Augenblick miterlebten und daß jeder aufgerufen war, sein winziges Ich in diese glühende Masse zu schleudern, um sich dort von aller Eigensucht zu läutern. Alle Unterschiede der Stände, der Sprachen, der Klassen, der Religionen waren überflutet für diesen einen Augenblick von dem strömenden Gefühl der Brüderlichkeit. Fremde sprachen sich an auf der Straße, Menschen, die sich jahrelang ausgewichen, schüttelten einander die Hände, überall sah man belebte Gesichter. Jeder einzelne erlebte eine Steigerung seines Ich, er war nicht mehr der isolierte Mensch von früher... Er konnte Held werden, und jeden, der eine Uniform trug, feierten schon die Frauen, grüßten ehrfürchtig die Zurückbleibenden im voraus mit diesem romantischen Namen.«
Ebert mußte seinen Kurs als vom ganzen Volk bestätigt ansehen.
Die von Belfort aus vorgedrungenen französischen Truppen wurden am 9. und 10. August bei Mülhausen zurückgeschlagen, die französische Offensive in den mittleren Vogesen und in Lothringen abgewehrt. Lüttich war längst gefallen, als die Deutschen am 20. August Brüssel nahmen, wo im Jahr zuvor die II. Internationale zerbrochen war. Die Maas wurde überschritten, die Festung Longwy am 26. August ebenso genommen wie zwei Tage später Montmédy. Und auch die englischen »Expeditionstruppen« mußten bei Mons die deutsche Überlegenheit akzeptieren und Mons und le Cateau freigeben. Anfang September standen deutsche Truppen bereits jenseits der Marne und bedrohten Paris, das die französische Regierung am 3. September fluchtartig – nach Bordeaux – verließ. Trotz größter Anstrengungen gelang es den alliierten Franzosen und Engländern nicht, an der Marne die deutsche Front zu durchbrechen, die in der letzten

[69] Dies geschah formal zwar erst am 5. August; aber die deutsche Ablehnung des auf den 4. August befristeten englischen Ultimatums war bereits gleichbedeutend mit einer Kriegserklärung.

Septemberwoche Verdun einschloß und die Maas einbezog. Antwerpen, Gent, Brügge und Ostende fielen in der ersten Oktoberhälfte in deutsche Hand. König Albert floh mit englischen und belgischen Truppen nach Flandern.
Ironisch und hämisch kolportierten Deutsche aller Schichten die seit dem 5. August 1914 auf der gegnerischen Seite kursierende Version der Hoffnung, daß die Mittelmächte Deutschland und Österreich-Ungarn mit ihren 120 Millionen Menschen im Handumdrehen vor ihren 600 Millionen[70] würden kapitulieren müssen.
Während Friedrich Ebert trotz seiner Anerkennung des deutschen Anspruches auf eine angemessene Beteiligung an der Weltpolitik die Okkupation fremder Territorien konsequent ablehnt und überzeugt ist, daß die außerordentlich erfolgreich kämpfenden deutschen Heere nur das von Feinden angegriffene Vaterland und Volk, die Nation und das Reich verteidigen, erklärt Rosa Luxemburg für die Radikalen: »Das heutige Wüten der imperialistischen Bestialität in den Fluren Europas hat noch eine Wirkung, für welche die ›Kulturwelt‹ kein entsetztes Auge, kein zuckendes Herz hat: das ist der Massenuntergang des europäischen Proletariats. Nie hat ein Krieg in diesem Maße ganze Volksschichten ausgerottet, nie hat er seit einem Jahrhundert derart sämtliche großen und alten Kulturländer Europas ergriffen. Millionen Menschenleben werden in den Vogesen, in den Ardennen, in Belgien, in Polen, in den Karpaten, an der Save vernichtet, Millionen werden zu Krüppeln geschlagen. Aber unter diesen Millionen sind neun Zehntel das arbeitende Volk aus Stadt und Land. Es ist unsere Kraft, unsere Hoffnung, die dort reihenweise wie das Gras unter der Sichel tagtäglich dahingemäht wird. Es sind die besten, intelligentesten, geschultesten Kräfte des internationalen Sozialismus, die Träger der heiligsten Traditionen und des kühnsten Heldentums der modernen Arbeiterbewegung, die Vortruppen des gesamten Weltproletariats: die Arbeiter Englands, Frankreichs, Belgiens, Deutschlands, Rußlands, die jetzt zuhauf niedergeknebelt, niedergemetzelt werden... Was jetzt vorgeht, ist eine nie dagewesene Massenabschlachtung, die immer mehr die erwachsene Arbeiterbevölkerung aller führenden Kulturländer auf Frauen, Greise und Krüppel reduziert, ein Aderlaß, an dem die europäische Arbeiterbewegung zu verbluten droht...
Das ist noch mehr als die ruchlose Zerstörung Löwens und der Reimser

[70] Schon im August 1914 standen dem Reich und Österreich-Ungarn Belgien, England (das die Deutsche Bucht blockierte und den Wirtschaftskrieg intensivierte), Frankreich, Japan, Montenegro, Rumänien und Rußland gegenüber.

Kathedrale. Das ist... ein tödlicher Streich gegen diejenige Kraft, die die Zukunft der Menschheit in ihrem Schoß trägt und die allein die kostbaren Schätze der Vergangenheit in eine bessere Gesellschaft hinüberretten kann.«

Nachdem es den Deutschen nicht gelungen war, den »Wettlauf zum Meer« zu gewinnen und die Kanalhäfen zu erreichen, die Ypern-Schlacht im Oktober und November auf beiden Seiten schwerste Verluste gefordert hatte, die Truppen ermattet waren und der Winter vor der Tür stand, löste der Stellungskrieg die Offensiven ab. Die Mitte November 1914 erreichte Linie von der Kanalküste zur Schweizer Grenze, die Nienport Péronne, Soissons, Reims, Argonnerwald, Verdun, die deutsch-lothringische Grenze, Wasgenwald und den Sundgau tangierte, blieb an der Westfront fortan Ausgangsposition beiderseitiger Einbruchs- und Materialschlachten. Im Osten hatten der Generaloberst Paul von Beneckendorff und von Hindenburg und der Generalmajor Erich Ludendorff die in Ostpreußen eingedrungene russische Narew-Armee im Raum Hohenstein-Gilgenburg-Ortelsburg eingeschlossen und Ende August bei Tannenberg in einer Umfassungsschlacht so vernichtend geschlagen, wie keine Armee es seit August des Jahres 216, als Hannibal bei Cannae 50 000 von 86 000 Soldaten Roms vernichtete, jemals wieder erleben mußte. 93 000 Russen wurden im August 1914 in deutsche Gefangenschaft geführt, 40 000 weitere kamen auf der Flucht um. 50 000 Offiziere, Unteroffiziere und Soldaten waren gefallen. Die Deutschen hatte die Schlacht lediglich 5000 Tote gekostet.[71] Ein Nimbus war geboren, ein Hindenburg-Ludendorff-Mythos, der weit über den Krieg hinaus bewußtseinsbildend wirkte und Konsequenzen auch für Friedrich Ebert hatte. Diese Militärs nämlich, Hindenburg und Ludendorff, waren es 1918, die das Gewicht ihrer großen Popularität und faktischen Macht in die Waagschale warfen und angesichts der erdrückenden Hoffnungslosigkeit schließlich auch empfahlen, Ebert an die Spitze der Politiker des Reiches zu stellen, und ihm selbst garantierten, daß er sich auf sie und die intakten Truppen würde stützen können.

Im März 1915, nachdem der französische Versuch, die deutsche Front in der Champagne zu durchbrechen, gescheitert war und auch die Engländer es nicht geschafft hatten, die deutsche Linie bei Neuve Champelle zurückzudrängen,[72] erklärte Scheidemann im Reichstag im Sinne Eberts: »Der

[71] Die Deutschen verteidigten sich seit September 1914 in Stellungen an den Masurischen Seen, bis die Russen im Februar 1915 in der Winterschlacht in Masuren vernichtend geschlagen wurden (100 000 Gefangene).

[72] Auf die Erwähnung und Darstellung der Kämpfe der österreichisch-ungarischen Armeen in Polen und Galizien kann hier verzichtet werden.

Glaube der Gegner, daß es möglich sei, unser Volk auszuhungern, wird sicher durch die Tatsachen widerlegt werden ... Wir sind voll Zuversicht und darum voll Kraft. Das Land, in das wir unsere Saat gestreut, ist unser Land. Wir verteidigen es jetzt.« Und Ebert? Ende Mai 1915, vier Tage nach dem Ende der zweiten Schlacht bei Ypern, in der die 4. deutsche Armee nach rund fünfwöchigem Ringen einige Geländegewinne und Stellungsverbesserungen erzwungen hatte, sagte er im Reichstag: »Trotz der verschärften Situation glauben wir, getreu unserer sozialistischen Weltanschauung, auch heute noch, dieser Friedenssehnsucht Ausdruck geben zu wollen ... Wir wenden uns mit Entschiedenheit gegen diejenigen Bestrebungen, die den Frieden abhängig machen wollen von allerlei Eroberungen ... Daran halten wir fest.«

Daß Erklärungen solchen Inhalts zu der Zeit weder die Regierungen der kriegführenden Mächte noch deren Feldherren und Strategen beeindruckten, ist unerheblich. Was zählte, war die nachzeichenbare Stetigkeit Eberts und der sozialdemokratischen Führung. Die Sozialdemokraten und die nach wie vor von Legien geführten Gewerkschaften standen weiterhin zur Fahne. Zwar spalteten sich die Radikalen am 24. März 1916 im Reichstag von der Mehrheit der Fraktion; aber weder dies noch die im Juni nach der Verhaftung Karl Liebknechts erstmals von den Spartakisten organisierten Streiks in Berlin, Braunschweig und Bremen vermochten Eberts Politik zu gefährden. Der 1914 geschlossene »Burgfrieden« wurde zwar verletzt; aber er hielt, trotz zunehmender kritischer Stimmen auch in den eigenen Reihen. Dennoch: Die Probleme wuchsen kontinuierlich.

Mit dem Ende der deutschen Offensiverfolge und dem sich etablierenden Stellungskrieg sah sich zwangsläufig nicht nur die Reichsregierung, sondern auch die Führung der SPD, die 1914 durch die Bewilligung der Kriegskredite an ihre Seite getreten war, mit neuen Problemen konfrontiert. Die Kriegspolitik des Reiches wurde durch die Tatsache belastet, daß der Kaiser als ausgleichend-koordinierende Instanz zwischen politischer und militärischer Führung ausfiel und die entsprechenden Verhältnisse auch beim Bündnispartner Österreich-Ungarn das Bild bestimmten. Anders verhielt es sich in dieser Hinsicht in der SPD, obwohl ihre Spaltung und die wachsende Mißstimmung auch in den Reihen des »Parteivolks«, das weiterhin hinter der Parteiführung stand, nicht verhindert werden konnten.

Infolge der durch den starren Stellungskrieg multiplizierten Gewißheit, nicht so bald wieder in Frieden leben zu können, und der Tatsache, daß deutsche Truppen die Grenzen des Reiches nicht nur erfolgreich geschützt, sondern innerhalb kurzer Zeit an beiden Fronten weit in Feindesland hinausgeschoben hatten, sahen beide Seiten die Fortsetzung der Kontinuität ihrer Politik zwangsläufig gefährdet. Die Bevölkerung artikulierte Wünsche, die nicht nur einander widersprachen, sondern auch der Reichsregierung und der SPD-Führung gleichermaßen zu schaffen machten. Die am lautesten diskutierten Forderungen – daß die Territorien, die von deutschen Truppen besetzt seien, dem Reich einverleibt werden müßten und daß von den Ententemächten bezahlt werden sollte, was an Material verlorengegangen sei – konnten Ebert und die SPD schon infolge ihrer öffentlichen Festlegungen nicht ohne gravierenden Gesichtsverlust gutheißen. Und auch die Regierung und der Kaiser, der sich einer solchen Zensur noch nicht unbedingt ausgesetzt zu sehen brauchte, sahen sich gezwungen, zu ihrem Wort zu stehen und mit den Problemen fertig zu werden. Sowohl im Sinne der kaiserlichen – besonders von der SPD-Führung begrüßten – öffentlichen Erklärung, daß Deutschland nicht in den Krieg eingetreten sei, um Eroberungen zu machen, als auch mit Rücksicht auf den innerpolitischen Frieden wurde verboten, in der Öffentlichkeit Kriegsziele zu diskutieren. Doch täglich zeigte sich, wie wenig das Verbot nützte. Immer wieder bedrängten einflußreiche Persönlichkeiten den Kanzler und die Militärs, die Minister, Reichstagsabgeordneten und Parteiführer, sich öffentlich zu konkreten Eroberungsabsichten zu bekennen. 1347 Exponenten des Bildungs- und Besitzbürgertums sandten dem Reichskanzler Bethmann Hollweg beispielsweise am 20. Juni 1915 eine »streng vertrauliche« Denkschrift, in der sie dargelegt hatten, was sie und »das Volk« nach ihrer Ansicht forderten: »Ganz gewiß nicht Weltherrschaft, aber volle, der Größe unserer kulturellen, wirtschaftlichen und kriegerischen Kraft entsprechende Weltgeltung wollen wir. Alle Ziele nationaler Sicherung auf einen Schlag zu erreichen, das mag der Überzahl unserer Feinde gegenüber nicht ausführbar sein. Aber bis an die äußerste Grenze des Erreichbaren sollen die mit so großen Anstrengungen erzielten militärischen Erfolge ausgenutzt werden.

Mit der französischen Gefahr wollen wir, nach Jahrhunderten französischer Bedrohung und nach einem von 1815 bis 1870 und von 1871 bis 1915 währenden Revanchegeschrei, ein für allemal aufräumen. Nicht durch unangebrachte Versöhnungsbemühungen, denen Frankreich noch stets äußersten Fanatismus entgegengesetzt hat. Wir warnen in diesem Punkt auf das allerdringlichste vor deutscher Selbsttäuschung. Wir müssen dieses Land um unseres eigenen Daseins willen politisch und wirtschaftlich rücksichtslos schwächen.

An unserer Ostgrenze Grenzwall und Grundlage zur Wahrung unseres Volkswachstums bietet Land, das Rußland uns abtreten muß. Es muß

landwirtschaftliches Siedlungsland sein, das uns gesunde Bauern, diesen Jungbrunnen aller Volks- und Staatskraft, bringt.
Kämen wir in die Lage, dem mit eigenen Blutopfern immer sparsamen England eine Kriegsentschädigung aufzuerlegen, kein Geldbetrag könnte hoch genug sein. Vorzugsweise mit seinem Geld hat England die Welt gegen uns aufgestachelt. Der Geldbeutel ist der empfindlichste Teil dieser Krämernation, am Geldbeutel vor allem muß sie, haben wir die Macht dazu, rücksichtslos getroffen werden.«

Unterschrieben hatten 352 Hochschullehrer, 252 Schriftsteller, Künstler und Verlagsbuchhändler, 182 Industrielle und Finanzleute, 158 Geistliche, 148 Richter und Rechtsanwälte, 145 höhere Verwaltungsbeamte, Bürgermeister und Stadtverordnete, 52 Landwirte, 40 Parlamentarier und 18 aktive Generale und Admirale.

Einen Monat zuvor, im Mai 1915, hatten der »Centralverband deutscher Industrieller«, der »Bund der Landwirte« und vier weitere Wirtschaftsverände auf Initiative des Krupp-Direktors Alfred Hugenberg ähnliche Forderungen formuliert. Die Diskussionen um Profite aus dem Kriegsgeschehen beschränkten sich während des ganzen Krieges nicht auf Kamingespräche oder Stammtischrunden. Sie wurden vom Feind nachdenklich registriert und waren nicht zahlen- und ziffernmäßig abgestimmt, so daß die Ergebnisse als allgemeiner Volkswille und nicht zuletzt auch als Programm der deutschen Staatsführung aufgefaßt werden konnten. So hatte Bethmann Hollweg im September 1914 in seinem sogenannten »Septemberprogramm« gefordert, nach einem deutschen Sieg Frankreich zur Zahlung so hoher Kriegsentschädigungen zu zwingen, daß es in den ersten 18 bis 20 Jahren nach Kriegsschluß nicht mehr in der Lage sein könne, sich bemerkenswert in der Rüstung zu engagieren.

Karl Helfferich, der spätere Vizekanzler, hatte am 20. Mai 1915 im Reichstag erklärt: »Das Bleigewicht der Milliarden haben die Anstifter des Krieges verdient, sie mögen es durch Jahrzehnte schleppen – nicht wir.«

Die extrem nationalistischen Alldeutschen wollten noch im Frühjahr 1917 vom geschlagenen Feind 200 Milliarden Mark als Entschädigung kassiert sehen, und Waldemar Graf von Roon, einer der populären Wortführer des preußischen Herrenhauses, sprach sogar noch im Juni 1918 von 180 Milliarden Mark. Walther Rathenau, der zur Zeit der Präsidentschaft Eberts mit Recht so gerühmte deutsche Außenminister und ein Staatsmann des Ausgleichs, hatte im ersten Kriegsmonat 40 Milliarden als Kontribution allein von Frankreich für angemessen gehalten und Kaiser Wilhelm II. im Mai 1917 von den USA und von England je 30 Milliarden

Dollar, von Frankreich 40 Milliarden Francs und von Italien 10 Milliarden Lire – jeweils in Form von Rohstoffen.

Am 26. Juni 1915, eine Woche nach der Aktion der 1347 Petenten, stellte der sozialdemokratische *Vorwärts* kategorisch fest: »Das Volk will keine Annexionen, das Volk will Frieden!«

»Prominente Exponenten des Geisteslebens standen hinter dieser Maxime. Albert Einstein, Hans Delbrück, Ernst Troeltsch, Alfred Weber, Max Weber und 136 weitere namhafte Vertreter des Bildungsbürgertums bekundeten durch eine Petition: »Wir halten für unsere Pflicht, diesen Annexionsbestrebungen mit aller Entschiedenheit entgegenzutreten und offen auszusprechen, daß wir in ihrer Verwirklichung einen folgenschweren politischen Fehler und nicht eine Stärkung, sondern eine verhängnisvolle Schwächung des Deutschen Reiches sehen würden.«

»Die Friedenssehnsucht der Arbeiterschaft ist sehr groß«, warnte der aufgeschreckte Unterstaatssekretär der Reichskanzlei den Chef des kaiserlichen Zivilkabinetts am 28. Juni 1915: »Das heftige Treiben auf der rechten Seite nährt das Mißtrauen, die Regierung könne doch den Krieg aus Eroberungssucht länger, als zum Schutz des Vaterlandes not tue, weiterführen, der Reichskanzler, zu dem man das Vertrauen hat, daß er keine phantastischen Pläne hat und sich nur von seiner Pflicht leiten läßt, werde gestürzt werden.«

Die späteren Sieger und Signatare des Versailler Vertrages, denen Ebert später als Reichspräsident der Republik gegenüberstand, konnten sich also während des Krieges mit Recht fragen, mit wem sie im Falle einer entscheidenden Niederlage tatsächlich konfrontiert werden würden. Der Versailler Vertrag mit seinen kraß negativen Folgen für das Reich war ihre unerbittliche Antwort auch auf die Unsicherheit, die sie während des ganzen Krieges beherrscht hatte, obwohl jene Partei den Präsidenten und den Kanzler stellte, die sich während des ganzen Krieges konsequent gegen Annexionen fremder Territorien ausgesprochen hatte.

Angesichts der Situation an den Fronten, der Flügelkämpfe innerhalb der SPD und der zwiespältigen Bevölkerungsstimmung, in der die Friedenssehnsucht einen festen Platz einzunehmen begann, sah Ebert sich im Frühjahr 1915 in einer besonders schwierigen Lage, zumal die Kriegskredite inzwischen in den Gesamtetat eingebaut worden waren, was nicht nur dem Fraktionsvotum einen anderen Charakter verlieh, sondern auch die Grundsatzfrage aufwarf, ob die Bewilligung des Kredits denn noch den Parteitagsbeschlüssen entspreche. Die Hoffnung des Drittels der Fraktion, das gemeint hatte, Ebert für eine Ablehnung des Etats gewinnen zu können, erfüllte sich nicht. Ebert trat nicht nur energisch für die Zustimmung ein, sondern lehnte ebenso konsequent auch den von Haase aufgeworfenen Vorschlag ab, gegebenenfalls einen Frieden »unter allen Umständen« zu akzeptieren. Neunundsechzig Sozialdemokraten stimmten unter Eberts Einfluß schließlich am 20. März für die Budgetbewilligung, 30 votierten dagegen, indem sie den Saal vor der Abstimmung verließen.[73]

Ebert, von der Richtigkeit seiner Weltanschauung und Politik überzeugt, lotste die Partei durch die Wirrnisse der wechselnden und widersprüchlichen Ambitionen und Kalkulationen. Beharrlich – und seit 1916 mit besonderem Nachdruck – verfolgte er seine 1914 eingeschlagene politische Linie, bejahte den Verteidigungskrieg ohne Okkupationsabsichten und widerstand allen Anfeindungen und jeder Kritik.[74]

Seine politischen Vorstellungen, Erwartungen und Forderungen, Richtlinien und Leitsätze für die sozialdemokratische Politik, die der am 27. März 1920 von ihm zum Reichskanzler ernannte Hermann Müller-Franken nach Eberts Tod noch einmal stichwortartig zusammenfaßte, charakterisieren seine Position deutlich: »Führung des Krieges nicht um Eroberungen, vielmehr zur Herbeiführung eines Friedens der Verständigung, der nicht den Keim zu neuen Rachekriegen in sich trägt, und deshalb auch äußerster Versuch der Abwehr der Eroberungsziele der Kriegsgegner Deutschlands; Erhaltung der Volkskraft, soweit das in einem blockierten Land überhaupt möglich ist, durch Gewährung gleicher Rationen an alle, denn der Krieg erfordert die Aufbietung der gesamten Volkskraft; vor allem deshalb Sicherstellung der Volksernährung; Einführung von Reformen auf politischem Gebiet, denn kein Schützengrabenkämpfer darf als entrechteter Wähler dritter Klasse aus dem Kriege zurückkehren, ferner Einführung des parlamentarischen Systems; Verbesserung der Sozialpolitik, denn das durch Kriegsfolgen, Ernährungselend und Munitionsarbeit geschwächte deutsche Volk beider Geschlechter, am meisten aber die Kinder, bedarf zur Rettung von Siechtum und frühem Tode viel mehr Sozialpolitik als die Menschheit der Vorkriegszeit; endlich verständnisvolle Hilfe für die Soldaten im Felde und Unterstützung der Witwen und Waisen der Gefallenen; Entgegenkommen an die berechtigten Wünsche der Munitionsarbeiter, damit Lohnbewegungen und politische Streiks in der Munitionsindustrie vermieden würden.«

---

[73] Am 18. März 1915 hatten sich in der vorbereitenden Debatte 77 gegen 23 Abgeordnete für die Bewilligung ausgesprochen.

[74] Inhaltlich decken sich seine Äußerungen von 1914 (vgl. Eberts Debatte mit Haase, S. 118) und von 1924 (vgl. S. 116).

Ebert konnte in Anspruch nehmen, seinen Vorstellungen[75] und Prinzipien treu geblieben zu sein, und er konnte ebenso feststellen, daß er trotz seiner nicht einmal von allen Sozialdemokraten immer schweigend akzeptierten Politik eine unangefochtene Instanz geworden war, die das Deutschland der Kontinuität verkörperte. Zwar hatte sich Anfang 1916 der linke Flügel der Reichstagsfraktion von der Mehrheit abgesetzt und sich Ostern 1917 in Gotha als USPD konstituiert;[76] aber zunehmend maßgeblich war der reformierende Mann der Mitte geblieben: Friedrich Ebert.

»Majestät, wir haben den Krieg verloren«

Daß die Zeit nicht mit dem Reich im Bunde war, wie seine politische und militärische Führung anfänglich gemutmaßt und behauptet hatten, war früh offenbar geworden. Erich von Falkenhayn, der seit dem 14. September 1914 als Generalstabschef fungierte, hatte dem Kaiser bereits am 9. September 1914 erklärt: »Majestät, wir haben den Krieg verloren.« Und Weihnachten 1915, als keine Aussicht mehr bestand, die Westfront zugunsten des Reiches wieder in Bewegung zu bringen und die operativen Ziele der Strategen zu erreichen, war er erneut an den Monarchen herangetreten. Einfaches »Abwarten in der Defensive«, so hatte er ihm erklärt, erfülle »den Zweck auf die Dauer« nicht, da dem Gegner infolge seiner »Überlegenheit an Menschen und Material erheblich mehr Kräfte« zuwüchsen, als dies im eigenen Lager der Fall sein könne. Hinzu komme, daß »der nächste oder übernächste Winter soziale und politische Krisen bringen könnte«.

Im Gegensatz zu Hindenburg und Ludendorff, die die Entscheidung des Krieges im Osten erzwingen wollten, schlug Falkenhayn vor, dies gegen Frankreich zu tun, das nach seiner Auffassung bereits »in seinen Leistun-

---

[75] Im Januar 1918, als rund 400 000 Berliner Munitionsarbeiter streikten, trat Ebert in die Streikleitung ein, um die Aktion zu steuern, den Streik »zum schnellsten Abschluß zu bringen und eine Schädigung des Landes zu verhüten«, wie er vor Gericht in Magdeburg aussagte, nachdem Hitler-Anhänger ihn des Landesverrats beschuldigt hatten. Vgl. dazu auch S. 137: Eberts Brief an seinen Sohn Georg.

[76] Am 30. Dezember 1918 trennten sich die seit August 1914 agierenden »Spartakisten« von der USPD und gründeten die Kommunistische Partei Deutschlands (KPD). 1920 schlossen sich USPD und KPD zusammen.

Scheidemann und Ebert: Der spätere zweite sozialdemokratische Reichskanzler und der designierte Reichspräsident anläßlich einer Beisetzung von Revolutionsopfern im November 1918.

Sie wollten ein anderes Deutschland als Friedrich Ebert: Karl Liebknecht …

und Rosa Luxemburg im Jahre 1899.

Die in der zweiten Dezemberhälfte 1918 gegen die Revolutionsregierung meuternde Kieler Marinedivision während ihres Einzuges in das Berliner Schloß im November 1918.

Der SPD-Rat der Volksbeauftragten. Von links nach rechts: Otto Landsberg, Philipp Scheidemann, Gustav Noske, Friedrich Ebert und Rudolf Wissel.

gen bis nahe an die Grenze des noch Erträglichen gelangt« sei. Am 21. Februar 1917 traten, wie der Generalstabschef empfohlen hatte, sechs deutsche Divisionen bei Verdun, von 1200 Geschützen und Kanonen auf einer Frontlänge von 13 Kilometern unterstützt, zu einem Angriff an, der Frankreich ausbluten und aus der Entente herausbrechen sollte. Doch nach einem halben Jahr waren nicht nur die Franzosen ausgeblutet: Mehr als 350 000 Tote, Gefangene und Verwundete zählten sie, 280 000 die Deutschen. In der am 24. Juni 1916 von den Engländern und Franzosen mit 104 Divisionen begonnenen Offensive an der Somme, die zwar die deutsche Front auf einer Breite von 40 Kilometern rund zwölf Kilometer eindrückte, jedoch nicht aufbrach oder gar niederwarf, verloren die Deutschen und die Engländer bis zum Ende der Schlacht am 26. November jeweils mehr als 400 000 und die Franzosen auch noch einmal 200 000 Mann.

Weder der französische General Joffre noch Falkenhayn, die beide in Frankreich gegeneinander die Entscheidung des Krieges hatten herbeiführen wollen, war an sein Ziel gelangt. Am 29. August 1916, mitten in der Schlacht, wurde Falkenhayn durch den inzwischen zum Generalfeldmarschall beförderten Paul von Hindenburg ersetzt, der im Westen das »Cannae« von Tannenberg noch einmal wiederholen sollte. Mit ihm als Chef des Generalstabes und Erich Ludendorff als erstem Generalquartiermeister waren in breiten Schichten der Bevölkerung zwar neue Siegeshoffnungen ausgelöst, die erhoffte operative Wende jedoch weder eingeleitet noch erzwungen worden. Zwischen Arras und Soissons wurde die deutsche Front im Februar und März 1917 planmäßig bis zur »Siegfriedstellung« zurückgenommen, die aus psychologischen Erwägungen schließlich den Namen »Hindenburglinie« erhielt. Wie bis dahin, so scheiterten die englisch-französischen Offensiven auch jetzt wieder am deutschen Kampfeswillen. Die Engländer blieben im April und Mai bei Arras, im Artois und in Flandern, die Franzosen zur selben Zeit an der Aisne und in der Champagne vor den deutschen Linien liegen. Kampfesmüde, am Ende ihrer Kraft und von sozialistischen Agitatoren aufgeputscht, meuterten die französischen Truppen vorübergehend auf breiter Front.[77]

Trotz der deutschen Erfolge im Westen und Osten war der Krieg für das

[77] Durch militärischen Führungswechsel (der als »Blutsäufer« bezeichnete General Nivelle mußte General Pétain den Platz räumen) und scharfe Maßnahmen (Verhaftungen) seitens der Regierung wurden jedoch relativ rasch wieder Ordnung und Einsatzfähigkeit hergestellt. Der italienischen Führung gelang dies nicht, nachdem die italienische Front im Oktober 1918 am Isonzo zusammengebrochen, Tausende Soldaten desertiert und rund 300 000 Italiener in Gefangenschaft gegangen waren.

Reich infolge des steckengebliebenen Westfeldzuges eigentlich bereits Ende 1914 verloren, auch wenn deutsche Truppen in Belgien und Frankreich, im Kurland, in Polen und in Rußland standen, wo sie bis September 1915 nach aufsehenerregenden Siegen eine Linie erreicht hatten, die Mitau, Wilna, Brest-Litowsk und Rowno verband.
Am 30. Dezember 1916 erklärten die Regierungen Belgiens, Frankreichs, Großbritanniens, Italiens, Japans, Montenegros, Portugals, Rumäniens, Rußlands und Serbiens gemeinsam, »zur Verteidigung der Freiheit der Völker« angetreten und nicht bereit zu sein, »einzeln die Waffen niederzulegen«. Äußerst selbstgerecht, den Mittelmächten Deutschland und Österreich-Ungarn alle Schuld zuweisend und nicht bereit, den Krieg zu beenden, behaupteten sie am 30. Dezember 1916 fälschlich, ihrerseits zur Vermeidung des Krieges »alles getan (zu) haben«. Sie wiesen eine ihnen über die USA zugeleitete deutsche Friedensdeklaration vom 12. Dezember 1916 als »Kriegsmanöver« zurück und beschuldigten die kaiserliche Regierung, den Charakter »des Streites in der Vergangenheit, in der Gegenwart und in der Zukunft« systematisch zu verkennen. Der Krieg sei, so postulierten sie, von den Mittelmächten »gewollt hervorgerufen und erklärt worden«, weshalb Deutschland »Sühne, Wiedergutmachung und Bürgschaften« zu leisten haben werden. »In Wirklichkeit«, hieß es, »ist die durch die Zentralmächte gemachte Eröffnung«, zu Friedensverhandlungen mit konkreten Zielen bereit zu sein, »weiter nichts als ein wohlberechneter Versuch, auf die Entwicklung des Krieges einzuwirken und zum Schlusse einen deutschen Frieden aufzunötigen... Sie versucht endlich, vor den Augen der Welt im voraus neue Verbrechen zu rechtfertigen: Unterseebootkrieg, Deportationen, Zwangsarbeit und gewaltsame Aushebung von Staatsangehörigen gegen ihr eigenes Land, Neutralitätsverletzung. In voller Erkenntnis der Schwere, aber auch der Notwendigkeit der Stunde lehnen es die alliierten Regierungen...ab, sich mit einem Vorschlage ohne Aufrichtigkeit und ohne Bedeutung zu befassen.«
Der deutschen Führung waren damit zwar Argumente geliefert worden, die sie effektvoll nutzen konnte – was sie auch tat; aber der Graben zwischen den Kriegsgegnern wurde nur noch tiefer und scharte die Deutschen hinter der kaiserlichen Regierung, die sich jetzt von den Sozialdemokraten besonders unterstützt sah. Drei Wochen nach dem Nein der Entente-Mächte zum deutschen Friedensangebot, das für das Reich einen Status quo mit hinausgeschobenen Grenzen und einigen weiteren Gewinnen gesichert sehen wollte, konnte der Kaiser am 12. Januar 1917 mit nahezu einhelliger Zustimmung des Volkes erklären: »Unsere Feinde haben die Maske fallen lassen. Erst haben sie mit Hohn und heuchleri-

schen Worten von Freiheitsliebe und Menschlichkeit unser ehrliches Friedensangebot zurückgewiesen. In ihrer Antwort an die Vereinigten Staaten haben sie sich jetzt darüber hinaus zu einer Eroberungssucht bekannt, deren Schändlichkeit durch ihre verleumderische Begründung noch gesteigert wird. Ihr Ziel ist die Niederwerfung Deutschlands, die Zerstückelung der mit uns verbündeten Mächte und die Knechtung der Freiheit Europas und der Meere.
Hellflammende Entrüstung und heiliger Zorn werden jedes deutschen Mannes und Weibes Kraft verdoppeln, gleichviel, ob sie dem Kampf, der Arbeit oder dem opfervollen Dulden geweiht ist. Der Gott, der diesen herrlichen Geist der Freiheit in unseres tapferen Volkes Herz gepflanzt hat, wird uns und unseren treuen, sturmerprobten Verbündeten auch den vollen Sieg über alle feindliche Machtgier und Vernichtungswut geben.«
Die Sozialdemokraten standen voll hinter ihm. Die Ebert-Freunde Carl Legien und Adam Stegerwald, die von niemandem verdächtigt werden konnten, Kriegshetzer zu sein, beeilten sich, dem Kanzler am 16. Januar mitzuteilen: »Die Antwort der Entente behebt jeden Zweifel darüber, daß Deutschland sich in einem Verteidigungskrieg befindet. In der vollen Erkenntnis, daß es sich um die Existenz unseres Landes und seiner Bevölkerung handelt, werden wir alle Kräfte des arbeitenden Volkes zur äußersten Kraftentfaltung anregen. Dasein, Ehre und Entwicklungsfreiheit der Völker sollen gesichert und dadurch die Grundlage für einen dauerhaften Frieden geschaffen werden. Die Gegner Deutschlands lehnen Friedensverhandlungen auf dieser Grundlage ab. Sie zwingen die den Frieden herbeisehnenden Völker, die Verwüstungen von Menschenleben und Kulturgütern fortzusetzen. In dieser Lage erklären wir, daß es heiligste Verpflichtung für uns ist, in verstärktem Maße unsere Kräfte für die Existenz unseres Landes einzusetzen.«
Daß die Feindmächte die SPD gelegentlich als die eigentliche Partei des Kaisers diffamierten, obwohl sie (bis Oktober 1918) gerade auf Betreiben des Monarchen keine Regierungsverantwortung tragen durfte, kam nicht von ungefähr. Der Versailler Vertrag und die mangelnde Bereitschaft der europäischen Ententemächte, dem sozialdemokratischen Reichspräsidenten Ebert zunächst auch nur irgendwie entgegenzukommen, resultierten nicht zuletzt auch aus der von ihnen so stilisierten Tatsache.
Während die Sozialdemokraten sich einerseits um die Volksernährung und um die Gefährdung des »entscheidenden Sieges« sorgten und andererseits Eberts Forderung nach einem ehrenvollen »Frieden der Verständigung« ohne Annexionen und »Keim zu neuen Rachekriegen« propagierten, fochten die »Spartakisten« Rosa Luxemburg, Karl Liebknecht, Franz

Mehring und Julian Karski seit Sommer 1916 auch aus der Haft und seit 1916 ebenso Hugo Haase und dessen radikale Anhänger gegen die SPD und für gänzlich andere Ziele als sie. Die »Spartakisten« stritten mit Rosa Luxemburg für »die hoffnungsvoll aufflatternde Fahne der Revolution«, deren Vorbereitung auch Haase und die USPD betrieben.

Im Oktober 1917, während des ersten Kriegsparteitages der SPD, deren Reichstagsfraktion er seit dem Bruch mit Hugo Haase und dessen Anhängern nun auch noch anführt, sagt Ebert über sie: »Alles, was die Unabhängigen bisher geleistet haben, bestand lediglich in der Bekämpfung unserer Partei. Auf politischem Gebiete haben sie jeden Fortschritt bekämpft, jedem Fortschritt in der Friedensbewegung, in der inneren Neuorganisierung des Reichs haben sie Steine in den Weg gelegt. Ihr einziger Erfolg ist die Schwächung der Schlagkraft der Arbeiterklasse. So wie sie in politischer Beziehung mit den Reaktionären vielfach auf einer Linie standen, so jubeln sie jetzt mit ihnen über unseren angeblichen Niedergang, in Wirklichkeit über die Lähmung der Kampfkraft der Arbeiterklasse.«

Eberts differenzierte Behandlung der Unabhängigen ist typisch sowohl für ihn als auch für seinen politischen Stil. Während er sie auf dem Parteitag, an dem nur delegierte Genossen teilnehmen, aggressiv angreift und ostentativ beschuldigt, nimmt er sie im Reichstag in Schutz, sobald sie von Abgeordneten der bürgerlichen Parteien oder von Regierungsmitgliedern mit Vorhaltungen konfrontiert werden, die nach seiner Auffassung unberechtigt sind. So entrüstet er sich beispielsweise am 9. Oktober 1917 im Reichstag, nachdem der Reichskanzler und der Staatssekretär der Marine »einzelne Mitglieder der Partei der Unabhängigen Sozialdemokraten« und die USPD selbst mit den »allerschwersten Anklagen«, wie er sich ausdrückt, belastet haben.[78] »Wenn die Reichsregierung glaubt, daß einzelne Mitglieder dieses Hauses sich gegen das Strafgesetz vergangen haben«, führt er anklagend aus, »dann hat der Reichstag in seiner Geschäftsordnung einen geregelten Weg vorgeschrieben, wie das Verfahren einzuleiten ist. Es ist unerhört, ohne die Angeschuldigten vorher zu unterrichten, plötzlich mit so schweren Anklagen vor aller Öffentlichkeit

[78] Die Unabhängigen (Haase, Dittmann, Vogtherr, Zietz) hatten sich besonders um die Beeinflussung der Besatzungen der deutschen Kriegsschiffe bemüht, auf denen von 1914 bis Ende 1917 insgesamt 180 Jahre und 5 Wochen Gefängnis, 181 Jahre und ein Monat Zuchthaus und 10 Todesurteile gegen Angehörige der Marine verhängt wurden. Kriegsgerichtsräte warfen der USPD vor, auf den Schiffen Zentralen zur Vorbereitung einer Revolution eingerichtet und die Lahmlegung der Marine vorbereitet zu haben.

im Parlament hervorzutreten. Dieses Vorgehen müssen wir auf das allerentschiedenste verurteilen.«

Zwar will er in diesem Fall sicher auch spezifisch artikulierten Anfängen wehren; denn Abgeordnete der SPD und die Partei selbst könnten die nächsten »Angeklagten« sein, zumal es um ein Problem geht, das in der Luft liegt und nicht mehr abwendbar scheint, nachdem Vertreter der Unabhängigen Sozialdemokraten es ausgelöst haben: die bis dahin nicht offen praktizierte politische Beeinflussung von Soldaten durch die politischen Parteien und militärischen Führer. Doch ebenso entscheidend ist, daß Eberts sensibles Rechtsbewußtsein und Gerechtigkeitsgefühl verletzt worden sind.

»Der Herr Reichskanzler«, sagt er, »hat mit seiner Erklärung der ganzen Sache noch die Krone aufgesetzt. Er hat kurzerhand aus dem Armgelenk heraus eine Partei außerhalb des Rechts gestellt... Das ist ein Rückfall in die Ausnahmegesetzgebung, die wir auf das allerschärfste verurteilen müssen. Ein solches Vorgehen... konnte nur von einer Regierung erfolgen, die sich – [und dann mit einer Verbeugung vor dem Kanzler] nehmen Sie es mir nicht übel, aber ich will es aussprechen – ihrer großen Verantwortung nicht bewußt und ihrer hohen und großen Aufgabe... in keiner Weise gewachsen ist... Jener Tag, der das deutsche Volk von dieser Regierung befreit, wird von uns begrüßt werden.«

Daß Ebert lediglich versucht habe, die USPD zu bewegen, wieder in den Schoß der »Mutter-Partei« SPD zurückzukehren, wie einige Unabhängige meinten, trifft zweifellos nicht zu. Für ihn war, was er mehrfach feststellte, »das Tischtuch zwischen SPD und USPD zerschnitten«. Und, wie sich ein Jahr später unübersehbar zeigte, lehnte er energisch ab, mit der USPD gemeinsame Politik zu machen. Nur wo die Umstände ihn zwangen, sich mit den Unabhängigen zu arrangieren, tat er dies; aber auch dann geschah es immer nur so lange, wie ein unabwendbarer Zwang dahinterstand.

Eberts Devise folgend, daß für die Kriegführung die »gesamte Volkskraft« auch durch die »Gewährung gleicher Rationen« erhalten werden müsse, erklärten der Vorstand der SPD und die sozialdemokratische Reichstagsfraktion dem Reichskanzler Bethmann Hollweg am 28. Juni 1917 durch eine Denkschrift, daß »viele Millionen... am quälenden Gefühl des Hungers« litten, unter »den Augen der Behörden« Wucher »mit den Gemüse- und Obstpreisen« getrieben werde und nicht nur unter der Zivilbevölkerung, sondern »auch bei den Truppen«, mit denen die Parteizentrale über eine von Ebert eigens dafür etablierte Abteilung korrespondierte, »die Kriegsmüdigkeit um sich« greife, was zur Folge habe, daß der »Glaube an die Möglichkeit eines entscheidenden Sieges... mehr und mehr erschüttert« sei. Schon während des zweiten Kriegsjahres plagte viele Deutsche der Hunger.

1916 waren in den Großstädten pro Kopf der Bevölkerung noch 130 Gramm Eiweiß und 1344 Kalorien als Tagesrationen berechnet worden, im Frühjahr 1917 nur noch 30 Gramm Eiweiß und 1100 Kalorien, was heißt, daß der notwendige Minimalsatz von 2569 Kalorien nicht einmal mehr zur Hälfte erreicht wurde. Die Folgen zeigten sich schnell, nicht nur in Schwächeanfällen und nachlassenden Arbeitsleistungen. 1915 hatte die Zunahme der Sterbefälle in der Bevölkerung nach Feststellungen des Reichsamtes des Inneren 9,5 Prozent betragen. 1916 waren es 14 Prozent, 1917 dann 32 Prozent und 1918 schließlich sogar 37 Prozent. Um 55 Prozent stieg die Zunahme der Todesfälle bei den sechs- bis fünfzehnjährigen Kindern.

Da auch der seit 1905 im Reich so laut als dereinst einmal maßgeblich angekündigte Seekrieg keine entscheidende Wende des Krieges zu bringen vermocht hatte, waren die Kriegsmüdigkeit und die immer eindringlicher werdenden Kontroversen in der Öffentlichkeit zusehends zu Belastungen geworden, denen sich auch die SPD-Führung stellen mußte, da sie dem Kriegsbudget letztlich immer zugestimmt hatte. Waren zu Beginn des Krieges deutscherseits eine enge britische Blockade und operative Entscheidungen in der Nordsee erwartet worden, wo 1914 das Kräfteverhältnis Deutschland – Großbritannien 1 zu 1,8 für Großbritannien lautete, hatte sich dies infolge der von Winston Churchill initiierten britischen Fernblockade zwischen den Shetland-Inseln und Norwegen und dem Verzicht auf die Seeschlacht als Fehlschluß erwiesen. Die Ostsee als Kriegsschauplatz und der Kreuzerkrieg in ausländischen Gewässern waren Randerscheinungen geblieben, so daß sich die deutsche Führung schließlich zum »Kleinkrieg« mit Minen- und U-Booten entschieden hatte, durch den das Kräfteverhältnis zugunsten des Reiches verbessert und einer Entscheidungsschlacht durch die Hochseeflotte der Weg bereitet werden sollte.

Auf eine detaillierte Darstellung der Entwicklung des deutschen U-Boot-Krieges bis zum 1. Februar 1917, bis zu der Entscheidung, die das Volk besonders irritierte, die politischen Lager noch mehr entzweite und schließlich die USA in den Krieg hineinzog, kann hier verzichtet werden. Lexographische Hinweise genügen: Infolge des englischen Blockadekrieges, der zum geltenden Seekriegsrecht und der (von Großbritannien 1914 noch nicht ratifizierten) Londoner Deklaration von 1909 im Widerspruch stand und der Erklärung der britischen Regierung vom 2. November 1914 an die neutralen Mächte, daß die Nordsee als Kriegsgebiet zu betrachten sei, befahl die deutsche Führung im Februar 1915 den U-Boot-Handelskrieg gegen England. Im Februar 1916 war der U-Boot-Krieg gegen bewaffnete Handelsschiffe verschärft, im Mai 1916 die Verschärfung jedoch wieder zurückgenommen und die Rückkehr zum Kreuzerkrieg nach völkerrechtlichen Regeln für den Fall versprochen worden, daß sich auch England daran halte, was den U-Boot-Krieg bis Anfang 1917 wieder merklich einschränkte.

Am 20. Dezember 1916, nach der Ablehnung des deutschen Friedensangebotes durch die Ententemächte, forderte Ludendorff vom Auswärtigen Amt, daß der U-Boot-Krieg von nun an »mit aller Schärfe einsetzen« müsse. Bethmann Hollweg, der mit den Sozialdemokraten überzeugt war, daß diese Entscheidung nicht den Sieg, sondern die Kriegsbeteiligung der USA und damit die Niederlage der Mittelmächte bringen werde, was schließlich auch eintrat, unterwarf sich den Militärs am 9. Januar 1917 wider bessere Einsicht.

Der Kaiser teilte in mancher Hinsicht zwar die Auffassung seines Kanzlers, ließ die Generale und Admirale jedoch gewähren. Max Weber warf ihm denn auch vor: »Gegen die U-Boot-Demagogie muß eingeschritten werden mit Keulenschlägen von oben, sonst weiß ich nicht, wozu wir ›Monarchie‹ heißen.« Doch selbst wenn Bethmann Hollweg bereit und in der Lage gewesen wäre, sich den Militärs weiterhin zu widersetzen, hätte er sich nicht erfolgreich mit dem Reichstag anlegen können, dessen Mehrheit Matthias Erzberger zu einer Stellungnahme gegen den Kanzler überredet hatte. So kapitulierte er und versprach, alles zu unternehmen, was geeignet sei, »Amerika draußen zu halten«.[79] Im Amt blieb er nur, um »nach außen hin Geschlossenheit« zu demonstrieren, wie er sich ausdrückte.

Am 1. Februar 1917 begann die deutsche Marine mit dem uneingeschränkten U-Boot-Krieg gegen Handelsschiffe sowohl der Feinde als auch der neutralen Mächte.[80] Am 3. Februar brach der US-Präsident Woodrow Wilson die diplomatischen Beziehungen zu Deutschland ab. Am 2. April, vier Tage vor der amerikanischen Kriegserklärung an das Reich, erklärte er vor dem US-Kongreß, daß der »gegenwärtige deutsche Unterseebootkrieg gegen den Handelsverkehr ... ein Krieg gegen die Menschheit«, ein

---

[79] Bethmann Hollwegs Versuch, dem US-Präsidenten vorweg die deutschen Maßnahmen zu erklären, erreichte Wilson erst am 31. Januar 1917, eine Woche nachdem er im Senat noch für einen »Frieden ohne Sieg und den Stachel der Rache« eingetreten war.

[80] Die deutschen U-Boote versenkten vom 1. Februar bis zum Jahresende 1917 rund 6 Millionen Bruttoregistertonnen feindlichen Handelsschiffsraumes.

Krieg »gegen alle Nationen« sei – und die USA nun »daran« seien, »den Fehdehandschuh dieses natürlichen Feindes der Freiheit aufzunehmen«. Eberts Argumente und Kriterien gegen diese Form des U-Boot-Krieges gingen von Bedenken aus, die sich von den Überlegungen nicht nur des Kaisers, des Kanzlers, der Militärs und einiger Vertreter der bürgerlichen Parteien unterschieden. Für ihn stand fest, daß der im Februar 1917 ausgelöste U-Boot-Einsatz die USA aktiv auf den Kriegsschauplatz nach Europa bringen und damit den Krieg nicht für, sondern gegen Deutschland entscheiden werde. Anders Wilhelm II., der die USA als Kriegsgegner nicht besonders fürchten zu müssen meinte. »Es ist jetzt ein für allemal Schluß mit Verhandlungen mit Amerika«, hatte er Mitte März 1917 beispielsweise an den Rand eines an das Auswärtige Amt gerichteten Schreibens des Admiralstabschefs geschrieben und festgestellt: »Will Wilson den Krieg, soll er ihn herbeiführen und ihn dann haben.«[81] Während der Kaiser – ob ernsthaft oder nicht – gemeint hatte, daß die Amerikaner nach Europa weder »fliegen« noch »schwimmen« könnten, war Ebert überzeugt, daß sie bei der Fortsetzung der deutschen Kriegspolitik mit U-Booten bald in Frankreich stehen, durch ihren Kriegseintritt die Truppen der Ententemächte moralisch wieder aufrichten und materiell schon dadurch stärken würden, daß Paris und London sich nicht mehr gezwungen sähen, wie bis dahin das teuere Kriegsmaterial von den selbst am Krieg beteiligten Vereinigten Staaten von Amerika zu kaufen.

Daß die USA dem Reich ohnehin im Frühjahr 1917 den Krieg hatten erklären und als assoziierte (ausdrücklich nicht als alliierte) Macht auf seiten der Ententemächte kämpfen wollen, um »die Welt... für die Demokratie zu sichern«, konnte Ebert nicht ahnen.

---

[81] Einen Tag zuvor, am 17. März 1917, hatte Wilson die Bewaffnung aller nach Europa fahrenden Handelsschiffe angeordnet.

Brief Friedrich Eberts vom 1. Mai 1917 an seinen am 25. Juni 1896 geborenen Sohn Georg an die Front. Georg Ebert erhielt den Brief nicht mehr. Er fiel am 5. Mai 1917.

Berlin-Treptow

Mein lieber Georg!

Wir erwarten täglich mit größter Spannung Deine Mitteilungen. Du hast es nicht gut getroffen, daß Du gleich in das Gebiet der heftigen Kämpfe gekommen bist. Wir wissen zwar nicht, wo Du stehst, wir vermuten nur, daß Du in Nordfrankreich bist. Kannst Du uns nicht nähere Mitteilungen machen, wo ungefähr Deine Stellung ist?
Jedenfalls freuen wir uns, daß Du gesund und bei guter Stimmung bist. Hoffentlich sehen die Engländer und Franzosen bald ein, daß ihr Ansturm gegen unsere neuen Stellungen aussichtslos und alle weiteren Blutopfer Wahnsinn sind. Bei der Wucht des Ansturms sind sicher auch unsere Opfer groß. Unsere Truppen müssen dort übermenschliches leisten und verdienen sich unauslöschlichen heißen Dank und Bewunderung unseres ganzen Volkes. Daran ändern auch nichts die sinnlosen Streiks, die wir vor 14 Tagen in Berlin hatten. Sie sind wahrlich nicht übermäßig ernst zu nehmen. Der eigentliche Anlaß war die Kürzung unserer Brotrationen. Gewiß, neue tiefeinschneidende Maßnahmen, die vermieden werden konnten, wenn durch schärferen Zugriff das Getreide mehr vor dem Verfüttern geschützt worden wäre. Gewissenlose Demagogen versuchten diesen Vorgang zu politischen Zwecken auszunutzen. Damit sind sie aber elend abgefallen. Nach einigen Tagen ist die Geschichte ohne Zusammenstoß und scharfes Eingreifen an dem gesunden Sinn der Arbeiter gescheitert. Freilich will alles den baldigen Frieden. Solche Narrenstreiche dienen aber nicht dem Frieden. Sie gefährden Euch draußen an der Front und steigern die Kampflust der Feinde. Aber wie gesagt, der Streich ist elend gescheitert.
Dem Frieden gehen wir sicher entgegen. Das russische Heer wird mehr und mehr desorganisiert, das russische Volk will den Frieden. Wir tun alles, um eine Verständigung mit den russischen Sozialisten herbeizuführen. Ich hoffe, daß nur das bald gelingt. Die Franzosen und Engländer werden dann auch folgen müssen –
Bei uns ist alles wohl. Fritz geht es gut. Auch an seiner Front wollen die Russen nicht mehr kämpfen.
Dir, mein lieber Junge, wünschen wir Glück, Gesundheit und baldiges Wiedersehen. Herzlichste Grüße von uns allen Dein

Vater

Tabak geht morgen ab.

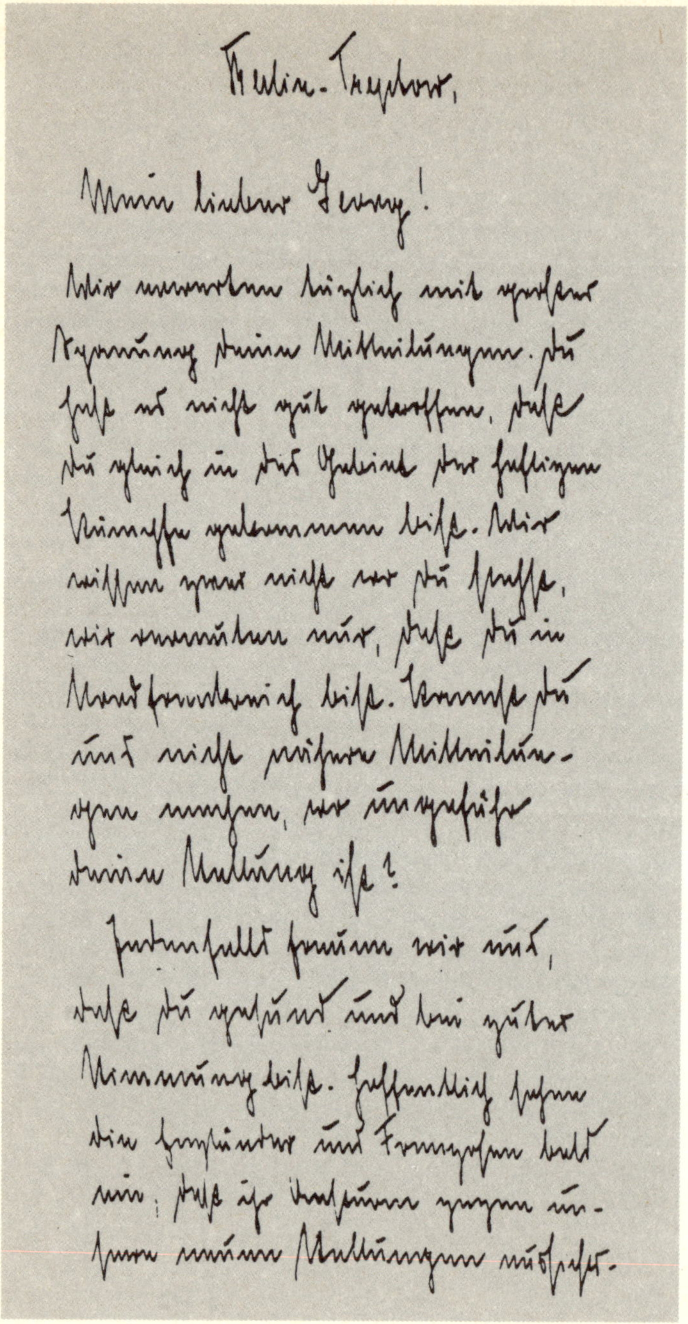
Berlin-Treptow.

Mein lieber Georg!

Wir erwarten täglich mit großer Spannung deine Mitteilungen. Du hast es nicht gut getroffen, daß du gleich in das Gebiet der heftigen Kämpfe gekommen bist. Wir wissen zwar nicht wo du steckst, wir vermuten nur, daß du in Nordfrankreich bist. Kannst du uns nicht sichere Mitteilungen machen, wo ungefähr deine Stellung ist?

Jedenfalls freuen wir uns, daß du gesund und bei guter Stimmung bist. Hoffentlich sehen die Engländer und Franzosen bald ein, daß ihr Anstürmen gegen unsere neuen Stellungen nutzlos-

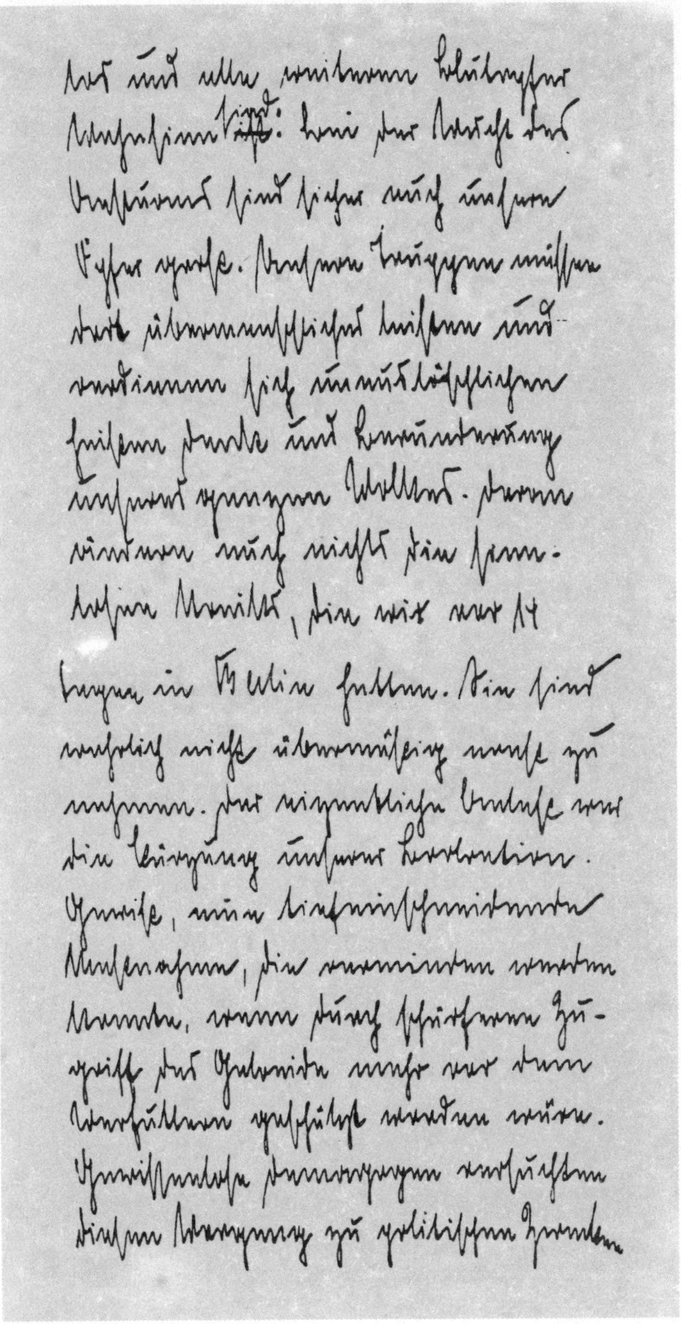

das und alle weiteren blutigen
Verbrechen ~~ist~~ sind: bei der Nacht des
Verbrechens sind sicher auch unsere
Opfer gewesen. Andere Zeugen müssen
das übermenschliche Leiden und
verdienen sich unauslöschlichen
heißen Dank und Bewunderung
unseres ganzen Volkes. Daran
ändern auch nichts die sensa-
tionellen Berichte, die wir vor 14
Tagen in Berlin hatten. Sie sind
wahrlich nicht übermäßig ernst zu
nehmen. Der eigentliche Verlust war
die Einigung unserer Kameraden.
Ohnmacht, eine tiefeinschneidende
Maßnahmen, die verminderten werden
Wunden, wenn durch schnellen Zu-
griff der Gestapo mehr vor dem
Verhalten geschützt worden wäre.
Gewissenlose Demagogen versuchten
diesen Vorgang zu politischen Zwecken

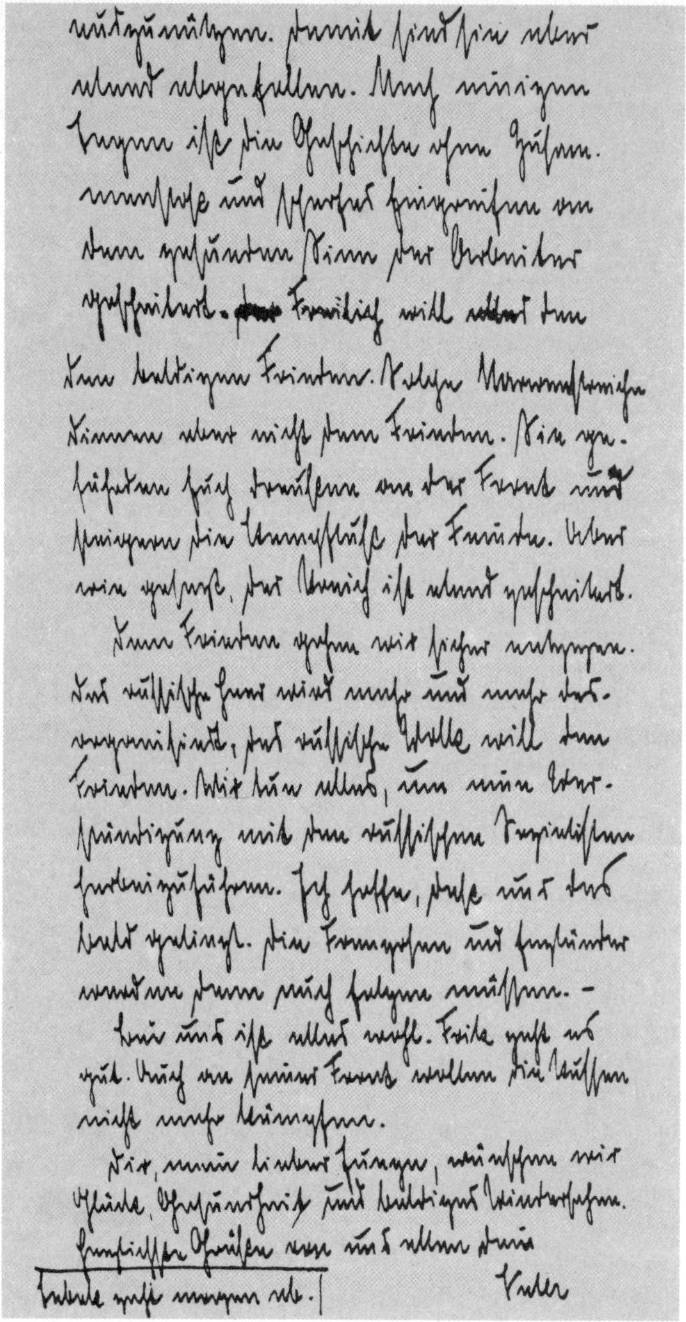

auszunutzen. Damit sind sie aber
aber abgefallen. Nach einigen
Tagen ist die Geschichte schon zu Ende.
Menschen und Material hineingeworfen an
dem gesunden Sinn der Arbeiter
gescheitert. Freilich will ~~aber~~ den
den baldigen Frieden. Solche Massenstreiks
dienen aber nicht dem Frieden. Sie ge-
fährden sich draußen an der Front und
steigern die Kampfkraft der Feinde. Aber
wie gesagt, der Streik ist aber gescheitert.

Dem Frieden gehen wir sicher entgegen.
Das russische Heer wird mehr und mehr des-
organisiert, das russische Volk will den
Frieden. Wir tun alles, um eine Ver-
ständigung mit den russischen Sozialisten
herbeizuführen. Ich hoffe, daß uns das
bald gelingt. Die Franzosen und Engländer
werden dann nach folgen müssen. –

Bei uns ist alles wohl. Fritz geht es
gut. Auch an seiner Front wollen die Russen
nicht mehr kämpfen.

Dir, mein lieber Junge, wünschen wir
Glück, Gesundheit und baldiges Wiedersehen.
Herzlichste Grüße von uns allen Dein
Vater

Paket geht morgen ab.

Friedensdiskussionen 1917

Am 15. Mai 1917, als die Engländer in der Frühjahrsschlacht bei Arras und die Franzosen an der Aisne sowie in der Champagne erfolglos gegen die deutschen Linien anrannten und die französische Regierung ihren gescheiterten Feldherrn Nivelle entließ, erklärte Philipp Scheidemann im Reichstag: »... es wäre ein Glück für ganz Europa, wenn wir schnellstens einen Frieden der Verständigung haben könnten ... Für die Verteidigung unseres Landes, für die Verteidigung von Heim und Herd, wird und muß das Volk eintreten. Von der Führung des Krieges für irgendwelche Vergewaltigungsziele will unser Volk nichts wissen. Dem werden wir Sozialdemokraten – darüber täuschen Sie sich nicht – uns aufs entschiedenste widersetzen.«

Während Scheidemann, stets reaktionsschnell, wortgewandt, scharfzüngig und repräsentationssüchtig, seine manchmal geradezu aufdringlich groteske Eitelkeit durch Reden befriedigte, wirkte Ebert als Mann der Tat hauptsächlich aus dem Hintergrund. Da auch er eitel, zielstrebig und kompetenzbedacht war, mußte er, nicht selten von öffentlichen Scheidemann-Verlautbarungen gedrängt, Leistungen »nachweisen«, die von den übrigen Vorstandsmitgliedern, vom Parteiausschuß und von der SPD-Fraktion als seine »Werke« akzeptiert wurden, wenn er seine Position halten und weiter ausbauen wollte. Zwar gelang es Scheidemann, der von sich selbst gern in dritter Person redete, sich »Scheidemann«, der »Sozialdemokrat«, »der Redner«, »der Fraktionsvorsitzende« und 1918 »der Staatssekretär« nannte, nicht selten, zumindest vorübergehend Eberts Lorbeeren an seine Fahnen zu heften; aber der Schmuck mit fremden Federn konnte auf die Dauer nicht halten.

Seit April 1917 drängte Ebert auf eine Konferenz der sozialistischen Führer im neutralen Ausland, um auch den Vertretern Frankreichs, Englands, Belgiens, Hollands, Italiens und Rußlands die Möglichkeit der ungefährdeten Teilnahme garantieren zu können. Von dem Holländer Troelstra und dem Dänen Stauning, die ihn seit der Vorkriegszeit kannten und besonders schätzten, tatkräftig unterstützt, gelang es ihm, den Schweden Branting dafür zu gewinnen, die Konferenz in Stockholm vorzubereiten. Branting, der zwar als Verehrer der deutschen Kultur galt, die Verletzung der Neutralität Belgiens durch deutsche Truppen jedoch zum Anlaß genommen hatte, sich auf die Seite der Ententemächte zu stellen, gab dem beharrlichen Werben Eberts, Troelstras und Staunings schließlich nach, so daß sich im Juni in Stockholm Ebert und dessen Freunde

Legien, Hermann Müller-Franken, Molkenbuhr, David und Gustav Bauer, Sassenbach, Richard Fischer und Scheidemann als deutsche Delegierte, Branting, Troelstra, van Kol und Camille Huismans als Vertreter des Internationalen Sozialistischen Büros (ISP), die Norweger Stauning und Vitnös und die Delegierten Österreichs, Ungarns und Bulgariens gegenübersaßen, von denen hier nur Viktor Adler genannt zu werden braucht. Den Vertretern der Ententemächte waren von ihren Regierungen, die konspirative Vereinbarungen über sozialistische Propaganda an ihren Fronten befürchteten, ausnahmslos die Pässe verweigert worden, so daß sie der Konferenz im Gegensatz zu den vom – immer auf Ausgleich bedachten – deutschen Kanzler Bethmann Hollweg und dem Staatssekretär des Auswärtigen Amtes unterstützten deutschen Delegierten fernbleiben mußten. Wie nicht anders zu erwarten, wählten die deutschen Teilnehmer Friedrich Ebert zum Vorsitzenden der Delegation.

Noch ehe die Theoretiker wieder damit beginnen können, ihre Idealkategorien darzulegen, erhebt sich Ebert und gibt der ganzen Konferenz vorweg den Rahmen. Er verlangt: absolute Vertraulichkeit, Kontrolle und allseitige Gegenzeichnung der Protokolle, Verständigung über die Texte, die der Presse zur Verfügung zu stellen sind, und Klarheit über einen eventuellen Erklärungsaustausch zwischen den Sektionen. Die »Phantasten« haben zwar bereits Fragebögen mit der Bitte verteilt, sie ausgefüllt zurückzureichen; aber Ebert entscheidet pragmatisch und kategorisch: »Wir können uns... heute noch nicht auf eine Erörterung« der Fragen »einlassen, weil wir« sie »erst prüfen und unter uns besprechen müssen. Dagegen halten wir es für notwendig, Ihnen (er sagte nicht »Euch«, wie es unter Sozialisten üblich war) unsere Politik im Kriege... einmal zusammenhängend darzustellen«. Diesen Part überläßt er, ganz und gar souveräner Vorsitzender und diplomatisch geschickter Psychologe, dem neurotisch auf Imageerhaltung bedachten Scheidemann. Was dieser vorträgt, ist vom ersten bis zum letzten Wort Eberts Konzept.

Kaum wieder in Berlin, setzt Ebert mit Nachdruck seine seit längerer Zeit zielstrebig betriebenen Vorbereitungen für eine politische Folgeaktion fort, die als Konsequenz der Stockholmer Konferenz eine weitere Basis für Friedensdiskussionen schaffen, den Einfluß der sozialdemokratischen Kriegspolitik auf die deutsche Kriegsführung und auf den Reichstag demonstrieren und die Bevölkerung der Ententemächte ansprechen soll.[82]

[82] Während des Würzburger Parteitages (1917) resümierte Ebert: »Die vielumstrittene Reichstagskundgebung war eine Friedenstat; in der Geschichte dieses grausigen Krieges wird sie immer hervorleuchten. Sie war ein Appell an die Menschlichkeit und

Er trifft sich am 14. Juli 1917 im Berliner Gebäude des Großen Generalstabes mit Hindenburg und Ludendorff und gewinnt ihre Zustimmung für eine von ihm und Eduard David[83] initiierte und ihnen stichwortartig vorgetragene und erläuterte Friedensresolution, die der Reichstag – nach differenzierter Bearbeitung durch Exponenten der SPD, der Fortschrittlichen Volkspartei, des Zentrums und zeitweilig auch der Nationalliberalen Partei – schließlich am 19. Juli mit 212 gegen 126 Stimmen annimmt.
Der Text: »Der Reichstag erklärt: Wie am 4. August 1914 gilt für das deutsche Volk auch an der Schwelle des vierten Kriegsjahres das Wort der Thronrede: ›Uns treibt nicht Eroberungssucht.‹ Zur Verteidigung seiner Freiheit und Selbständigkeit, für die Unversehrtheit seines territorialen Besitzstandes hat Deutschland die Waffen ergriffen.
Der Reichstag erstrebt einen Frieden der Verständigung und der dauernden Versöhnung der Völker. Mit einem solchen Frieden sind erzwungene Gebietserwerbungen und politische, wirtschaftliche oder finanzielle Vergewaltigungen unvereinbar. Der Reichstag weist auch alle Pläne ab, die auf eine wirtschaftliche Absperrung und Verfeindung der Völker nach dem Kriege ausgehen. Die Freiheit der Meere muß sichergestellt werden. Nur der Wirtschaftsfriede wird einem freundschaftlichen Zusammenleben der Völker den Boden bereiten. Der Reichstag wird die Schaffung internationaler Rechtsorganisationen tatkräftig fördern.
Solange jedoch die feindlichen Regierungen auf einen solchen Frieden nicht eingehen, solange sie Deutschland und seine Verbündeten mit Eroberung und Vergewaltigung bedrohen, wird das deutsche Volk wie ein Mann zusammenstehen, unerschütterlich ausharren und kämpfen, bis sein und seiner Verbündeten Recht auf Leben und Entwicklung gesichert ist. In seiner Einigkeit ist das deutsche Volk unüberwindlich. Der Reichstag weiß sich darin eins mit den Männern, die in heldenhaftem Kampfe das Vaterland schützen. Der unvergleichliche Dank des ganzen Volkes ist ihnen sicher.«
Ähnlich wie Scheidemann, der seine Verdienste in dieser Sache in seinem 1921 erschienenen Buch *Der Zusammenbruch* stilisierend rühmte, nahm vor allem auch der Zentrumspolitiker Matthias Erzberger in Anspruch, der »Vater der Resolution« gewesen zu sein, obwohl er nicht einmal an der ersten Sitzung der Reichstagsabgeordneten teilgenommen hatte, die sich

---

die Vernunft. Die Wirkung dieser Reichstagskundgebung auf den Friedenswillen der Volksmassen in den feindlichen Ländern ist unverkennbar.«

[83] Während Eberts Präsidentschaft Reichsinnenminister vom 21. Juni bis zum 5. Oktober 1919. Erster Präsident der Nationalversammlung der Weimarer Republik.

mit der Formulierung der Ebert-Konzeption befaßte. Diebstähle an Eberts Ideen, Initiativen und Aktionen, die keineswegs immer als solche deklariert wurden, gehörten bis Ende 1918 buchstäblich zur Tagesordnung. Und auch danach kam es nicht selten vor, daß Politiker sich des Plagiats bedienten, soweit sie die Möglichkeit fanden, ihre Tätigkeiten nachträglich überbetont und stilisierend in Eberts tatsächliche Urheberschaften einzubinden. Scheidemann berichtete 1921 beispielsweise, daß er es gewesen sei, der Hindenburg und Ludendorff, die eigentlichen Herren des deutschen Geschicks, eindringlich (Scheidemann: »Da setzte Scheidemann ein...«) auf den Hunger aufmerksam gemacht habe, dem die arbeitende Bevölkerung ausgesetzt gewesen sei. Daß die Militärs längst aus anderer Quelle mit der diesbezüglichen Lage vertraut gemacht worden waren, verschwieg er. Waren doch der von Ebert repräsentierte Vorstand der SPD und die sozialdemokratische Reichstagsfraktion, deren Vorsitzender seit 1916 nicht mehr Scheidemann, sondern auch Ebert war, 16 Tage zuvor an Bethmann Hollweg herangetreten und hatten ihn auf diese Probleme aufmerksam gemacht.[84]

Am 21. Juli, und wieder war Ebert der Initiator, beschloß und veröffentlichte der Ausschuß der SPD eine Erklärung, die die Kontinuität der Ebert-Politik bestätigte. Sie sollten die kolportierten Negativberichte über die Stockholmer Konferenz ad absurdum führen und der kriegsmüden Bevölkerung des In- und Auslandes zugleich deutlich machen, daß die deutschen Sozialdemokraten nach wie vor zu ihren Prinzipien stünden.[85]

»Wir«, so hieß es da, »betrachten es... als die wichtigste Pflicht der Sozialdemokratischen Partei Deutschlands wie der Sozialisten aller Länder, die Machtträume eines ehrgeizigen Chauvinismus zu bekämpfen, die Regierungen zum klaren Verzicht auf jegliche Eroberungspolitik zu drängen und so rasch wie möglich entscheidende Friedensverhandlungen auf dieser Grundlage herbeizuführen.

Kein Volk darf durch den Friedensschluß in eine demütigende und unerträgliche Lage gedrängt werden, sondern jedem muß die Möglichkeit gegeben sein, durch freiwilligen Beitritt zu einer überstaatlichen Organisation und Anerkennung einer obligatorischen Schiedsgerichtsbarkeit den dauernden Bestand des künftigen Weltfriedens sichern zu helfen.«

---

[84] Vgl. u. a. S. 124ff.

[85] Am 27. September 1914 beschloß der Parteiausschuß unter Eberts Leitung, »dem Hurrapatriotismus und chauvinistischen Treibereien entgegenzuwirken und die Annexionsgelüste zu bekämpfen«. Seitdem sind ständig entsprechende Vereinbarungen getroffen und publiziert worden.

Ebert, der davon ausgeht, daß das Reich sich nur verteidige, wirft den Regierungen der Ententemächte kurz danach auf dem SPD-Parteitag in Würzburg vor, einen Frieden, wie er ihm vorschwebte, nicht akzeptieren zu wollen. An ihre Adresse gewendet,[86] erklärt er kategorisch: »Solange die Gegner nicht zum Frieden bereit sind, stehen wir zur Verteidigung unseres Landes.«

Selbstdarstellung 1917

Auf dem ersten Parteitag, der seit 1913, seit seiner Wahl zum Parteivorsitzenden, im Oktober 1917 in Würzburg stattfindet, zieht Ebert, der in der Zwischenzeit infolge der bis dahin ausgefallenen Parteitage satzungsgemäß nicht hat abgewählt werden können, eine Bilanz der vergangenen vier Jahre.

In Würzburg kann er nach der Stockholmer Konferenz, nach der Friedensresolution des Reichstages und nach der Erklärung des Parteiausschusses auf Aktivitäten allein innerhalb des laufenden Jahres verweisen, die im Prinzip alle Delegierten begrüßen müssen. Und er kann ferner davon ausgehen, daß die Delegierten die kriegsmüde Stimmung des Volkes kennen und die SPD als dessen legitime Vertretung sehen. Obwohl seine Einführung in detailliertere Darstellungen auf den ersten Blick wie eine Ansammlung politischer Allgemeinplätze wirkt, bezeugt sie deutlich, daß Ebert sich seiner Sache sicherer denn je ist und daß er weiß, zu dieser Zeit von niemandem ersetzt werden zu können. Längst ist er nicht mehr der nur »halbe« Vorsitzende, auch für die nicht, die es jetzt so haben möchten.

Sich der zunehmenden Kriegsmüdigkeit und der Widerstände innerhalb der SPD und ihrer Anhängerschaft bewußt, leitet Ebert seine Bilanz erst einmal mit der tastenden Gegenüberstellung von Positivpositionen ein und fährt fort: »Wie immer die Partei diese Aufgabe auch lösen mochte, mit starken Rückwirkungen auf das innere Parteileben mußte auf alle Fälle gerechnet werden. Hat die Partei doch fast bei jeder neuen politi-

[86] Er meinte dies auch durch die Tatsache bestätigt zu sehen, daß die Regierungen der Feindmächte den sozialistischen Delegierten ihrer Länder die Pässe zum Besuch der Stockholmer Sozialisten-Konferenz verweigert und ihnen damit die Teilnahme unmöglich gemacht hatten.

schen Situation innere Schwierigkeiten durchkämpfen müssen! Das ist in der Natur der Partei und in ihrem Entwicklungsgang begründet. Mit dem Erstarken der Partei wuchsen ihre Pflichten und Aufgaben. Sprunghaft stieg die Zahl unserer Vertreter in den Parlamenten und den Gemeinden. Die gleichzeitige gewaltige Entwicklung unseres Wirtschaftslebens und seine Verschiebungen griffen tief ein in die Interessen der Arbeiter. Neue Aufgaben des Staates auf wirtschaftlichem Gebiete entstanden, neue politische Forderungen mußten geltend gemacht werden. Alles Aufgaben höchst positiver Natur, die an unsere Vertreter in den Parlamenten und in den Gemeinden große Anforderungen stellten. Der rasche Vormarsch unserer Partei konnte sich nur durchsetzen, wenn bei dieser Tätigkeit positive Erfolge erzielt wurden. Das gebot auch das Interesse der Arbeiterklasse! Neben dem Einfluß auf die Gesetzgebung mußte Einfluß auf die staatliche Verwaltung errungen werden; wir mußten uns im Staat Raum schaffen gegenüber den alles beherrschenden kapitalistischen Kreisen. Alle taktischen Möglichkeiten, soweit sie mit dem Interesse der Arbeiterklasse vereinbar sind, mußten dabei zusammengefaßt werden. Vor allem wurde ein möglichst enges Zusammenwirken zwischen Partei und Gewerkschaften notwendig; nicht damit einer den andern beherrsche, wie vielfach behauptet wurde, sondern zum einheitlichen kraftvollen Vorgehen. Nur auf diesem Wege ist es möglich, den Hebel der Staatsmaschine den kapitalistischen Händen zu entreißen und den großen proletarischen Aufgaben dienstbar zu machen. Hier aber lagen die Hauptwurzeln unserer inneren Meinungsdifferenzen. Unsere Stellung zum Staat war meist der Ausgangspunkt unserer Meinungskämpfe.«
Seine persönlichen Verdienste, die in diesem Gremium ohnehin jeder kennt, nicht herausstellend, aber doch in die Analyse einwebend, fordert er ebenso verschleiert seine Anerkennung als allein maßgebliche Instanz der Partei und deren Identifizierung mit ihm. Wer sich gegen ihn stellt, soll wissen, daß er sich von der Sozialdemokratie distanziert. Ohne Rücksicht auf die zu Bebels Zeiten »geheiligten« Theoretiker und Dogmatiker nimmt er in Anspruch, auf deren »Erbhöfen« ebenso wie sie zu Hause zu sein und 1914 besser als sie erkannt zu haben, worauf es angekommen sei. »Unter den Männern, die heute ganz allgemein als die Meister des Sozialismus anerkannt werden«, doziert er, ihre Bedeutung relativierend, »hat es bei jedem Kriege Differenzen über die Stellung der Partei gegeben ... die ihrer Natur nach mit den unseren sehr verwandt sind.« Marx, Engels und Lassalle, Bebel, Wilhelm Liebknecht und Kautsky nennt er nicht nur beim Namen, sondern er läßt auch deren widersprüchliche Auffassungen als lediglich wandelbare »Abwägung tatsächlicher Verhältnisse« erscheinen.

Die seit 1914 von weit links erhobenen und nicht zur Ruhe gekommenen Vorwürfe, er habe Grundsätze der Partei und der Internationale verraten und dem »Verkauf der Partei« die Wege geebnet, tut er souverän als »Schlagworte« und »leeres Geschwätz« ab und läßt keinen Zweifel daran, sich während des Kriegsausbruches richtig entschieden zu haben.

Die Rebellen beschuldigt er, allerdings ohne sie namentlich zu erwähnen, den »parteigenössischen Geist« verletzt, sich einer »giftigen, haßerfüllten Kampfmethode« bedient und damit einen »Keil in die Parteieinheit« getrieben zu haben. Um den Delegierten klarzumachen, daß sie die Weisungen des Parteivorstandes und die Parteitagsbeschlüsse diszipliniert zu befolgen haben, beschwört er, wenn auch ohne Pathos, die Parteispaltung von 1916 herauf. »Ohne Disziplin«, sagt er, »geht es... nicht. Die Fraktionsspaltung mußte auf die Parteiorganisation verhängisvoll wirken. Man kann den Genossen in den Organisationen nicht Disziplin zur Pflicht machen, während Reichstagsabgeordnete darauf pfeifen. Die Parteileitung hat aber auch hier ihr Äußerstes getan, um die Einheit der Parteiorganisation zu erhalten.«

Den gelegentlich gegen ihn erhobenen Vorwurf, als Parteivorsitzender diktatorisch zu »herrschen«, überträgt er auf den ganzen Vorstand, bindet ihn an die Parteispaltung und erklärt: »Noch ein Wort zu der angeblichen Gewaltpolitik des Parteivorstandes, mit der man die Organisationssprengung zu bemänteln sucht. Während des ganzen Streites hat die Parteileitung Toleranz bis zur äußersten Grenze geübt. Wir haben niemals das Recht der freien Meinungsäußerung angetastet.« Daß dies keineswegs immer aus Überzeugung, sondern teilweise lediglich als Folge legitimer Kompetenzvorgaben der Fall gewesen ist, wußten die Parteitagsteilnehmer; aber sie akzeptierten die Feststellung ihres Vorsitzenden schon aus Gründen, die mit ihrem eigenen Abwehrverhalten während der Konfrontationen mit den »Unabhängigen« zu tun hatten. Auf beiden Seiten waren beispielsweise Manuskripte für Zeitungen und Zeitschriften »verschwunden«, waren Beiträge boykottiert und Kürzungen verfälscht oder auch ins Gegenteil verkehrt, Redaktionsmitarbeiter ausmanövriert, anderswo publizierte Äußerungen in parteieigenen Presseorganen entstellt zitiert, Funktionäre diffamiert und beleidigt worden.

Die Parteispaltung und die »Absplitterung« ganzer Wahlkreise und Ortsvereine beschäftigen Ebert mehr, als er zugibt. Zieht sich dies Problem doch selbst durch die eigene Familie.[87] Auf dem Parteitag erklärt er:

---

[87] Selbst Eberts Sohn Fritz (der spätere Ost-Berliner Oberbürgermeister) hatte sich zum großen Kummer des Vaters auf die Seite der Abtrünnigen gestellt. In der SPD-

»Gewiß war der Rückgang im letzten Jahre besonders stark.[88] Aber wir hatten im letzten Jahre auch eine besonders starke Einziehung zum Militär. Dazu kommt dann allerdings der Rückgang durch die Absplitterung. Wie steht es nun mit der Absplitterung? Im ganzen sind 57 Wahlkreise und 21 kleine Ortsvereine abgesplittert. Dabei ist aber festgestellt, daß in einer ganzen Anzahl Organisationen trotz des mit Mehrheit beschlossenen Austritts die große Mehrheit der alten Mitglieder unserer Partei treu blieben. Unser Organisationsapparat im ganzen Reiche ist völlig intakt geblieben. An Stelle der ausgetretenen Organisationen sind sofort neue getreten, die sich durchweg gut entwickelt und die abgesprengten Organisationen bereits vielfach überflügelt haben.«

Zwar sagt er, daß bei der »Mitgliederberechnung« alles vermieden werden sollte, was den »Verdacht der Schönfärberei« erwecken könnte; aber seine Feststellung, daß die »ausgetretenen« Organisationen durch neu hinzugekommene Mitglieder und Vereinigungen wieder ersetzt – oder gar »vielfach überflügelt« – worden seien, ist von »Schönfärberei« zumindest nicht weit entfernt. Die Mitglieder und Organisationen nämlich, die sich von der SPD getrennt hatten, waren keine bloßen Mitläufer, sondern aktivistische, ideologisch einseitig ausgerichtete »Überzeugungstäter«, die nach Eberts Feststellungen im Bereich der Jugendverbände beispielsweise »ohne Angabe von Gründen... fast überall auf Parole von oben« aus den Reihen der SPD ausschieden. Daß ihre Substanz durch neue Organisationen mit gleicher Mitgliederzahl nicht einfach ersetzt werden konnte, wußte der erfahrene Organisator Ebert natürlich, so daß seine Argumentation denn auch nur als Versuch gewertet werden kann, den Delegierten richtungweisende Kriterien für ihre Diskussionen in ihren Wahlkreisen und Ortsvereinen an die Hand zu geben.[89] Tatsache ist, daß die SPD bei

---

Fraktion des Reichstages wuchs die Kritik zunehmend. So waren schon Ende Dezember 1915 beispielsweise 43 Abgeordnete während der Vorbesprechungen über die neuerlich anstehende Frage der Kreditzustimmung nicht mehr bereit, sich Eberts politischer Linie anzuschließen. Daß es bei der Abstimmung im Reichstag schließlich nur 20 Abgeordnete waren, die gegen weitere Kredite stimmten, war nicht zuletzt Eberts Überzeugungskunst zu verdanken.

[88] 1914 waren nach Eberts Angaben rund 30 Prozent der SPD-Mitglieder zum Militär eingezogen worden, 1917 ca. 70 Prozent. Seit August 1914 sei die Anzahl der männlichen Mitglieder um etwa 80 Prozent zurückgegangen. Da Soldaten von der Zahlung von Mitgliedsbeiträgen befreit waren, mußte der Rückgang der Einnahmen die SPD hart treffen, auch wenn Ebert meinte, daß »zur Beunruhigung« kein Anlaß bestehe.

[89] Den vorübergehenden »Rückgang« der weiblichen Mitglieder führte Ebert auf die mangelnde Qualität der von Frauen viel gelesenen SPD-Zeitung *Gleichheit* zurück, weshalb denn auch die Redaktion ausgewechselt worden sei.

Kriegsbeginn 1 085 905 eingeschriebene Mitglieder zählte. Ende 1917 waren es weniger als 250 000.
Als Bilanz der »politischen Tätigkeit der Parteileitung« von 1913 bis 1917 nennt Ebert den Kampf gegen »sogenannte Schutzhaft«, gegen die Einschränkung des Vereins- und Versammlungsrechts, gegen die Zensur und gegen die von der Presse der Ententemächte verbreiteten falschen Informationen über die deutschen Sozialdemokraten, den ständigen Einsatz für die Verbesserung der Ernährungslage, die Betreuung der beim Militär befindlichen Mitglieder, die Bemühungen um eine Zusammenkunft der Internationale, die Zusammenarbeit mit den österreichischen Sozialdemokraten und das ununterbrochene Engagement für einen Verständigungsfrieden ohne Annexionen.
Fest überzeugt, daß »heute« neun Zehntel des deutschen Volkes seine Auffassung hinsichtlich der Friedensfrage teilen, schließt er eine seiner Reden mit der selbstbewußten Feststellung: »Kommt... die Stunde, in der das Schicksal unseres Volkes neu geschmiedet wird, dann wird am Amboß der Zeit die Sozialdemokratie ihren Mann stehen.«

Frieden an der Ostfront

Durch den im März 1918 zwischen Deutschland, Österreich-Ungarn, Rußland, Bulgarien, Rumänien und der Türkei unter dem maßgeblichen Einfluß Lenins abgeschlossenen Frieden von Brest Litowsk,[90] der den

[90] Am 27. November 1917 hatte Leo Trotzki, der bolschewistische Volkskommissar des Äußeren, allen kriegführenden Mächten einen Waffenstillstand für alle vorgeschlagen. Während die Ententemächte das Angebot ablehnten, akzeptierten es die Mittelmächte. Am 15. Dezember 1917 wurde zwischen dem Reich und Rußland der Waffenstillstand geschlossen, dem unmittelbare Friedensverhandlungen in Brest Litowsk folgten. Nach einem negativen diplomatischen Zwischenspiel (Trotzki war nicht bereit, die deutschen Forderungen abstrichlos anzuerkennen: Rußlands Verzicht auf Hoheitsrechte in Polen, in Litauen und im Kurland, die Entlassung der Ukraine und Finnlands aus dem russischen Staatsverband und deutsche Polizeiaufsicht in Estland und Livland) wurden die Kämpfe am 18. Februar 1918 noch einmal aufgenommen, die dazu führten, daß deutsche Truppen weiter in Rußland eindrangen. Unter dem Einfluß Lenins, den die Oberste Deutsche Heeresleitung im April 1917 unter strengster Geheimhaltung im verplombten Eisenbahnwagen aus der Schweiz nach Rußland transportiert hatte (vgl. S. 151), kam es am 3. März 1918 zum Abschluß des Friedens von Brest Litowsk.

Kriegszustand im Osten beendete und die Wiederherstellung der diplomatischen und konsularischen Beziehungen einleitete, schien sich noch einmal das Blatt zugunsten der Mittelmächte zu wenden. Die Russen versprachen die Demobilisierung, beide Seiten die Unterlassung jedweder Agitation und Propaganda gegeneinander und die Entlassung der Kriegsgefangenen. Der beiderseitige Verzicht auf die Erstattung der Kriegskosten kam dem ausgebluteten Deutschen Reich zwangsläufig ebenso entgegen wie die Räumung der Ukraine, Estlands, Livlands und Finnlands und die Schleifung der Befestigungen auf den Ålandinseln durch russische Truppen. Der russische Hoheitsverzicht in Polen, in Litauen und im Kurland, deren Verhältnisse künftig von Deutschland im Einvernehmen mit den dortigen Völkern bestimmt werden sollten, lag auf der Ebene der Annexionsthematik. Estland und Livland wurden vorerst unter Polizeihoheit des Reiches gestellt, das die künftig bei Rußland verbleibenden Territorien freizugeben hatte.

Das zaristische Rußland war zerschlagen und lag militärisch am Boden. Die von den Alliierten gehaßten Bolschewisten rangen um ihre Existenz und Etablierung. Noch einmal keimten in Deutschland – nach vorausgegangenen Hungerdemonstrationen und Munitionsarbeiterstreiks – Siegeshoffnungen und Zuversicht.

Die seit Jahren auf ihr Friedenskonzept eingeschworene Führungsspitze der SPD, allen voran Philipp Scheidemann, der sich wieder einmal – ohne Absprache mit Ebert – zu ihrem Sprecher gemacht hatte, stellte sich gegen den in der Situation nicht überzeugend wirkenden Ebert und lehnte im Gegensatz zu ihm die Akzeptierung dieses Friedens vehement ab. Nachdem die Partei jahrelang konsequent nach einem Verständigungsfrieden ohne Annexionen gerufen habe, argumentierte Scheidemann, könne sie nun nicht plötzlich inkonsequent sein und ja zu einem Frieden sagen, der Annexionen und die Besetzung fremder Territorien durch deutsche Truppen als Ergebnis festschreibe. Zwar könne ein Frieden mit Rußland »die Grundmauern für einen allgemeinen guten Frieden« darstellen, argumentierte er; aber der Friede dürfe die Partei nicht in die Lage bringen, sich des Verrates ihrer Prinzipien zeihen zu lassen.

So kam es denn dazu, daß sich die sozialdemokratische Fraktion ihrer Stimme enthielt, als im Reichstag über die Annahme des Friedens von Brest Litowsk abgestimmt wurde.

Daß Friedrich Ebert, der seit jeher konsequent westlich orientierte SPD-Vorsitzende, sich bei den Beratungen für die Zustimmung eingesetzt hatte, war auf Verblüffung gestoßen. Mit seinem Argument, daß »man einen Frieden, und entspreche er noch so wenig unseren Anschauungen,

nicht ablehnen könne«,[91] hatte er bei der Mehrheit der Fraktion keine Fürsprecher gefunden. Daß dieser Frieden letztlich auch ihm und seinem persönlichen Engagement zu verdanken war, wußte dort allerdings niemand. Das Geheimnis kannten nur Carl Legien, Parvus-Helphand, der mit Ebert und Legien eng befreundete schwedische Sozialdemokrat Wilhelm Jansson – und schließlich General Ludendorff, mit denen Ebert unter strengster Geheimhaltung den Plan vorbereitet hatte, Lenin mit Hilfe der Obersten Heeresleitung aus der Schweiz – durch Deutschland und die skandinavischen Länder – nach Petersburg zu transportieren, um ihm die Möglichkeit zu geben, in Rußland die Revolution durchzusetzen und den Zaren zu stürzen.
Ebert ging es – mit Ludendorff und Legien – darum, durch eine russische Revolution die im Osten kämpfenden deutschen Truppen für eine Entscheidungsschlacht in Frankreich freizubekommen. Daß er weder Scheidemann noch sonst jemanden aus der Führungsspitze der SPD darüber informiert hatte, läßt ahnen, wie gut er seine »Pappenheimer« kannte. Scheidemann, der in seiner Eitelkeit nicht gern eingestand, über bestimmte Vorgänge nicht informiert gewesen zu sein, monierte auch nach Eberts Tod nicht nur, daß er »erst nach Jahr und Tag« erfahren habe, was da 1917 geschehen sei, sondern unterschlug auch Eberts Anteil.

Brief Friedrich Eberts vom 9. April 1917 aus Kopenhagen an Parvus-Helphand, der gerade dabei war, mit Eberts Wissen und Ludendorffs Unterstützung Lenin aus der Schweiz nach Petersburg zu transportieren, wo jener sieben Tage später eintraf:

Kopenhagen, 9. IV. 1917

Werter Genosse Parvus!

Wir müssen morgen nach Berlin zurück. Falls Sie mit russischen Genossen zusammentreffen, bevollmächtigen wir Sie, in unserem Namen zu sprechen, soweit es sich um die Fragen handelt, die wir wiederholt in Ihrer Wohnung eingehend erörtert haben.
Wir schenken Ihnen volles Vertrauen und sind überzeugt, daß Sie

[91] Mit den Ergebnissen des Brest Litowsker Friedens allerdings war Ebert nicht einverstanden. In einer seiner Nachlaßnotizen vom Herbst 1918 hieß es beispielsweise: »Man ... (soll) sich durch die versprochenen Goldzahlungen der Russen nicht blenden lassen, schließlich (müssen) wir sie doch wieder herausgeben ... Der Brester Vertrag ... (hat) den Widerstand der Gegner Deutschlands gestärkt ...«

alles tun werden, was in Ihren Kräften steht, um die russischen Genossen von unseren besten Wünschen zu überzeugen.
Wir wünschen guten Erfolg und bitten Sie, die russischen Genossen zu grüßen.
Im Einverständnis mit Scheidemann und Bauer

Ihr
Fr. Ebert

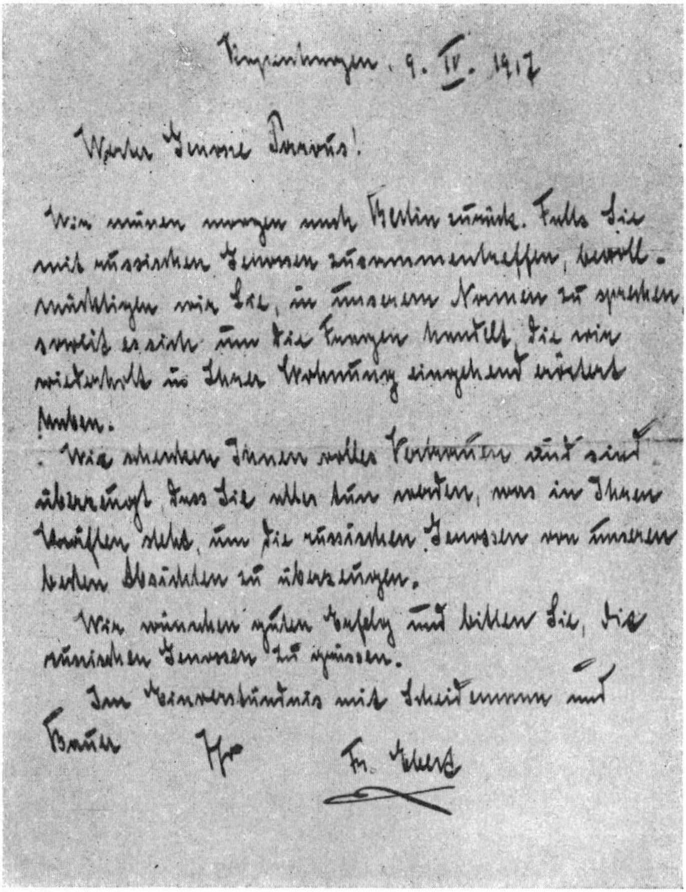

Aus Kopenhagen, wo sich Ebert, Scheidemann und Bauer im März 1917 aufhielten, hatte Ebert Parvus-Helphand, dem eigentlichen Organisator des Lenin-Transports, am 9. April 1917 in einem handschriftlichen Brief versichert, sein »volles Vertrauen« zu besitzen, und ihm gestattet, in seinem und des Vorstandes Namen »mit russischen Genossen« zu sprechen, »soweit es sich um die Fragen handelt, die wir wiederholt in Ihrer Wohnung eingehend erörtert haben«. Daß Eberts abschließende Wendung, »Wir wünschen guten Erfolg und bitten Sie, die russischen Genossen zu grüßen«, keine Ermunterung ohne konkrete Zielsetzung bedeuten konnte, hätte vermutlich auch Scheidemann herausgelesen, wenn ihm der Brief bekanntgeworden wäre. Daß Ebert auch mit seinem »Einverständnis« zu schreiben vorgab, dürfte kaum mehr als eine Floskel gewesen sein. Sieben Tage danach war Lenin in Petersburg. Ein Jahr später, am 3. März 1918, setzte er die Unterzeichnung des Brest Litowsker Friedensvertrages mit 116 gegen 85 Stimmen (und 26 Enthaltungen) im Obersten Rätekongreß durch. Was erreicht werden sollte, war geschehen.
Die deutschen Truppen hätten augenblicklich gefahrlos an die Westfront transportiert und dort unmittelbar eingesetzt werden können, ohne daß vom Osten her irgendwelche Angriffe gedroht hätten. Da die deutschen Ostarmeen und die in Frankreich und Belgien stehenden deutschen Soldaten zusammen ungefähr dem Kontingent der Westmächte entsprachen, hätte dies mit Sicherheit genügt, die bislang von schwächeren deutschen Kräften durchweg geschlagenen Alliierten zu Friedensverhandlungen mit vernünftigen Angeboten – ohne deutsche Gebietsforderungen – zu bewegen. Entschieden wurde jedoch anders.
Italien war am Ende, Frankreich total erschöpft, England schwer angeschlagen, der deutsche U-Boot-Krieg nicht unterbunden und die unmittelbare Präsenz der USA auf den Schlachtfeldern noch Programm. Territoriale Konzessionen gegenüber Frankreich und die Zusicherung, Belgien wieder vollständig herzustellen, wie der Papst es später auch vorschlug, hätten in dieser Situation eine solide Basis für Friedensverhandlungen dargestellt. »Es war die letzte Möglichkeit«, schrieb Churchill, der in der britischen Kriegführung in maßgeblichen Positionen mitwirkte und genau wußte, was die Alliierten in der Situation noch zurückweisen könnten. Für die kämpfenden Nationen stand bis zum Frühsommer 1918 der Sieger noch keineswegs fest, so daß die deutsche Entscheidung einmal mehr das als »typisch deutsch« zu bezeichnende antiwestliche Ressentiment offenbar werden ließ, das in Identitätskrisen immer wieder maßgebliche Weichenstellungen ausgelöst hat.
Jetzt einer Front ledig, die auch ohne den Frieden von Brest Litowsk keine

tatsächliche Front mehr gewesen wäre, konnten die Deutschen am 21. März in der Picardie zwischen Arras und La Fère mit fast 200 Divisionen, und damit nahezu ebenso stark wie die Westalliierten zusammen, mit großen Anfangserfolgen zur Offensive antreten. Zwar mißlang der Versuch, die Engländer von den Franzosen zu trennen; aber die britischen Kräfte wurden empfindlich reduziert. Allein 90 000 Offiziere, Unteroffiziere und Soldaten gerieten in deutsche Gefangenschaft. Doch das anvisierte Ziel wurde nicht erreicht, die Front der Engländer wieder relativ rasch geschlossen. Die Entscheidung der Westmächte, ihre ganzen Kräfte in Frankreich und Belgien von nun an dem französischen General Ferdinand Foch als Generalissimus zu unterstellen, bestätigte der deutschen Obersten Heeresleitung überzeugend, daß sie den Krieg noch keineswegs endgültig verloren hatte, zumal die weiteren deutschen Erfolge für sich sprachen. Im April beispielsweise konnten im Abschnitt von Lys südlich von Ypern noch einmal große Geländegewinne erzielt werden, auch wenn die erzwungene Situation infolge des Nachschubmangels und der Verschleißerscheinungen bei der Truppe nicht die volle operative Auswertung erlaubte. Doch immer noch verzeichneten die Deutschen gravierende Erfolge. Im Mai und Juni siegten sie zwischen Soissons und Reims, zwischen Montdidier und Noyon, im Juni und Juli an der Marne und in der Champagne, doch die letzte Schlacht vermochten sie nicht siegreich für sich zu entscheiden.

Die Präsenz der kriegswirtschaftlich unerschöpfliche Substanz androhenden Amerikaner auf dem Schlachtfeld, der massierte Einsatz der seit 1916 erprobten britischen Tanks gegen die Infanterie und die Ermüdung der deutschen Truppen, deren aus Rußland kommende Kontingente nicht frei von revolutionären Vorstellungen waren, dies alles zwang die Oberste Heeresleitung im Juli und August, die Front hinter die Vesle zurückzunehmen. Am 2. August ging Soissons verloren. Zwischen dem 8. und 11. August gelang den Engländern ein tiefer Einbruch in die deutsche Front, die bis zur Straße Amiens – Saint Quentin zurückgenommen werden mußte. Für Ludendorff »der schwarze Tag des deutschen Heeres«. Es konnte im Gegensatz zu den Streitkräften der Feinde nun nicht mehr ergänzt werden. Im September kämpften die Deutschen zwischen der flandrischen Küste und dem Saint-Mihiel-Bogen gegen eine ungewöhnliche Übermacht, der es jedoch nirgendwo gelang, die deutsche Verteidigungsfront zu durchbrechen. Noch im November verlief die Front in Elsaß-Lothringen südlich der französisch-belgischen Grenze, und Sedan und Maubeuge waren immer noch in deutscher Hand.

Alle Hoffnungen derjenigen, die immer noch an einen Siegfrieden oder doch wenigstens an einen Verständigungsfrieden glaubten, gingen von der Vorstellung aus, daß der immer erneut mit großen und teilweise illusionären Erwartungen befrachtete deutsche U-Boot-Krieg Großbritannien letztlich an den Verhandlungstisch zwingen werde. Trotz der relativ ruhigen und für U-Boot-Operationen ungünstigen Wasseroberfläche während der Sommermonate hatten deutsche U-Boote im Mai 1918 immerhin 600 000, im Juni 521 000, im Juli 550 000, im August 420 000, im September und im Oktober je rund 440 000 Bruttoregistertonnen feindlichen Schiffsraumes versenkt. Englische Regierungsstellen gaben offen zu, sich in einer Krise zu befinden, und der US-Kriegsminister erklärte, daß er infolge mangelnden Schiffsraumes große Schwierigkeiten habe, weiterhin amerikanische Truppen nach Europa zu transportieren. Die deutsche Marineführung schien optimistisch. »So hätte der Unterseebootkrieg menschlicher Berechnung nach«, schrieb der Vizeadmiral Kirchhoff nach dem Krieg, »unbedingt fertiggebracht... ›England mit den U-Booten an den Verhandlungstisch zu zwingen‹ und damit den Weltkrieg für uns siegreich zu beenden.... Doch dann kam der Niederbruch... so plötzlich von niemand erwartet.«

Für die SPD-Führung und vor allem für die Unabhängigen, die über besonders intensive Kontakte zur Marine verfügten, kam »der Niederbruch« dagegen keineswegs so plötzlich und unerwartet wie für den Marineoffizier. 361 Jahre Haftstrafen innerhalb der Kriegsflotte allein bis Ende 1917 konnten sowenig ignoriert werden wie die von Matrosen gebildeten unerlaubten »Menage- und Beschwerdekommissionen« auf Kriegsschiffen und die disziplinwidrigen Landgänge beispielsweise der Besatzungen der *Pillau* und der *Prinzregent Luitpold* in den ersten beiden Augusttagen. Schon am 6. Juni 1917 waren Matrosen in den Hungerstreik getreten, den sie am 19. Juli wiederholten.[92] Urteile wegen »Kriegsverrats« und »Aufstandes im Kriege« gehörten bereits 1917 zu den Konsequenzen.

Ebert hat die Marine dann auch stets mit besonderer Skepsis und Sorgfalt beobachtet, und er hat es sie spüren lassen. Nach dem Kapp-Putsch im März 1920 verabschiedete er beispielsweise am 13. Juni 1920 einen Erlaß, in dem es unter anderem mahnend hieß: »Die Märzunruhen und ihre Folgeerscheinungen hatten in der Marine zu scharfen Gegensätzen geführt und die Erhaltung der uns gebliebenen Wehrkraft zur See ernstlich in Frage gestellt... Soll die Marine ihre Aufgabe erfüllen, so muß sie,

---

[92] Die Matrosen nannten durchweg schlechte Verpflegung, unwürdige Behandlung und Urlaubsverweigerungen als Gründe für ihr Verhalten.

festgefügt im Innern, von dem einmütigen Willen beseelt sein, sich rückhaltlos der verfassungsmäßigen Regierung unterzuordnen... Vereine von Offizieren, Deckoffizieren, Unteroffizieren und Mannschaften müssen sich jeder Einwirkung auf militärisch-dienstliche Angelegenheiten enthalten.«

Zwar war es am 6. Dezember 1918 ausgerechnet ein Matrose, der Ebert zum Präsidenten der Republik »erhob«, was Ebert selbstverständlich zurückwies;[93] doch das Verhältnis zwischen dem Reichspräsidenten und den Seestreitkräften ist niemals besonders positiv gewesen. Als Ebert später beispielsweise einmal ein Kriegsschiff besuchte, rührte sich keine Hand zum Applaus. Matrosen hielten ihre Hände in den Taschen und taten, als wüßten sie nicht, daß sie ihrem Staatsoberhaupt gegenüberstanden.

Menetekel Massenstreik

Infolge revolutionärer Impulse waren schon Ende Januar 1918 die Bedeutung und Schlüsselpositionen Eberts und der SPD für die Zukunft Deutschlands sichtbar geworden. 400 000 Munitionsarbeiter waren in Berlin, Nürnberg, Hamburg, Mannheim, Danzig, München und Köln in den Streik getreten, nachdem die Unabhängigen Sozialdemokraten und die Spartakisten das Vorbild Lenin beschworen und den Massenstreik zur Durchsetzung eines sofortigen Friedens ohne Annexionen und der Demokratisierung des Staates nach ihren Vorstellungen inszeniert hatten. Von sozialdemokratischer Seite war Ebert vor allem von Berliner Arbeiterdeputationen gedrängt worden, unmittelbar in die Streikleitung einzutreten, um Solidarisierungskonsequenzen zwischen SPD- und USPD-Anhängern in den Betrieben zu verhindern und die Streiks nicht in einen Bürgerkrieg münden zu lassen. Zunächst nicht bereit, sich irgendwie maßgeblich einspannen zu lassen, war Ebert der Auffassung, daß diejenigen »die Suppe auslöffeln« sollten, die »sie sich selbst eingebrockt« hatten. Er warf den Streikenden vor, den Streik »ohne Zutun und Fühlungnahme mit Gewerkschaft und Partei« organisiert und am 28. Januar ausgelöst zu

---

[93] Vgl. S. 206 f.

haben, und erklärte, daß er die von den »Spartakisten« und Unabhängigen Sozialdemokraten inszenierte Aktion für ein »verfehltes« und »in jeder Hinsicht verhängnisvolles« Unternehmen hielt.
Doch angesichts des unmittelbaren Einflusses der USPD-Agitatoren auf die SPD-Anhänger in den Betrieben und auf den Straßen und der nach seiner Überzeugung drohenden Gefahren für das Reich hatte Ebert schließlich zugestimmt und sich in die Streikleitung »delegieren« lassen. Während des Magdeburger Prozesses im Dezember 1924 resümierte er – nicht ganz frei von einseitigen Stilisierungsabsichten: »Von Beginn des Krieges bis zu seinem Ende habe ich mich rücksichtslos auf den Boden der Landesverteidigung gestellt und in diesem Sinne gehandelt... Während des ganzen Krieges war ich Gegner des Streiks der Arbeiter der Kriegsindustrie... Der Streik der Munitionsarbeiter Berlins im Jahre 1918 ist ohne Zutun und ohne Einvernehmen mit der Sozialdemokratischen Partei ausgebrochen. Auch persönlich hatte ich mit der Vorbereitung des Streiks weder direkt noch indirekt etwas zu tun, ich bin von ihm vielmehr völlig überrascht worden... Ich bin mit der bestimmten Absicht in die Streikleitung eingetreten, den Streik zum schnellsten Abschluß zu bringen und eine Schädigung des Landes zu verhüten.«
Ende Januar 1918 ist Ebert im »Treptower Park« in Berlin auf eine Volksansammlung getroffen, in der es brodelte. Die erregt diskutierenden Streikenden wollten durch dieses Mittel des Arbeitskampfes einen sofortigen Frieden erzwingen. Ebert mußte ihnen um überhaupt angehört zu werden, wie ihm selbst Hitler 1942 nachträglich attestierte,[94] zunächst wenigstens verbal entgegenkommen, und er tat es. Seine Linie beibehaltend, hat er die einleitenden Zugeständnisse jedoch wieder Schritt für Schritt zurückgenommen und konsequent verlangt, die Arbeit wiederaufzunehmen und der Front die Waffen und die Munition zu liefern, wie es die Munitionsarbeiter der Ententemächte für ihre Truppen auch täten. Doch eisiges Schweigen und »Buhrufe« waren die Antwort der Streikenden gewesen, die die Ansprache des USPD-Repräsentanten Wilhelm Dittmann dagegen, der die Fortsetzung des Streiks als bestes Mittel zur Erzwingung eines Friedens ohne Annexionen und der Demokratisierung des Staates propagierte, mit frenetischem Beifall quittierten.[95]
Ebert mußte in dieser Situation als Vermittler und Mann der Mitte tun, was ihm zutiefst zuwider war. Er mußte sich an die Spitze eines »Unterneh-

[94] Vgl. S. 213.
[95] Dittmann wurde unmittelbar darauf verhaftet, angeklagt und wegen Landesverrats zu 5 Jahren Festungshaft verurteilt.

mens« stellen, das er für verderblich hielt.[96] Nur wenige Beispiele der Geschichte bestätigen so tragisch, daß »Undank der Welten Lohn« ist. Friedrich Ebert hat diesen Schritt letztlich mit seinem Leben bezahlt.[97]
Die weltweit diskutierten »14 Punkte«[98] des amerikanischen Präsidenten Woodrow Wilson vor sich, der nach seinen Noten vom 21. Dezember 1916 und vom 22. Januar 1917 an alle kriegführenden Mächte[99] und seinen Bemühungen vom Dezember 1917, wenigstens die Alliierten zur Fixierung einer gemeinsamen Kriegszielerklärung zu bewegen, am 8. Januar 1918 seine Vorstellungen über eine gerechte Friedensordnung formuliert hatte, hoffte Friedrich Ebert Ende Januar 1918 auf eine »von der anderen Seite«, wie er es in einer in seinem Nachlaß gefundenen Aufzeichnung formuliert hat, vorgeschlagene Aussprache zwischen je einem Vertreter der englischen Arbeiterpartei, der Liberalen und Konservativen einerseits und drei maßgeblichen Abgeordneten der Mehrheitsparteien des Reichstages andererseits. In der Schweiz geführte Vorbesprechungen zwischen einem über englische und amerikanische Regierungsinterna informierten amerikanischen und einem österreichischen Politiker hatten ergeben, daß von der SPD auf jeden Fall nicht Scheidemann, sondern Ebert als Gesprächspartner erwartet werde.
Was erreicht werden sollte, hat Ebert nicht überliefert. Mutmaßungen

---

[96] Während der Reichskonferenz der SPD in Berlin sagte Ebert am 21. September 1916: »... In einer Zeit, in der die englischen Munitionsarbeiter auf Feiertage und Sonntage verzichten, in der die ganze Welt mit äußerster Kraftanstrengung für die Entente Munition und Kriegsmaterial herstellt, in der die Entente ein Land nach dem andern in den Krieg hineinzwingt, in der alle feindlichen Staatsmänner grundsätzlich jede Friedensbereitschaft ablehnen und unsere Söhne und Brüder auf allen Fronten im furchtbarsten und mörderischsten Trommelfeuer liegen, in dieser Zeit sollen die deutschen Munitionsarbeiter streiken? Wäre das nicht Wahnsinn?« Vgl. dazu auch S. 136 f.

[97] Vgl. S. 307 ff.

[98] Vgl. S. 166 f.

[99] Wilson hatte 1916 die kriegführenden Mächte aufgefordert, ihre Kriegsziele zu nennen, und die Hoffnung ausgedrückt, daß die »Friedensbedingungen« (vielleicht) »... gar nicht so unvereinbar« seien, daß sie nicht »in nächster Zukunft schon eine Verständigung« ermöglichten. Während die Alliierten ihre Kriegsziele nannten, weigerte sich die deutsche Regierung, dies zu tun. 1917 erklärte der US-Präsident in einer Botschaft an den Senat, daß er einen gerechten Frieden »ohne Sieg« erwarte und zu verwirklichen trachte: »Die Menschheit«, so hatte er gesagt, »sehnt sich nicht nach dem sogenannten Fleischgewicht der Mächte, sondern nach der Freiheit des Lebens.« Die deutsche Oberste Heeresleitung und der Admiralstab glaubten jedoch nicht an die Ernsthaftigkeit der Bemühungen Wilsons und setzten den uneingeschränkten U-Boot-Krieg in Gang. Wilson brach am 3. Februar 1917 die diplomatischen Beziehungen zum Reich ab und erklärte ihm am 6. April 1917 den Krieg.

erübrigen sich indes. Ebert war nicht Lenin. Haase, Dittmann, Liebknecht und Rosa Luxemburg – sie wären zweifellos bereit gewesen, in Deutschland so zu agieren, wie Lenin es seit April 1917 in Rußland tat, Ebert dagegen niemals. Und das wußten nicht nur die führenden Mitglieder der 1914 untergegangenen II. Internationale. Den Regierungen der Ententemächte war dies ebenso bekannt, und sie standen – nach Eberts Aufzeichnungen – hinter dem Plan, renommierte Parlamentarier beider kriegführenden Seiten nach ihrer Wahl zu Verhandlungen zusammenzuführen. Daß sie Ebert für weniger »festgelegt« und für weniger »im Verdacht der Regierungsfreundlichkeit« als Scheidemann stehend beurteilten, wie Ebert meinte, konnte schwerlich zutreffen. Richtig mußte weit eher das Gegenteil sein.

Sollte Ebert sich und seine diesbezügliche Position 1918 tatsächlich so falsch eingeschätzt haben? Sicher nicht! Wahrscheinlich ist, daß er selbst in seinen Aufzeichnungen Scheidemann nicht »herabsetzen« wollte, zumal er sie im Januar 1918 niederschrieb, in einer Zeit, in der die Spannungen und Differenzen zwischen ihnen im Vergleich zu später noch als relativ gering angesehen werden konnten. Für Deutschland jedenfalls war an Ebert, Konrad Haußmann von der Fortschrittspartei (später: Deutsche Demokratische Partei – DDP) und an den Zentrumsabgeordneten Matthias Erzberger als Repräsentanten gedacht worden, für England unter anderem an den Arbeiterführer Henderson und an den Konservativen Lord Backmeister. Zwar ist Ebert zumindest anfänglich sehr an der unter strengster Geheimhaltung avisierten und vorbereiteten Zusammenkunft in Bern interessiert gewesen, über die Scheidemann den Kanzler Hertling – nach einem Gespräch mit Ebert – informierte; aber ihm haben die im Laufe der Zeit wechselweise vorgeschlagenen deutschen Vertreter nicht gepaßt, zumal durch die Scheidemann-Information an Graf von Hertling praktisch auch die Reichsregierung eingeschaltet wurde, die ihrerseits auf Umwegen Persönlichkeiten ins Spiel brachte, mit denen der außerordentlich vorsichtig und klug handelnde SPD-Vorsitzende nicht gemeinsame Sache zu machen bereit war.

Nachdem Eberts Vorschlag, die Angelegenheit »streng vertraulich« zu behandeln und voranzutreiben, mißachtet und auf eine Ebene geschoben worden war, die zwangsläufig überflüssige Probleme zur Folge haben mußte, war die Angelegenheit auf deutscher Seite bereits zum Scheitern verurteilt. Persönliche Ansichten, Vorbehalte, Kompetenzfragen und Personaldiskussionen hatten das Unternehmen so zu überlagern begonnen, daß im Falle seiner Realisierung nur noch wenig hätte erwartet werden können. Ebert, dessen Argumente für die Qualität seiner »Nominierung« durch die Amerikaner sprachen, notierte beispielsweise: Haußmann »teilte mir... mit, daß gegen Erzberger Bedenken geltend gemacht würden. Seine Auslandsverhandlungen und seine damit verbundene Wichtigtuerei besage nichts. Das Gerede vom Erzberger-Frieden bekäme neue Nahrung, auf Ludendorff wirke Erzberger wie rotes Tuch. Man plane in gewissen Kreisen gegen Erzberger einen großen Coup, er habe ihm einen Wink gegeben – das sei ihm um so angenehmer, als er bereits über die Sache mit Erzberger gesprochen, der sofort zugestimmt habe. Ich erklärte ihm, daß ich auf Erzberger großes Gewicht lege. Seine Wichtigtuerei gefalle mir zwar auch nicht, auch müsse absolute Diskretion während der Verhandlung gewahrt werden. Kämen Pressemitteilungen dazwischen, habe die Sache keinen Wert. Haußmann meint, mit Erzberger ginge es nach Lage der Dinge nicht, man müsse sich über einen anderen Zentrumsmann verständigen.«

Ebert lehnte verständlicherweise ab, mit Leuten nach Bern zu gehen, die er »persönlich gar nicht kenne«. Dazu gehörte beispielsweise der während der Personaldebatten von Haußmann vorgeschlagene Zentrumsabgeordnete Belzer. Den von Ebert als Belzer-»Ersatz« ins Spiel gebrachten Zentrumspolitiker und – unter seiner Präsidentschaft – späteren Reichskanzler Constantin Fehrenbach akzeptierte wiederum Haußmann nicht, der als Verbindungsmann zur »anderen Seite« fungierte, so daß seine Meinung nicht ignoriert werden konnte. Das »Karussell« hatte sich schließlich so lange gedreht, bis Ebert sich bei den für ihn unerquicklichen Debatten – nach seinen Angaben – zuletzt nur noch »passiv« verhielt.

Obwohl es zu dieser Konferenz nicht kam,[100] ist sicher, womit die Gegenseite von Ebert konfrontiert worden wäre. Ist er seinen Prinzipien und Vorstellungen doch bis zum Schluß unbedingt treu geblieben. In diesem Zusammenhang zählte vor allem, daß er wenige Monate nach den Diskussionen, im Juli 1918, erneut unbeirrt für die Bewilligung der Kriegskredite eintrat. »Auf entehrende, seine politische, wirtschaftliche und kulturelle Zukunft vernichtende oder herabdrückende Bedingungen«, sagte er am 13. Juli im Reichstag, »wird das deutsche Volk niemals eingehen! Es will den ehrenvollen Frieden für alle! Da die Gegner uns einen solchen Frieden bis auf den heutigen Tag verweigern, so werden wir auch diesmal die Mittel bewilligen, die zur weiteren Verteidigung der Lebensinteressen unseres Volkes und zur Erreichung des Friedens erforderlich sind.«

Mehr als nur bemerkenswert erscheint in diesem Zusammenhang eine

[100] Daß Ebert die »Affäre« zuletzt für möglicherweise nicht ausreichend seriös hielt, ist für die Beurteilung seines Engagements unerheblich.

(mit »Juli 1918« datierte) Notiz aus Eberts Nachlaß. In ihr stellt er – im Gegensatz zu seiner Erklärung im Reichstag nämlich – fest, daß er im Juli 1918 »einige Wochen« im bayerischen Vorgebirge gewesen und von der gegenteilig artikulierten Haltung der Bevölkerung hinsichtlich ihrer Friedensvorstellungen irritiert worden sei. »Es überraschte mich«, heißt es da, »daß die Stimmung der Bevölkerung in dieser rein ländlichen Gegend ohne politische Beeinflussung von außen her und trotz geringer Ernährungsschwierigkeiten stark zum Frieden um jeden Preis neigte.«

Womit auch immer die Gegner, Feinde, Freunde und Anhänger Ebert behelligen mochten – stets konnten sie davon ausgehen, schon vorweg zumindest umrißhaft zu wissen, wie er in bestimmten Situationen und auf konkrete politische Probleme und Fragen reagieren würde. Und dies war es nicht zuletzt auch, was ihm Vertrauen eintrug, Glaubwürdigkeit – und natürlich auch politische Gegnerschaft und Feindschaft.

Nicht nur die Januar-Ereignisse von 1918 lassen darauf schließen, daß der amerikanische Präsident Wilson im Oktober 1918 nach der von der deutschen Regierung am 5. Oktober an ihn gerichteten Bitte, einen »sofortigen« Waffenstillstand »herbeizuführen«, an den bolschewismus- und revolutionsfeindlichen Sozialdemokraten Ebert als zukünftigen deutschen Ansprechpartner dachte, als er erklärte, nicht mit jener Macht Waffenstillstandsverhandlungen führen zu wollen, »die bis jetzt das Schicksal der deutschen Nation bestimmt hat«.[101] Spätestens seit dem im Oktober 1918 unter Eberts Führung vollzogenen Eintritt der SPD in die Reichsregierung und der Umwandlung der Monarchie in eine parlamentarische Monarchie war Ebert, dem sich Anfang Dezember 1918 selbst der Feldmarschall von Hindenburg von sich aus unterstellte, trotz der Bemühungen vieler Konkurrenten aller Schattierungen nicht nur in Deutschland die politische und zugleich staatsmännische Gestalt und Potenz, auf die sich die zukunftsgerichteten Blicke richteten.

---

[101] Am 8. Oktober 1918 hatte Wilson in seiner Antwort auf das deutsche Vermittlungsgesuch vom 5. Oktober gefragt, ob die deutsche Regierung sein 14-Punkte-Programm vom 8. Januar 1918 als Grundlage für den »Eintritt in die Diskussion« akzeptiere, und erklärt, daß er »nicht berechtigt« sei, »mit den Regierungen, mit denen die Vereinigten Staaten gegen die Mittelmächte verbunden« seien, »einen Waffenstillstand vorzuschlagen, solange die Heere dieser Mächte auf ihrem Boden stehen«. Darüber hinaus hatte er gefragt, »ob der Kanzler nur für diejenigen Gewalten des Reiches spricht, die bisher den Krieg geführt haben«.

Letzter Regierungswechsel vor dem Zusammenbruch der Monarchie

Am 30. September 1918, zwei Tage nach der Forderung der Obersten Heeresleitung an die Regierung, dem Feind sofort einen Waffenstillstand und Frieden anzubieten und den Rücktritt des Reichskanzlers zu veranlassen, nahm der Kaiser das »Rücktrittsgesuch« des seit dem 1. November 1917 als Kanzler amtierenden bayerischen Ministerpräsidenten und rechten Zentrumspolitikers Graf von Hertling an und ersetzte ihn am 3. Oktober durch seinen Vetter, den klugen und als »fortschrittlich« geltenden badischen Thronfolger und Reitergeneral Max von Baden. Hertling versicherte er zwar vordergründig, daß er nur »mit schwerem Herzen« auf seine weitere Mitarbeit verzichte, war tatsächlich aber nur einem Zwang gefolgt, dem er sich infolge der Kriegslage seit zwei Jahren nicht mehr zu entziehen vermocht hatte. »Ich wünsche«, so lautet es in dem von Wilhelm II. unterzeichneten und ihm von General Ludendorff aufgedrängten Erlaß, »daß das deutsche Volk wirksamer als bisher an der Bestimmung der Geschicke des Vaterlandes mitarbeite. Es ist daher mein Wunsch, daß Männer, die vom Vertrauen des Volkes getragen sind, in weiterem Umfange teilnehmen an den Rechten und Pflichten der Regierung.«

Was sich dahinter verbarg, erfuhren am 1. Oktober 1918 die Offiziere. Ihnen erklärte der aus dem Hintergrund die deutsche Politik seit zwei Jahren maßgeblich bestimmende Ludendorff ungeschminkt und geradezu schadenfroh: »Ich habe« den Kaiser gebeten, »jetzt auch diejenigen Kreise an die Regierung zu bringen, denen wir es in der Hauptsache zu verdanken haben, daß wir soweit gekommen sind. Wir werden also diese Herren jetzt in die Ministerien einziehen sehen. Die sollen nun den Frieden schließen, der jetzt geschlossen werden muß. Sie sollen die Suppe essen, die sie uns eingebrockt haben.«

Dem Prinzen Max von Baden hatte er am selben Tage telegrafisch mitteilen lassen, daß »die Friedensbitte von Bern aus sofort nach Washington weitergehen müsse«, da die Armee nicht einmal mehr 48 Stunden warten könne. Da Hertling noch im Amt war und sowohl er als auch einige Mitglieder seiner Regierung die Meinung verfochten, daß ein Friedensangebot, wie Ludendorff es gefordert hatte, bei den Ententemächten den Eindruck entstehen lassen müsse, Deutschland sei am Ende seiner Kräfte angelangt, zögerte die Regierung. Doch Hindenburg drohte telegrafisch: »Wenn bis heute abend sieben bis acht Uhr Sicherheit vorhanden ist, daß Prinz Max von Baden die Regierung bildet, so bin ich mit dem Aufschub einverstanden. Sollte dagegen der Vorschlag der Regierung irgendwie zweifelhaft sein, so halte ich die Erklärung an die feindlichen Regierungen heute nacht für geboten.«

Am 3. Oktober folgte ein weiteres Telegramm aus Spa, wo die Oberste Heeresleitung noch immer ihren Sitz hatte. Hindenburg und Ludendorff drohten – und mit noch mehr Nachdruck als zuvor: »Die Oberste Heeresleitung bleibt auf ihrer am... 28. September gestellten Forderung der sofortigen Herausgabe des Friedensangebotes an unsere Feinde bestehen... Noch steht das deutsche Heer festgefügt und wehrt siegreich die Angriffe ab. Die Lage verschärft sich aber täglich und kann die Oberste Heeresleitung zu schwerwiegenden Entschlüssen bringen... Jeder Tag kostet tausend Soldaten das Leben.« Die Agonie der wilhelminischen Herrschaft hatte sichtlich begonnen. Die militärische Führung sah keinen Ausweg mehr.

Wie Ebert am 3. Oktober auf die Mitteilung des von Ludendorff zu den Parteiführern des Reichstages entsandten Majors von dem Busche reagiert hat, daß keine Zeit mehr verlorengehen dürfe und deutscherseits sofort um einen Waffenstillstand gebeten werden müsse, überlieferte Max von Baden, in dessen Anwesenheit der Generalstabsoffizier die Erklärung der Obersten Heeresleitung vortrug. Ebert ist, so heißt es bei Max von Baden, »totenblaß« geworden, unfähig, auch nur ein »Wort herauszubringen«. Mit einem solchen Ende hatte er bis dahin nicht gerechnet. Seine – gegen Scheidemann durchgesetzte – Entscheidung, sofort zwei maßgebliche Sozialdemokraten in die Reichsregierung zu delegieren, erhält aus der Perspektive ein ganz besonderes Gewicht. Engagiert hofft er angesichts der Lage, auf dem Wege mehr und schnelleren unmittelbaren Einfluß auf bestimmte Regierungsentscheidungen vor allem im Zusammenhang mit Waffenstillstands- und Friedensverhandlungen nehmen zu können.

Noch einmal bat die Reichsregierung – der nun auf Eberts energisches Drängen die Sozialdemokraten Scheidemann als Staatssekretär ohne Portefeuille und Gustav Bauer als Staatssekretär für das Reichsarbeitsamt angehörten, womit wenigstens einer Forderung Wilsons ansatzweise Rechnung getragen worden war – den amerikanischen Präsidenten um Vermittlung und erklärte zugleich auch im Namen der österreichisch-ungarischen Regierung, seinen »Räumungsvorschlägen... entsprechen« zu wollen. Doch Wilson, dem die inzwischen vollzogene Umwandlung des Reiches in eine parlamentarische Monarchie nicht ausreichte,[102] beharrte

[102] Auf ein österreichisch-ungarisches Friedensangebot vom 4. Oktober 1918 reagierte Wilson am 20. Oktober 1918, einen Tag vor dem Zusammentritt der deutsch-

auf der Erfüllung von Forderungen, die in Berlin und Spa auf Widerstand stoßen mußten. In einer Note vom 14. Oktober 1918 erklärte er, daß die USA nicht bereit seien, mit der »Macht, welche bis jetzt das Schicksal der deutschen Nation bestimmt hat«, Waffenstillstandsverhandlungen zu führen. »Die deutsche Nation hat die Wahl«, so hieß es in der vom amerikanischen Außenminister Robert Lansing unterzeichneten Note, »dies zu ändern... Es ist unmöglich, daß die gegen Deutschland assoziierten Regierungen unzweideutig erfahren, mit wem sie es zu tun haben.«
Drei Tage später, am 17. Oktober, forderte der von Wilsons Feststellungen enttäuschte und bis zu seiner Entlassung am 26. Oktober 1918 »allmächtige« und noch einmal zum totalen Einsatz aufrufende Ludendorff während eines Gespräches mit dem stellvertretenden preußischen Ministerpräsidenten Friedberg: »Packen Sie das Volk. Reißen Sie es hoch, kann das nicht Herr Ebert machen?« Und er, »Herr Ebert«, engagiert sich in einer Weise, die den Erwartungen der Militärs durchaus entspricht, auch wenn sie sich in dieser Stunde öffentlich seine scharfe Kritik gefallen lassen müssen.
Im Reichstag sagt er am 22. Oktober 1918: »Verhängnisvoll und völlig unhaltbar ist die ganz absolutistische Stellung des Großen Generalstabs, der verfassungsmäßig weder dem Reichskanzler noch dem Reichstage verantwortlich ist... Für das persönliche Regiment und für die Politik der gepanzerten Faust ist kein Raum mehr in Deutschland. Die Befehlsgewalten und alles, was darauf aufgebaut ist, muß der Verantwortlichkeit des Reichskanzlers und des Reichstags unterstellt werden. Soll die neue Demokratie nicht Kulisse und Dekoration sein, so kann als Zentralgewalt nur ein Wille herrschen, das ist die vom Volksvertrauen getragene Volksregierung.« Für Eberts Persönlichkeit, Ansehen und Autorität spricht, daß es dennoch und gerade die höchsten Militärs waren, Hindenburg, Ludendorff und Groener, die schließlich ihn angesichts des Konkurses der kaiserlichen Politik an die Spitze des Reiches gestellt sehen wollten.
Mit Genugtuung registrieren die maßgeblichen Militärs und der Kaiser die Haltung Eberts, der – einen Tag vor der Feststellung Wilsons vom 23. Oktober 1918, Friedensverhandlungen mit Deutschland nur in Aussicht stellen zu können, wenn die »monarchischen Autoritäten« und »militäri-

---

österreichischen Nationalversammlung, mit der Forderung nach Auflösung Österreich-Ungarns als Voraussetzung für einen Waffenstillstand. Am 27. Oktober ging Wien auf die Bedingungen ein und unterbreitete ein Waffenstillstandsangebot. Am 1. November wurde eine selbständige ungarische Regierung gebildet. Am 3. November folgte der Waffenstillstand zwischen Österreich-Ungarn und den Alliierten.

schen Beherrscher« im Reich ausgeschaltet worden seien – eine Rede hält, die angesichts der Situation auch ihren Intentionen entspricht. Zwar sagt der Sozialdemokrat in dieser Rede, überdies seiner letzten im alten Reichstag, daß nur die Demokratie »noch imstande ist, Deutschland zu retten«, was von niemandem mehr ernsthaft ignoriert werden kann; aber er erklärt auch: »Gelingt es den Herrschenden der feindlichen Länder, uns einen bedingungslosen Frieden aufzuzwingen, werden unsere wirtschaftlichen Lebenskräfte vergewaltigt, unsere wirtschaftlichen Entwicklungsmöglichkeiten unterbunden, dann wird die deutsche Arbeiterklasse schwer getroffen. Sollten wir in den Zustand zurückgestoßen werden, der jährlich Hunderttausende Arbeiter zur Auswanderung zwang, dann würde den deutschen Arbeitern in der Fremde das Los der Kulis drohen. Die schwer und opfervoll erkämpften wirtschaftlichen und sozialen Errungenschaften der deutschen Arbeiter würden gefährdet, ihr Kampf für den sozialen Aufstieg um Jahrzehnte zurückgeworfen. Deshalb bekennen wir uns zur Politik der Landesverteidigung, heute, wie am 4. August 1914, getreu uns selbst, getreu unserem Volke und seiner Zukunft. Dabei bleiben wir, solange es notwendig ist.«

Ebert hat, gleichzeitig mit dem amerikanischen Präsidenten, die Ausschaltung der Macht der Obersten Heeresleitung und eine gravierende Umstrukturierung der Regierungsverhältnisse gefordert, hinsichtlich der »monarchischen Autoritäten« jedoch die »Tradition« kaum angetastet. Noch volle zwei Wochen verteidigt er die Monarchie als die für Deutschland legitime und erhaltenswerte Staatsform. Philipp Scheidemann, der Anfang Oktober – zumal in der Situation, in der sich das Reich zu der Zeit befand – gegen ein sozialdemokratisches Engagement innerhalb der von Max von Baden gebildeten Regierung eingetreten war und erklärt hatte, daß die kaiserlichen Bankrotteure nun allein sehen sollten, wie sie mit dem von ihnen zu verantwortenden Dilemma fertig würden, wurde von ihm um des Schicksals des deutschen Volkes und der Nation willen, wie er ausdrücklich betonte, massiv dazu gedrängt, sich als Staatssekretär zur Verfügung zu stellen.

Wie Ebert sich zur Zeit des Kriegsausbruches gegen Hugo Haase und dessen Anhang in der Partei durchgesetzt hatte, so geschah dies auch kurz vor Kriegsende. Doch er selbst, der Parteiführer, wollte Distanz wahren und nicht in die Regierung eintreten.

Scheidemann, der nun von sich selbst als »der Staatssekretär« zu sprechen pflegte, tat es an seiner Stelle. Im Reichstag definierte Ebert seine Haltung, als er – gleichsam seine Auffassung von 1914 bestätigend – am 22. Oktober sagte: »Gewiß, es wäre bequemer für uns, draußen zu stehen und unsere Hände in Unschuld zu waschen. Aber in der Schicksalsstunde des deutschen Volkes wäre eine solche Politik vor der Geschichte, vor der Nation und nicht zuletzt vor der Arbeiterklasse nie und nimmer zu verantworten. Wir sind in die Regierung hineingegangen, weil es heute um das ganze Volk, um seine Zukunft... geht. Wir wissen, was wir mit unserem Schritt gewagt haben. Gelingt es uns aber, die Schauer des Krieges auch nur um einige Tage zu verkürzen und dadurch Zehntausenden das Leben zu retten, so wäre uns das Rechtfertigung und Genugtuung genug. Hätten wir durch Verweigerung unserer Mitarbeit auch nur den Schimmer einer Friedensmöglichkeit vernichtet, so hätten wir unverantwortlich gehandelt.«

Die »14 Punkte« des US-Präsidenten Woodrow Wilson
vom 8. Januar 1918

»Das Programm des Weltfriedens« lautet:

1. Öffentliche Friedensverträge. Die Diplomatie soll stets frei sein und sich vor aller Öffentlichkeit abspielen.
2. Absolute Freiheit der Schiffahrt auf See außerhalb der territorialen Gewässer sowohl im Kriege als auch im Frieden.
3. Aufhebung sämtlicher wirtschaftlicher Schranken, Festsetzung gleichmäßiger Handelsbedingungen zwischen den Nationen.
4. Angemessene Garantien, daß die nationalen Rüstungen auf den niedrigsten Grad herabgesetzt werden.
5. Unparteiische Ordnung aller kolonialen Ansprüche.
6. Räumung des gesamten russischen Gebietes und Erledigung aller Rußland berührenden Fragen, um die beste und freieste Zusammenarbeit der übrigen Nationen der Welt zu sichern zur Erlangung einer ungehemmten und ungeschmälerten Möglichkeit zur unabhängigen Bestimmung ihrer eigenen polit.(-ischen) Entwicklung und nationalen Politik.
7. Wiederherstellung der ungeschmälerten Souveränität Belgiens.
8. Befreiung des franz.(-ösischen) Gebietes, Wiederherstellung der verwüsteten Teile. Ebenso müßte das Frankreich durch Preußen 1871 in Sachen Elsaß-Lothringen angetane Unrecht, das den Weltfrieden nahezu fünfzig Jahre bedroht hat, berichtigt werden, um dem Frieden im Interesse aller wieder Sicherheit zu verleihen.

9. Berichtigung der Grenzen Italiens entspr.(-echend) den Nationalitätenlinien.
10. Den Völkern Österreich-Ungarns die freieste Möglichkeit autonomer Entwicklung zu gewähren.
11. Räumung Rumäniens, Serbiens, Montenegros. Wiederherstellung ehemals besetzter Gebiete. Freier und gesicherter Zugang für Serbien zum Meer. Ordnung der Verhältnisse auf dem Balkan.
12. Dem türkischen Teil des Ottomanischen Reiches soll eine gesicherte Souveränität gewährleistet werden, den anderen Nationalitäten soll eine absolute und ungestörte Möglichkeit ihrer autonomen Entwicklung verbürgt, und die Dardanellen sollen dauernd als freier Durchgang für die Schiffe und den Handel aller Nationen unter internationalen Garantien geöffnet werden.
13. Errichtung eines unabhängigen polnischen Staates mit freiem Zugang zum Meer; die politische und ökonomische Unabhängigkeit des polnischen Staates sowie dessen territoriale Integrität sollen durch internationalen Vertrag garantiert werden.
14. Installierung eines Völkerbundes zum Zweck der Gewährung gegenseitiger Garantien für politische Unabhängigkeit und territoriale Integrität, in gleicher Weise für große und kleine Staaten.

Hatte Ludendorff, der rund sechs Wochen nach seiner Anregung, Ebert für die Motivierung der Bevölkerung zum höchsten Einsatz einzuspannen, entlassen worden war, Ebert als letzte Rettung angesehen, erblickte sein Nachfolger Wilhelm Groener in ihm die letzte Instanz zur Abschirmung bolschewistischer Einflüsse. Ihm traute er nach dem faktischen Zusammenbruch der militärischen Macht noch zu, die innenpolitische Entwicklung in Bahnen zu lenken und zu halten, auf die die Monarchie angesichts der Situation angewiesen war. Seiner Frau schrieb er: »Der Feldmarschall (Paul von Hindenburg) und ich wollen Ebert, den ich als geraden, ehrlichen und anständigen Charakter persönlich schätze, stützen, solange es irgend geht, damit der Karren nicht noch weiter nach links rutscht.« Und Hindenburg, der sich bis an sein Lebensende als »Statthalter des Kaisers« verstand, wandte sich Anfang Dezember unmittelbar an den am 9. November vom Prinzen Max von Baden um die Übernahme des Amtes des Reichskanzlers gebetenen und seit dem 10. November als Mitglied des

Rates der Volksbeauftragten fungierenden SPD-Führer und schrieb ihm: »Wenn ich mich in nachstehenden Zeilen an Sie wende, so tue ich dieses, weil mir berichtet wird, daß auch Sie als treuer Deutscher Ihr Vaterland über alles lieben, unter Hintansetzung persönlicher Meinungen und Wünsche... In diesem Sinne habe ich mich mit Ihnen verbündet zur Rettung unseres Volkes vor dem drohenden Zusammenbruch. In Ihre Hände ist das Schicksal des deutschen Volkes gelegt... Ich bin bereit und mit mir das ganze Heer, Sie hierbei rückhaltlos zu unterstützen.«
Der Kaiser, der am Ende seiner Herrschaft unter der Last der Realität plötzlich auch erkannte, daß es für ihn durchaus möglich gewesen wäre, »mit Herrn Ebert zusammenzuarbeiten«, hatte sich von seinem Vetter Max von Baden bereits am 15. August 1918 sagen lassen müssen: »Würden die Millionen tapferer Soldaten und fleißiger Arbeiter in den Werkstätten der Kriegsindustrie glauben müssen, daß ihr Kaiser die Kaisertreuen dort sucht, wo der ›Bund der Kaisertreuen‹ sich breitmacht, so würde eine Enttäuschung und eine Verbitterung sich einstellen, die letzten Endes den Kampf um die Monarchie auf die Straße trägt und die ersten Quellen verschütten würde, aus denen der Deutsche bis heute seine Treue zum Kaiser und seinen Opfermut getrunken hat. Die Entfesselung eines Bürgerkrieges, wie der ›Reichsverband zur Bekämpfung der Sozialdemokratie‹ und der ›Bund der Kaisertreuen‹ es tun, ist heute, wo eine Zusammenfassung aller Kräfte oberstes Gebot ist, ein Staatsverbrechen und eine Torheit sondergleichen. Die Machenschaften der Unabhängigen Sozialisten sind Sache der Polizei, die Lösung der Frage des Sozialismus an sich ist Sache der Staatskunst und nicht der Gewalt.«

»Blicken Sie nach Rußland, und Sie sind gewarnt«

Seit der Umwandlung des Deutschen Reiches in eine parlamentarische Monarchie war viel geschehen, hatten Ebert und die SPD noch einmal erheblich an Gewicht gewonnen. Die Verfassung war am 28. Oktober geändert worden.[103] In der Regierung saßen Vertreter der Parteien, die

[103] Von nun an bedurfte der Reichskanzler des Vertrauens des Reichstages, der seitdem auch die Außenpolitik, das Heer und die Marine (bis dahin Reservate des Kaisers) kontrollierte. Der Kaiser stimmte der neuen Verfassung am 2. November 1918 zu.

unter Eberts Präsidentschaft acht Kanzler, sieben Vizekanzler, vier Außenminister, neun Innenminister, drei Reichswehrminister, sieben Wirtschaftsminister, sechs Finanzminister, drei Ernährungsminister, drei Arbeitsminister und sieben Justizminister stellten: die Sozialdemokratische Partei, das Zentrum und die Fortschrittspartei (DDP).
Wie Ebert die Entwicklung seit dem Strukturwandel sieht, erklärt er am 22. Oktober 1918 vor dem Reichstag. »Eine nüchterne Prüfung der tatsächlichen militärischen und politischen Lage«, sagt er, »mußte die neue Regierung dazu führen, das Gesuch um Waffenstillstand und Frieden abzusenden. Nur ärgste demagogische Verlogenheit kann behaupten, daß die Demokratie durch Preisgabe deutschen Landes oder auf Kosten der Interessen des deutschen Volkes zur Macht gelangen wollte. Tatsache ist, daß sie die Macht ergreifen mußte, weil nur sie noch imstande ist, Deutschland zu retten... Am 5. Oktober hat sich dem Deutschen Reichstag eine Regierung vorgestellt, die ihre Existenz von der Zustimmung des Reichstags, von der Billigung weitester Volkskreise und insbesondere von der Mitwirkung der Vertrauensmänner der Arbeiter abhängig gemacht hat. Mit Recht ist deshalb der 5. Oktober als ein Wendepunkt in der Geschichte Deutschlands bezeichnet worden. Er ist der Geburtstag der deutschen Demokratie. Die Regierung des Volksvertrauens – das will sie sein – leitet gegenüber dem früheren Spott auf die ›Politik der Hasenheide‹, gegenüber dem feudalen System der Volksverachtung eine neue innerpolitische Epoche für Deutschland ein. Das deutsche Volk läßt sich nicht länger bevormunden; es will frei sein und wird frei sein! Die sozialdemokratische Partei hat von jeher die Überzeugung vertreten, daß ein großes Volk der Gegenwart nicht auf die Dauer von einer dünnen Oberschicht, von kleinen Gruppen auf Grund ererbter Vorrechte regiert werden könne. Im alten Deutschland waren ganze Klassen, Nationen und Konfessionen von der schaffenden Mitwirkung im Staate nahezu vollständig ausgeschlossen. Die Fortsetzung dieser Ausschaltungspolitik ist unmöglich, denn sie ist für Deutschland verhängnisvoll geworden. In dieser schwersten Prüfungszeit muß der Staat alle Volkskräfte mobil machen und für sich gewinnen, wenn er nicht untergehen, wenn er leben will. Wer sich jetzt noch der deutschen Demokratie widersetzt, vergeht sich nicht nur an

---

Am 28. Oktober schrieb er an den Kanzler: »... tritt jetzt eine neue Ordnung in Kraft, welche grundlegende Rechte von der Person des Kaisers auf das Volk überträgt. Damit wird eine Periode abgeschlossen, die vor den Augen künftiger Geschlechter in Ehren bestehen wird... Ich... trete den Beschlüssen der Volksvertretung bei mit dem besten Willen... an ihrer vollen Auswirkung mitzuarbeiten.«

den Menschenrechten unseres Volkes, sondern auch an der Sicherheit unseres Landes. Die Kreise, die bisher in Preußen-Deutschland die Alleinherrschaft hatten, das bureaukratisierte Junkertum und die verjunkerte Bureaukratie, haben endgültig ausgespielt. Für Volk und Reich ist die Demokratisierung zur Lebensnotwendigkeit geworden. Hier gilt das bekannte Wort: Wenn die Völker fortschreiten und die Verfassungen stillstehen, kommen die Revolutionen. Die besitzenden Klassen Deutschlands können froh sein, wenn der deutsche Volksstaat sich im Wege der politischen Entwicklung durchsetzt. Blicken Sie nach Rußland, und Sie sind gewarnt!«
Kaisertreue brauchten nicht zu befürchten, alsbald auf ihren Monarchen verzichten zu müssen. Wem Ebert den Kampf ansagte, hatte er deutlich genug umschrieben. Philipp Scheidemann dagegen, der sich persönlich auch über die Hohenzollern erhaben fühlte[104] und später behauptete, vom Reichskanzler Max von Baden gefragt worden zu sein, wie die SPD bezüglich eines freiwilligen Rücktritts des Kaisers denke, prellte ungeduldig vor. Wilsons Forderungen vor sich, schrieb er dem Kanzler am 29. Oktober 1918: »Nachdem der Öffentlichkeit die Möglichkeit genommen ist, durch Diskussion eine Frage zu klären, die zu einer brennenden Schicksalsfrage des deutschen Volkes geworden ist, tritt an das Kabinett mit verdoppeltem Ernst die Notwendigkeit heran, sie in seinem Schoße zu erörtern und zum Austrag zu bringen. Aus diesem Grunde sehe ich mich gezwungen, nunmehr die Forderung, die in der Presse nicht gestellt werden darf, im Kabinett zu stellen, nämlich diese: Die Herren Staatssekretäre möchten den Herrn Reichskanzler bitten, Seiner Majestät dem Kaiser zu empfehlen, freiwillig zurückzutreten ... Es kann keinem Zweifel unterliegen, daß die große Mehrheit der Bevölkerung des Deutschen Reiches die Überzeugung gewonnen hat, daß die Aussicht, zu erträglichen Bedingungen des Waffenstillstandes und des Friedens zu gelangen, durch das Verbleiben des Kaisers in seinem hohen Amte verschlechtert wird.«
Am 3. April 1917 hatte der *Vorwärts* unter Eberts Regie der Monarchie noch Sicherheit und Festigkeit für den Fall prophezeit, daß sie sich (wie in Großbritannien) zur parlamentarischen Monarchie entwickeln würde. Aber gesagt worden war im Sinne Eberts zugleich auch unmißverständlich, daß allein dem deutschen Volk vorzubehalten sei, über die Staats- und Regierungsform für Deutschland zu entscheiden. Die Forderung nach

[104] In seinen 1928 erschienenen Memoiren beispielsweise wies er stolz darauf hin, daß er »mit Behagen niederschreibe, daß die Scheidemänner mindestens 100 Jahre früher in Hessen ansässig gewesen sind als die Hohenzollern in der Mark Brandenburg«.

der Realisierung »kann nur von den Deutschen selbst«, so hieß es da, »nicht aber von Russen, Franzosen, nicht von ›Untertanen‹ des Königs von England oder des Königs von Italien erhoben werden. Kein Volk hat das Recht, einem anderen seine Staatsform mit Gewalt aufzudrängen, und kein Volk tut klug, wenn es einen solchen Versuch unternimmt, weil diese Staatsform eben dadurch, daß sie bloß aufgedrängt wird, auch entwertet wird... Unter solchen Umständen gibt es für eine demokratische Partei wie die Sozialdemokratie nur eine Möglichkeit: ihre Grundsätze zu vertreten und der Mehrheit Recht werden zu lassen. Man soll also die Stärke der Monarchie in Deutschland nicht unterschätzen. Über ihre Zukunft wollen wir nicht prophezeien. Nur das eine soll gesagt sein: Findet die Monarchie in dieser Zeit kluge Ratgeber, dann kann sie sich für alle absehbare Zeit sichern und festigen. Das deutsche Volk ist in seiner Mehrheit demokratisch gesinnt, es will das gleiche Wahlrecht zu allen Vertretungskörpern, es will Selbstverwaltung und parlamentarisches System.«

Die Ideologiepartei SPD hat für ihre Funktion als Regierungspartei einen hohen Preis bezahlt. Sie hat unter Eberts Führung tragende Inhalte und Zielsetzungen ihres ursprünglichen »Programms« aufgegeben und sich für eine Politik entschieden, die bereits Eberts Reichstagserklärung perspektivisch beschrieb. Daß sie damit geheiligte sozialdemokratische Grundsätze »verraten« und geradezu »unwürdige« Bedingungen akzeptiert habe, wie ihr seit jener Zeit nicht selten vorgeworfen wird, trifft zwar zu; aber es trifft auch zu, daß ihr vor allem dank Friedrich Ebert die Erhaltung des Reiches und der Nation zu verdanken ist.

Obwohl Ebert und Scheidemann schon am 3. Oktober von Ludendorffs Verbindungsoffizier von dem Busche erfahren hatten, daß die Oberste Heeresleitung von der Reichsregierung die Einleitung des sofortigen Waffenstillstandes forderte, waren Ebert und eine kleine Minderheit der SPD-Führung auch danach noch überzeugt, daß ein Unterwerfungsfrieden abgewendet werden könnte. Als die Regierungsmitglieder sich weigerten, Wilsons Forderungen hinsichtlich der Abtretung deutscher Gebiete an Polen und Frankreich vorbehaltlos zu akzeptieren, ließ Ebert erkennen, daß die Sozialdemokratische Partei als Koalitionspartner der kaiserlichen Regierung im Hinblick auf die Handhabung des Friedensvertrages und des Reparationsproblems keine spezifisch sozialdemokratischen Vorstellungen verfechten würde. Wie die Führungskräfte der Monarchie, so verschloß sich auch Ebert der Einsicht, daß die Siegermächte mit den militärischen und wirtschaftlichen Mitteln der Mittelmächte nicht mehr zu einem – von Wilson am 27. September 1918 noch einmal bekräftigten – Rechtsfrieden gezwungen werden könnten.

So kann Ebert schon aus dem Grunde nicht auf die seit Frühjahr 1917 auf die von der USPD-Führung ausgehenden »Anträge« eingehen, sich wieder mit der SPD vereinigen zu wollen. Die kontroverse Auffassung über den Charakter des angestrebten Friedens ist ein Hindernis, das nur durch die Selbstaufgabe der eigenen Vorstellungen überwunden werden kann. Als die USPD die Gewerkschaften und die SPD Ende August 1918 zu einer gemeinsamen Massenaktion zu gewinnen versucht, hält Ebert denn auch für angebracht, diesen Aspekt in den Mittelpunkt der Diskussion zu stellen. Zwar teilt er die Meinung der Unabhängigen, daß bis Herbst »unbedingt etwas geschehen« müsse, wenn die »Wahlrechtsfrage« vorangetrieben und positive Ergebnisse nicht weiterhin hinausgeschoben werden sollen; aber er macht Forderungen geltend, auf die Haase und dessen Genossen nicht eingehen können, ohne ihr Gesicht zu verlieren und mühsam errungene Positionen aufzugeben. Ebert kann mit positiven Argumenten negative Effekte erzielen, und dies ist auch seine Absicht. Um die Verhandlungen geheimhalten, Zeit gewinnen, die innen- und außenpolitische Entwicklung abwarten und schließlich ein Druckmittel gegen die bürgerlichen Parteien im Reichstag in den Händen behalten zu können, schlägt er vor, erst »alle parlamentarischen Mittel« auszuschöpfen, die Verhandlungen »streng vertraulich« zu führen und selbst auf Flugblätter zu verzichten.
Die Unabhängigen hatten begriffen, daß sie zur Durchsetzung ihrer politischen Vorstellung auf Ebert und die SPD nicht zählen konnten. Und nachdem die SPD Regierungspartei geworden war, erfuhren die Unabhängigen am 26. Oktober von der SPD-Führung: »Der Parteivorstand der SPD hat... (den) Standpunkt eingenommen, daß er als den geeigneten Träger der Friedensaktion nicht das klassenbewußte Proletariat, sondern eine Regierung betrachtet, die von den Sozialdemokraten, dem Zentrum, der Fortschrittlichen Volkspartei und den Nationalliberalen gebildet wird.«
Daß die Bemühungen der Unabhängigen Sozialdemokraten dennoch nicht erfolglos blieben, der 1918 nur noch rund 250 000 Beiträge zahlende Mitglieder starken Mutterpartei SPD die uneingeschränkte Führungsrolle in der Arbeiterschaft streitig zu machen, war angesichts der Situation und der Haltung der »alten« Arbeiterpartei verständlich. Die Frage, wie und für wen sie sich entscheiden würde, beherrschte trotz der unmißverständlichen Haltung Eberts die Bevölkerung und initiierte Unsicherheit und eine Unruhe, die von der Lage an der Westfront noch erheblich begünstigt wurde. Die Tatsache, daß die SPD seit Anfang Oktober in der Regierung vertreten war, der sie, Ebert folgend, durch diesen Schritt nach außen und

innen mehr Gewicht verleihen und dem Reich schließlich zu einem ehrenhaften Frieden verhelfen zu können gehofft hatte, wurde zwiespältig aufgefaßt. Hat es davor doch selbst in der sozialdemokratischen Führung – nicht nur zwischen Ebert und Scheidemann – Auseinandersetzungen gegeben, die keineswegs von jedermann als ein für allemal beigelegt angesehen wurden, zumal Eberts Eintritt in die Streikleitung im Januar 1918 nicht als strategisch-taktische Maßnahme, sondern als Beweis dafür verstanden wurde, daß das »Tischtuch« zwischen SPD und USPD doch noch nicht ganz zerschnitten sei. Die Regierungsbeteiligung der SPD, nicht nur von den in ihren seit Frühjahr 1917 betriebenen Wiedervereinigungsversuchen immer wieder gescheiterten Unabhängigen als Beweis für ihre These interpretiert, daß die von Ebert geführte SPD endgültig dem »Klassenkampf« abgeschworen und damit erneut »Verrat an der Arbeiterklasse begangen« habe, schuf zusätzliche Zwiespältigkeiten und Schwierigkeiten, mit denen sich Ebert und die Mehrheitssozialisten nicht nur in der Basis auseinanderzusetzen hatten. Zwar vertraute Prinz Max von Baden seinem »Koalitionspartner« und Landsmann Ebert; aber die diversen Geheimberichte,[105] Polizeiinformationen und Pressediskussionen über eine Wiedervereinigung der beiden Arbeiterparteien waren nirgendwo gänzlich ohne Spuren geblieben. Daß nicht nur Eberts Unerbittlichkeit und differenziert artikulierter Führungsanspruch, sondern auch die Mitte September von den »Unabhängigen« formulierten und die Aussichtslosigkeit ihrer Bemühungen offenkundig werden lassenden Voraussetzungen[106] für eine Wiedervereinigung jene Besorgnisse überflüssig

---

[105] In einem Geheimbericht des Bayerischen Staatsministeriums des Äußeren vom 1. Februar 1918 war beispielsweise davon die Rede gewesen, daß der Eintritt Eberts in die Streikleitung von vielen Anhängern als Beweis dafür angesehen werden sollte, daß die SPD noch über »proletarische Kraft« verfügte. Der preußische Innenminister bemerkte in einem Immediatbericht an den Kaiser, daß die »Bestrebungen nach Wiedervereinigung der beiden sozialdemokratischen Parteien ... (gerade) durch den gemeinsamen Mißerfolg« während der Januarstreiks ermutigt werden könnten, bei den nächsten Wahlen gemeinsame Sache zu machen. Entsprechend argumentierten die Presse und die Polizei. Für die Berliner Polizeiführung stand beispielsweise Mitte Februar 1918 fest, daß Haase und Scheidemann wieder völlig versöhnt seien, und bald war dort davon die Rede, daß Haase wieder Verbindung auch zu anderen Vorstandsmitgliedern der SPD aufgenommen habe. Seit Mitte Juli verhandelten Vertreter Haases und Vorstandsmitglieder der SPD über künftige gemeinsame Massenaktionen. Daß Ebert der Realisierung dieser Absichten konsequent im Wege stand, wurde erst eigentlich nach seiner Ernennung zum Reichskanzler sichtbar.

[106] Am 18. September 1918 hatten sie selbstbewußt und – infolge ihrer Kenntnis der Haltung Eberts – trotzig erklärt, daß »Kriegskredite jeder Art« und Blockbildungen mit bürgerlichen Parteien grundsätzlich abgelehnt und Mitglieder der SPD und

machten, wußten nur die Führungsexponenten der beiden sozialdemokratischen Parteien, die ihre Juli-August-September-Verhandlungen geheimhielten und auch sorgfältig darauf achteten, daß ihre Presseorgane darüber schwiegen.[107]

Daß Ebert im »Umgang« mit den Unabhängigen eine Politik des »zu weichen Klanges« betrieben habe, wie beispielsweise Waldemar Besson generalisierend behauptete, ist eine Legende. So ließ Ebert beispielsweise im November 1918, kaum zum Kanzler ernannt, die Repräsentanten der Unabhängigen Sozialdemokraten in Anwesenheit des alten Vizekanzlers Friedrich von Payer drastisch spüren, daß sie sich durch ihre Kritik an ihm und durch ihre Abtrünnigkeit von seinem Kurs um jede Chance gebracht hätten, künftig an maßgeblichen politischen Entscheidungen mitzuwirken. Payer berichtete später: »Man hörte am Ton der Besprechung schon, daß sich hier zwei alte verbitterte Gegner[108] gegenüberstanden und daß es nicht gerade innere Sympathie war, was sie zu gemeinsamem Tun zusammenführen sollte. Der Ton war schroff. Ebert teilte, ziemlich von oben herab, den anderen mit, daß seine Partei entschlossen sei, die Regierung zu übernehmen, er forderte in seiner Eigenschaft als Reichskanzler von ihnen die Erklärung, ob sie sich an der Regierung beteiligen wollen und wie sie sich zur Beteiligung weiterer Parteien an der Regierung stellen würden. Die Herren waren ziemlich kleinlaut, vielleicht kränkten sie sich auch, daß die Sozialdemokratie ihnen zuvorgekommen war... Ebert stellte den Herren noch eine ziemlich kurze Frist zur Abgabe ihrer Erklärung und entließ sie.«

Die Revolution von oben, die Max von Baden eingeleitet hatte, war zu spät ausgelöst worden. Der Prinz und der Sozialdemokrat mußten feststellen, daß die Revolution von unten, die sie unter allen Umständen hatten verhindern wollen, seit dem 4. November 1918, seit der Meuterei der in Kiel stationierten Matrosen, nicht mehr zu verhindern war. Einen Aspekt ihres »Programms«, das die Unterbindung der Revolution, die Umfunktionierung des »großen Marsches« der Arbeiter zu einer Demonstration,

---

Gewerkschaften aus allen »Regierungsämtern« zurückgezogen werden müßten, falls die SPD-Führung erwarte, daß sie (die USPD) sich auf eine Einigung einließen. Am 26. September erklärten sie schließlich schriftlich, die aussichtslosen »Erörterungen« als abgeschlossen zu betrachten.

107 Das Nürnberger USPD-Blatt *Sozialdemokrat*, das am 17. August 1918 andeutungsweise von »Übereinkommen« berichtet hatte, mußte die Meldung am 31. August 1918 als Gerücht dementieren.

108 Haase und Liebknecht, die Ebert hatte sprechen wollen, waren nicht aufgefunden worden, so daß Dittmann, Vogtherr und Cohn sie vertreten mußten.

die Erhaltung rettenswerter Elemente der alten Ordnung, die Erreichung eines Waffenstillstandes und die Bildung einer Nationalversammlung vorsah, degradierten die Ereignisse im wesentlichen zur Makulatur.
Die aus einer elementaren Friedenssehnsucht resultierende Radikalisierung der Stimmung der breiten Masse hatte im Oktober einen deutlichen »Linksruck« in der politischen Landschaft bewirkt. Die SPD-Führung sah ihre – auf die Erhaltung der staatlichen Kontinuität bedachte politische – Position gefährdet und befürchtete die Isolierung von der Basis weit mehr als während der Massenstreiks im Januar, zumal zahlreiche sozialdemokratische Ortsvereine seit dem Solidarisierungseffekte auslösenden 4. November aus eigener Souveränität mit den Unabhängigen zu kooperieren begannen, mit ihnen in Arbeiterräten zusammenarbeiteten und lokale »Koalitionsregierungen« bildeten. Die bedingungslos aggressiv anklagenden Linken gewannen infolge der augenfälligen Mißstände, vor allem der teilweise besorgniserregend schlecht gewordenen Versorgung der Bevölkerung, zumindest propagandistisch die Oberhand, was sie aus der Perspektive der Arbeiterschaft besonders attraktiv erscheinen ließ. Daß ihre lautstarken Argumente und ihr Anspruch ihnen ein Gewicht verliehen, das mit den objektiven Tatsachen nicht proportionsgerecht korrespondierte, war im Augenblick unerheblich. Der Schein und die Haltung der SPD-Führung, deren Karten für die Verteidigung ihrer Position jetzt schlechter denn je gemischt waren, wogen mehr. Obwohl die Unabhängigen im Vergleich zur SPD nur über eine relativ schmale Basis verfügten, wurden sie von der SPD-Führung, die Aggressivität und Lautstärke der Konkurrenten als proportionsgerechtes Spiegelbild ihrer Substanz verstanden, als Machtfaktoren zu hoch eingeschätzt. Allerdings konnten weder Ebert und der Parteivorstand noch die sozialdemokratischen Reichstagsabgeordneten einer Politik das Wort reden, die den eigenständig handelnden Ortsvereinen demonstrativ entgegengesetzt gewesen wäre.
Die Sozialdemokraten mußten rasch und energisch handeln, sich auf der obersten Etage des Machtapparates im Staat etablieren und sich den Massen als künftige Träger der Staatsmacht darstellen, wenn sie sichern wollten, was Ebert ständig für erhaltenswert proklamiert hatte.

Die Stunde der Wahrheit

Die »Stunde der Wahrheit« brach in den ersten Novembertagen an. In Stuttgart, Hannover und Köln rissen »Arbeiter- und Soldatenräte« die politische Macht und vollziehende Gewalt an sich. Straßenkämpfe beherrschten Magdeburg, Demonstrationen Hamburg, Braunschweig, Halle und Leipzig, Revolten Karlsruhe, Essen, Breslau und Königsberg in Ostpreußen. Kiel befand sich seit dem 4. November in der Hand der bereits seit dem 28. Oktober meuternden Matrosen, die auf den Kriegsschiffen *Thüringen, Helgoland, Seydlitz, Derfflinger, Von der Tann* und *König* die Einstellung der Kriegshandlungen forderten.

In München, wo 100 000 Demonstranten auf der Theresienwiese am Nachmittag des 7. November die Abdankung Wilhelms II. gefordert hatten, gab es seit der Nacht vom 7. und 8. November keinen regierenden König mehr. »Landfremde« antibürgerliche Journalisten und Schriftsteller, der einstige *Vorwärts*-Redakteur Kurt Eisner, der aus Samotschin bei Bromberg stammende Literat Ernst Toller, der in Berlin geborene Schriftsteller Erich Mühsam und der Karlsruher Gustav Landauer, »herrschten« in Bayern, nachdem sie handstreichartig einen Arbeiter-, Soldaten- und Bauernrat proklamiert und den König vertrieben hatten.[109]

Vom Kanzler am 7. November sicherheitshalber noch einmal gefragt, ob er angesichts der unverkennbaren Entwicklung der Lage »im Kampf gegen die soziale Revolution« mit Eberts Unterstützung rechnen könnte,[110] wenn der Kaiser zurückträte, erklärte Ebert unmißverständlich: »Wenn der Kaiser nicht abdankt, dann ist die soziale Revolution unvermeidlich. Ich aber will sie nicht, ja, ich hasse sie wie die Sünde.«

---

[109] In Bayern waren die Verhältnisse den Revolutionären besonders entgegengekommen. Zahlreiche Militärs hatten ihre Kommandostellen verlassen. Die Trennung vom Reich galt in breiten Kreisen als wünschenswert. Der bayerische Kronprinz Rupprecht hatte bereits im Sommer 1918 einen Sonderfrieden für Bayern erwogen. Als der Hohenzollern-Kronprinz am 3. November bei ihm im militärischen Hauptquartier als deutscher Heerführer erschien und ihn bat, ein an Max von Baden gerichtetes Schreiben zu unterzeichnen, das den Verbleib des Kaisers auf dem Thron forderte, weigerte Rupprecht sich, dies zu tun. In sein Tagebuch hatte er am 2. November geschrieben: »Es wäre Zeit, daß die deutschen Fürsten sich gemeinschaftlich an den Kaiser wenden, um... ihm die Abdankung nahezulegen.«

[110] Die Unabhängigen hatten für den Abend des 7. November 26 Großversammlungen angesetzt. Ebert, der darin den Beginn einer Revolution auch in Berlin erblickte, entschied sich in der Stunde für das Ultimatum, weil »sonst... die ganze Gesellschaft zu den Unabhängigen« überliefe.

Am Abend des 8. November wollte die SPD-Führung es mit Diskussionen genug sein lassen. Sie überreichte dem Reichskanzler ein Ultimatum, in dem es hieß: »Die Parteileitung der sozialdemokratischen Partei hat heute noch einmal die Gesamtlage besprochen und Ebert und Scheidemann beauftragt, dem Kanzler folgendes zu erklären:
Die sozialdemokratische Partei fordert,
1. daß die Versammlungsverbote für heute aufgehoben werden,
2. daß Polizei und Militär zu äußerster Zurückhaltung angehalten werden,
3. daß die preußische Regierung sofort im Sinne der Reichstagsmehrheit umgestaltet wird,
4. daß der sozialdemokratische Einfluß in der Reichsregierung verstärkt wird,
5. daß die Abdankung des Kaisers und der Thronverzicht des Kronprinzen bis morgen mittag bewirkt werden.

Werden diese Forderungen nicht erfüllt, so tritt die Sozialdemokratie aus der Regierung aus.«
Am 8. November ist Ebert dennoch bereit, gegebenenfalls als Reichskanzler eine Regierung auf der Basis der monarchischen Verfassung zu bilden. Auf die Frage des Prinzen Max von Baden, der am 9. November um die Mittagszeit für sich und seine Regierung keine andere Alternative mehr als eben Friedrich Ebert sieht, ob er sich an der Schwelle der Katastrophe als Reichskanzler zur Verfügung stelle, antwortet Ebert: »Es ist ein schweres Amt, aber ich werde es übernehmen.« Auf Ebert, und das wußte der Prinz, war stets Verlaß. Doch als Dr. Solf, der kaiserliche Staatssekretär des Äußeren und der Kolonien (Außenminister), weiter in Ebert dringt und wissen will, ob er dies denn auch im Rahmen der »monarchischen Verfassung« tun würde, sagt Ebert, für den das Vaterland vor der Verfassung rangierte: »Gestern hätte ich diese Frage unbedingt bejaht, heute muß ich mich erst mit meinen Freunden beraten.« Dem Kanzler, der keine Zeit mehr zu verlieren hat, bleibt nun zunächst nur noch, Eberts Meinung über die Lösung der ein paar Tage zuvor von ihnen noch positiv diskutierten Regentschaftsfrage zu erfahren. Die Reaktion Eberts, der buchstäblich bis zur letzten Stunde, länger als einige der vielgepriesenen Militärs, bereit gewesen ist, »zur Fahne« zu stehen und die Monarchie letztlich auf dem Wege über ein Regentschaftskonzept zu erhalten, ist klar und verrät, daß er diese Hoffnung angesichts der inzwischen eingetretenen Verhältnisse aufgegeben hat. Seine knappe – und von seinen Begleitern mehrfach spontan wiederholte – Antwort: »Es ist zu spät!«
Sowohl in Berlin als auch in Spa wurde das – in der unmittelbaren Umgebung Max von Badens insgeheim bereits seit dem 26. Oktober

diskutierte – Thronverzichtsthema zum dringlichsten Problem des Tages, zumal Wilhelm II. dem sich hinter das SPD-Ultimatum stellenden Reichskanzler noch am 8. November ausdrücklich telegrafisch erklären ließ: »Seine Majestät habe es völlig abgelehnt, auf die Vorschläge Eurer Großherzoglichen Hoheit in der Thronfolge einzugehen, und hält es nach wie vor für seine Pflicht, auf seinem Posten zu bleiben.« Persönliche Berater des für Einflüsterungen und Liebedienereien meist leicht zugänglichen Monarchen, der sich dem Gedanken verschloß, »dem Druck der Sozialdemokratie« nachzugeben, stellten sich blind und wirkten nicht im Sinne des Kanzlers und Eberts, die den vielleicht noch einzig möglichen Weg zur Erhaltung der Monarchie gewiesen hatten. Sie warnten zwar davor, womöglich »eine Regierung ohne oder gegen die Sozialdemokraten zu bilden«, waren aber überzeugt, daß der »monarchische Gedanke bei... Neuwahlen einen Vorsprung erhalten« würde. In der Nacht vom 7. zum 8. November, nach Eberts Gespräch mit Max von Baden, telegrafierten sie dem Kaiser: »Um die sozialdemokratische Partei regierungsfähig zu halten und den Übergang der Massen ins radikale Lager zu verhüten, müsse man den Unabhängigen und der Spartakusgruppe das Schlagwort entwinden, dessen Massensuggestion nach Bekanntwerden der Waffenstillstandsbedingungen an Gewalt noch wachsen würde... Der Kaiser würde unverzüglich den festen Willen aussprechen, abzudanken, sobald der Stand der Waffenstillstandsverhandlungen die Ausschreibung von Neuwahlen für eine verfassunggebende Nationalversammlung gestatte, der die endgültige Neugestaltung der Staatsform... zufallen würde, einschließlich der bisher in das Reich nicht aufgenommenen Volksteile. Bis dahin werde der Kaiser einen Stellvertreter bestellen.«

Umsonst selbst dies – und auch der ausdrückliche Hinweis, daß nur noch »mit Hilfe der Sozialdemokratie die Situation gehalten« werden könnte. Der über die Haltung der ihm inzwischen den Gehorsam verweigernden Truppe von seinem Intimus General Graf Schulenburg falsch (erst am Morgen des 9. November von der Obersten Heeresleitung zutreffend) informierte Kaiser dachte am 8. November, als überall im Reich revolutionäre Impulse wirksam, Bayern bereits einen Tag lang Republik und der König geflohen war, an eine »militärische Expedition gegen die Heimat« und entzog dem »Programm« Max von Badens und Friedrich Eberts zur Erhaltung der Monarchie damit endgültig den Boden. Von »der Welt« abgeschlossen, in seinem Hauptquartier in Spa bei Lüttich residierend, baute Wilhelm II. immer noch auf die Truppe, die ihm »den Eid geschworen« hatte.

»Schwarz auf weiß will ich die Meldung aller kommandierenden Generale haben, daß das Heer nicht mehr hinter seinem Obersten Kriegsherrn steht«, herrschte er noch am Vormittag des 9. November den von ihm zuvor jovial als »braven Schwab« bezeichneten Generalquartiermeister Wilhelm Groener entsetzt an, der sich insgeheim bereits für Ebert entschieden und seinem Obersten Kriegsherrn schweren Herzens erklärt hatte, daß das Heer ihm nicht mehr gehorchte.

Doch selbst nach dieser Szene, am frühen Nachmittag des 9. November, als er sich schließlich zu einer Entscheidung im Hinblick auf einen Thronverzicht durchgerungen hatte, zeigte sich, daß er immer noch nicht begriff, wie es um ihn, um die Monarchie und um das Reich schlechthin bestellt war. Er wies den Staatssekretär Paul von Hintze um die Mittagszeit an, sich telefonisch mit Max von Baden in Berlin in Verbindung zu setzen und ihm folgende Erklärung als Entscheidung des obersten Souveräns vorzutragen: »Um Blutvergießen zu vermeiden, sind Seine Majestät bereit, als Deutscher Kaiser abzudanken, aber nicht als König von Preußen. Seine Majestät wollen auch ... König von Preußen bleiben, um zu vermeiden, daß durch den bei Abdankung erfolgenden gleichzeitigen Abgang der Mehrzahl der Offiziere die Armee führerlos wird und sich auflöst.«

Max von Baden, der während des Telefonats den Eindruck gewann, daß sich seine Hoffnung, durch den Thronverzicht Wilhelms II. die Revolution in letzter Stunde vielleicht doch noch abwenden und die Monarchie retten zu können, verwirklichen ließe, handelte rasch und aus eigener Vollmacht, als er über das Wolffsche Telegraphenbüro – gegen den bekundeten Willen des Kaisers – publizieren ließ: »Der Kaiser und König hat sich entschlossen, dem Throne zu entsagen. Der Reichskanzler bleibt noch so lange im Amte, bis die mit der Abdankung des Kaisers, dem Thronverzicht des Kronprinzen des Deutschen Reiches und von Preußen und der Einsetzung der Regentschaft verbundenen Fragen geregelt sind. Er beabsichtigt, dem Regenten die Ernennung des Abgeordneten Ebert zum Reichskanzler und die Vorlage eines Gesetzentwurfs wegen der sofortigen Ausschreibung allgemeiner Wahlen für eine verfassunggebende deutsche Nationalversammlung vorzuschlagen, der es obliegen würde, die künftige Staatsform des deutschen Volkes, einschließlich der Volksteile, die ihren Eintritt in die Reichsgrenzen wünschen sollten, endgültig festzustellen.«

Wäre geschehen, was Wilhelm II. forderte, hätte das Bismarck-Reich der Vergangenheit angehört.

Die Idee des Kanzlers, sowohl den Kaiser als auch den Kronprinzen zur Abdankung zu veranlassen, eine gesamtdeutsche Nationalversammlung unter Einschluß des deutsch-österreichischen Nationalrates zu bilden, der sich am 21. Oktober 1918 ausdrücklich zum Anschluß an das Reich bekannte,[111] die demokratischen großdeutschen Vorstellungen des Frankfurter Parlaments von 1848 wieder zu beleben und zu realisieren, teilte Ebert seit jeher aus voller Überzeugung. Noch Anfang November hatte er, der als Reichspräsident nicht müde wurde, immer wieder den Geist des Paulskirche-Parlaments zu beschwören, dem Prinzen Max von Baden erklärt, ihn und die SPD auf seiner Seite zu haben, sobald es darum gehe, den »Plan« zu verwirklichen.

Die Vorschläge des Kanzlers und »Herrn Eberts«, wie Wilhelm den Vorsitzenden der SPD inzwischen respektvoll titulierte, hatte er ausgeschlagen, den Militärs und seinen Hofschranzen sein Ohr geliehen. Die Rechnung mußten er und die Dynastie Hohenzollern jetzt begleichen.

In Berlin, wo Ebert und Scheidemann am 9. November ungefähr zur selben Zeit mit dem Kanzler über die Thronverzichtsfrage konferiert hatten, herrschte Revolutionsstimmung. Scheidemann, der nach dem Gespräch mit Max von Baden in das Reichstagsgebäude zurückgekehrt war, sah sich dort einer aufgewühlten Menge gegenüber. »Am 9. November 1918«, so schilderte er die Ereignisse, »glich der Reichstag schon in den Morgenstunden einem großen Heerlager. Arbeiter und Soldaten gingen ein und aus. Viele trugen Waffen. Mit Ebert und anderen Freunden saß ich hungrig im Speisesaal. Es gab wieder nur eine dünne Wassersuppe. Da stürmte ein Haufen von Arbeitern und Soldaten in den Saal, gerade auf unseren Tisch zu. Fünfzig Menschen schrien zugleich: Scheidemann, kommen Sie mit uns – Philipp, du mußt hier raus und reden! – Ich wehrte ab. Ach, wieviel hatte ich schon reden müssen! – Du mußt, du mußt, wenn Unheil verhütet werden soll. Draußen stehen Tausende, die verlangen, daß Sie reden. Scheidemann, komm schnell, vom Schloßbalkon aus redet Liebknecht.«

Erregt kolportierte Gerüchte, daß die Unabhängigen Sozialdemokraten Hugo Haase und Georg Ledebour bereits eine Regierung gebildet hätten, bewirkten ein übriges.

Obwohl gewöhnlich schnell mit zündenden Reden »zur Hand«, hielt

---

[111] Vgl. dazu auch die Anmerkung S. 164 f. Die seit September nicht mehr zu übersehende militärische und wirtschaftliche Notsituation Österreich-Ungarns, mit der Ebert sich seit Juli 1918 besorgt beschäftigte, hatte ihn bewogen, am 21. August in einer Besprechung mit dem Vizekanzler von Payer nach einem in sich widersprüchlichen Vortrag Hintzes, von dem die militärische Lage Österreichs (mit Eberts Aufzeichnungen im Nachlaß) als »sehr ernst, doch nicht hoffnungslos« (dann aber auch: »Österreich habe erklärt, es sei am Ende seiner Kraft«) bezeichnet worden war, einen »schnellen Frieden« zu fordern, auch um dort den »zur Katastrophe drängenden Verhältnissen im Innern« rechtzeitig effektvoll begegnen zu können.

Scheidemann sich jetzt zunächst zurück. Seine Bedenken, womöglich von dem inzwischen zum Reichskanzler ernannten Genossen Ebert gerügt zu werden, wenn er sich hier – ohne Rücksprache mit ihm – engagierte, zumal Ebert selbst im Saal saß, hinderten ihn offenbar, den Aufforderungen und dem Druck der Umgebung unmittelbar zu folgen. Schließlich tat er es doch. »Ich sah den russischen Wahnsinn vor mir«, berichtete er nach Eberts Tod, sah »die Ablösung der zaristischen Schreckensherrschaft durch die bolschewistische. Nur nicht auch das noch in Deutschland nach all dem anderen Elend.« Er trat an ein offenes Fenster des Reichstagsgebäudes und verkündete der unruhig wartenden Menge: »Der Kaiser hat abgedankt. Er und seine Freunde sind verschwunden. Über sie alle hat das Volk auf der ganzen Linie gesiegt! Der Prinz Max von Baden hat sein Reichskanzleramt dem Abgeordneten Ebert übergeben. Unser Freund wird eine Arbeiterregierung bilden, der alle sozialistischen Parteien angehören werden... Arbeiter und Soldaten! Seid euch der geschichtlichen Bedeutung des Tages bewußt... Das Alte und Morsche, die Monarchie, ist zusammengebrochen. Es lebe das Neue! Es lebe die Deutsche Republik.«

Was Scheidemann befürchtet hatte, trat ein. Das war ein Akt, den Ebert nicht gutheißen konnte. Er »schlug mit der Faust auf den Tisch und schrie mich an«, berichtete Scheidemann, dem Ebert »eine Szene« machte, die das weitere Verhältnis Ebert-Scheidemann so belastete, daß es niemals mehr zu einer völligen Aussöhnung gekommen ist. Noch nach Eberts Tod hat Scheidemann nicht aufgehört, Eberts Ansehen und historische Rolle zu verkleinern. »Du hast kein Recht, die Republik auszurufen!« hat Ebert ihn vor zahlreichen Zeugen belehrt und ihm in heftigem Ton erklärt: »Was aus Deutschland wird, ob Republik oder was sonst, das entscheidet eine Konstituante.«

Es war jedoch geschehen. Deutschland war demokratische Republik geworden. Und nicht nur der Sozialdemokrat Scheidemann hatte die Monarchie demonstrativ verabschiedet. Vom Altan des Schlosses aus war eine neue Staatsform, allerdings als »sozialistische Republik«, kurz danach – gegen 16 Uhr – auch von dem erst zwei Wochen zuvor aus der Haft entlassenen Linksextremisten Karl Liebknecht verkündet worden.

Jetzt, zwischen 17 und 18 Uhr, ging Max von Baden zu Ebert in die Reichskanzlei, um sich von ihm zu verabschieden. Ebert, von ihm erst ein paar Stunden zuvor zum Reichskanzler ernannt,[112] überraschte den Prin-

[112] Am Nachmittag des 9. November waren Ebert, Scheidemann, Otto Braun und zwei

zen mit einer historischen Reminiszenz. Wie der Erzherzog Johann von Österreich 1848 als Reichsverweser das Werk der Frankfurter Nationalversammlung geleitet hatte, so sollte sich nach Eberts Vorstellungen jetzt auch Max von Baden als Reichsverweser zur Verfügung stellen und der vorgesehenen Nationalversammlung schließlich bei der Schaffung der neuen Reichsverfassung vorstehen. Doch der von soviel Loyalität und Traditionstreue verblüffte Exkanzler lehnte ab. Ohne vom Kaiser dazu bestellt worden zu sein, wollte er, wie er Jahre danach erklärte, 1918 nicht auch noch einen solchen Schritt aus eigener Vollmacht tun. Alles lag von nun an in Eberts Händen.

Max von Baden, der Prinz, Großherzog, General und Reichskanzler, verstieß am 9. November 1918 gegen die Bestimmungen sowohl der alten als auch der am 28. Oktober geänderten Verfassung, als er aus eigener Souveränität das Amt des Reichskanzlers auf Friedrich Ebert übertrug.[113]

Das »Zeremoniell« endete unbeabsichtigt feierlich und verlieh dem Akt historische Würde. Nachdem Max von Baden Ebert die Geschäfte übergeben und sich von ihm verabschiedet hatte, war er, von der Angst bedrückt, womöglich doch den Schlußpunkt unter die deutsche Geschichte gesetzt zu haben, an der Tür noch einmal stehengeblieben, hatte sich seinem Nachfolger am Tisch Otto von Bismarcks zugewandt und pathetisch erklärt: »Herr Ebert, ich lege Ihnen das Deutsche Reich ans Herz!«

Friedrich Ebert, nicht weniger erregt als sein Vorgänger, reagierte spontan mit einer Antwort, die von einem Dichter stammen könnte. »Ich habe«, sagte er ernst, »zwei Söhne für dieses Reich verloren!«

Die Kontinuität der deutschen Geschichte schien gesichert.[114]

Vertreter von Berliner Betrieben beim Reichskanzler erschienen und hatten seinen Rücktritt, die Übergabe der Regierungsgewalt und des Oberkommandos der Armee verlangt.

113 Im Grunde war Ebert zunächst noch Kanzler des Kaisers, dessen Abdankung Max von Baden ohne Einverständnis des Monarchen verkündet hatte. Die Regierung, die Ebert übernahm, war die Regierung Max von Badens. Alle Staatssekretäre (Minister) blieben ebenso im Amt wie der preußische Kriegsminister.

114 Verlauf des 9. November 1918: Kurz vor 10 Uhr früh erklärte Groener dem Kaiser, daß das Heer nicht mehr hinter ihm stehe. Gegen 12 Uhr mittags gab Max von Baden den Rücktritt des Kaisers bekannt. Um 15 Uhr ernannte Max von Baden Friedrich Ebert zum Reichskanzler. Gegen 15 Uhr rief Scheidemann die Republik aus. Zwischen 17 und 18 Uhr bat Ebert den Prinzen, sich als Reichsverweser zur Verfügung zu stellen.

1919 von Friedrich Ebert (in dritter Person gehaltener) persönlich verfaßter Lebenslauf

Ebert ist Süddeutscher; er ist am 4. Februar 1871 in Heidelberg geboren. Als siebzehnjähriger Sattlergeselle zog er in die Fremde und wurde nach dreijähriger Wanderschaft in Bremen ansässig. Wie die meisten sozialistischen Arbeiter kam er über den Weg der Gewerkschaftsbewegung zum Sozialismus. Seine politische Tätigkeit lag lange vorwiegend auf dem Gebiete der Sozialpolitik. Mitte der neunziger Jahre wurde er Redakteur, später leitete er das Arbeiter-Sekretariat in Bremen, bis er 1905 als Sekretär des Zentralvorstandes der Sozialdemokratischen Partei nach Berlin berufen wurde. Nach dem Tode Bebels wurde er zum Vorsitzenden der Sozialdemokratischen Partei gewählt. In den inneren Parteikämpfen stand Ebert immer im Gegensatz zur radikalen Linken. Bei den Reichstagswahlen im Jahre 1912 schickte ihn der Wahlkreis Elberfeld-Barmen in den Reichstag. Dort hat er besonders während des Krieges in wichtigen Fragen vielfach die Stellung der sozialdemokratischen Fraktion vertreten. Er gehörte dem interfraktionellen Ausschuß an und war dort an den Vorbereitungen der Juliresolution des Reichstages hervorragend beteiligt; auch dem Siebenerausschuß für die Beantwortung der Papstnote gehörte er an. In den letzten Monaten des alten Reichstages war er Vorsitzender des Haushaltsausschusses.

In den Wochen vor Ausbruch der Revolution hat Ebert in mehrfachen Besprechungen der Reichsregierung den Ernst der Situation vorgestellt. Nach Ausbruch der Revolution erschien er am 9. November vormittags mit einer Deputation von Abgeordneten und Arbeitern bei der Reichsregierung und begründete die Notwendigkeit einer sozialdemokratischen Reichsregierung. Am gleichen Tage übernahm er mit Zustimmung seiner Partei das ihm von der Reichsregierung übertragene Amt des Reichskanzlers. Die bisherigen Staatssekretäre berief Ebert am nächsten Tage noch einmal zu einer Sitzung, um über die Waffenstillstandsbedingungen Mitteilung zu machen und Kenntnis zu geben von einer Depesche der Obersten Heeresleitung, in der schnelle Annahme der Bedingungen verlangt wurde. Die bisherigen Staatssekretäre lehnten ab, dazu Stellung zu nehmen, wonach Ebert die Waffenstillstandskommission zur Annahme der Bedingungen bevollmächtigte. Am gleichen Tage wurde zur Leitung der Reichsgeschäfte der Rat der Volksbeauftragten gebildet. Ebert war bis zur Wahl zum Reichspräsidenten dessen Vorsitzender.

Friedrich Ebert – Daten und Stationen

1871: Geburt in Heidelberg.
1877 – 1886: Besuch der Volksschule in Heidelberg.
1886 – 1888: Sattlerlehre und Absolvierung der Gewerbeschule in Heidelberg.
1888 – Anfang 1889: Auf Wanderschaft in Karlsruhe und München. Danach kurzer Aufenthalt in Heidelberg.
1889: Aufenthalt bei Wilhelm Strötz in Mannheim.
Gründung einer Sattlerzahlstelle und deren Schriftführer in Hannover. Entlassung wegen Agitation.
Arbeit als Sattler und Gründung einer Zahlstelle des Sattlerverbandes in Kassel. Entlassung wegen Organisierung eines Streiks.
Aufenthalt in Braunschweig.
1890: Bochum.
1891: Arbeit in Elberfeld-Barmen und Gründung einer Filiale des Sattlerverbandes in Remscheid.
Arbeit in Quakenbrück. Agitation zum 1. Mai, Verurteilung zu drei Tagen Haft, Entlassung und Flucht nach Bremen.
1891 – 1894: Arbeit als Sattler – und sozialdemokratische Agitationstätigkeit in Bremen.
1893: Lokalredakteur der sozialdemokratischen »Bremer Bürger-Zeitung«.
1894: Pacht des Restaurants »Wirt zur guten Hilfe« – mit Bierhalle und Versammlungssaal in Bremen. Vorsitzender der Bremer Sozialdemokraten.
1894: Heirat mit Louise Rump in Bremen.
1894: Geburt des 1. Sohnes (Friedrich); nach 1945 Oberbürgermeister in Ost-Berlin.
1896: Geburt des 2. Sohnes (Georg; gefallen im Ersten Weltkrieg). Delegierter der Bremer Bürgerschaft auf dem SPD-Parteitag in Gotha.
1897: Geburt des 3. Sohnes (Heinrich; gefallen im Ersten Weltkrieg).
1899: Geburt des 4. Sohnes (Karl; sozialdemokratischer Landtagsabgeordneter in Baden-Württemberg).
1900: Geburt der Tochter Amalie.
1900: Arbeitersekretär des Bremer Gewerkschaftskartells und Mitglied der Bremer Bürgerschaft.
1905: Sekretär und Vorstandsmitglied der SPD in Berlin.
1912: Mitglied des Reichstages.
1913: Nach August Bebels Tod (13. August 1913) – seit 20. September 1913, gleichberechtigt mit Hugo Haase – Parteivorsitzender der SPD.
1916: Vorsitzender der sozialdemokratischen Reichstagsfraktion.
9. 11. 1918: Reichskanzler.
10. 11. 1918: Mitglied des Rates der Volksbeauftragten.
11. 2. 1919: Wahl zum Reichspräsidenten.

III. Kapitel

Der Reichspräsident

Reichskanzler und Konkursverwalter

Als Friedrich Ebert, der neue Reichskanzler, an Otto von Bismarcks Schreibtisch seinen Aufruf an das deutsche Volk entwirft, kann er davon ausgehen, daß es im Reich nirgendwo mehr einen regierenden Fürsten gibt. Der sächsische König hat den revolutionären Funktionären, Soldaten und Matrosen am Tag zuvor in landesüblichem Sächsisch empfohlen, ihren »Dreck alleene« zu machen,[1] der bayerische König die Flucht ergriffen. Auch in Württemberg, Baden, Oldenburg, Sachsen-Weimar, Hessen, Sachsen-Altenburg, Meiningen, Coburg-Gotha, Anhalt und Lippe haben die Souveräne kampflos vor der Revolution kapituliert. Im Herzogtum Braunschweig war es zwar zu Kämpfen zwischen der Wolfenbütteler Artillerie und den in Braunschweig stationierten Soldaten gekommen; aber Ernst August, der letzte Welfen-Herzog, hatte der geschichtlichen Stunde schließlich ebenso den Tribut gezollt wie der Fürst von Waldeck-Pyrmont, den der Arbeiter- und Soldatenrat absetzte. Der Kaiser, von seinen Militärs und dem Kanzler verlassen, war vom belgischen Spa nicht mehr nach Berlin zurückgekehrt, sondern aus seinem Hauptquartier unmittelbar nach Holland geflohen.

Noch in der Nacht zum 10. November 1918 erläßt Ebert als Reichskanzler einen Aufruf, in dem es unter anderem heißt:

I.

»Die neue Regierung hat die Führung der Geschäfte übernommen, um das deutsche Volk vor Bürgerkrieg und Hungersnot zu bewahren und seine berechtigten Forderungen auf Selbstbestimmung durchzusetzen. Diese Aufgabe kann sie nur erfüllen, wenn alle Behörden und Beamten in Stadt und Land ihre hilfreiche Hand leihen.

Die neue Regierung wird eine Volksregierung sein. Ihr Bestreben wird sein müssen, dem deutschen Volke den Frieden schnellstens zu bringen und die Freiheit, die es errungen hat, zu befestigen.

Mitbürger! Ich bitte Euch alle um Eure Unterstützung bei der schweren Arbeit, die unser harrt. Ihr wißt, wie schwer der Krieg die Ernährung des Volkes, die erste Voraussetzung des politischen Lebens, bedroht.

---

[1] Am 13. November erklärte der Minister des Inneren dem Arbeiter- und Soldatenrat offiziell, daß der König abgedankt habe.

Die politische Umwälzung darf die Ernährung der Bevölkerung nicht stören.
Es muß die erste Pflicht aller in Stadt und Land bleiben, die Produktion von Nahrungsmitteln und ihre Zufuhr in die Städte nicht zu hindern, sondern zu fördern.
Nahrungsmittelnot bedeutet Plünderungen und Raub, mit Elend für alle! Die Ärmsten würden am schwersten leiden, die Industriearbeiter am bittersten getroffen werden.
Wer sich an Nahrungsmitteln oder sonstigen Bedarfsgegenständen oder an den für ihre Verteilung benötigten Verkehrsmitteln vergreift, versündigt sich aufs schwerste an der Gesamtheit.
Mitbürger! Ich bitte Euch alle dringend: Verlaßt die Straßen! Sorgt für Ruhe und Ordnung!

II.

Mitbürger! Der bisherige Reichskanzler Prinz Max von Baden hat mir unter Zustimmung der sämtlichen Staatssekretäre die Wahrnehmung der Geschäfte des Reichskanzlers übertragen. Ich bin im Begriff, die neue Regierung im Einvernehmen mit den Parteien zu bilden, und werde daher über das Ergebnis der Öffentlichkeit in Kürze berichten.
Ich weiß, daß es vielen schwer werden wird, mit den neuen Männern zu arbeiten, die das Reich zu leiten unternommen haben, aber ich appelliere an ihre Liebe zu unserem Volke. Ein Versagen der Organisation in dieser schweren Stunde würde Deutschland der Anarchie und dem schrecklichsten Elend ausliefern.
Helft also mit mir dem Vaterlande durch furchtlose und unverdrossene Weiterarbeit, ein jeder auf seinem Posten, bis die Stunde der Ablösung gekommen ist...«

»Verlaßt die Straßen! Sorgt für Ruhe und Ordnung!« hatte Ebert vom Schreibtisch aus gefordert. Erzwingen konnte er – im Augenblick jedenfalls – nichts. In Berlin agitierten die Spartakisten und die Unabhängigen gut organisiert und geschult. Effektvoll versuchten sie die breite Masse durch stereotyp wiederholte Teilwahrheiten und Phrasen, eklatante Übertreibungen und wirkungsvolle Schwarzweiß-Malereien auf ihre Seite zu ziehen. Ein Mitarbeiter der *Berliner Illustrirten Zeitung,* der meinte, daß die Revolution »dem Berliner eigentlich geschenkt worden« sei, schilderte am 19. Januar 1919, vier Tage nach der Ermordung Karl Liebknechts und Rosa Luxemburgs, wie er den Wechsel von der Monarchie zur Republik auf den Straßen erlebte. »In den ersten Tagen« der Revolution, so schrieb er, »war es unzweifelhaft, daß die Anhänger Liebknechts den größten

Erfolg mit... improvisierten Volksversammlungen hatten... (sie) sind... systematisch... geschult worden... Waren in der Gruppe viele Uniformen zu sehen, so führte der Soldat das große Wort; waren bürgerliche Anzüge in der Mehrheit, so fing der Zivilist an. Und der andere hatte immer nur die Aufgabe, zuzustimmen oder auch gelegentlich mal die Zuhörer zu harangieren... Die Erfolge dieser Straßenredner waren stärker als die der Versammlungsredner... (sie) stellten ihr Thema... immer auf die jeweilige Zuhörerschaft ein... In diesen... Tagen waren die Liebknecht-Straßenredner im Übergewicht... Ich bin überzeugt, daß die russischen Revolutionäre, die sich in Berlin... aufhalten... eine Art revolutionären Anschauungsunterricht erteilen... Während der Freund der Liebknechtschaft die Leidenschaften aufputscht, muß sich der verständige Sozialist und Demokrat bemühen, das Lämpchen der Vernunft anzuzünden.«

Andere sahen es anders. So schrieb der namhafte Publizist Theodor Wolff im linksliberalen *Berliner Tageblatt,* daß »die größte aller Revolutionen... wie ein plötzlich losbrechender Sturmwind das kaiserliche Regime mit allem, was oben und unten dazugehörte... in einem Anlauf genommen« habe.

Daß dies so nicht zutraf, bewiesen die Verhältnisse. Die revolutionären Massen, die laut dem »Sozialismus« das Wort redeten, wollten ihn – zunächst wenigstens – nicht tatsächlich verwirklicht, sondern nur das Ende des Krieges herbeigeführt sehen. Nirgendwo sind im November 1918 beispielsweise Fabriken besetzt und Sozialisierungsmaßnahmen getroffen worden, die als revolutionäre Akte interpretiert werden könnten. Die alte Reichsregierung blieb in ihrer alten Zusammensetzung unter Ebert erhalten.

Die Ministerialbürokratie, die konservativen Regierungspräsidenten und Landräte, »regierten« (zunächst von Arbeiterräten überwacht) wie bislang weiter, das Offizierskorps und die Generalität führten auch weiterhin ihre Feldtruppen.

Dennoch überfielen irritierte Konservative und Reaktionäre Ebert mit Schimpfkanonaden und forderten für ihn »den Galgen«. »Worte reichen nicht aus, der Empörung und dem Schmerze Ausdruck zu geben«, durfte beispielsweise der kaisertreue Paul Becker am 10. November unzensiert in der *Deutschen Tageszeitung* schreiben und grob tatsachenwidrig behaupten: »Die deutschen Sozialisten wußten, daß der Friede ohnehin im Werden sei und daß es nur noch gelte, Wochen, vielleicht nur Tage lang dem Feinde eine geschlossene, feste Front zu zeigen, um ihm erträgliche Bedingungen abzuringen. In dieser Lage haben sie die weiße Fahne gehißt. Das ist eine Schuld, die nie vergeben wird. Das ist ein Verrat... an der Monarchie ... am Heere ... am deutschen Volke selber, das seine Folgen durch Jahrhunderte des Niedergangs und des Elends zu tragen haben wird.«

Daß die Kapitulation von der kaiserlichen Obersten Heeresleitung ultimativ gefordert worden war und daß sie es auch gewesen war, die die deutsche Waffenstillstandsdelegation zu Marschall Foch nach Compiègne entsandt hatte, wußten Becker und andere nicht. Und als sie es erfuhren, wollten sie es nicht glauben.

Ebert, der das Reich erhalten und die soziale Revolution niederhalten wollte, mußte registrieren, daß es in den Nordseehäfen, in den Territorien um Gotha und Halle, im mitteldeutschen Braunkohlengebiet, in Leipzig, Eisenach, Erfurt und in Braunschweig zu bewaffneten Kämpfen kam und im Süden und Westen des Reiches Partikularisten agierten, denen die Einheit des Staates teilweise nicht erst jetzt ein Dorn im Auge war. Sie gefährdeten die Politik der SPD und der aus der Fortschrittspartei hervorgegangenen Deutschen Demokraten vor allem dadurch, daß sie mit ihrem Kampf gegen Berlin früh schon den erwartungsvoll nach Deutschland blickenden Franzosen in die Hände arbeiteten. Bayern, wo Kurt Eisner bereits am 7. November 1918 die Revolution ausgerufen und den Monarchen vertrieben hatte,[2] schien auf dem Wege zum gesicherten Separatstaat, dessen Revolutionsregierung die Chance sah, sich endlich und endgültig von Berlin und Preußen zu lösen.

Streiks der Bergleute und Angestellten der Eisenbahn, die die Revolution nach einem geflügelten Wort des renommierten USPD-Mitgliedes Emil Barth als »Lohnbewegung« ansahen, gefährdeten die Versorgung der ohnehin hungernden und weitgehend auf ihre Improvisationsfähigkeit angewiesene Bevölkerung.

Im Gegensatz zu Karl Liebknecht und Rosa Luxemburg, die die Multiplizierung und Ausweitung revolutionärer Anstöße und Aktionen begrüßten und im Moment weder Details noch Fragen der Taktik diskutierten, sondern das ganze Augenmerk auf die Aktionsfähigkeit und den Willen

[2] Obwohl Eisner ein romantisch-revolutionär »versponnener« Literat mit teilweise irrealen Vorstellungen war, verfügte er über einen relativ klaren Blick für die internationale politische Situation. Früher als die meisten Politiker befürchtete er einen Diktatfrieden der Siegermächte, dem er durch Kontakte mit den Westmächten (vor allem mit den USA) und durch einen rigorosen Bruch mit der monarchistischen Tradition zuvorkommen wollte. Während Ebert um die Erhaltung der außenpolitischen Kontinuität mit dem Kaiserreich und um die Niederhaltung der Revolution bemüht war, wollte Eisner – ganz im Sinne der Siegermächte – das Gegenteil durchgesetzt sehen.

des Proletariats zur Macht gelenkt sehen, »sehr rasch und entschlossen vorwärts stürmen«, alle Hindernisse brachial niederwerfen, die »Ziele« der Revolution »immer weiter stecken« und die auf Restauration gerichtete »Konterrevolution« hinwegfegen wollten, ging es Ebert um die Verhinderung der Revolution und um die Erhaltung der Einheit des in seinen Grenzen unangetasteten Reiches und der Nation. Und anders als sie, war er überzeugt, daß die Zukunft unter keinen Umständen dem Bolschewismus gehören dürfe, der für Rosa Luxemburg als »das Stichwort für den praktischen revolutionären Sozialismus, für alle Bestrebungen der Arbeiterklasse zur Machteroberung« galt.

Zwar waren kritische Freunde Rosa Luxemburgs, die am 8. November aus dem Breslauer Gefängnis entlassen worden war und am 10. November in Berlin eintraf, wo sie sich sofort eifrig politisch engagierte, der Auffassung, daß sie während ihrer Haft jedes Maß verloren und keinen Blick mehr für die Grenzen des Erreichbaren gehabt habe; aber ihr Wort zählte auf dem extrem linken Flügel mehr als jedes andere. So taumelte sie ohne Verständnis für die konkrete Situation kritiklos – immer das russische Vorbild im Auge – in ein Verhängnis hinein, das sie zwei Monate später das Leben durch Mörderhand kostete. Bis dahin aber stand sie, vehement, ungewöhnlich intelligent und ungeduldig agierend, an der Spitze der Phalanx derjenigen, die Ebert, Legien, Noske, Scheidemann und Landsberg – wie seit dem 4. August 1914 – gnadenlos bekämpften.

Nach seiner Ernennung zum Reichskanzler hatte Ebert die – in Abwesenheit Haases und Liebknechts – zu ihm in die Reichskanzlei beorderten USPD-Exponenten Dittmann, Vogtherr und Cohn in barschem Ton aufgefordert, eine umgehende Erklärung der USPD-Parteiführung zu veranlassen, die darüber Auskunft geben sollte, ob die USPD sich an einer von ihm zu bildenden Regierung beteiligen wolle und ob sie mit der Einbeziehung von Vertretern anderer Parteien einverstanden sei.[3] Die Antwort folgte noch am 9. November schriftlich. Ihr Text:

»Von dem aufrichtigen Wunsche geleitet, zu einer Einigung zu gelangen, müssen wir unsere grundsätzliche Stellung zu Ihren Forderungen klarlegen. Wir fordern:

1. Deutschland soll eine soziale Republik sein.
2. In dieser Republik soll die gesamte exekutive, legislative und jurisdiktionelle Macht ausschließlich in den Händen von gewählten Vertrauensmännern der gesamten werktätigen Bevölkerung und der Soldaten sein.

[3] Vgl. S. 173f.

3. Ausschluß aller bürgerlichen Mitglieder aus der Regierung.
4. Die Beteiligung der Unabhängigen gilt nur für drei Tage, als ein Provisorium, um eine für den Abschluß des Waffenstillstands fähige Regierung zu schaffen.
5. Die Ressortminister gelten als technische Gehilfen des eigentlichen und entscheidenden Kabinetts.
6. Gleichberechtigung der beiden Leiter des Kabinetts.«

Der bolschewistische Einfluß war unverkennbar und konnte von Ebert und dessen Führungsmannschaft nicht als Programm akzeptiert werden. Entsprechend fiel dann auch die Antwort aus:

»Zu Punkt 1:
Diese Forderung ist das Ziel unserer eigenen Politik, indessen hat darüber das Volk durch die Konstituierende Versammlung zu entscheiden.
Zu Punkt 2:
Ist mit diesem Verlangen die Diktatur eines Teils einer Klasse gemeint, hinter dem nicht die Volksmehrheit steht, so müssen wir diese Forderung ablehnen, weil sie unseren demokratischen Grundsätzen widerspricht.
Zu Punkt 3:
Diese Forderung müssen wir ablehnen, weil ihre Erfüllung die Volksernährung erheblich gefährden, wenn nicht unmöglich machen würde.
Zu Punkt 4:
Wir halten eine Zusammenwirkung der sozialistischen Richtungen mindestens bis zum Zusammentritt der Konstituante für erforderlich.
Zu Punkt 5:
Dieser Forderung stimmen wir zu.
Zu Punkt 6:
Wir sind für die Gleichberechtigung aller Kabinettsmitglieder, indessen hat die Konstituierende Versammlung darüber zu entscheiden.«

Eberts Handschrift ist unverkennbar. Nicht ein paar Funktionäre, sondern das ganze deutsche Volk sollte über die Zukunft Deutschlands entscheiden. Die USPD-Führung unterwarf sich mit Vorbehalten, die deutlich Hugo Haases Einfluß verrieten:

»Die Unabhängige Sozialdemokratische Partei ist bereit, um die revolutionären sozialistischen Errungenschaften zu festigen, in das Kabinett unter folgenden Bedingungen einzutreten:
Das Kabinett darf nur aus Sozialdemokraten bestehen, die als Volkskommissare gleichberechtigt nebeneinanderstehen.
Für die Fachminister gilt diese Beschränkung nicht; sie sind nur technische

Aufruf von „Frontsoldaten" zur Ermordung Karl Liebknechts.

Das Ergebnis: Der ermordete Liebknecht im Berliner Leichenschauhaus.

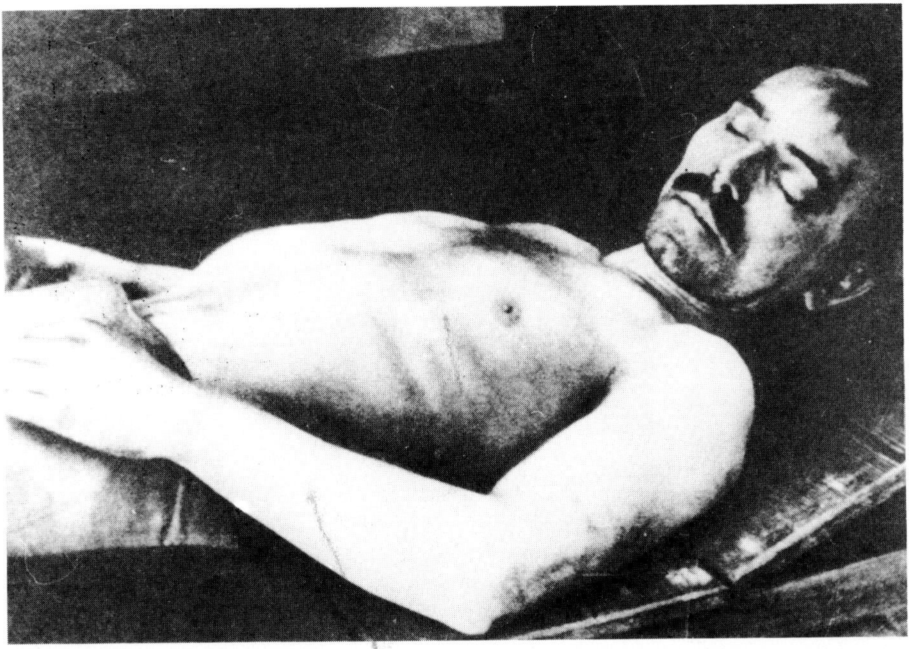

Bekanntmachung.

10000 Mk. Belohnung!

Am Mittwoch, den 15. Januar abends, sollten die Festgenommenen **Dr. Karl Liebknecht** und Frau **Dr. Rosa Luxemburg** vom Eden-Hotel in das Moabiter Untersuchungsgefängnis mittels Auto überführt werden.

Dr. Liebknecht ist unterwegs bei einem angeblichen Fluchtversuch in der Nähe des Neuen Sees im Tiergarten von den Begleitmannschaften erschossen worden. Frau Dr. Luxemburg soll schon beim Verlassen des Eden-Hotels aus einer Menschenmenge heraus von unbekannten Personen mißhandelt worden sein, ferner soll auf dem Wege von einem Unbekannten, der sich auf das Trittbrett geschwungen hatte, ein Schuß auf sie abgegeben sein. Etwas später, in der Nähe der über den Landwehrkanal nach der Hitzigstraße führenden Brücke ist sie von Unbekannten aus dem angehaltenen Wagen herausgeholt und verschleppt worden. Näheres über ihren Verbleib ist bisher nicht bekannt geworden; Nachforschungen sind im Gange.

Obige Belohnung wird ausgesetzt für alle Personen, welche sachdienliche, an das unterzeichnete Gericht im Eden-Hotel zu richtende, Angaben machen können

1. über den Vorgang bei dem angeblichen Fluchtversuch des Dr. Liebknecht,
2. zur Ermittelung der Täter, welche Frau Dr. Luxemburg mißhandelt und verschleppt haben,
3. für die Auffindung der Frau Dr. Luxemburg oder ihrer Leiche.

Die Verteilung der Belohnung behält sich die Division unter Ausschluß des Rechtsweges vor.

Gericht der Garde-Kavallerie-Schützen-Division.

Nach der öffentlichen Aufforderung zur Ermordung Rosa Luxemburgs und Karl Liebknechts von einem Truppenteil ausgeschriebene Belohnung für die »Auffindung« der Täter, die der Truppenführung nicht nur bekannt, sondern von ihr auch instruiert worden waren.

Linksradikale Gegner Eberts und der SPD am 13. Juli 1919 als Trauerzug bei der Beisetzung der am 15. Januar 1919 ermordeten Kommunisten Rosa Luxemburg und Karl Liebknecht in Berlin.

Der deutschnationale Gegenkandidat Eberts bei der Wahl zum Reichspräsidenten durch die Nationalversammlung in Weimar: Arthur Graf von Posadowsky-Wehner, Freiherr von Postelwitz.

Lagerbesuch 1919: Aus der Gefangenschaft heimgekehrte Offiziere salutieren vor ihrem neuen Staatsoberhaupt und vor dem Reichswehrminister Noske (hinter Ebert), die auf ihre Loyalität und Unterstützung bauen.

Gehilfen des entscheidenden Kabinetts. Jedem von ihnen werden zwei Mitglieder der sozialdemokratischen Parteien mit gleichen Rechten zur Seite gegeben, aus jeder Partei einer.
Eine Fristbestimmung wird an den Eintritt der Unabhängigen Sozialdemokraten in das Kabinett, in das jede Partei drei Mitglieder entsendet, nicht geknüpft.
Die politische Gewalt liegt in den Händen der Arbeiter- und Soldatenräte, die zu einer Vollversammlung aus dem ganzen Reiche alsbald zusammenzuberufen sind.
Die Frage der Konstituierenden Versammlung wird erst nach einer Konsolidierung der durch die Revolution geschaffenen Zustände aktuell und soll deshalb späteren Erörterungen vorbehalten bleiben. Für den Fall der Annahme dieser Bedingungen, die von dem Wunsche eines geschlossenen Auftretens des Proletariats diktiert sind, haben wir unsere Mitglieder Haase, Dittmann und Barth in das Kabinett delegiert.«

Je drei Repräsentanten der beiden sozialdemokratischen Parteien bildeten nach diesem Schriftwechsel die neue Reichsregierung als »Rat der Volksbeauftragten« unter Eberts Vorsitz: Friedrich Ebert, Philipp Scheidemann und Otto Landsberg für die SPD, Hugo Haase, Wilhelm Dittmann und Emil Barth für die USPD.
Die sich unentwegt laut und aggressiv revolutionär gebärdenden »Unabhängigen« wagten auch in dieser Stunde nicht, es auf eine offene Feldschlacht mit der von Ebert souverän geführten SPD ankommen zu lassen. Sie akzeptierten fluchend die letzte Entscheidung des kaiserlichen Kanzlers, der Ebert am 9. November zu seinem Nachfolger ernannt hatte, und hofften, ihr Ziel auf dem Wege über ihren – in Berlin tatsächlich – großen Einfluß auf die Massen erreichen zu können. Ebert und dessen Führungsmannschaft hämisch als »Regierungssozialisten« bezeichnend und sie einer verbrecherischen Kriegspolitik zeihend, waren sie überzeugt, den Berliner »Vollzugsrat der Arbeiter- und Soldatenräte« ausschließlich aus USPD-Mitgliedern zusammensetzen und über ihn bis zur Wahl eines »Zentralrats der Arbeiter- und Soldatenräte« des gesamten Reichsgebietes die SPD ausschalten, alle Macht in ihre Hände bekommen und die SPD-Vertreter aus der Regierung entfernen zu können. Offen attackierten sie Ebert und die SPD und verbreiteten Flugblätter, in denen es zum Beispiel hieß:

»Es darf keine Stimme einem Regierungssozialisten gegeben werden. Sie haben die Revolution vier Jahre lang verraten und werden es weiter tun.

Es darf keine Stimme einem Sozialisten gegeben werden, der bereit ist, gemeinsam mit den Bürgerlichen oder den Regierungssozialisten in eine Regierung zu treten. Parteigenossen! Die Bürgerlichen und Regierungssozialisten wollen Euch in die Regierung haben, damit Ihr ihnen helft, ihre Sünden zu verdecken. Dazu seid Ihr zu gut. Sie mögen endgültig abdanken oder selbst die Folgen einer verbrecherischen Kriegspolitik tragen.«

Umsonst, die am 10. November 1918 im Zelt des *Zirkus Busch* versammelten Berliner Arbeiter- und Soldatenräte standen zu Friedrich Ebert und überschütteten ihn mit brausendem Jubel, nachdem er die paritätische Besetzung des Vollzugsrates gefordert hatte. Eberts alter Freund Molkenbuhr, der USPD-Vertreter Richard Müller und ein Oberleutnant namens Walz wurden zu Vorsitzenden des Rates gewählt, dem sechs Sozialdemokraten, sechs »Unabhängige« und zwölf Soldaten angehörten.
Ebert ist nun nicht mehr Reichskanzler, sondern Vorsitzender einer vom »Vollzugsrat der Arbeiter- und Soldatenräte« kontrollierten Regierung, die sich »Rat der Volksbeauftragten« nennt. Mit diesem Akt und der von der USPD erzwungenen Koalition ist eine Symbiose entstanden, die Ebert im Augenblick unumgänglich erscheint. Selbst Karl Liebknecht ist er gegebenenfalls zu akzeptieren bereit. Ihm geht es nun ähnlich wie dem Kaiser in der letzten Phase der Monarchie. Hätte er nicht bereits vor der Ausrufung der Republik an der Spitze der Regierung gestanden, wäre es jetzt noch schlechter um die Möglichkeiten der SPD zur Machtübernahme bestellt gewesen. Doch Ebert kann im Moment nicht anders handeln, wenn er sich und der Politik treu bleiben will, der er stets das Wort geredet hat. In der Koalition mit der USPD sieht er angesichts des Verlaufes der innen- und außenpolitischen Ereignisse die einzige Möglichkeit, die revolutionären Wirren abfangen und den außenpolitischen Problemen – weil wenigstens dem Scheine nach auf einen breiteren innenpolitischen Rückhalt gestützt – nachdrücklicher begegnen zu können. Allerdings ist dieses »Bündnis« von ihm nur als Übergangslösung geplant. Die Geburtsstunde der Konstituante, die er am 9. November sofort angekündigt hat, soll sie nicht überdauern.
Eberts Kompromisse und Zugeständnisse an die USPD-Führung nahmen in dem Maße ab, in dem die intakten Westfront-Divisionen – als seine Stützen – heimkehrten. Daß die SPD-USPD-Symbiose Komplikationen jedweder Art würde aushalten müssen, lag auf der Hand. Die seit 1916 aufgestauten Diskrepanzen, persönlichen Verunglimpfungen, offenen und verdeckten Feindschaften, Vorbehalte, Rachegelüste und ideologischen Differenzen konnten nicht einfach vergessen sein und folgenlos vom

Tisch gewischt werden. Verschwiegen, äußerst vorsichtig und buchhalterisch genau legt Ebert am 15. November für die absehbar kurze Dauer dieser Koalition ein politisches Tagebuch an, dessen Eintragungen das Dilemma greifbar machen, in dem er sich befindet. Er will sich, falls eines Tages nötig, nicht mit leeren Händen verteidigen müssen. Die Aufzeichnungen erweisen sich als Mosaiksteine eines Bildes, das einen außerordentlich erfahrenen Politiker mit nüchtern sicherem Blick offenbar werden läßt. Kompetenzkonflikte, deren unmittelbare Lösung seine Vollmachten beeinträchtigen könnten, läßt er – seinen Notizen zufolge – »vertagen« oder durch schleppend arbeitende, »demokratisch gewählte« Ausschüsse entschärfen und aufschiebend klären.[4] Über Anträge, die er unwirksam werden lassen will, entscheidet er unmittelbar und, meistens auf weite Sicht angelegt, klug vorausschauend.

»Bündnis« mit der kaiserlichen Truppenführung

Für Wilhelm Groener, den letzten Generalquartiermeister der Obersten Heeresleitung, der die Entwicklung in Berlin sorgfältig beobachtete und nach wie vor mit der Truppe über einen enormen Machtapparat verfügte, war klar, wer in Deutschland künftig zu entscheiden haben würde. Er, der seiner Frau in einem Brief geschrieben hatte, daß Feldmarschall Paul von Hindenburg und er Ebert als »geraden, ehrlichen und anständigen Charakter persönlich« schätzten, weshalb sie ihn »solange es irgend geht«, »stützen« wollten, »damit der Karren nicht noch weiter nach links rutscht«, rief bereits am späten Abend des 10. November Ebert in Berlin an. Zwar ist der Wortlaut des Gespräches nicht überliefert;[5] aber die Folgen und die Einzelheiten, die Groener später mitteilte, lassen keine

---

[4] Als beispielsweise eine »Fünferkommission« am 18. November die Ergebnisse ihrer Vereinbarungen über »die Kompetenzfrage mit dem Vollzugsausschuß« vorlegte, wies Ebert sie mit der Feststellung zurück, »daß darin die Delegation der Vollzugsgewalt auf die Reichsleitung nicht erwähnt« sei, so daß Änderungen in seinem Sinne vorgenommen werden mußten.

[5] Groener überlieferte: »Am Abend rief ich die Reichskanzlei an und teilte Ebert mit, daß das Heer sich seiner Regierung zur Verfügung stelle, daß dafür der Feldmarschall und das Offizierskorps von der Regierung Unterstützung erwarten bei der Aufrechterhaltung von Ordnung und Disziplin im Heer. Das Offizierskorps erwarte von der

Zweifel zu. Der General und der Kanzler schlossen ein »Bündnis«. Groener, der die Vereinbarung auch so zu nennen pflegte, schrieb Jahre danach, daß Ebert sich, so jedenfalls sei sein Eindruck während des Telefonats gewesen, nach der Konfrontation mit den »Unabhängigen« im »Zirkus Busch« nur »mühsam am Steuer hielt und nahe daran war, von den Unabhängigen und der Liebknecht-Gruppe über den Haufen gerannt zu werden«. So sei er denn froh gewesen, die ihm von der Obersten Heeresleitung angetragene Unterstützung zugesichert zu bekommen. »Ebert ging auf mein Bündnis ein«, resümierte der General und fuhr fort: »Von da ab besprechen wir uns täglich abends auf einer geheimen Leitung zwischen der Reichskanzlei und der Heeresleitung über die notwendigen Maßnahmen. Das Bündnis hat sich bewährt.«

Die Armee mit dem noch intakten Offizierskorps als Ordnungsfaktor und Instrument zur Bekämpfung des Bolschewismus erschien Ebert als Rettung. Nur sie war in der Lage, Ebert und den Sozialdemokraten die Macht zu gewährleisten, die sie zur Erledigung der Regierungsgeschäfte brauchten. Da die im Westen stehenden Truppen innerhalb zweier Wochen aus den westlichen Feindesländern ins Reich zurückgeführt werden sollten, konnte Ebert hoffen, die soziale Revolution verhindern zu können.

Daß Groener sein »Bündnis« mit Ebert nur schwersten Herzens und unter größten Bedenken geschlossen habe, wie häufig behauptet wurde, ist ebenso eine Legende wie die Behauptung, daß seine danach monatelang noch völlig veränderte Handschrift im Tagebuch dies überzeugend beweise. Der liberale Demokrat Groener hat nicht nur in diesen Tagen sehr begrüßt, daß Ebert die SPD führte. Wie Hindenburg und Ludendorff, so wußte auch er, daß Ebert unter bestimmten Voraussetzungen als Partner weitaus zuverlässiger war als einige der ranghöchsten Militärs. Nicht von ungefähr beklagte er nach einer Besprechung mit Ebert, den er selbst in Briefen an seine Frau nicht als »Ebert« oder »Herr Ebert«, sondern als »Reichspräsident« bezeichnete, daß weiterhin amtierende Militärs sich über bestimmte militärische Traditionen rücksichtsloser als die Sozialdemokraten hinwegsetzten. Seiner Frau schrieb er am 24. August 1919, daß Walther Reinhardt, der kaiserliche Oberst, preußische Kriegsminister und spätere Chef der Heeresleitung, bei der »Beseitigung der alten militärischen Errungenschaften« weitergehe, als »selbst die Sozialdemokraten (es) zu tun wagen würden«. Urheber der tatsächlich »neuen« Handschrift im Tagebuch war nicht Groener, sondern sein Adjutant, Oberleutnant

---

Regierung die Bekämpfung des Bolschewismus und sei dafür zum Einsatz bereit. Ebert ging auf meinen Vorschlag ein.«

Krönig, der seit der Ablösung Ludendorffs durch Groener in Spa die Tagebucheintragungen vornahm.
Für Ebert stand fest, daß der Bürgerkrieg nicht abzuwenden wäre, wenn er sich gegen die Generalität, gegen das Offizierskorps und gegen die im Kaiserreich geprägte Ministerialbürokratie entschiede, die auf revolutionäre und unkontrollierte Bewegungen gereizt reagierten. Sie wiederum sahen – trotz vieler Vorbehalte – in Ebert den Politiker mit der – im Augenblick wenigstens – größten Macht hinter sich. Daß sie meinten, ihn in ihrem Sinne beeinflussen und »benutzen« zu können, war in der Situation unerheblich. Sie kamen dem Sozialdemokraten entgegen. Daß die Militärs mit den im Volk klangvollsten Namen, Paul von Hindenburg, Erich Ludendorff und Wilhelm Groener, ihn ebenso für die beste Lösung hielten wie der letzte Kanzler des Kaisers und zuletzt der Kaiser selbst auch, erleichterte ihnen den Positionswechsel.
Ebert kam entgegen, daß die Sozialdemokraten immer noch überzeugt waren, »ihre Ketten« schon »zu verlieren«, wenn es ihnen gelinge, die Sozialpolitik und das Wahlrecht auf evolutionärem Wege in ihrem Sinne zu modifizieren. Während die in der Wilhelminischen Ära zu Macht und Einfluß gelangten und nach wie vor gravierend einflußreichen Militärs, Bankiers, Industriellen und Geschäftsleute auch nachträglich in Anspruch nahmen, die unentbehrliche Basis für die weitere Existenz des Reiches zu sein, gab sich die relativ anspruchslose sozialdemokratisch orientierte Arbeiterschaft bereits weitgehend damit zufrieden, die inzwischen zugesicherte »staatsbürgerliche Gleichberechtigung aller auf allen Gebieten«, die Friedrich Ebert beispielsweise am 29. Mai 1915 im Reichstag gefordert hatte, als bare Münze nehmen zu können.
Unmittelbar nach dem Sturz der Monarchie stand für Ebert zugleich auch eine Entscheidung über die Unterzeichnung des von Wilson am 6. November 1918 vermittelten und von den Siegermächten zunächst nur auf 36 Tage terminierten Waffenstillstandes zur Debatte. Von der Obersten Heeresleitung instruiert, befanden sich seit dem 8. November der Zentrumspolitiker Matthias Erzberger, Alfred Graf von Oberndorff und der Generalmajor von Winterfeldt in Compiègne, wo der französische Marschall Foch sie in seinem in einem Wald gelegenen Hauptquartier zu »Verhandlungen« erwartete. Dort, am Samstag, dem 9. November, von der Nachricht über die inzwischen in Deutschland ausgebrochene Revolution überrascht, wurden sie in der Nacht zum Sonntag von Ebert ermächtigt, die von Foch geforderte Unterschrift zu leisten. Am frühen Morgen des 11. November taten sie es. Seit 12 Uhr mittags ruhten alle Waffen, waren die Feindseligkeiten hüben und drüben eingestellt. Eine Milderung

der Bedingungen, wie die Oberste Heeresleitung es gewünscht hatte, war im wesentlichen bloßes Programm geblieben. Schon beim Empfang der von Erzberger geführten deutschen Delegation hatte Foch brüsk gefragt, »was... die Herren hierher« führe, und nach Erzbergers Antwort, Vorschläge über einen Waffenstillstand erfahren zu wollen, ebenso zurückweisend erklärt: »Ich habe keine Vorschläge zu machen.«
Die Bedingungen standen fest.
Deutsche Truppen, die sich nach dem 26. November 1918 noch auf französischem, belgischem oder elsaß-lothringischem Territorium befänden, sollten interniert oder als Kriegsgefangene behandelt werden. 5000 Kanonen und Geschütze, 25 000 Maschinengewehre, 3000 Minenwerfer, 1700 Jagd- und Bombenflugzeuge und sämtliche Unterseeboote[6] waren den Siegermächten auszuliefern, was sich nur auf den ersten Blick als nicht besonders gravierend erweist. Denn es war eine Illusion zu glauben, daß die infolge der Unruhen und Aufstände auf die Loyalität und Kampffähigkeit der eigenen Truppen angewiesene Regierung des Reiches nach dem Ende des Krieges keine Waffen mehr brauche. Das linke Rheinufer war innerhalb von 25 Tagen zu räumen. Mainz, Koblenz und Köln wurden (mit einem Umkreis von 30 Kilometern) von den Alliierten besetzt, auf dem rechten Rheinufer eine bis zu 40 Kilometer tiefe »neutrale Zone« geschaffen. Güter durften aus den geräumten Gebieten nicht entfernt werden, was zwar völkerrechtswidrig war, deutscherseits aber nicht ignoriert werden konnte. Obwohl große Versorgungsschwierigkeiten herrschten, hatte das Reich 5000 Lokomotiven, 150 000 Eisenbahnwaggons, 5000 Lastwagen und die gesamte elsaß-lothringischen Eisenbahnen abzuliefern und in den rheinischen Territorien die alliierten Besatzungstruppen zu unterhalben. Die Blockade blieb bestehen. Deutsche Schiffe durften weiterhin gekapert werden.
Daß Deutschland von den Ententemächten auch als Republik nicht gnädig behandelt werden würde, wußte Ebert. Schon vor seiner Ernennung zum Kanzler war das Auswärtige Amt darüber informiert worden, daß die alliierten Siegermächte die Absicht hatten, harte Reparationsforderungen zu stellen und sie mit der alleinigen Kriegsschuld Deutschlands zu begründen, das mit dem Abschluß des Waffenstillstandes im Spiel der Kräfte absolut machtlos sein würde. Die Hoffnung der Deutschen, einen Rechtsfrieden zu bekommen und die 14 Punkte Wilsons und den damit zusam-

[6] Die in »neutralen Häfen oder in deren Ermangelung in Häfen der alliierten Mächte« in Internierung zu überführenden 6 Schlachtkreuzer, 10 Linienschiffe, 8 Kleinen Kreuzer und 50 neueste Zerstörer sind sofort abzurüsten.

menhängenden Notenwechsel als Richtschnur für die künftige Politik verstehen zu dürfen, wurden augenblicklich enttäuscht. Ihre Auffassung, daß die deutsche Nation als eines der höchsten Güter nach dem Zusammenbruch des Kaiserreiches nicht ins Unrecht gesetzt werden dürfe, teilten die Sieger nicht. So begann sich in Deutschland in den Diskussionen über den Frieden und um die Reparationsbestimmungen eine Sucht zu multiplizieren, ein traumatisches Bedürfnis, bei jeder nur möglichen Gelegenheit die deutsche Unschuld beweisen zu müssen. Kein Wunder war daher, daß Ebert die Forderung nach einem Rechtsfrieden, der dem Reich im Falle der Schaffung bestimmter Voraussetzungen vor dem Waffenstillstand zugesichert worden war, so lange wie möglich in öffentlichen Reden und Erklärungen betont in den Vordergrund stellte und sie darüber hinaus auch zur Abwehr der Deutschland zugeschriebenen alleinigen Kriegsschuld ins Feld führte.

Schon am 10. November 1918, als die deutsche Delegation die Waffenstillstandsbedingungen noch nicht unterschrieben hatte und Ebert gerade im Begriff war, das Amt des Vorsitzenden des Rates der Volksbeauftragten zu übernehmen, warnte er, »bei solchen Bedingungen«, die »zu einer Vernichtung unseres Volkes führen«, auf einen »Frieden des Rechts und der Gerechtigkeit« zu hoffen. Plötzlich erschien er nicht mehr nur als »Verräter an der Arbeiterklasse«, sondern auch als der Politiker, der den Siegern vorwarf, Deutschland mit falschen Versprechungen getäuscht und mit ihren Hinweisen auf einen »Wilson-Frieden des Rechts« zur Niederlegung der Waffen bewogen und es seinen Gegnern damit hilflos ausgeliefert und schließlich betrogen zu haben. Die »Unabhängigen« und Spartakisten bezichtigten Ebert des Verrats der Arbeiterinteressen, die Konservativen und radikalen Rechten der Identifizierung mit ihren Argumenten, die ihre Gegner als »Dolchstoßlegende«[7] kolportierten.

Daß es in erster Linie nicht Ebert, nicht die Volksbeauftragten, nicht die Sozialdemokraten, Unabhängigen Sozialdemokraten und Deutschen Demokraten, nicht das Zentrum oder die Spartakisten waren, die das Schick-

---

[7] Am 18. November 1919 zitierte Paul von Hindenburg vor einem Untersuchungsausschuß der Nationalversammlung die Äußerung eines englischen Generals, der (nach Hindenburg) gesagt habe: »Die deutsche Armee ist von hinten erdolcht worden.« Dies, als »Dolchstoßlegende« zitiert, wurde rasch zu einem Schlagwort für jene, die überzeugt waren, daß die deutsche Armee im November 1918 am Ende gewesen ist, wie Ludendorff schon im Oktober eingestanden hatte. Eigentlich wurde die »Dolchstoßlegende« im kaiserlichen Hauptquartier in Spa »geboren«. Dort schlug der Stabschef der Kronprinzen-Armee, General Friedrich Graf von der Schulenburg, dem Kaiser vor: »Dem Heer soll gesagt werden, daß ihm die Schwesterwaffe, die Marine, mit jüdischen Kriegsgewinnlern und Drückebergern in den Rücken gefallen sei.«

sal Deutschlands souverän bestimmten, sondern die alliierten Siegermächte, wog für die Feinde der Republik wenig. Bereits die in französischer Sprache verfaßten und am 11. November 1918 im Wald von Compiègne von Matthias Erzberger und Alfred Graf von Oberndorff unterzeichneten Waffenstillstandsbedingungen bildeten eine Hypothek, die Ebert und die »Reichsregierung«, wie er gelegentlich auch den Rat der Volksbeauftragten zu nennen pflegte, unentwegt zwang, engste Grenzen einzuhalten und gewagteste Improvisationen vorzunehmen.

Der erste Erlaß des Rates der Volksbeauftragten vom 12. November 1918

An das deutsche Volk!

Die aus der Revolution hervorgegangene Regierung, deren politische Leitung rein sozialistisch ist, setzt sich die Aufgabe, das sozialistische Programm zu verwirklichen. Sie verkündet schon jetzt mit Gesetzeskraft folgendes:

1. Der Belagerungszustand wird aufgehoben.
2. Das Vereins- und Versammlungsrecht unterliegt keiner Beschränkung, auch nicht für Beamte und Staatsarbeiter.
3. Eine Zensur findet nicht statt. Die Theaterzensur wird aufgehoben.
4. Meinungsäußerungen in Wort und Schrift sind frei.
5. Die Freiheit der Religionsausübung wird gewährleistet. Niemand darf zu einer religiösen Handlung gezwungen werden.
6. Für alle politischen Straftaten wird Amnestie gewährt. Die wegen solcher Straftaten anhängigen Verfahren werden niedergeschlagen.
7. Das Gesetz über den vaterländischen Hilfsdienst wird aufgehoben, mit Ausnahme der sich auf die Schlichtung von Streitigkeiten beziehenden Bestimmungen.
8. Die Gesindeordnung wird außer Kraft gesetzt, ebenso das Ausnahmegesetz gegen die Landarbeiter.
9. Die bei Beginn des Krieges aufgehobenen Arbeiterschutzbestimmungen werden hiermit wieder in Kraft gesetzt.

Weitere sozialpolitische Verordnungen werden binnen kurzem veröffentlicht werden. Spätestens am 1. Januar 1919 wird der achtstündige Maximalarbeitstag in Kraft treten. Die Regierung wird alles tun, um für ausreichende Arbeitsgelegenheit zu sorgen. Eine Verordnung über die Unterstützung der Erwerbslosen ist fertiggestellt. Sie verteilt die Lasten auf Reich, Staat und Gemeinde. – Auf dem Gebiete der Krankenversicherung wird die Versicherungspflicht über die bisherige Grenze von Mk. 2500,– ausgedehnt werden. – Die Wohnungsnot wird durch Bereitstellung von Wohnungen bekämpft werden. – Auf die Sicherung einer geregelten Volksernährung wird hingearbeitet werden. Die Regierung wird die geordnete Produktion aufrechterhalten, das Eigentum gegen Eingriffe Privater sowie die Freiheit und Sicherheit der Person schützen. – Alle Wahlen zu öffentlichen Körperschaften sind fortan nach dem gleichen, geheimen, direkten und allgemeinen Wahlrecht auf Grund des Proportionalwahlsystems für alle mindestens 20 Jahre alten männlichen und weiblichen Personen zu vollziehen.
Auch für die konstituierende Versammlung, über die nähere Bestimmungen noch erfolgen werden, gilt dieses Wahlrecht.

Ebert. Haase. Scheidemann. Landsberg. Dittmann. Barth.

SPD-USPD-Symbiose

Obwohl Haase, Dittmann und Barth es seit dem Beginn der unnatürlichen SPD-USPD-Koalition darauf angelegt haben, Eberts Einfluß auf die Entscheidungen des Rates der Volksbeauftragten einzuengen,[8] kann

[8] Scheidemann notierte am 29. November 1918 in sein Tagebuch: »Wiederholt standen Ebert, Landsberg und ich vor der Frage, ob wir es nicht zum Bruch mit den Haase, Dittmann und Barth kommen lassen wollten... Es war oft schier unerträglich mit den feigen Seiltänzern, die aus Furcht vor den Spartakisten sich nicht zutrauen, ihren eigenen Überzeugungen entsprechend zu handeln, die bei allem, was sie tun, erst nach den Maulhelden um Liebknecht gucken. Auf die Dauer ist der Zustand vollkommen unerträglich, daß wir um jede Kleinigkeit – Tag für Tag, quasi Stunde um Stunde – mit

Ebert sich nahezu ausnahmslos durchsetzen. Nachdem er bereits am 10. November sein »Bündnis« mit General Groener und der Obersten Heeresleitung geschlossen und sich im Rat der Volksbeauftragten klug vorausschauend für die Ressorts »Inneres« und »Militär« entschieden hat, kann er sich, zumal darüber hinaus auch Vorsitzender des Rates, Entscheidungen, Maßnahmen und Eingriffe leisten, die andere Positionen nicht erlaubt hätten. Aufrufe, Weisungen und Erklärungen tragen die Unterschriften aller sechs Mitglieder des Rates, auch wenn sie gelegentlich ausschließlich auf Friedrich Ebert zurückgehen und den Vorstellungen und Intentionen der »Unabhängigen« total widersprechen. So verhält es sich beispielsweise mit einer Weisung vom 13. November an die Oberste Heeresleitung, auf unbedingte Disziplin in der Truppe zu achten. Ebert sieht sich nach geheimgehaltenen abendlichen Telefongesprächen mit Groener dazu genötigt, nachdem er erfahren hat, daß kriegsmüde Soldaten der Agitation der Spartakisten und »Unabhängigen« folgen und das erklärte Ende des Krieges zum Anlaß nehmen, ihren Vorgesetzten den Gehorsam aufzukündigen und auf eigene Faust nach Hause zu gehen. Wenn die »Unabhängigen« ihren Anspruch auf Regierungsfähigkeit und proportionsgerechte Bedeutung nicht über Gebühr gefährden wollten, mußten sie unterschreiben, was der Ratsvorsitzende und Militärressortchef Ebert angesichts der Situation für angemessen hielt. Und sie taten es.

Die Oberste Heeresleitung wurde – mit den Unterschriften von Ebert, Scheidemann, Bauer, Haase, Dittmann und Barth – angewiesen, die Demobilisierung »nach einem geordneten Plan« zu organisieren und die Truppen zur straffen Disziplin anzuhalten. »Die Volksregierung ist von dem Wunsche beseelt«, hieß es da, »daß jeder unserer Soldaten nach den unsäglichen Leiden und den unerhörten Entbehrungen in kürzester Zeit nach der Heimat zurückkehrt. Dieses Ziel ist aber nur zu erreichen, wenn die Demobilisierung nach einem geordneten Plane vor sich geht. Falls einzelne Trupps willkürlich zurückfluten, so gefährden sie sich selbst, ihre Kameraden und die Heimat auf das schwerste. Ein Chaos mit Hunger und Not müßte die Folge sein. Die Volksregierung erwartet von euch strengste Selbstzucht, um unermeßlichen Schaden zu verhüten.«

Die Soldaten wurden aufgefordert, sich willig den Offizieren unterzuordnen, nach wie vor das »Vorgesetztenverhältnis des Offiziers« zu respektieren, die »militärische Disziplin und Ordnung ... unter allen Umständen«

---

den drei Herrschaften von der USPD Ringkämpfe ausfechten, die stets mit einem Kompromiß enden müssen, wenn sie nicht mit dem Bruch enden sollen.

aufrechtzuerhalten und zur Kenntnis zu nehmen, daß »unbedingter Gehorsam im Dienst... von entscheidender Bedeutung für die Zurückführung in die deutsche Heimat« sei.
Das bereits erwähnte politische Tagebuch Eberts offenbart nicht nur die Zwangslage, in der er sich befindet, sondern registriert ebenso die Chronologie der Ereignisse, mit denen er sich im November und Dezember maßgeblich konfrontiert sieht, und gestattet zugleich auch einen Einblick in seine Gedanken über die Entscheidungsvorgänge. Als der Zentrumsführer Constantin Fehrenbach[9] ihm beispielsweise am 15. November die Einberufung des Reichstages vorschlägt, erklärt er ihm, daß er weder den 1912 gewählten Reichstag noch den Bundesrat einberufen lassen werde, weil »die Umwälzung« (Ebert schreibt nicht »Revolution«) beide »Institutionen des deutschen Kaisertums... als gesetzgebende Körperschaften beseitigt« habe.
Nicht nur, weil er seit jeher westlich orientiert ist, registriert er am 18. November mit offensichtlicher Genugtuung, was Karl Kautsky und der bolschewismusfreundliche USPD-Führer Hugo Haase plötzlich behaupten. Sie sind überzeugt, daß die »Sowjetregierung... sich nicht mehr lange halten, sondern in einigen Wochen erledigt« sein werde. Traditionsbedingte Opposition schaltet er entgegenkommend aus. Als Prinz und Prinzessin Sigismund von Preußen am 15. November den Antrag stellen, als »Herr und Frau Plehwe« ins Ausland reisen zu dürfen, gibt er sofort die Genehmigung, ihnen Auslandspässe auszustellen.
Obwohl er, den vorprogrammierten Ärger ahnend, den »Unabhängigen« unmittelbar nach der Übernahme der Kanzlerschaft zu zeigen versucht hat, wer der neue Herr im Hause sein werde,[10] ist er – zumal seit der Koalition mit der USPD – besonders hellhörig, wenn es darum geht, auf Stimmen auch von außen zu achten. Aus Petersburg und Moskau, wo die Angehörigen der deutschen Generalkonsulate verhaftet worden waren, wurde er bereits Mitte November in Funksprüchen an Spartakisten und »Unabhängige« als reaktionär diffamiert und angegriffen. Die Bolschewisten empfahlen den »Unabhängigen« und Spartakisten, die Regierung Ebert zu stürzen und die soziale Revolution zu erzwingen. Befriedigt notiert Ebert am 18. November 1918 dagegen, daß die Ententemächte, nach Gesandtschaftsberichten aus Bern, Haag und Stockholm, bereit seien, »der gegenwärtigen bürgerlich-sozialdemokratischen Republik Entgegenkommen in den Friedensbedingungen und Lieferung von Le-

[9] Vom 21. Juni 1920 bis zum 10. Mai 1921 Reichskanzler.
[10] Vgl. S. 174 f.

bensmitteln zu zeigen, falls und solange die Regierung in der gegenwärtigen Zusammensetzung unter Ebert bestehen bleibt; gegenüber einem Anwachsen des Bolschewismus würde sie jedoch sofort mit allen Mitteln einschreiten«.

Daß Ebert nicht entfernt daran denkt, die von Haase am 9. November geforderte »Gleichberechtigung der beiden Leiter des Kabinetts« zu akzeptieren, muß der USPD-Führer mit der wachsenden Sicherheit, die Ebert durch die von der einstigen Westfront zurückkehrenden Truppen zuteil wird, zunehmend registrieren. Ebert verhandelt mit dem Berliner Stadtkommandanten, mit dem Polizeipräsidenten und dem Oberkommando des Heeres, sucht künftige Kabinettsmitglieder aus und denkt dabei als Reichsinnenminister beispielsweise an Max Weber, den renommierten Wirtschaftswissenschaftler, Marx-Antipoden und Verteidiger seiner Friedensforderungen, den die »Unabhängigen« wegen seiner antimarxistischen Lehren nicht gutheißen können. Das auf sein Betreiben am 15. November zustande gekommene Arrangement zwischen Stinnes und Legien, der Großindustrie und den Gewerkschaften also, lag auf der gleichen Ebene.

Als die Soldatenräte, ein Dauerproblem Eberts, am 20. November die endgültige Klärung ihrer Vollmachten und Rechte fixiert und »die gesamte politische Macht des Reiches in die Hände des Vollzugsrates gelegt« sehen wollen,[11] pariert Ebert sie mit dem energischen Einwand: »Die Bestellung des Kabinetts durch den Arbeiter- und Soldatenrat von Groß-Berlin bedeutet die Übertragung der Exekutive. Deshalb darf der Vollzugsrat oder ein anderer Arbeiter- und Soldatenrat Akte der Vollzugsgewalt nicht vornehmen. Selbst in einem dringenden Ausnahmefall kann er nur im Einverständnis mit dem Kabinett oder, soweit es Angelegenheiten Preußens sind, nur im Einverständnis mit der Preußischen Regierung handeln.«

Versuche der »Unabhängigen«, Personalfragen auf ihre Weise zu lösen, unterbindet Ebert energisch und souverän, sobald er die Auffassungen der Kontrahenten nicht teilt.[12] Gegen die »Unabhängigen« Haase und Dittmann setzt er am 27. November durch, daß Elsaß-Lothringen als Wahlbezirk des Reiches zu gelten hat und entsprechend zu behandeln ist. Und sie müssen am 3. Dezember auch seinen Vorschlag akzeptieren, umgehend eine Volkswehr zu schaffen. In sein Tagebuch notiert er im Stile eines Protokollführers: »Ebert verlangt Schaffung einer Volkswehr auf demo-

---

[11] Vgl. S. 207 und S. 212 ff.
[12] Vgl. u. a. S. 212 ff.

kratischer Grundlage mit Aufgabe: Aufrechterhaltung der Sicherheit und Ordnung vor allem für Lebensmittelversorgung. Dann aber auch als Schutz gegen gemeine Verbrecher. Volkswehr muß bei freiwilliger Meldung auf demokratisch organisierter Wahl der Gruppenführer beruhen. Kleine Truppenkorps von 100 Mann unter Leitung von Unteroffizieren, Feldwebeln, Offizieren. Volkswehr soll Regierung und Räten bei Durchführung ihrer Aufgabe zur Seite stehen. Zuständig in der Volkswehr die Mannschaft für Erlaß von Disziplinarvorschriften, Bestrafungen, Urlaubserteilung, Verpflegungsbestimmungen und der Absetzung von Führern. Volkswehr muß durch Handschlag verpflichtet werden auf Republik und Regierungsprogramm und darauf, daß sie selbstgewählten Führern Gehorsam schuldig sind...«[13]

Als sich der Vollzugsrat am 4. Dezember anschickt, die Reichsämter zu kontrollieren, »um sich zu orientieren«, erhebt Ebert Einspruch und weist die Staatssekretäre an, »bei bisherigen Abmachungen« zu bleiben.

Ebert wird den »Unabhängigen« immer mehr zu einer Last, mit der sie zunehmend weniger fertig werden können, zumal die heimgekehrten und in Uniformen auftretenden Soldaten sich – zur Enttäuschung der »Unabhängigen« und der Spartakisten – sichtlich hinter ihn stellen und ihm den Rückhalt bieten, auf den er angewiesen ist. Daß die Soldaten ihm allerdings gelegentlich auch Probleme bescheren, mit denen er nicht vorweg rechnen kann, beweist ein Beispiel drastisch. So erscheinen am 6. Dezember 1918 zehn Matrosen und Soldaten des Heeres im Reichskanzlerhaus und bitten Ebert, auf die Straße zu kommen, wo zahlreiche ihrer Kameraden warten. Als Ebert vor den Soldaten erscheint, tritt einer von ihnen, ein Marinefeldwebel namens Spiro, bei Trommelwirbel hervor und erklärt, »gestützt auf die bewaffnete Macht und im Bewußtsein, für die ganze Nation zu sprechen«, daß sie gekommen seien, um der Regierung den Schutz anzubieten und den Volksbeauftragten Friedrich Ebert zum »Präsidenten Deutschlands« auszurufen.

Ebert, auf ein solches »Husarenstück« nicht vorbereitet, meistert die peinliche Situation in einer für ihn zu der Zeit typischen Manier. »Wir stehen vor ungeheuren Schwierigkeiten, die der Krieg und die Waffenstillstandsbedingungen unserem Volke auferlegt haben«, antwortet er ausweichend, Zeit gewinnend und Verantwortung übertragend, und belehrt den Soldaten darüber, daß »eigenmächtige Maßnahmen« und »einzelne Experimente« zwangsläufig schädliche Folgen für das »soziale Programm« und

[13] Bereits am 7. Dezember wurde das Gesetz über die Errichtung der Volkswehr – unter Eberts Einfluß – einstimmig angenommen.

für das Wirtschaftsleben haben müßten, weshalb sie unbedingt zu unterbleiben hätten. »Ein einheitlicher Wille muß die Geschicke des ganzen Reiches leiten«, sagt er und fährt fort, ohne zunächst auf Spiros direkt gezielte Attacke unmittelbar einzugehen: »Die Führung der Geschäfte muß fest in den Händen der Reichsleitung liegen. Wir haben uns stets bemüht, mit den Arbeiter- und Soldatenräten gemeinsam zu arbeiten, in deren Hand die Macht liegt... Wenn wirklich Differenzen beständen, dürfte unter keinen Umständen von außen eingegriffen werden... Geduldet euch bis zur Tagung aller deutschen Arbeiter- und Soldatenräte am 16. Dezember, die sich über den technisch frühesten Termin der Nationalversammlung schlüssig werden sollen. Heute fordere ich euch auf, volle Disziplin zu wahren und eine geschlossene Truppe unter einheitlicher Führung zu bilden, die der Grundstock der Macht ist, auf die sich Deutschlands Zukunft und Glück aus dem Abgrund eines jähen Falls neu aufbauen soll. Ihr sollt die Stütze eines neuen freien Deutschlands werden, dessen Bestand von keiner Seite gefährdet werden darf. Die junge soziale Republik Deutschland lebe hoch!«

Und auch der zweite »revolutionäre« Vorstoß Spiros, der nun kurzerhand erklärt, daß »Herr Ebert... jetzt zum Präsidenten der Deutschen Republik ausgerufen worden« sei, stößt dank Eberts Überlegenheit ins Leere. Spiros erregt vorgetragene Frage, ob Ebert denn nun »diesem Ruf« folge »oder nicht – ja oder nein?«, fängt Ebert, dem Wilhelm Groener später attestierte, unerreichbarer Meister »des Abbiegens« gewesen zu sein, mit der zwar hinhaltenden, aber bestimmten Antwort ab: »Kameraden und Genossen! Den Ruf, der an mich ergangen ist, kann und will ich nicht annehmen, ohne vorher mit meinen Freunden in der Regierung gesprochen zu haben. Das ist eine hochwichtige Angelegenheit, deren Entscheidung allein in den Händen des Rates der Volksbeauftragten liegt.«

Die Konsequenz des unentwegt um Kompetenzen ringenden Vollzugsrates hat Ebert am 7. Dezember in seinem politischen Tagebuch wie folgt festgehalten: »Sitzung mit Vollzugsrat. Vollzugsrat bringt wegen des Vorganges am 6. d. M. allerlei Anträge, unter anderen Absetzung von Ebert, der abgelehnt wird... Komödie.«

Die »Unabhängigen« und Spartakisten, die ihre Felle wegschwimmen sahen, hatten durch den Vollzugsrat Angehörige der Industriellen Stinnes und Thyssen verhaften lassen und in der Nacht vom 10. zum 11. Dezember verbreiten lassen, daß eine »Gegenrevolution« im Gange sei, der unbedingt und sofort begegnet werden müsse. Ebert, der die Strategie durchschaute, notierte am nächsten Tag lediglich: »Alles Phantasie.« In dieser

Situation kann Ebert sich bereits leisten, mit seinem Rücktritt für den Fall zu drohen, daß die Angehörigen der Familien Thyssen und Stinnes nicht sofort wieder freigelassen[14] würden. Nachdrücklich fordert er angesichts dieser Vorfälle noch einmal, daß der Vollzugsrat »seine Eingriffe in (die) Exekutive (zu) unterlassen« habe. »Scheidemann und Landsberg«, so heißt es bei Ebert weiter, »verbitten« sich – wie er – »entschieden« jeden »weiteren Eingriff in die Exekutive«. Ebert und die SPD sind auf der ganzen Front offensiv und erfolgreich. Nachdem der Vollzugsrat seinen Etat am 13. Dezember zum wiederholten Male vorgelegt hat, bezeichnet Ebert ihn als »Ausräuberung öffentlicher Kassen« und notiert lakonisch: »... wieder zurückgegeben«.

Hinsichtlich des ihn ständig belastenden Vollzugsrates bemerkte Ebert am 13. November als letzte Eintragung: »Ebert verlangt, daß der Reichskonferenz folgender Antrag unterbreitet werde: Die Führung der Reichsgeschäfte liegt restlos in den Händen der Regierung. Der von der Konferenz einzusetzende Ausschuß soll nur parlamentarisches Kontrollorgan sein. Das Herum- und Hineinregieren der Arbeiter- und Soldatenräte im Lande muß aufhören.

Alle stimmen zu, Unabhängige Sozialdemokraten machen einige Vorbehalte.«

Zwei Wochen später schied die USPD aus dem Rat der Volksbeauftragten aus. Die Feindschaft trat wieder offen zutage.

*»Kameraden ...
Willkommen in der Deutschen Republik«*

Daß die Militärs auf Eberts Unterstützung hoffen durften, erfuhren sie bereits unmittelbar nach dessen »Berufung« zum Kanzler. Während sie sich um ihre Zukunft gesorgt und befürchtet hatten, als Handelsvertreter von Haus zu Haus ziehen oder gar irgendwie »betteln« gehen zu müssen, war ihnen in Eberts Programm längst ein fester Platz eingeräumt. Wie Notizen aus seinem Nachlaß bezeugen, wies er beispielsweise am 20. November 1918 den Antrag der »Unabhängigen« entschieden zurück, Hin-

[14] Dies geschah unmittelbar darauf.

denburg »von der Obersten Heeresleitung zu entfernen«. Einen Tag später notierte er: »Mit der Armee Mackensen wird nichts anzufangen sein, sie trifft erst in drei Wochen ein. Andere Truppen haben wir nicht zur Entsendung. Irgendwie ein Schutz muß aber geschaffen werden. Diesen Schutz sehe ich nur darin, daß die Generalkommandos und die Arbeiter- und Soldatenräte an der Ostgrenze versuchen, aus Bürgern und Soldaten an der Ostgrenze einen Schutz zu schaffen und eine Einrichtung, die im Inneren von Schlesien die Ruhe und die Abwicklung des Wirtschaftslebens nach Möglichkeit gewährleistet. Über die Aufgabe dieser Truppe müßte völlige Übereinstimmung mit der Reichsregierung herbeigeführt werden. Eine Verständigung mit der polnischen Regierung in Posen möchte ich auch empfehlen. Aber eine Truppe müssen wir trotzdem schaffen, sonst können wir nicht sichern, was wir absolut brauchen, um nicht unterzugehen. An dem guten Willen des Ausschusses in Posen und Korfanty zweifle ich nicht; aber man weiß nicht, wie weit sie ihren Willen in die Tat umsetzen können. In der Konferenz in Gleiwitz (die für die nächsten Tage vorgesehen ist und Arbeiter- und Soldatenrat, Industrie und Landwirtschaft umfaßt) müßte versucht werden, im Sinne der Organisation eines Heimatschutzes zu wirken, eine andere Möglichkeit sehe ich nicht.
Barth und Haase bekämpfen den Vorschlag, Landsberg und Bauer treten für ihn ein.
Beschlossen: Friedliche Verständigung anstreben, wenn sie scheitert, soll Oberschlesien militärisch gesichert werden.«[15]
Die militärischen Kommandobehörden und die Kriegsministerien Preußens, Bayerns, Württembergs und Sachsens blieben bestehen.[16] Die Oberste Heeresleitung übernahm, wie Ebert es konzipiert hatte, den Grenzschutz Ost und verlegte ihr Hauptquartier am 12. Februar 1919 von Kassel nach Kolberg in Pommern.
Bereits seit dem Jahreswechsel von 1918 zu1919 auf Eberts Veranlassung von dem Sozialdemokraten Gustav Noske für die Aufrechterhaltung von

[15] Die Garantien Erzbergers und des ostpreußischen Generallandschaftsdirektors Kapp, daß im Osten des Reiches Konterrevolution nicht zu befürchten sei, wenn ein »Heimatschutz« organisiert werde, hatte er bereits am 19. November registriert.

[16] Politisch einseitig orientierte Kritiker wie Kurt Tucholsky warfen Ebert nach dessen Tod vor, ein nur mittelmäßig begabter Funktionär gewesen zu sein, der sich, kaum zur Macht gekommen, aus Angst vor Arbeiteraufständen und einer Bolschewisierung Deutschlands »mit dem Todfeind«, den wilhelminischen Militärs, verbündet und damit die Chance verspielt habe, Millionen Arbeiter, Studenten, Beamte und Akademiker hinter sich zu scharen.

»Ruhe und Ordnung«[17] in und um Berlin aus Freiwilligen rekrutierte und seitdem kontinuierlich ergänzte militärische Einheiten erhielten den – durch das nachträgliche Gesetz vom 6. März 1919 zur »Bildung einer vorläufigen Reichswehr« legitimierten – Auftrag, »bis zur Schaffung der neuen reichsgesetzlich zu ordnenden Wehrmacht« die Reichsgrenzen zu schützen, den Anordnungen der Reichsregierung Geltung zu verschaffen und die Ruhe und Ordnung im Inneren aufrechtzuerhalten. Einen Reichswehrminister Gustav Noske, der allerdings zunächst noch über kein Ministerium verfügte, gab es seit dem 13. Februar 1919.

Da noch keinerlei Klarheit über die militärischen Bedingungen herrschte, die dem Reich durch den Friedensvertrag von den Siegermächten auferlegt werden würden, konnten diesbezügliche Gesetze, Anordnungen und Maßnahmen lediglich provisorischen Charakter haben und sowohl in Deutschland als auch im Ausland nur Irritationen auslösen: in Deutschland falsche Hoffnungen, im Ausland Befürchtungen und die vermeintliche Bestätigung dafür, daß es nötig sei, den angeblich nach wie vor »aggressiv militaristisch orientierten« Deutschen die schweren Lasten aufzubürden, die sie ihrerseits ohnehin längst programmiert hatten.

Ebert, den das Reichsgesetz vom 6. März zu entsprechenden Entscheidungen ermächtigte, ging hierbei – wie seine Berater auch – von Wunsch- und Größenvorstellungen aus, die den Vorgaben und Erwägungen der Alliierten nicht entsprachen. Jetzt zeigte sich zwar, daß auch Ebert der Niederlage und deren Konsequenzen noch nicht die Bedeutung zuordnete, die sie für das Reich tatsächlich hatten; aber ebenso deutlich wurde sofort auch, was er als republikanischer Staatschef anstrebte: ein souveränes, ehrenwert-wehrhaftes Reich ohne Grenzveränderungen und überflüssige Beeinträchtigungen von außen.

Als am 10. Dezember 1918 die erste führungsmäßig noch intakte Division von der einstigen Westfront in Berlin einrückt, atmet Ebert auf, beginnt er augenblicklich nicht nur in seiner unmittelbaren Umgebung Sicherheit zu suggerieren. »Kameraden«, so ruft er, der niemals selbst beim Militär gewesen ist, in diesem Krieg jedoch seine Söhne Georg und Heinrich verloren hat, den Soldaten zu und beschwört sie: »Willkommen in der Deutschen Republik, herzlich willkommen in der Heimat, die sich nach

---

[17] In Kiel, wo Noske Anfang November 1918 von den meuternden Matrosen zunächst als »ihr Mann« begrüßt worden war, hatte er den noch von Max von Baden erteilten Auftrag: »Freie Hand für Noske bei dem Versuch, den lokalen Ausbruch zu erstikken«, so vollkommen im Sinne des kaiserlichen Kanzlers ausgeführt, daß er schreiben konnte: »Der Mann hat Übermenschliches geleistet.«

Euch gesehnt hat... Rettet Ihr die Einheit der deutschen Nation, die Ihr nun Bürger werdet der einen, der untrennbaren Deutschen Republik... Bald... wird die konstituierende Nationalversammlung die Freiheit und die Republik fest verankern, durch den Willen des ganzen deutschen Volkes. Ihr legt die Waffen aus der Hand, die... dem Volk nie eine Gefahr, sondern stets nur Schutz sein sollen... Und so laßt mich Euere Treue zur Heimat... zur Einheit Deutschlands, unseren Stolz auf die Freiheit und die große unteilbare Deutsche Republik zusammenschließen in dem Ruf: Unser deutsches Vaterland, die deutsche Freiheit, der freie Volksstaat Deutschland – sie leben hoch!«

Der Vorsitzende des Rates der Volksbeauftragten hofft, bald weitere Soldaten, die dem Kaiser den Eid geschworen haben, im Reich begrüßen und – auf ihre Präsenz gestützt – seine politischen Ziele durchsetzen zu können. Daß sich ein Teil der Heimkehrer bereits kurz nach der von Scheidemann entworfenen Begrüßungsansprache Eberts auf den Weg nach Hause machen würde, ahnten weder Ebert noch Groener, die heimlich vereinbart hatten, mit Hilfe des Militärs den Arbeiter- und Soldatenräten die »Gewalt zu entreißen«, wie Groener später erklärte. Von den zehn Divisionen, die Ebert und Groener zu diesem Zweck nach Berlin in Marsch gesetzt hatten, standen Weihnachten nicht einmal mehr 1000 Mann in den Kasernen unter Waffen. »Die Truppe entwickelte einen derartigen Drang nach Hause«, resümierte Groener, »daß mit diesen zehn Divisionen absolut nichts anzufangen war und daß das ganze Programm der Säuberung Berlins von bolschewistischen Elementen, der Waffenabgabe und so weiter nicht ausgeführt werden konnte.«

Obwohl die »Unabhängigen« im Rat der Volksbeauftragten verlangt hatten, daß die heimkehrenden Truppen keine scharfe Munition mitführen dürften, war dies geschehen. »Wir haben«, sagte Groener unter Eid, »dagegen sofort Front gemacht, und Herr Ebert hat selbstverständlich zugestimmt, daß die Truppen mit scharfer Munition in Berlin einrükken... Wir haben... ein militärisches Programm ausgearbeitet für die Einzeltage. In diesem Programm war tageweise enthalten, was zu geschehen hatte: die Entwaffnung Berlins, die Säuberung Berlins von Spartakisten und so weiter. Dieses Programm war durchaus im Einvernehmen und Einverständnis mit Herrn Ebert abgeschlossen.«

Die Hoffnungen des Generals und Eberts, auf die Loyalität und Einsatzbereitschaft der heimgekehrten Truppen bauen und die Machtverhältnisse rasch und gewaltsam ändern zu können, hatten getrogen. Doch nicht nur Groener und Ebert täuschten sich. Zwei Tage nach der Heimkehr der ersten intakten Felddivision verwahrten sich Ebert, Hugo Haase, Philipp

Scheidemann, Wilhelm Dittmann, Otto Landsberg und Emil Barth, die sämtlich auf diese Truppe als Sicherungsinstrument und Abschreckungsfaktor zählten, energisch und entschieden gegen »Eingriffe von Arbeiter- und Soldatenräten in die Pressefreiheit« und verlangten von diesen kategorisch, künftig entsprechende Maßnahmen zu unterlassen. Am 15. Dezember ließ Ebert die Räte ebenso unmißverständlich wissen, daß »willkürliche örtliche Eingriffe in die Organisation und Verwaltung des Reiches« seitens der Räte grundsätzlich zu unterbleiben hätten.

Doch die offene und für jedermann sichtbare Zuverlässigkeits- und Kraftprobe war längst im Gange. Bereits in der ersten Dezemberhälfte war es in Berlin zu einer spektakulären Militäraktion gekommen. Am 6. Dezember waren Teile der in Berlin kasernierten Truppen ausgerückt, deren Kommandeure offenbar umrißhaft über die Groener-Ebert-Vereinbarungen informiert waren und vermutlich hofften, das generalstabsmäßig geplante Ebert-Groener-Programm, das am 10. Dezember ausgelöst und am Tage vor dem Beginn des Rätekongresses in Berlin abgeschlossen sein sollte, vorweg und allein realisieren zu können. Ein Flammenwerferzug besetzte unter Führung eines Feldwebels namens Fischer das Berliner Abgeordnetenhaus und arretierte die dort anwesenden USPD-Mitglieder des Vollzugsrates. Fischer hatte einen Trupp zusammengerafft – nach Eberts Angaben »mißbraucht« – und war (wie sich später herausstellte, auf Veranlassung des Legationssekretärs Graf Matuschka und seines Kollegen von Rheinbaben) im Sitzungssaal des Vollzugsrates erschienen und hatte die Ratsmitglieder der »Unabhängigen« unter Arrest gestellt. Zwar ordneten Ebert, Scheidemann und Landsberg die sofortige Freilassung an; aber die Affäre wurde ruchbar und rief bewaffnete Spartakisten zu einem Demonstrationszug auf die Straße, wo er von Gardefüsilieren gestoppt wurde. In dem plötzlich ausgelösten Feuergefecht, dessen Urheber nicht ermittelt werden konnten, starben 16 Spartakisten. Zahlreiche Verwundete mußten abtransportiert werden.

Daß Ebert am selben Abend von Matrosen und anderen Soldaten unter der Wortführung des Marinefeldwebels Spiro vor dem Reichskanzlerhaus zum »Präsidenten Deutschlands« ausgerufen wurde,[18] war gewiß ein purer Zufall; aber das von dem Häuflein subalterner Soldaten inszenierte spektakuläre Ereignis verriet doch, daß Ebert nicht nur das Vertrauen der Obersten Heeresleitung, sondern auch der einfachen Soldaten besaß.

Kein Zufall war dagegen, daß Generalfeldmarschall Paul von Hindenburg

---

[18] Vgl. S. 205.

sich Ebert zur gleichen Zeit zur Verfügung stellte und ihm versicherte, daß er ihn »rückhaltlos... unterstützen« werde. Auf den Truppenübungsplätzen in der Umgebung Berlins wurden aus erfahrenen Frontkämpfern Freiwilligenverbände zusammengestellt, die »ohne Wenn und Aber« zur Fahne und über Hindenburg und Groener letztlich auch zu Ebert und dessen Regierung stehen sollten.

Reichsrätekongreß

Der Rat der Volksbeauftragten hatte für die Zeit vom 16. bis 19. Dezember einen allgemeinen Reichsrätekongreß nach Berlin einberufen, an dem schließlich aus dem ganzen Reich im Preußischen Abgeordnetenhaus am Leipziger Platz 289 Sozialdemokraten, 80 USPD-Mitglieder, zehn Spartakisten, 25 Demokraten, 27 Soldaten, zehn Anhänger einer linksradikalen Splittergruppe und 27 »Volksvertreter« teilnahmen, die keine persönlichen Angaben machten. Die durchweg ehrbar wirkenden, auf Ansehen, Ordnung und Politikerattitüde bedachten Delegierten sollten in der Reichshauptstadt über die Frage entscheiden, ob Deutschland »Räterepublik« oder »parlamentarische Demokratie« werden solle.

Alle Delegierten ansprechend und Widersprüchen zuvorkommend, erklärt Ebert am 16. Dezember: »Soldaten und Arbeiter der Deutschen Volksrepublik! Mit einem Ruck leidenschaftlicher Entschlossenheit habt Ihr in den ersten Novembertagen zertrümmert, was im Laufe der Zeit morsch geworden war; habt Ihr die Abhängigkeiten zerrissen, die man als gottgegeben ansah, und den deutschen Volksstaat vollkräftig ins Leben gesetzt. Die Könige sind auf und davon, die Republik muß nach den Worten unseres großen französischen Genossen und Friedensfreundes Jaurès eine Nation von Königen sein. Alle alten Herrenrechte sind mit einem Schlage zerbrochen, das Recht des Volkes ist die Grundlage des deutschen Staats. Aber wir sind uns klar darüber, daß die Republik erst dann den Kern ihres Wesens erfüllt, wenn sie nicht nur die Herren, sondern auch die Ausbeuter beseitigt. Die tapferen Kämpfer der Revolution, welche die Fürsten von Thronen, das Junkertum und die Schwerindustrie aus der Herrschaft des Staates vertrieben haben, sollen die Republik der Freiheit erobern, die freie sozialistische Volksrepublik.«

Die auf die Fortsetzung der Revolution eingeschworenen Linken hat Eberts Feststellung nicht unberührt lassen können, daß »die Revolution« vorbei sei, »fünf Wochen« zurückliege und »keinerlei Gewaltherrschaft mehr« geduldet werde, »komme sie, von wo sie wolle«. Und auch Eberts Resümee, daß Soldaten, die »Arbeiterklassen im Waffenrock und in der Bluse«, es gewesen seien, die »im sozialistischen Kampfe die alten Götzen gestürzt und die neue Freiheit herbeigeführt« hätten, weshalb sie nun nicht zulassen dürften, daß »Uneinigkeit, Zersplitterung, Eigensinn, Eigendünkel und Eigenmächtigkeit sie um die Früchte der Revolution« brächten, war unmißverständlich gegen die »Unabhängigen« gemünzt gewesen.[19] Dem von Ebert initiierten sozialdemokratischen Antrag, die Nationalversammlung möglichst schon am 19. Januar 1919 einzuberufen, stimmten 400 Delegierte zu; 50 von ihnen lehnten ihn ab. Die von der USPD im Gegenzug verlangte Entscheidung über die Rolle der Räte, die nach ihren Vorstellungen künftig die Funktion der höchsten gesetzgebenden und vollziehenden Gewalt ausüben und damit ein Rätesystem etablieren sollten, fiel mit 344 zu 98 Stimmen gegen die Radikalen aus, die darüber hinaus auch mit ihrem Versuch scheiterten, die dem bolschewistischen Muster folgenden militärpolitischen sogenannten »Hamburger Punkte«[20] durchzubringen. Ihr Antrag, wenigstens die Räte neben der Nationalversammlung als legitime Staatsorgane bestehen zu lassen, war angesichts der öffentlichen Festlegungen Eberts und der SPD nicht nur utopisch, sondern auch ein Eingeständnis ihrer Kapitulation. Ihre Absicht, eine »Sowjetrepublik« Deutschland durch die Hinauszögerung der Wahlen zur Verfas-

[19] »Die Arbeiterklasse« (hier: »im Waffenrock und in der Bluse«), so erklärte Ebert, »muß unbedingt verlangen, daß ein einheitlicher Mehrheitswillen gebildet wird und eine einheitliche Linie in allen praktischen Maßnahmen der Staatsverwaltung innegehalten wird, wie sie die Träger der Revolution vorschreiben.«

[20] Der Reichsrätekongreß, der zwar mit dem Sieg der SPD endete, der es dank Ebert gelungen war, den Zentralrat zu einem reinen SPD-Organ zu machen, hatte jedoch auch einen Mehrheitsbeschluß gefaßt, der geeignet gewesen wäre, Eberts Pläne zu durchkreuzen. Die Hamburger Delegation nämlich hatte ihren Antrag (die sogenannten »Hamburger Punkte«) durchgebracht, das Militärwesen total umzugestalten. Die oberste Kommandogewalt über die Armee sollte danach künftig bei den Volksbeauftragten liegen, die der Kontrolle des Zentralrates unterstanden. Offiziere (ohne Rangabzeichen) sollten frei gewählt werden, die Disziplinargewalt nicht mehr bei ihnen, sondern bei den Soldatenräten liegen, außerdienstliche Vorgesetztenverhältnisse nicht weiterhin gelten. Der massiven Unterstützung seiner »Bündnispartner« Hindenburg und Groener, die sofort erklärten, die »Hamburger Punkte« nicht anzuerkennen, was bei der Truppe nicht ohne Widerhall bleiben würde, verdankte Ebert, daß er seine Entscheidung in dieser Sache so lange hinauszögern konnte, bis sich die Verhältnisse in seinem Sinne entwickelt hatten.

sunggebenden Nationalversammlung bis zum 16. März 1919 schaffen, die Revolution konsolidieren und Eberts Programm zu Fall bringen zu können, blieb eine Illusion. Der alte revolutionäre Vollzugsrat wurde im Sinne Eberts, der die USPD jetzt auf demokratischem Abstimmungswege ausschalten und den SPD-Einfluß auch personell ausbauen und etablieren wollte, durch einen 16köpfigen Zentralrat ohne Interimsrecht zur Erlassung von Gesetzen ersetzt, den er infolge seiner Zusammensetzung aus SPD-Mitgliedern ganz in die Hand bekam, was die verbitterten USPD-Delegierten schließlich bewog, sich erst gar nicht für den Zentralrat zur Verfügung zu stellen. Ebert hatte damit zwar die von ihm und Groener geplante gewaltsame Zerschlagung der Linksopposition nicht programmgemäß realisieren, diese jedoch auch so ausschalten können. Noch unmittelbar vor dem Ende des Jahres wurden sie von Ebert – zielstrebig und geschickt taktierend – auch aus dem Rat der Volksbeauftragten hinausmanövriert, der von da an unter Eberts alleiniger Führung als »Reichsregierung« fungierte. Das schon während des Krieges bis 1916 nur noch gewaltsam aufrechterhaltene Trugbild der Einheit der sozialistischen Arbeitervereinigung existierte nicht mehr.

Unmißverständlich warnend hat Ebert den extremen Linken bereits am 16. Dezember 1918 in seiner Begrüßung des ersten Reichskongresses der Arbeiter- und Soldatenräte Deutschlands erklärt: »Gewaltherrschaft hat uns ins Verderben gestürzt; nun wollen wir keinerlei Gewaltherrschaft mehr, komme sie, von wem sie wolle.« Der Zentralrat der Arbeiter- und Soldatenräte Deutschlands dankte als Reichsinstanz am 4. Februar 1919 ab, zwei Tage vor der Eröffnung der Verfassunggebenden Nationalversammlung durch Friedrich Ebert in Weimar.

Nicht nur Eberts »Bündnis« mit Groener und der Obersten Heeresleitung hatte die Anträge der »Unabhängigen« zum Scheitern verurteilt. Eberts Überlegungen gingen weiter. Wären beispielsweise die auf eine Umgestaltung der inneren Heeresstruktur zielenden »Hamburger Punkte« akzeptiert worden, hätten sich die Militärs, die der deutschen Waffenstillstandskommission angehörten, wie sie sofort bekundeten, nicht weiterhin zur Verfügung gestellt. Ebert ging davon aus, daß die Siegermächte in einem solchen Falle unmittelbar den Waffenstillstand unterbrechen und ihre Truppen ins Reich einmarschieren lassen würden. Daß damit zugleich die ohnehin überstrapazierte und mühsam von außen aufrechterhaltene Versorgungssubstanz völlig zusammengebrochen wäre, lag angesichts der von den Radikalen rücksichtslos ignorierten Gutachten des Reichsernährungsamtes auf der Hand. 6700 Tonnen Fett, 180 000 Tonnen Fleisch, 420 000 Tonnen Getreide, Mehl und Reis mußten (vor allem aus den USA) monatlich eingeführt werden. Einem bolschewistischen Deutschland hätten die USA niemals geholfen, zumal keinerlei Gegenleistungsgarantien möglich gewesen wären. Die europäischen Staaten waren durch den Krieg nicht nur selbst ausgeblutet, sondern verständlicherweise auch gegen das Reich eingestellt, dem nun von allen Seiten massiv vorgeworfen wurde, am Kriegsausbruch allein schuldig gewesen zu sein.

Machtprobe

So befriedigt Ebert das Ereignis des Rätekongresses auch als persönlichen Erfolg registrieren mochte, so sehr mußte ihn doch mit Besorgnis erfüllen, was sich zur gleichen Zeit in Berlin drohend anzukündigen begonnen hatte. Die zum Schutz der Regierung im Schloß und im Marstall untergebrachte Volksmarinedivision forderte die demokratische Staatsführung aufsässig meuternd heraus. Während der Kieler Ereignisse Anfang November nach Berlin geholt, waren die Matrosen nicht frei von Vorstellungen geblieben, die der militärischen Tradition widersprachen, was bis zum 9. November umfangreiche Verhaftungen zur Folge hatte. So sprach nicht unbedingt für Ebert und die militärische Führung, daß sie ausgerechnet diese Truppe zu ihrem Schutz engagierten und Mitte November, eine Woche nach Liebknechts Ausrufung der sozialistischen Republik, ins – von Plünderern zuvor heimgesuchte – Schloß einrücken ließen. Zwar war die zeitweilig 3000 Mann umfassende Volksmarinedivision durch Berliner Matrosen ergänzt worden; aber auch das hatte sich letztlich als negativ erwiesen. Wer immer in der Nähe seiner Wohnung, seines Elternhauses und in der ihm seit seiner Kindheit vertrauten Umwelt überflüssige Unbill zu erfahren meinte, konnte sich angesichts der neuen Disziplinarverhältnisse und Eidesbeziehungen berechtigt sehen, gegebenenfalls kurzerhand nach Hause zu gehen. Und dies ist in geradezu epidemisch wirkender Weise geschehen. So zählte die Division beispielsweise zur Zeit des Rätekongresses nur noch rund 1000 Mann. Ob sie bereit waren, die Repräsentanten der SPD-Führung unter Einsatz ihres Lebens zu schützen, mußte schon Mitte des Monats als fraglich gelten. »In großen Teilen der Massen«, so berichtete Otto Landsberg nach Eberts Tod, »herrschte gegen uns drei (SPD-)Männer (Ebert, Scheidemann, Landsberg), die man

›Verräter‹ und ›Bluthunde‹ zu nennen gewöhnt war, eine Wut, die sich sehr leicht in einem Akt der Gewalttätigkeit hätte entladen können.«
Die Aktivitäten der Radikalen waren nicht unbeachtet geblieben. Als beispielsweise am 16. Dezember 1918 die Reichskonferenz der Arbeiter- und Soldatenräte eröffnet wurde, hatte Liebknecht vom großen Eingangsportal des Berliner Abgeordnetenhauses vor einem Massenauflauf streikender Arbeiter gesprochen und ihnen am Ende seiner leidenschaftlich vorgetragenen Haßtiraden gegen den Kongreß das gegen Ebert und die SPD gemünzte Schlagwort zugerufen: »Wer die Nationalversammlung beschließt, beschließt die Vergewaltigung der Arbeiterklasse!« Rosa Luxemburg tat es ihm gleich. In der *Roten Fahne* forderte sie den Rätekongreß auf, das Kabinett Ebert-Scheidemann-Haase zu beseitigen, die sogenannten »weißen Garden« und die Truppen zu entwaffnen, die die Gewalt der Arbeiter- und Soldatenräte nicht bedingungslos anerkennen, eine Rote Garde zu schaffen und die Einberufung der Nationalversammlung als ein Attentat auf die Revolution und auf die Arbeiter- und Soldatenräte grundsätzlich abzulehnen. Während Hugo Haase, der nach Rosa Luxemburgs und Karl Liebknechts Auffassung nicht konsequent genug war, seine Forderungen für die Hinauszögerung der Wahl der Nationalversammlung mit dem Argument begründete, unbedingt auch die Wünsche und Forderungen der heimkehrenden Soldaten in die Entscheidungsprozesse einbeziehen zu wollen, ging es Rosa Luxemburg und Liebknecht um die Verhinderung einer Nationalversammlung. Die von der USPD nicht mitgetragene Mehrheitsentscheidung der Rätekonferenz, daß die einzuberufende Nationalversammlung über die gesetzgebende und vollziehende Gewalt zu befinden haben werde, ignorierte Liebknecht und rief dazu auf, ihm und Rosa Luxemburg zu folgen.
Unruhen herrschten im ganzen Reich. Vom Spartakusbund unabhängige Linksradikale mit Zentren im Norden, in Sachsen und im Rheinland kolportierten bolschewistische Parolen und schürten eine feindschaftlich artikulierte Ebert- und SPD-Gegnerschaft. Nachdem die Vertreter der USPD dem Rätekongreß den Rücken gekehrt und Ebert ihre Bereitschaft zur Mitarbeit verweigert hatten und sowohl die Spartakisten als auch die anderen extremen Linken überall im Sinne ihrer Ideologien agitierten, entstand der nicht ganz zutreffende Eindruck, daß die Regierung Ebert jede Autorität verloren habe. Lokale Institutionen sahen sich berechtigt oder verpflichtet, von sich aus Entscheidungen zu treffen, die einer straffen zentralen Lenkung bedurft hätten. So verweigerte beispielsweise der Berliner Stadtkommandant, der SPD-Repräsentant Otto Wels, den Soldaten der nach seiner Auffassung inzwischen von Spartakisten zu stark

durchsetzten und damit nicht mehr zuverlässigen Marinedivision den Wehrsold und drohte ihnen mit der Reduzierung dieser Truppe um rund 40 Prozent. Die rund 1000 Mann, die ihren Dienst noch versahen, verließen das Schloß nicht, sondern plünderten es. So begannen die Matrosen, die die Regierung schützen sollten, sich offen gegen sie zu stellen. Wie Zivilisten entsandten sie Unterhändler zu Wels, der eine Woche lang mit ihnen zwar »verhandelte«, jedoch auf seinen vorausgegangenen Forderungen beharrte. Da die erste Friedensweihnacht vor der Tür stand, drängten die Soldaten und bestanden immer nachdrücklicher auf der Auszahlung ihres Soldes von insgesamt 80 000 Mark, die nicht erfolgte.

Ihrer Bitten und Verhandlungen müde, taten sie am 23. Dezember den nächsten Schritt in die eingeschlagene Richtung. Sie schickten eine Delegation zur Reichskanzlei, wo die heillos zerstrittenen Volksbeauftragten residierten. Während die Vertreter der SPD sich vor ihren Genossen Wels stellten, zeigten die USPD-Exponenten Sympathien für die Bittsteller, die sich an der Grenze der offenen Meuterei bewegten. Die Aufforderung der SPD-Führer, das Schloß zu verlassen, die Schlüssel in der Reichskanzlei abzuliefern und danach ihre Löhnung in Empfang zu nehmen, beantworteten sie auf eine Weise, die Ebert nicht schadlos akzeptieren konnte. Sie erschienen zwar mit den Schlüsseln, waren aber demonstrativ bewaffnet, bezogen drohend Posten vor der Reichskanzlei und verhandelten – anstatt mit dem für Militärfragen unmittelbar zuständigen Rats- und SPD-Vorsitzenden Ebert – mit dem USPD-Volksbeauftragten Emil Barth, der sie zu unterstützen versprach und Otto Wels telefonisch anwies, den Sold auszuzahlen. Wels aber lehnte die Anweisung mit der Feststellung ab, daß er »nur von Ebert Befehle« entgegennehme. Der Versuch der Matrosen, jetzt mit Ebert zu sprechen, blieb erfolglos, da Ebert sich übergangen fühlte, ganz offensichtlich erst mit der Obersten Heeresleitung telefonieren wollte und sich kurzerhand verleugnen ließ. Die Folge war, daß Heinrich Dorrenbach,[21] der Anführer der meuternden Matrosen, die von Ebert mit Schießverbot belegten Wachen (»... im Kampf soll kein deutsches Blut mehr fließen«) entwaffnen, sämtliche Ausgänge der Reichskanzlei besetzen, die feststellbaren Telefonleitungen sperren und die Volksbeauftragten unter Hausarrest stellen ließ.

Obwohl Landsberg und Ebert, der inzwischen doch erschienen war, die bewaffneten Soldaten »wie Schuljungen herunterputzten«, wie Landsberg Jahre danach schrieb, hielten sie ihre »Stellung« – und Ebert und Lands-

---

[21] Dorrenbach wurde 1919 ermordet.

berg weiterhin in Haft. Otto Wels, den die sich jetzt siegessicher gebärdenden und nach Landsbergs Angaben breite Sympathie genießenden Matrosen ebenfalls noch einmal aufsuchten, in den Marstall transportierten und mißhandelten, mußte sich und das Amt des Stadtkommandanten verhöhnen lassen. Trotz der Bewachung und der Unterbindung der über die Zentrale laufenden Telefonleitungen war es Ebert gelungen, über die den Meuterern nicht bekannte und daher von ihnen auch nicht gesperrte Geheimleitung die Oberste Heeresleitung in Kassel anzurufen und sich mit ihr über Maßnahmen zur Lösung der vertrackten Lage zu verständigen. Der Major Kurt von Schleicher, der nachmalige General und Reichskanzler, versicherte Ebert, aus der Umgebung Berlins sofort regierungstreue Truppen in Marsch zu setzen, die Affäre zu bereinigen und möglicherweise gleichzeitig nachzuholen, was nach Absprachen zwischen Ebert und Groener bereits am 15. Dezember hätte abgeschlossen sein sollen: die völlige Zerschlagung und Entwaffnung sämtlicher linksradikaler Organisationen. Aus Potsdam und Babelsberg rückten nach Eberts Telefongespräch mit Schleicher rund 800 Mann, die noch kasernierten Reste der zehn zwischen dem 10. und 15. Dezember von der Front zurückgekehrten Einheiten, auf Berlin vor, worüber Ebert die drei USPD-Volksbeauftragten während der nachmittäglichen Kabinettssitzung vorsichtshalber nicht informierte. Da die vom Westen her in Richtung Reichskanzlei anrückenden Babelsberger und Potsdamer Truppen, die bespannte leichte Geschütze mitführten, von der Bevölkerung beobachtet wurden, auch wenn das Militär sich Berlin erst gegen 21 Uhr in der Dunkelheit näherte, mußte ihr Einsatz erwartet werden. Die Matrosen, ebenfalls darüber informiert, machten sofort mobil und marschierten vom Osten her ebenfalls in Richtung Reichskanzlei. Dort früher als die Kommandeure der inzwischen im Tiergarten biwakierenden Soldaten angekommen, hat Dorrenbach sich zu Ebert begeben und ihn vor dem Einsatz der Truppe gewarnt. Während der Unterredung erschienen die Führer der von Ebert herbeigerufenen regierungstreuen Einheiten, um den unmittelbaren Einsatzbefehl zu erhalten.

Ebert befindet sich in dem Augenblick in einer prekären Situation. Vor ihm stehen sich die Exponenten zweier militärischer Formationen Auge in Auge gegenüber, von denen nur die von der Obersten Heeresleitung nach Berlin beorderten Kommandeure wissen, was geschehen soll. Ebert verhält sich diplomatisierend-ausweichend und verspricht, die Angelegenheit am nächsten Tag, dem Heiligen Abend, durch einen Beschluß des Kabinetts regeln zu lassen. Sowohl die Kommandeure als auch der Marineführer Heinrich Dorrenbach verlassen sich auf seine Erklärung und gehen zu ihren Soldaten zurück.

Doch Ebert hält sich nicht an sein Versprechen. Gegen zwei Uhr früh weist er die Kommandeure der im Tiergarten lagernden Einheiten an, am Morgen des 24. Dezember das Schloß und den Marstall zu stürmen, die Volksmarinedivision niederzuwerfen und sie aus dem Schloß und Marstall zu entfernen.

Die Skala der Mutmaßungen über den Grund für Eberts »Gesinnungswandel« umfaßt eigentlich nur Vorwürfe. Die von dem unmittelbar beteiligten SPD-Repräsentanten Otto Landsberg überlieferte Version, daß das Leben des Stadtkommandanten Otto Wels in Gefahr gewesen sei, so daß Ebert nicht anders habe reagieren können, ist zweifellos falsch. Lange bevor der Angriff der regierungstreuen Truppen auf das Schloß begann, befand Wels sich bereits wieder in Freiheit,[22] so daß dem militärischen Akt schon aus der Sicht die Funktion einer Strafmission nicht abgesprochen werden konnte. Und ebendies war die Absicht Eberts, der angesichts der Situation ein gravierendes und aufsehenerregendes Exempel statuieren wollte.

Die Matroseneinheit war seit Anbeginn ihrer Zusammenfassung im November 1918 ein Haufen von Söldnern, deren Interesse weitaus mehr den materiellen Gütern als den soldatischen Tugenden galt. Daß sie auch nicht politisch dachten und handelten, bewiesen sie täglich. Wie Landsknechte vergangener Zeiten stahlen und verkauften sie aus dem Schloß Kunstgegenstände, deren Verwaltung und Schutz den »Unabhängigen« unterstand, die den preußischen Finanzminister stellten. Schon die Tatsache, daß selbst der USPD-Minister, der den Matrosen zwar sehr lange ausgesprochene Sympathien entgegenbrachte, letztlich aber doch die ständig zunehmenden Differenzen zwischen den Inventarlisten und den Schloßbeständen verantworten mußte, den Rat der Volksbeauftragten um Hilfe bat, sprach für sich. Die Weigerung der Matrosen, den Weisungen des Stadtkommandanten nachzukommen, paßte ins Bild.

Aus der Sicht Eberts, der weiter als alle anderen politischen Akteure dachte und eine Autorität zu etablieren versuchte, die ein seit dem 9. November klaffendes Vakuum ausfüllen sollte, konnte der Zustand unmöglich weiterhin geduldet und – mehr noch – erzwungen werden. Wahrscheinlich ist, daß Ebert sich noch einmal telefonisch mit Groener und Major von Schleicher in Kassel in Verbindung gesetzt und deren

---

[22] Glaubwürdige Zeugen haben berichtet, daß Otto Wels bereits um 3 Uhr früh des 24. Dezember wieder als freier Mann in der Reichskanzlei erschienen sei. Hätte Ebert die Aktion um 2 Uhr des 24. Dezember nur zur Rettung von Wels befohlen, wäre sie nach 3 Uhr früh überflüssig gewesen.

Meinung in seinen Entscheidungsprozeß einbezogen hat. Daß sie die Meuterei sowenig dulden konnten wie er, liegt auf der Hand. Da Ebert sich gern von Fachleuten beraten ließ, ohne ihren Ratschlägen allerdings auch immer zu folgen, dürften die »weit ab vom Schuß« residierenden – und nur telefonisch über Details informierten Militärs ihm empfohlen haben, die Matrosen in jedem Fall auszuheben.

Gegen 7.45 Uhr begann die »Schlacht« um das Schloß. Innerhalb der ersten Stunde schlugen 60 Granaten in das Schloß und in den Marstall ein und beschädigten die Bauwerke. Doch die gut geschützten Matrosen gaben nicht auf. Daß sie aus politischer Überzeugung standgehalten hätten, ist eine Legende. Ihnen, die spätestens jetzt erkennen mußten, daß Ebert sich nicht weiter auf der Nase herumtanzen ließ, blieb in dieser Situation nur die Alternative, aufzugeben oder zu kämpfen. Da sie im Falle einer Kapitulation mit empfindlichen Strafen rechnen mußten, hatten sie sich dazu entschieden, sich zu verschanzen, ihre Lokalkenntnisse und die Vorteile zu nutzen, die ihnen die massiven Mauern boten. Da sie darüber hinaus mit der moralischen Unterstützung der von den radikalen Linken und von USPD-Hoheitsträgern zu Sympathiekundgebungen aufgerufenen Bevölkerung und mit Befehlsverweigerungen innerhalb der zahlenmäßig nicht wesentlich stärkeren Regierungstruppen hofften rechnen zu können, sahen sie ihre Lage keineswegs als hoffnungslos an.

Anders als die Matrosen waren die Regierungstruppen motiviert. Ihnen, die den Krieg überlebt hatten und weiterhin beim Militär bleiben wollten, konnte kaum daran liegen, unbedingt Feuergefechte führen zu müssen und jetzt noch womöglich im Kampf gegen Kameraden zu fallen oder verwundet zu werden. Der Oberste Kriegsherr, dem sie den Eid geschworen hatten, war geflüchtet. Die derzeitige Regierung bestand zur Hälfte aus »Unabhängigen«, mit denen ihre im Schloß und Marstall untergebrachten Kontrahenten sympathisierten. Die Verfassunggebende Nationalversammlung war lediglich programmiert, ihre eigene Zukunft nicht entfernt ausrechenbar. Mit dem Auftrag, die Regierung schützen zu sollen, verbanden die meisten von ihnen die Vorstellung, sie gegebenenfalls gegen Angriffe verteidigen zu müssen. So weigerten sie sich gegen Mittag schließlich, die sich verzweifelt wehrende Schloßbesatzung zu stürmen und sich ihrem Feuer offen auszusetzen, womit die von den Ratsmitgliedern der »Unabhängigen« scharf abgelehnte Regierungsaktion gescheitert war. »Truppen des Generalkommandos Lequis sind nicht mehr aktiv verwendungsfähig«, mußte Major von Horbou, den Groener nach Berlin abkommandiert hatte, nach Kassel telegrafieren und weiter erklären: »Einen Weg, mit bisherigen Mitteln die Regierung zu schützen, sehe ich nicht. Der Ausgang des heutigen Zusammenstoßes kann politisch für die Regierung katastrophal werden. Generalkommando Lequis[23] ist meines Erachtens unmöglich geworden.« Otto Landsberg überlieferte nach Eberts Tod: »Nach unserem Willen hatten« die Regierungstruppen »in solcher Stärke aufmarschieren sollen, daß die Matrosen die Nutzlosigkeit jeder Gegenwehr erkannten... und Schloß und Marstall räumten. Die militärische Abteilung erwies sich aber als zu schwach und wurde durch Arbeitermassen, die (das USPD-Mitglied) Eichhorn aufgeboten hatte, an der Entfaltung ihrer Kraft gehindert.«

Gegen 12 Uhr mittags schwiegen die Waffen endgültig, nachdem von 10 bis 10.30 Uhr eine Kampfpause zur Entfernung der Frauen und Kinder aus dem unmittelbaren Kampfgebiet eingelegt worden war. Der noch paritätisch besetzte Rat der Volksbeauftragten schloß mit den Matrosen ein Abkommen, das ihnen die Auszahlung ihres Soldes und den freien Abzug aus ihren Quartieren zusicherte.

Ebert, der täglich rund 18 Stunden auf den Beinen ist, hat seine physischen Reserven erschöpft. Psychisch dagegen ist er noch lange nicht am Ende. Als Groener mit ihm telefoniert und wissen will, was er angesichts der Situation denn nun unternehmen werde, antwortet Ebert ihm gefaßt und geradezu phlegmatisch: »Ich gehe jetzt erst einmal zu Freunden und schlafe mich aus, was ich bitter nötig habe. Soll Liebknecht die Reichskanzlei besetzen, wenn er will. Er wird aufs leere Nest stoßen.« Daß er damit seine Bereitschaft zur Kapitulation angedeutet habe, wie ihm häufig unterstellt worden ist, trifft nicht zu. Schon am 23. Dezember hat er gesprächsweise[24] nämlich erwogen, mit der amtierenden Regierung Berlin zu verlassen und irgendwo »in der Provinz« einen ruhigen Platz zu suchen, der die Gewähr für eine kontinuierliche Arbeit ohne Beeinträchtigungen solcher Art bietet.

Die Behauptung Sebastian Haffners, daß es der »Revolution«, wenn sie »eine Führung gehabt hätte«, an diesem Weihnachtsabend möglich gewesen wäre, in der Reichshauptstadt die Macht in die Hände zu bekommen, ist einseitig gegen Ebert gerichtet – und einigermaßen weltfremd. Was hätte sie denn gewonnen, wenn Liebknecht und Gefolge tatsächlich in das »leere Nest« Reichskanzlei eingezogen wären? Außerdem: Tausende SPD-Anhänger, die Otto Wels nach seiner Freilassung mobilisiert hatte,

---

[23] General Lequis war der Kommandeur der zehn Divisionen, die zwei Wochen zuvor in Berlin eingerückt waren.

[24] Zeugenberichten zufolge hat er dem Sinne nach mehrfach erklärt, daß es so nicht weitergehen könne und daß es unmöglich sei, unter den gegebenen Umständen zu regieren.

»belagerten« am ersten Feiertag die Reichskanzlei, so daß es Ebert-Gegnern schwerlich möglich gewesen wäre, seine Politik grundlegend zu durchkreuzen. Hinzu kam, daß er, obwohl stets auffällig nach historischen Anknüpfungspunkten suchend, den Ort der Machtzentrale nicht unbedingt mit der vom disziplinierten Heer entblößten Reichshauptstadt verknüpfte, wie er es nicht nur 15 Monate später während des Kapp-Putsches bewies.[25]

Tatsächlich bedenklich war jedoch, daß die noch relativ unerfahrene Regierung es trotz der unsicheren Verhältnisse versäumt hatte, eine zuverlässige Truppe zur Verfügung zu haben.

Während der *Vorwärts* am 25. Dezember enttäuscht berichtete, daß um die Mittagszeit des Heiligen Abends »die ganze Gegend um den Marstall einschließlich der Königstraße bis zum Rathaus von Matrosen und ihren Anhängern mit Maschinengewehren besetzt« gewesen sei und Karl Liebknecht in der *Roten Fahne* »Eberts Blutweihnacht« anprangerte, erhielten die Matrosen ihre 80 000 Mark. Die Regierungstruppen verließen Berlin. Zwar war Eberts Plan gescheitert; aber selbst aus dieser Niederlage war ihm noch ein politischer Gewinn erwachsen. Die seine Militäraktion ablehnenden »Unabhängigen« Haase, Dittmann und Barth, deren Abhalfterung Ebert bereits Tage zuvor eingeleitet hatte, schieden nun von sich aus protestierend aus seiner Regierung aus. Einige Tage später folgten die Vertreter ihrer Partei in der preußischen Regierung. Groeners Lob für Ebert, die Weihnachtskrise mit großem Geschick genutzt zu haben, kam keineswegs von ungefähr.

Hätte Ebert jemals an seiner Überzeugung gezweifelt, daß er der disziplinierten Armee zur Erreichung und Sicherung seiner Ziele bedürfe, diese Umstände wären besser als andere sonst geeignet gewesen, solche Zweifel zu beseitigen. Daß er sein »Bündnis« mit Groener und der Obersten Heeresleitung auch vor seinen engsten Freunden geheimhielt und seit 1917 eine sorgfältig gehütete Geheimdiplomatie betrieb, obwohl er öffentlich gegen jederlei Geheimpolitik eintrat, läßt sein Porträt nicht fleckenlos erscheinen, aber der Biograph muß akzeptieren, daß Ebert nicht anders handeln konnte. Es sei denn, er wäre bereit gewesen, seinen Kampf zur Wahrung der Kontinuität der deutschen Geschichte, wie er sie sah und darstellte, zugunsten einer auf punktuelle Erfolge ausgerichteten Politik aufzugeben, die ein gänzlich anderes Deutschland zum Ziel hatte.

Daß die Kämpfer für ein bolschewistisches Deutschland das Heilig-

---

[25] Bereits am 6. Januar 1919 verließ die SPD-Regierung während des Spartakisten-Aufstandes die Reichshauptstadt und versah ihre Geschäfte in Vororten Berlins.

Abend-Geschehen als Sieg buchten, erwies sich zwei Wochen danach. Schon Ende Dezember beschloß der Spartakusbund auf einer in Berlin veranstalteten Reichskonferenz mit 62 gegen 23 Stimmen, in einigen Tagen loszuschlagen. Am 5. Januar 1919 war es soweit. Nachdem der Berliner Polizeipräsident, der USPD-Mann Emil Eichhorn, sich geweigert hatte, der Weisung des – um die Funktion der Exekutive besorgten – preußischen Innenministeriums zu folgen und sein Amt niederzulegen, stellte sich die aus der Regierung ausgeschiedene und an einer Stützung des SPD-Kabinetts nicht mehr interessierte USPD hinter Eichhorn, mit dem die beiden Kommunistenführer Karl Liebknecht und Wilhelm Pieck am 5. Januar für den nächsten Tag eine bewaffnete Protest-»Demonstration« vereinbart hatten. Die Radikalen besetzten das Haus der SPD-Zeitung *Vorwärts*, das Wolffsche Telegraphenbüro, die Gebäude der in den Verlagen von Mosse, Ullstein und Scherl erscheinenden Zeitungen und die Reichsdruckerei. Vorübergehend waren auch der Schlesische Bahnhof, der Anhalter Bahnhof, der Potsdamer Bahnhof und die Gebäude der Eisenbahndirektion in ihrem Besitz. Um sich die Unterstützung von Arbeitermassen zu sichern, wurden die Arbeiter aufgefordert, ihre Arbeit niederzulegen und aktiv am Sturz des »Arbeiterverräters Ebert« und dessen Regierung mitzuwirken. In Berlin-Spandau, Düsseldorf und Dortmund folgten die Spartakisten dem Beispiel ihrer Berliner Genossen.
Die SPD-Regierung brauchte in dieser Situation, die durch die zum rücksichtslosen Kampf auf der Straße bereiten Kommunisten und die während des Reichsrätekongresses nicht an ihr Ziel gelangten und Ende 1918 aus der Regierung ausgeschiedenen SPD-feindlichen USPD brisant aufgeladen wurde, mehr als zuvor einen rückhaltlos zu Ebert stehenden und der breiten Öffentlichkeit möglichst bekannten Fachmann für militärische Fragen. Ebert entschied sich für seinen rechtsorientierten Freund Gustav Noske, der schon als Reichstagsabgeordneter, im November in Kiel als Gouverneur und im Dezember in Berlin militärischen Sachverstand bewiesen und das Vertrauen der Truppe gewonnen hatte. Obwohl er dieses Amt nicht angestrebt hatte, stellte er sich auf den Wunsch Eberts zur Verfügung und erklärte: »Einer muß ja den Bluthund machen!«
»Arbeiter, Bürger, Soldaten«, sagte Ebert eine Woche nach dem Ausscheiden der USPD-Exponenten Haase, Dittmann und Barth aus dem Rat der Volksbeauftragten, »die Unabhängigen sind ausgeschieden... Die Vertreter der Unabhängigen sind ausgetreten... Mit einer Demonstration allein ist es nicht getan! Habt einen Willen und zeigt einen Willen! Dann ist der Abzug der Unabhängigen weiter nichts als die langersehnte Hand-

lungsfreiheit einer einheitlich gebildeten Regierung... Keine unfruchtbare Parteizänkerei mehr... Mit dem Zutritt meiner Freunde Noske und Wissell hat Deutschland zum erstenmal eine reine Parteiregierung. Wir sind uns bewußt, was das bedeutet, sowohl nach der Seite der anderen Parteien als auch nach der Verantwortung unserer eigenen Partei gegenüber.« Daß Noske nicht nur gegen Anhänger der USPD und die (seit Ende Dezember) von Rosa Luxemburg und Karl Liebknecht geführten Kommunisten und revolutionären Obleute, die sich der KPD nicht angeschlossen hatten, sondern gegebenenfalls auch gegen SPD-Genossen würde vorgehen müssen, wußte er. Nicht wenige von ihnen, die trotz der (hinsichtlich der Sozialisierung zurückhaltenden) Erklärung des (zur Hälfte mit »Unabhängigen« besetzten) Rates der Volksbeauftragten[26] vom 12. November 1918 und dessen Politik bis zum Ausscheiden der USPD-Mitglieder auf die Enteignung des Großgrundbesitzes, der Großindustrie und der Banken und auf die völlige Ausschaltung des Offizierskorps hofften, sahen sich von der Politik der SPD so enttäuscht, daß viele von ihnen versuchten, bei den Kommunisten und bei der USPD ihre neue politische Heimat zu finden.

Am 8. Januar läßt Ebert einen Aufruf verbreiten. »Mitbürger!« so heißt es in ihm, »Spartakus kämpft jetzt um die ganze Macht. Die Regierung, die binnen zehn Tagen die freie Entscheidung des Volkes über sein eigenes Schicksal herbeiführen will, soll mit Gewalt gestürzt werden... Wo Spartakus herrscht, ist jede persönliche Freiheit aufgehoben. Die Presse ist unterdrückt, der Verkehr lahmgelegt. Teile Berlins sind die Stätte blutiger Kämpfe... Die Regierung trifft alle notwendigen Maßnahmen, um die Schreckensherrschaft zu zertrümmern und ihre Wiederkehr ein für allemal zu verhindern. Entscheidende Handlungen werden nicht mehr lange auf sich warten lassen. Es muß... gründliche Arbeit getan werden... Habt nur noch kurze Zeit Geduld... Gewalt kann nur mit Gewalt bekämpft werden... Die Stunde der Abrechnung naht.«[27]

Am 10. Januar 1919 wurde in Bremen die Räterepublik ausgerufen. »Die Entscheidung ist gefallen«, hieß es auf einem Plakat, das die Absetzung

[26] Die Erklärung garantierte den Schutz des Eigentums (allerdings nur) »gegen Eingriffe Privater«.

[27] Schon Ende Dezember 1918, rund eine Woche nach der Berliner »blutigen Weihnacht«, verteilten die Sozialdemokraten ein Flugblatt, in dem es hieß: »Das schändliche Treiben Liebknechts und Rosa Luxemburgs beschmutzt die Revolution und gefährdet alle ihre Errungenschaften. Keine Minute länger dürfen die Massen ruhig zusehen, wie diese Gewalttäter und ihr Anhang die Tätigkeit der republikanischen Behörden lahmlegen.«

Der sozialdemokratische Reichswehrminister, zuverlässige Ebert-Vertraute und von Linksradikalen als „Bluthund“ gefürchtete Gustav Noske schreitet die Front einer von Berlin nach Kiel verlegten Marinebrigade ab.

24. August 1919
Nr. 34
28. Jahrgang

Berliner
Illustrirte Zeitung

Einzelpreis des Heftes
25 Pfg.

Verlag Ullstein & Co, Berlin SW 68

Der Reichspräsident und Noske an einem öffentlichen Badestrand. Mit diesem Foto, das die Berliner Illustrirte Zeitung *am 24. August 1919 als Titelbild gewählt hatte, sollten keineswegs Eberts Selbstbewußtsein und Volkstümlichkeit demonstriert werden.*

Berliner Straßenszene zur Zeit des gegen Ebert und die Reichsregierung gerichteten blutigen Kapp-Putsches im März 1920.

Von der Bevölkerung gehaßte und nicht einmal aus Fenstern beobachtete Besatzungstruppen: Französische Soldaten auf einer menschenleeren Straße 1923 beim Einmarsch ins Ruhrgebiet.

Französische Besatzungstruppen schießen am 31. März 1923 im Gelände der Firma Krupp in Essen auf deutsche Arbeiter, die ihre Arbeitsplätze aus Protest gegen die Requirierung von Krupp-Lastwagen durch die Franzosen verlassen haben. Elf Tote und zahlreiche Verletzte blieben zurück. Krupp und einige seiner leitenden Mitarbeiter wurden zu Gefängnisstrafen zwischen 10 und 15 Jahren und zu je 100 Millionen Mark Geldstrafe verurteilt.

des Senats und die Gründung einer selbständigen Republik mit einer »proletarischen Volksregierung« Bremen verkündete, die Bevölkerung mit dem gleichzeitig verhängten Standrecht bekanntmachte und feststellte, daß das »werktätige Volk Bremens, das revolutionäre Proletariat«, nicht bereit sei, in den »Zusammenbruch der kapitalistischen Wirtschaftsordnung hineingerissen zu werden«.

Von der Regierung mit Einverständnis des nur noch für die Berliner Räte zuständigen Vollzugsrates und des Zentralrates zum Oberbefehlshaber der Truppen ernannt, rückte Gustav Noske am 11. Januar an der Spitze der aus Freiwilligen zusammengewürfelten sogenannten Regierungstruppen in Berlin ein und warf den Aufstand unerbittlich und blutig nieder. Am 14. Januar kämpfte niemand mehr, waren die am Tag zuvor noch ums Leben gekommenen Toten beerdigt, die Verwundeten versorgt, die Arbeiter und Angestellten wieder an ihre Arbeitsplätze zurückgekehrt. Doch auf der Seite der Linken gab es auch danach noch Tote. Rosa Luxemburg und Karl Liebknecht, auf deren Köpfe die von russischen Adeligen finanzierten »Antibolschewistische Liga« und die Spitzelzentrale »Sektion 14« des regierungstreuen Regiments Reichstag hohe Geldprämien ausgesetzt hatten, wurden am 15. Januar von verhetzten Soldaten, die sie ins Untersuchungsgefängnis transportieren sollten, wie räudige Schakale umgebracht. Die extremen Linken mußten den von ihnen inszenierten Aufstand teuer bezahlen.[28]

Einer mußte als Vertreter der Regierung den »Bluthund machen«. Noske, wie sein Freund Ebert um die Erhaltung des Reiches bemüht, hat diese Rolle einigermaßen erfolgreich auf sich genommen. Die wieder etablierte Regierung Ebert, die Staatsführungsinstitutionen und Machtapparate profitierten zwar planmäßig von Noskes Einsatz, restaurative und dem neuen Staat nicht zugetane militärische Organisationen, die im Dezember 1918 und im Januar 1919 entstanden, aber auch.

[28] Daß sie auch später, wann und wo immer sie in Deutschland versuchten, rätesozialistische, kommunistische oder nationalbolschewistische Politik zu betreiben, auf taube Ohren stießen, resultierte nicht zuletzt ebenfalls aus den Erfahrungen, die die Berliner in den Januartagen machen mußten.

Am 19. Januar 1919 stellten sich die SPD, die USPD, die Deutsche Demokratische Partei, das Zentrum, die Deutsche Volkspartei und die Deutschnationale Volkspartei dem deutschen Volk zur Wahl der Nationalversammlung,[29] die niemand so beharrlich und konsequent wie Ebert als maßgeblichen Schritt zur Normalisierung der politischen Verhältnisse gefordert hatte. Erstmals durften auch Frauen wählen. Die SPD erhielt 163, die DDP 74, das Zentrum 89 und die USPD 22 Mandate. Die Richtung war gewiesen. Die drei Mittelparteien hatten 326 der insgesamt 421 Sitze erhalten. Unter Eberts Regie bestimmten sie als »Weimarer Koalition« bis November 1923 – zeitweilig zusammen mit der Deutschen Volkspartei (außer vom 21. Juni 1920 bis zum 10. Mai 1921 und vom 22. November 1922 bis zum 13. August 1923) – die Geschicke Deutschlands. Daß dies nicht bis zu Eberts Tod durchgehend geschah, lag an der SPD, der Ebert im Spätherbst 1923 nach ihrem Austritt aus der Regierung[30] prophetisch und verbittert vorhielt: »Was Euch veranlaßt, den Kanzler zu stürzen, ist in sechs Wochen vergessen. Aber die Folgen Eurer Dummheit werdet Ihr noch in zehn Jahren spüren.« Zehn Jahre später war Hitler Reichskanzler. Die SPD existierte nicht mehr. Deutsche Sozialdemokraten gab es nur noch im Untergrund und in der Emigration.

Für Ebert hatten die zwischen dem 9. November 1918 und dem 19. Januar 1919 entstandenen revolutionären Institutionen einen nur temporären Wert, weshalb ihre möglichst rasche Annullierung ein selbstverständliches Gebot der Stunde sein mußte. Der beispielsweise von den Räten erhobene Anspruch auf Etablierung als legitime Staatsorgane auch neben der von ihnen institutionalisierten und durch sie bevollmächtigten Nationalversammlung[31] konnte aus der Sicht nur als ein Versuch verstanden werden,

---

[29] Die Kommunisten beteiligten sich nicht an den Wahlen.

[30] Der Regierung Stresemann (Deutsche Volkspartei) gehörten vom 13. August bis zum 6. Oktober 1923 die Sozialdemokraten Robert Schmidt (Vizekanzler), Wilhelm Sollmann (Innenminister), Rudolf Hilferding (Finanzminister) und Gustav Radbruch (Justizminister) an. Hilferding wurde am 6. Oktober von Hans Luther (parteilos) abgelöst. Am 3. November schied Radbruch und am 11. November 1923, vier Tage nach dem Hitler-Putsch in München, auch Sollmann aus der Regierung aus, der danach kein Sozialdemokrat mehr angehörte. Stresemann wurde am 30. November 1923 auf Betreiben der SPD gestürzt und durch Wilhelm Marx (Zentrum) ersetzt.

[31] Ebert sah im Gegensatz zur Auffassung vor allem späterer Kritiker für Deutschland nach dem Sturz der Monarchie nur die Alternative parlamentarische Demokratie oder Sowjetdiktatur. In den sechziger Jahren »entdeckten« Kritiker einen – im Novem-

die Wiederherstellung der durch die Verfassungsänderung zur Zeit des letzten kaiserlichen Reichskanzlers im Oktober 1918 begründeten und am 9. November 1918 durch den Sturz der Monarchie unterbrochenen Legitimität wieder zu restaurieren und die Kontinuität der deutschen Geschichte zu wahren. Daß nicht nur die radikalen Linken, sondern auch SPD-Anhänger anders dachten, mußte Eberts Basis schmälern – oder gar gefährden, zumal viele der demobilisierten Soldaten, die trotz ihrer Bindungen an die SPD zu ihren Räten hielten, ihre Waffen und Munition nach Hause mitgenommen hatten.
Mit der Wahl der Nationalversammlung, durch die die Revolution formell beendet sein sollte, änderte sich an den Lebensumständen nichts. Die Hoffnung der Deutschen, möglichst bald wieder satt werden zu können, erfüllte sich nur sehr langsam. Die Alliierten hielten die Blockade weiterhin aufrecht. Hungersnot war an der Tagesordnung. Die Umstellung der Kriegswirtschaft brachte weiter Probleme, zumal die Rohstofflage katastrophal blieb. Die Anzahl der Arbeitslosen stieg zunehmend – und beängstigend. Lohnstreiks und die Geldentwertung erzeugten zusätzliche Unruhen und einen Pessimismus, den die Gegner und Feinde der Republik als eine zwangsläufige Reaktion auf ihre Existenz zurückführten.
Am 6. Februar 1919 eröffnet Ebert nicht in Berlin, sondern gegen den Willen der Arbeiter- und Soldatenräte im blumengeschmückten Bühnen- und Zuschauerraum des Weimarer Nationaltheaters die Verfassunggebende Nationalversammlung als »den höchsten und einzigen Souverän in Deutschland« und gibt diesem Souverän die ihm persönlich zunächst vom Prinzen Max von Baden und kurz danach auch vom Berliner Arbeiter- und Soldatenrat übertragene Autorität zurück. Vor ihm sitzt kaum ein Abgeordneter der Nationalversammlung, den er nicht schon aus dem Reichstag kennt. »In allen Parteien herrscht mit unerbittlicher Strenge der Ring der alten Parlamentarier«, kommentierte die *Vossische Zeitung* diese Tatsache enttäuscht am 17. Februar 1919. Die auf eine auch personelle Änderung eingestellten Linken waren so irritiert wie die Abgeordneten der Deutschen Demokratischen Partei. Ebert dagegen hat es so gewollt und ist

ber 1918 in Bayern von Kurt Eisner als Idee vorweggenommenen und von den Räten Anfang 1919 für Deutschland vorgeschlagenen – »dritten Weg«: die Möglichkeit einer Räteherrschaft zwischen der parlamentarischen Demokratie klassisch-westlichen Stils und der Sowjetdiktatur. Der SPD wurde vorgeworfen, nicht erkannt zu haben, daß die Mehrzahl der Räte ursprünglich sozialdemokratisch orientiert gewesen sei. Darüber hinaus habe die SPD-Führung verpaßt, sich an ihre Spitze zu stellen und mit ihrer Unterstützung eine grundlegende Veränderung der politischen, wirtschaftlichen und gesellschaftlichen Strukturen vorzunehmen.

zufrieden. Er weiß, mit wem er es künftig zu tun haben wird, und braucht nicht erst herauszufinden, welchen Charakter die Reaktionen aus dem Hohen Haus haben werden. Die Ergebnisse der Entscheidungen der nächsten acht Tage lassen den Einfluß und die lenkende Hand des designierten Reichspräsidenten auch in den Fraktionen der anderen Parteien spürbar erkennen. Die am 13. Februar vorgestellte SPD-Zentrum-DDP-Koalition wurde von Männern repräsentiert, die einander längst gut kannten. Neu war eigentlich nur, daß die Reichsämter fortan Reichsministerien und ihre Leiter nicht mehr Staatssekretäre, sondern Minister hießen.

In seiner Rede, die nicht zuletzt noch einmal seine Übereinstimmung mit den in dieser Zeit wesentlichsten Vorstellungen des Bürgertums deutlich zum Ausdruck bringen soll, hebt Ebert mit der Begrüßung der Frauen, »die zum erstenmal gleichberechtigt im Reichstag erscheinen«, gleich zu Beginn eine der Errungenschaften hervor, für die er jahrelang gekämpft hat, und erklärt dann: »Die provisorische Regierung verdankt ihr Mandat der Revolution; sie wird es in die Hände der Nationalversammlung zurücklegen. In der Revolution erhob sich das deutsche Volk gegen eine veraltete, zusammenbrechende Gewaltherrschaft. Sobald das Selbstbestimmungsrecht des deutschen Volkes gesichert ist, kehrt es zurück auf den Weg der Gesetzmäßigkeit.« Er hält Max von Baden und dessen Regierung in der Rückschau auf die nachwirkenden Ereignisse vor, den Waffenstillstand eingeleitet zu haben, »der uns wehrlos machte«,[32] verschweigt aber, daß er selbst es war, der Erzberger von Berlin aus die Weisung erteilte, die Waffenstillstandsbedingungen in Compiègne zu unterzeichnen.

Den Feindmächten wirft er vor, den Krieg geführt zu haben, um »nach ihren eigenen Zeugnissen... den Kaiserismus zu vernichten«. Da dieser nun »für immer erledigt« sei, seien die »Gegner« aufgefordert, zu ihren »feierlichen Proklamationen« zu stehen und einzulösen, was sie versprochen hätten: »Gerechtigkeit, Freiheit und einen Dauerfrieden«. Hart geht er mit den Ententemächten ins Gericht und erklärt: »Die Waffenstillstandsbedingungen aber sind bisher unerhört hart und schonungslos durchgeführt worden. Elsaß wird ohne weiteres als französisches Land behandelt. Die von uns ausgeschriebenen Wahlen zur Nationalversammlung sind widerrechtlich verhindert worden. Die Deutschen werden aus

[32] Allerdings sagte Ebert auch: »Nach dem Zusammenbruch unserer Verbündeten und angesichts der militärischen und wirtschaftlichen Lage konnte« die Regierung Max von Baden »nicht anders handeln«.

dem Lande getrieben, der deutsche Besitz sequestriert. Das besetzte linksrheinische Gebiet wird vom übrigen Deutschland abgeschlossen und getrennt. Die Bestimmung des Waffenstillstandsvertrages, daß keine öffentlichen Werte verschleudert werden sollen, wird ungeheuerlich auszuweiten versucht zu einer allgemeinen geldwirtschaftlichen Versklavung des deutschen Volkes.«

Groß-Deutschland vor Augen und unbeeindruckt von der Niederlage und den Absichten und Maßnahmen der Alliierten, beschwört er die 421 Abgeordneten[33] der Nationalversammlung: »Ich darf... die Erwartung aussprechen, daß die Nationalversammlung die künftige Reichsregierung ermächtigt, baldigst mit der Regierung des deutsch-österreichischen Freistaates über den endgültigen Zusammenschluß zu verhandeln. Dann soll kein Grenzpfahl mehr zwischen uns stehen. Dann wollen wir sein ein einig Volk von Brüdern.

Deutschland darf nicht wieder dem alten Elend der Zersplitterung und Verengung anheimfallen. Geschichte und Anlage hemmen zwar, einen straff zentralisierten Einheitsstaat zu bilden. Viele Stämme und viele Dialekte sind in Deutschland vereinigt, aber sie müssen zu einer Nation und einer Sprache zusammenklingen. Die Abgrenzung zwischen Reichsrecht und Stammesrecht mag im einzelnen umstritten bleiben. Im Großen müssen wir uns aber alle einig sein, daß nur eine ungehemmte einheitliche Entwicklungsmöglichkeit unseres Wirtschaftslebens, ein politisch aktionsfähiges, festgefügtes, einiges Deutschland die Zukunft unseres Volkes sicherstellen kann. In diesem starken deutschen Volksstaat soll jeder Stamm seine wertvollsten Eigenschaften frei zu schöner Blüte entfalten können.«

Der Arbeiterschaft ruft er zu, »alle Kräfte anzuspannen« und Werte zu schaffen, wenn Deutschland »nicht zugrunde« gehen solle. »Sozialismus«, so erläutert er seine Auffassung in Richtung auch der an einer Zusammenarbeit mit bürgerlichen Parteien nicht interessierten »Unabhängigen«, mit denen die SPD jetzt am liebsten regiert hätte,[34] »ist... nur möglich, wenn die Produktion eine genügend hohe Stufe der Arbeitsleistung innehält.

---

[33] Davon stellte die SPD 163 Abgeordnete, die USPD nur 22.

[34] Sie versprach sich davon zu der Zeit – wohl zu Recht – eine gediegenere Wirkungsmöglichkeit hinsichtlich der Beseitigung bestimmter Revolutionsspuren und des seit 1916 bestehenden Zerwürfnisses. Bei der Wahl zur Nationalversammlung hatten am 19. Januar 1919 die Sozialdemokraten 37,8, das Zentrum (als »Christliche Volkspartei«) und die Deutsche Demokratische Partei zusammen rund 38,2 Prozent der Stimmen auf sich vereinigt. Die Deutschnationale Volkspartei erhielt um 14,5 und die USPD rund 7,6 Prozent der Stimmen.

Sozialismus ist... Organisation, Ordnung und Solidarität, nicht Eigenmächtigkeit, Egoismus und Zerstörung.«
Er riß »die republikanische Mehrheit zu stürmischen Beifallskundgebungen hin«, erinnerte sich Eduard David, der am 7. Februar mit 374 von 399 abgegebenen Stimmen gewählte erste Präsident der Nationalversammlung, der Ebert attestierte, dieser Zäsur in der deutschen Geschichte durch »klargeprägte Sachlichkeit«, Schlichtheit und Ruhe einen würdigen Dekor verliehen zu haben.
Ebert hat seine Erfahrungen genutzt, seiner Witterung für Atmosphäre und Spannung nachgegeben und seine Rede von dem von ihm ohnehin stets gepflegten Pathos – besonders gut inszeniert – tragen lassen. Obwohl er mit dem Inhalt seiner Erklärungen einen in mancher Hinsicht nicht einlösbaren Wechsel auf die Zukunft ausgestellt hat, ist der Eindruck entstanden, daß das von ihm geistig-moralisch und staatspolitisch artikulierte Demokratiegebäude Deutschland auf einem glaubwürdigen Fundament stehe und solide zukunftsträchtig sei.
Daß es Ebert darum gegangen sei, durch seine Rede die Siegermächte milder zu stimmen, wie vielfach behauptet worden ist, trifft nicht zu. Die gegen die Ententemächte gerichteten scharfen Vorwürfe und die unzweideutige Erklärung im Zusammenhang mit dem von Ebert prophezeiten Zusammenschluß des Reiches mit Deutsch-Österreich[35] waren schwerlich geeignet, derartige Behauptungen zu stützen. Ebensowenig traf zu und erfüllte sich, was Max Weber seiner Frau zu erklären versuchte. »Wir haben«, schrieb er, die Gegenwart unter dem Eindruck des Ereignisses an jenem traditionsbefrachteten Ort vorschnell mit dem beginnenden 19. Jahrhundert identifizierend, »der Welt vor 110 Jahren gezeigt, daß wir – nur wir – unter Fremdherrschaft eines der ganz großen Kulturvölker zu sein vermochten. Das machen wir jetzt noch einmal! Dann schenkt uns die Geschichte, die uns – nur uns – schon eine zweite Jugend gab, auch die dritte.«
Die gegen Ebert von links- und rechtsradikalen Gegnern vorschnell erhobenen Vorwürfe, einerseits aus Furcht vor ihren Aktionen und Anhängern aus der Reichshauptstadt »in die Provinz« geflohen zu sein und andererseits zugleich auch die endgültige Absage an die Einheit sowohl der Arbeiterschaft als auch des Reiches demonstriert zu haben, mußten ins Leere treffen. Ebert wollte die Eröffnung der Nationalversammlung in Weimar begehen, weil er hoffte, dort – anders als in Berlin, wo starker

[35] Am 21. Februar nahm die Nationalversammlung einstimmig den Antrag über den Zusammenschluß an.

militärischer Schutz nötig gewesen wäre – einen wenigstens relativ ruhigen und sicherheitsmäßig leichter überschaubaren Boden vorzufinden. Daß er sich in dieser Hinsicht geirrt hatte, mußte er bald feststellen. Die von Noske zur Sicherung der Nationalversammlung nach Weimar entsandten freiwilligen Landesjäger vom Maerkerschen Korps mußten sich von dem gerade dort besonders linksextrem orientierten Arbeiter- und Soldatenrat entwaffnen lassen. Aufgehetzte Arbeiter drohten mit Streiks, falls »von außen militärische Kräfte nach Weimar verlegt« werden würden. So mußte sich Ebert, den dies sehr bedrückte, damit abfinden, daß am Bahnhof, vor dem Nationaltheater und vor dem Schloß, in dem der »Wirkliche Geheimrat« und Minister Goethe einst den Herzog Karl August beraten hatte, neben jedem Posten von den Maerkerschen Landesjägern ein Mann der Weimarer »Sicherheitswehr« mit roter Armbinde und geschultertem Karabiner stand. Niemand jubelte, niemand war festlich gekleidet, und niemand fühlte sich aufgerufen, die Straßen zu säumen und den »Erwählten des Volkes« einen besonderen Empfang zu bereiten. Am 10. Februar nahm die Nationalversammlung – trotz der heftigen und von besonderen Anträgen flankierten Proteste von extrem links und rechts – in dritter Lesung das Gesetz über die vorläufige Reichsgewalt an und beendete damit den revolutionären Übergangszustand, so daß von nun an eine dem Willen der Mehrheit des Volkes entsprechende staatsrechtliche Ordnung herrschte. An die Stelle der Volksbeauftragten trat ein Reichsministerium,[36] das sich gegenüber der Volksvertretung zu verantworten hatte.

Reichspräsident

Am 11. Februar 1919 werden Friedrich Eberts Leben und politische Karriere durch einen in der deutschen Geschichte bis dahin einmaligen Akt gekrönt. 277 der 379 votierenden Abgeordneten der Nationalversammlung wählen ihn zum Reichspräsidenten.[37]

---

[36] Den Landesregierungen wurde ein begrenztes Recht zur Mitwirkung bei der Vorbereitung und Verabschiedung von Gesetzesentwürfen eingeräumt.

[37] Sein Konkurrent Arthur Graf von Posadowsky-Wehner Freiherr von Postelwitz

Tief ergriffen erhebt er sich, tritt gemessenen Schrittes an das Rednerpult und erklärt, ernst und innerlich sichtlich aufgewühlt: »... Der Ruf, den Sie soeben an mich richteten, ist ein Ruf zur Pflicht. Ich folge ihm in dem Bewußtsein, daß heute mehr denn jemals jeder Deutsche auf dem Platze, auf den er gestellt wird, seine Schuldigkeit zu tun hat. Mit allen meinen Kräften und mit voller Hingabe werde ich mich bemühen, mein Amt gerecht und unparteilich zu führen, niemand zuliebe und niemand zuleide. Ich gelobe, daß ich die Verfassung der Deutschen Republik getreulich beachten und schützen werde. Ich will und werde als der Beauftragte des ganzen deutschen Volkes handeln, nicht als Vormann einer einzigen Partei.

Ich bekenne aber auch, daß ich ein Sohn des Arbeiterstandes bin, aufgewachsen in der Gedankenwelt des Sozialismus, und daß ich weder meinen Ursprung noch meine Überzeugung jemals zu verleugnen gesonnen bin. Indem Sie das höchste Amt des deutschen Freistaates mir anvertrauen, haben Sie – ich weiß es – keine einseitige Parteiherrschaft aufrichten wollen. Sie haben aber damit den ungeheuren Wandel anerkannt, der sich in unserem Staatswesen vollzogen hat, und zugleich auch die gewaltige Bedeutung der Arbeiterklasse für die Aufgaben der Zukunft...

Freiheit und Recht sind Zwillingsschwestern. Die Freiheit kann sich nur in fester staatlicher Ordnung gestalten. Sie zu schützen und wiederherzustellen, wo sie angetastet wird, das ist das erste Gebot derer, die die Freiheit lieben. Jede Gewaltherrschaft, von wem sie auch komme, werden wir bekämpfen bis zum Äußersten...

Den Frieden zu erringen, der der deutschen Nation das Selbstbestimmungsrecht sichert, die Verfassung auszubauen und zu behüten, die allen deutschen Männern und Frauen die politische Gleichberechtigung unbedingt verbürgt, dem deutschen Volke Arbeit und Brot zu schaffen, sein

---

(3. Juni 1845 in Glogau – 23. Oktober 1932 in Naumburg) hatte 51 Stimmen erhalten. Die übrigen Stimmzettel wurden unbenutzt zurückgegeben. Graf Posadowsky war von 1882 bis 1885 freikonservatives Mitglied des preußischen Abgeordnetenhauses, von 1885 bis 1893 (seit 1889 als Landeshauptmann) Leiter der provinzialständischen Verwaltung von Posen, von 1893 bis 1897 Staatssekretär (Minister) des Reichsschatzamtes, 1897 Staatssekretär des Reichsamtes des Inneren und Stellvertreter des Reichskanzlers und preußischer Staatsminister gewesen. 1907, als der Reichskanzler von Bülow den konservativ-liberalen Block gegen das Zentrum gebildet hatte, war er zurückgetreten. Seit 1907 Mitglied des Herrenhauses, seit 1912 als Parteiloser Abgeordneter des Reichstages, seit 1919 Fraktionsvorsitzender der Deutschnationalen Volkspartei in der Nationalversammlung, hatte er sich publizistisch vor allem mit der Altersversorgung der Arbeiter, der Wohnungsfrage als Kulturproblem und mit Fragen der »Zeitwende« (1920) befaßt.

ganzes Wirtschaftsleben so zu gestalten, daß die Freiheit nicht Bettlerfreiheit, sondern Kulturfreiheit werde, das sei unseres Strebens Ziel.«
Der Wahl Friedrich Eberts zum Reichspräsidenten[38] folgte die Berufung eines Reichsministeriums als Reichsregierung. Die aus den Wahlen vom 19. Januar 1919 hervorgegangenen Abgeordneten der Nationalversammlung, 163 Abgeordnete der SPD, 91 des Zentrums (einschließlich der Bayerischen Volkspartei) und 75 der Deutschen Demokratischen Partei, bestimmten das Berufungsverhältnis bei der Bildung des Reichskabinetts, nachdem sich die USPD geweigert hatte, mit bürgerlichen Parteien in einer Regierung zusammenzuarbeiten. So kam es, daß sieben Sozialisten und sieben Vertreter der bürgerlichen Parteien die erste Reichsregierung nach der Konstituierung der Nationalversammlung bildeten.
Wie nicht anders zu erwarten, wurde sie von Philipp Scheidemann als Reichsministerpräsident (Reichskanzler) angeführt. Daß er über eine bemerkenswerte Intelligenz, Erfahrung und rednerische Begabung verfügte und effektvoll zu präsidieren vermochte, wußte Ebert; aber er hatte längst auch erkannt, daß dem eitlen und von sich kritiklos überzeugten Scheidemann das fehlte, was er nach seiner Meinung in mehr als ausreichendem Maße besaß: Führungsfähigkeit auf der Ebene eines Regierungschefs. So zeigte sich beispielsweise bereits bei den Vorbereitungen zu den Friedensverhandlungen, daß Scheidemann nicht in der Lage war, die wichtigsten Ressorts daran zu hindern, schon im Ansatz ihre eigenen Wege zu gehen. Die parlamentarischen Körperschaften, die der designierte zweite Kanzler der Republik zu führen und zu kontrollieren hatte, waren ohne richtungweisende Initiativen geblieben. Daß Ebert, der sich, wie auch sein erster Außenminister Graf Brockdorff-Rantzau, den Ententemächten gegenüber als Repräsentant eines noch weltmachtmäßig intakten und funktionsfähigen Staates gab, Scheidemann dennoch als Regierungschef akzeptierte, war eine Konsequenz, der er Anfang 1919 einfach nicht ausweichen konnte. Die Tatsache, daß der populäre Sozialdemokrat ihm in wichtigen Entscheidungen trotz gelegentlicher anderer Auffassungen und ausgesprochener Prinzipienfestigkeit letztlich doch immer gefolgt war, dürfte zudem einige Vorbehalte neutralisiert haben.
So wurden der Öffentlichkeit am 13. Februar 1919 die Mitglieder des

[38] Nach Artikel 80 der Reichsverfassung hatte der vorläufig gewählte Reichspräsident die vorläufige Reichsgewalt zu führen, bis der nach Artikel 41 vom ganzen Volk direkt zu wählende Reichspräsident die Geschäfte übernahm. Eberts Amtszeit als Reichspräsident wurde durch ein verfassungsänderndes Gesetz vom 27. Oktober 1922 – unter Verzicht auf die unmittelbare Volkswahl – verlängert.

ersten Reichsministeriums der Republik vom Kanzler Scheidemann vorgestellt. Es waren die Sozialdemokraten Gustav Bauer (Reichsarbeitsminister), Eduard David (nach der Ablösung als Präsident der Nationalversammlung durch Constantin Fehrenbach Reichsminister ohne Portefeuille), Otto Landsberg (Reichsjustizminister), Gustav Noske (Reichswehrminister), Robert Schmidt (Reichsernährungsminister) und Rudolf Wissell (Reichswirtschaftsminister), die Zentrums-Vertreter Johannes Bell (Reichskolonialminister), Matthias Erzberger (Reichsminister ohne Portefeuille) und Johann Giesberts (Reichspostminister), die Demokraten Eugen Schiffer (Reichsfinanzminister und Vizepräsident des Kabinetts), Georg Gothein (Reichsminister ohne Portefeuille) und Hugo Preuß (Reichsminister des Inneren) und der – den Demokraten zugeneigte – parteilose Graf Brockdorff-Rantzau (Reichsminister des Auswärtigen). Die Zusammensetzung des Kabinetts entsprach so durchaus der Wunschliste Eberts, der zwar auch gegenüber dem Zentrumsabgeordneten Erzberger einige Vorbehalte hegte und anfänglich anstelle des Staatsrechtlers und Verfassungs-»Architekten« Hugo Preuß lieber Max Weber auf dem Stuhl des Innenministers gesehen hätte, sich insgesamt aber auch hier durchgesetzt hatte. Daß sich nach den Militärs von Hindenburg und Groener nun beispielsweise auch Bell, Schiffer und Brockdorff-Rantzau dem Sozialdemokraten Ebert zur Verfügung stellten, hätte positiven Signalcharakter für die Entwicklung der Demokratie und Republik haben können. Und dies hat Ebert auch gehofft.

Scheidemann, der selbst gern Reichspräsident geworden wäre, trug als Reichsministerpräsident das Regierungsprogramm vor, dessen außenpolitische Forderungen verrieten, daß die Männer, die sich nun unter Eberts und Scheidemanns Führung anschickten, deutsche Politik zu »machen«, einigen Illusionen folgten. Das außenpolitische Programm: »Festigung der Einheit des Reiches durch eine starke Zentralgewalt«, Herbeiführung eines sofortigen Friedensschlusses im Sinne der Wilsonschen Grundsätze »unter Ablehnung jeden Gewaltfriedens«, Wiederherstellung eines deutschen Kolonialgebietes, unmittelbare Entlassung der deutschen Kriegsgefangenen, gleichberechtigte deutsche Beteiligung am Völkerbund, »gleichzeitige und gegenseitige Abrüstung«, Einrichtung obligatorischer Schiedsgerichte zur Vermeidung von Kriegen und die Abschaffung der Geheimdiplomatie.

Die Einheit des Reiches und eine starke Zentralgewalt, die Durchsetzung der (inzwischen überholten) Friedensforderung, die Rückgewinnung der Kolonien und die Vereinigung des Reiches mit Deutsch-Österreich waren Programmpunkte, die auf Ebert zurückgingen, der in diesem Zusammenhang in mancher Hinsicht noch utopischen Vorstellungen und idealisierten Erwartungen anhing.

Innenpolitisch sollten eine demokratische Verwaltung etabliert, Bevorzugungen bei der Besetzung von Beamtenstellen ausgeschaltet, auch Frauen in den öffentlichen Dienst eingezogen und das Schulwesen im Sinne demokratischer Vorstellungen entwickelt werden.[39] Ein Volksheer mit wesentlich verkürzter Dienstzeit, die Fürsorge für Hinterbliebene von Gefallenen und für Kriegsbeschädigte standen ebenso auf dem Programm wie die Schaffung einer einheitlichen Grundlage für den Wiederaufbau des Wirtschaftslebens, des Verkehrswesens und der Lebensmittelversorgung.

In sozialpolitischer Hinsicht wurden programmiert: die Verbesserung der Volksgesundheit und der Wohnungsfürsorge, der Ausbau des Mutterschutzes, der Säuglings- und Jugendfürsorge, ein öffentlich-rechtlicher Arbeitsnachweis und die Fürsorge für die Arbeitslosen, Koalitionsfreiheit für Arbeiter, Angestellte und Beamte, die Regelung der Lohn- und Arbeitsbedingungen auf dem Wege von Vereinbarungen zwischen den Organisationen der Arbeitnehmer und den Arbeitgebern, die Anpassung des gesamten Arbeitsrechtes an die neuen Verhältnisse und die Schaffung eines freiheitlichen Beamten- und Disziplinarrechts.

Auch die einzelnen Punkte dieser Kataloge tauchen als formulierte Wünsche und Realisierungsforderungen sämtlich in den Reden und Schriften Eberts aus der Zeit davor auf. Daß die SPD dem Volk bis Februar 1919 noch mehr versprochen hatte, konnte angesichts der Kompromisse, zu denen sie infolge der fünfzigprozentigen Regierungsbeteiligung des Zentrums und der Demokraten gezwungen war, schwerlich als Eingeständnis einer Selbstüberschätzung oder Volkstäuschung verstanden werden, wie die zur Mitverantwortung nicht bereiten radikalen Linken[40] es zu suggerieren versuchten.

---

[39] Am Ende des 130 Tage amtierenden Reichskabinetts Scheidemann, das vom 13. Februar bis zum 20. Juni 1919 als erste Reichsregierung nach der Einberufung der Verfassunggebenden Nationalversammlung regiert hatte, waren unter anderem (teilweise bereits vom Rat der Volksbeauftragten) der Achtstundentag und die Koalitionsfreiheit der Arbeiter eingeführt, die Sozialversicherung ausgebaut, die Gesindeverordnung aufgehoben und das Betriebsverfassungsgesetz als Grundstein für die betriebliche Mitbestimmung geschaffen worden.

[40] Sie wurden beispielsweise nicht müde, die Lösung der Sozialisierungsfrage durch die Koalitionsregierung anzuprangern. Die Regierung hatte in diesem Zusammenhang erklärt, daß Wirtschaftszweige, die nach ihrer Art und ihrem Entwicklungsstand einen privatmonopolistischen Charakter angenommen hätten, der öffentlichen Kontrolle zu unterstellen seien. Soweit sie sich zur einheitlichen Regelung durch die Gesamtheit eigneten und reif dazu seien, wie insbesondere Bergwerke und Erzeugung von

Der Reichspräsident, dessen außenpolitisches Programm nicht nur die Erhaltung der Reichsgrenzen von 1914, sondern auch den staatlichen Zusammenschluß des Reiches mit Deutsch-Österreich vorsah, begriff sich seit 1917 als Staatsmann, der nicht mehr parteipolitisch urteilen dürfe. Er forderte die »Aufrechterhaltung von Ruhe und Ordnung« im Inneren und blickte besorgt vor allem auf Frankreich, das nach dem Willen Clemenceaus die deutsche Westgrenze auf die Rheinlinie zurückdrängen, Elsaß-Lothringen, die südliche Pfalz und das Saargebiet dem französischen Staatsterritorium angliedern und die restlichen Rheinland-Teile zu autonomen Staaten gemacht zu sehen wünschte. Die dem Rheinland seit dem Abschluß des Waffenstillstandsvertrages vom 11. November 1918 bis Mitte Februar 1919 drohende Gefahr, vom Reich abgetrennt zu werden, mußte Ebert mit einer Sorge erfüllen, die weder Hugo Haase und dessen Parteigänger noch Karl Liebknecht, Rosa Luxemburg und die von Karl Radek und Ruth Fischer repräsentierten deutschen Bolschewisten angesichts ihrer Vorstellungen und Proklamationen zu teilen brauchten.

Soweit es um die Außenpolitik – vor allem hinsichtlich der Friedensplanung aus deutscher Sicht – ging, sah Ebert sich zunächst von den Räten und danach auch vom Scheidemann-Kabinett weithin allein gelassen und auf den Rat von Fachkräften angewiesen, die Illusionen anhingen. Der erste Außenminister der Republik, der parteilose Ulrich Graf Brockdorff-Rantzau, der die deutsche Niederlage verdrängte und dies auch die Siegermächte zuweilen brüsk spüren ließ, symbolisierte eine Kontinuität mit der deutschen Außenpolitik, die die Siegermächte nach der Abdankung des Kaisers als Anachronismus betrachten zu können hofften. Er argumentierte nicht nur, als sei der deutsche Großmachtstatus nach wie vor gegeben, sondern wurde auch zum Exponenten derjenigen stilisiert, die die prononcierte Ablehnung der Waffenstillstandskonsequenzen, eines harten Friedensvertrages und des seitens der Siegermächte von Deutschland geforderten Kriegsschuldbekenntnisses für das Gebot der Stunde hielten.

Anstatt die deutsche Niederlage als Voraussetzung für den von den Alliierten versprochenen und von den Deutschen ersehnten und geforderten »Rechtsfrieden« zu akzeptieren, stützten Ebert, Brockdorff-Rantzau und die gesamte Reichsregierung sich zu einseitig auf ihre für Deutschland positive Beantwortung und Auslegung der Kriegsschuldfrage, was nicht

---

Energie, sollten sie durch Reich, Staat, Gemeindeverbände oder Gemeinden in öffentliche oder gemischtwirtschaftliche Verwaltung genommen werden.

nur die Kontinuität mit dem Kaiserreich deutlich machte, sondern auch zeigte, daß Ebert keinen anderen Weg gehen zu können meinte. Seine Hoffnung, durch Hinweise auf die negativen wirtschaftlichen Konsequenzen der langen und ruinösen Waffenstillstandszeit eine weitere Variante diskutabel erscheinen zu lassen und die Alliierten davon abbringen zu können, ihre harten Reparationsforderungen durchzusetzen, blieb ein Versuch, dem Erfolg nicht beschieden war. »Werden wir nicht vor Abschluß der allgemeinen Friedensverhandlungen von den Waffenstillstandsbedingungen befreit«, hatte Ebert bereits am 25. November 1918 erklärt, »dann muß unser Volk in tiefes Elend und wirtschaftliche Anarchie versinken. Rettung kann nur ein baldiger Präliminarfriede bringen, auf ihn müssen wir mit allen Mitteln hinarbeiten. Erst dann bekommen wir die Möglichkeit, die Volksernährung sicherzustellen und unser Wirtschaftsleben weiterzuführen.«

Den meisten der ersten Repräsentanten der Republik erschien die Außenpolitik zwangsläufig als ein Ressort, dessen Problemstellungen und deren Bewältigung außerhalb ihrer Kenntnisse und Erfahrungen lagen, so daß sie es damit bewenden ließen, die diesbezüglichen Entscheidungen Eberts und Brockdorff-Rantzaus akklamatorisch zu bestätigen oder zu begleiten. Das SPD-Kabinett, das sich beispielsweise Mitte Januar 1919 zum ersten Male eingehend mit der Außenpolitik beschäftigte, den bevorstehenden Friedensverhandlungen nämlich, hätte dem nachmaligen preußischen Innenminister Albert Grzesinski als »Vorlage« für seine resignierende Bemerkung gedient haben können, »daß die Außenpolitik nicht von Sozialisten gemacht worden« sei.

Ebert weiß, worüber er redet, auch wenn er anfänglich den gleichen Utopien Realitätsrang zubilligt, die Brockdorff-Rantzau hegt. Doch nicht nur dies. Als Brockdorff-Rantzau am 15. Januar 1918 erklärt, daß die Ententemächte – unter Mißachtung der 14 Wilsonschen Punkte – »versuchen« werden, »uns einen Gewaltfrieden aufzunötigen, dem wir uns nicht fügen sollten«, verschiebt er die Akzente deutlich und kodifiziert: »Wir brauchen augenblicklich... eine Plattform für die Friedensverhandlungen, eine Standarte für das deutsche Volk. Die allgemeine Devise, unter der wir marschieren, sind die Wilsonschen Grundsätze.« Den Vorschlag des Grafen, sich einen »Gewaltfrieden« nicht aufnötigen zu lassen, kommentiert er nicht, und er verschweigt auch, daß die von ihm für das deutsche Volk geforderte »Standarte« sehr wahrscheinlich keine tatsächliche Bedeutung haben werde.

Die SPD-Volksbeauftragten verzichteten darauf, Einzelheiten des deutschen Friedensprogramms zu beeinflussen, und überließen dies den

Reichsämtern. Selbst die Beantwortung der Frage, wie sich die deutsche Friedensdelegation angesichts besonders harter Forderungen verhalten solle, stellten sie dem reaktionär orientierten Brockdorff-Rantzau anheim. Was er am 13. Januar 1919 als Antwort auf eine schroffe Note des französischen Finanzkommissars erklärte, deckte sich jedoch inhaltlich nicht nur mit den Interpretationen, die Ebert schon zuvor häufig – und auch am 6. Februar 1919 in Weimar – leitbildhaft vortrug, sondern enthielt auch die von Ebert verfolgte Richtlinie. Daß Brockdorff-Rantzau Eberts Vorgaben in mancher Hinsicht allerdings nicht nur schärfer, sondern auch herausfordernd verfälscht formulierte, dürfte eine Folge von Absprachen zwischen Ebert und dem Grafen gewesen sein. Ebert, der Wilsons 14 Punkte zu einer »Standarte für das deutsche Volk« gemacht sehen wollte, konnte sich nicht leisten, Wilsons Politik und eben auch diese Punkte öffentlich als ein Täuschungsmanöver dargestellt zu sehen, mit dessen Hilfe der US-Präsident Deutschland einen Dolchstoß versetzt habe. Brockdorff-Rantzau dagegen, der designierte Reichsaußenminister, der moralische Appelle an das Gewissen der Welt richtete, den Friedensvertrag gegebenenfalls nicht zu unterzeichnen drohte und die nationale Größe und Ehre beschwor, durfte es.

»In der Masse des deutschen Volkes«, so hatte Brockdorff-Rantzau am 13. Januar auf das Verlangen des Franzosen geantwortet, »beginnt der Gedanke aufzudämmern, die Alliierten hätten die Wilsonschen Punkte, nach denen Deutschland als freies Volk unter den Völkern leben soll, nur angenommen, um Deutschland erst wehrlos zu machen und es dann zu vergewaltigen. Die Beibehaltung der Blockade, die Hinausschiebung der Versorgung mit Lebensmitteln, die wirtschaftliche und politische Absperrung zwischen dem linken und rechten Rheinufer machen das deutsche Volk darauf aufmerksam. Im Vertrauen auf die Note des Staatssekretärs Lansing vom 5. November haben in Deutschland Heimat und Heer den weiteren Kampf als unnötig aufgegeben und die Waffen niedergelegt. Wenn jetzt die alliierten und assoziierten Regierungen dadurch, daß sie den Friedensschluß hinauszögern und den Waffenstillstand als Instrument zu vorheriger wirtschaftlicher Erdrosselung Deutschlands handhaben, ihrer in einem der feierlichsten Momente der Geschichte abgegebenen Erklärung entgegenhandeln, so vermag das deutsche Volk darin keine Kriegslist zu erblicken, sondern ein solches Vermögen erscheint ihm als außerhalb jedes menschlichen Verständnisses und göttlichen Rechtes stehend, das jedes Gefühl für die Versöhnung der Völker ersticken müßte und für das es kein Verzeihen und Vergessen gäbe.«

Daß der – wie Ebert – auf gravierende Differenzen zwischen den Ententemächten hoffende Brockdorff-Rantzau, der den Siegermächten die Illusion eines noch intakten Machtfaktors Deutschland zu suggerieren versuchte, trotz der relativ stabilen inneren Front in Deutschland infolge der Haltung der Siegermächte bald scheitern mußte, lag auf der Hand. Eberts Hoffnung, die Armee vor einer gewaltsamen Reduzierung bewahren, Terminverschiebungen, andere Zugeständnisse und gelegentliche Linderungen durch Drohungen mit dem Bolschewismusgespenst ertrotzen zu können, blieb dennoch kein bloßes Programm.

Über Brockdorff-Rantzau hatte er getestet, wieweit er den Bogen spannen und was er im äußersten Falle für Deutschland retten könnte. Er war letztlich von den Entscheidungen der Ententemächte abhängig. Während seine Regierungschefs und einzelne Minister aus Protest gegen alliierte Forderungen zurücktreten konnten, wie Scheidemann es – von der Mehrheit der Bevölkerung begrüßt – am 21. Juni 1919 mit einigen Ministern (wozu Brockdorff-Rantzau gehörte) seiner Regierung tat, gab es diese Alternative für Ebert nicht. Er, der Reichspräsident, der den geschundenen Staat, seine auf ein Minimum reduzierte Macht und die enttäuschte Nation repräsentierte, durfte sich einen solchen Schritt nicht leisten.

Öffentlich auf eine starke Zentralgewalt festgelegt, sah Ebert sich nicht nur mit den antidemokratischen Aktionen der Radikalen beider politischer Flügel, sondern auch mit der reichsfeindlichen Entwicklung in Bayern, mit den polnischen Angriffen auf die deutschen Ostgrenzen und mit der seit Anfang 1919 besonders drängenden Frage nach dem innerdeutschen Status der Rheinlande konfrontiert, die in dem Kölner Oberbürgermeister Konrad Adenauer einen besonders prominenten Exponenten gefunden hatte.[41] Während Ebert seine ganze Kraft und Autorität für die Erhaltung der Einheit der Nation und des Staates einsetzte, drohte Adenauer damit, eine von Berlin faktisch unabhängige, zwar im Rahmen des Reiches, aber außerhalb der erwarteten Reichsverfassung zu etablierende Rheinische Republik zu schaffen, den Schwerpunkt des Reiches vom agrarischen Osten in den industriellen Westen verlagern und sowohl den gebrochenen Einfluß der ostelbischen Großagrarier als auch die Macht der arbeiterschaftlich orientierten Volksbeauftragten durch die Führung des Bürgertums ersetzen zu wollen. Anders als einige der mit Ebert zusammenarbeitenden Kabinettsmitglieder im Rat der Volksbeauftragten, die anfänglich noch wie Parteipolitiker vergangener Tage dachten

[41] Adenauers erste massive Agitation begann am 1. Februar 1919, zu einer Zeit, in der die Rechtslage noch offen war. Zu den aktivsten Gegnern Adenauers gehörte zu der Zeit (neben Ebert) vor allem Gustav Stresemann.

und ihre Aufmerksamkeit und Aktivitäten zwangsläufig vor allem dem Kampf gegen die offen rebellierenden Feinde der Republik im Inneren des Reiches widmeten, mußte Ebert überparteilich und staatsmännisch orientiert sein.
Ein Problem drängte und ließ sich nicht umgehen. Die innere Neugliederung Deutschlands stand nach dem Ende des Bismarck-Reiches[42] und der Ablösung des Bundesschlusses der Fürsten zur Debatte und bedurfte einer zukunftsträchtigen Lösung. Die erdrückende Vormachtstellung Preußens, das zwei Drittel des deutschen Staatsterritoriums und der Bevölkerung umfaßte, wurde von den Ländern, die sich insgesamt auch gegen eine zu starke Zentralisierung des Reiches sträubten, als anachronistisch angesehen und sollte im Rahmen der Republik annulliert werden. Daß die regionalen Bestrebungen und Autonomiebewegungen nicht an ihre Ziele gelangten und ohne Berücksichtigung der Reichsgewalt vollendete Tatsachen separatistischen Charakters schufen, war schließlich dem von Ebert vorangetriebenen und noch rechtzeitig genug verabschiedeten Gesetz über die vorläufige Reichsgewalt vom 10. Februar 1919 zu verdanken.

Hoffnung auf »Rechtsfrieden«

Während Ebert und die Reichsregierung mit schweren Problemen im Inneren des Reiches zu ringen hatten, mit Unruhen und Separatismusbewegungen, mit der Umstellung der Kriegswirtschaft auf die Friedensproduktion, mit der Ernährung und Versorgung der Bevölkerung, mit dem Verkehrswesen, mit der Arbeitsbeschaffung, mit der Eingliederung der aus Feindeshand heimgekehrten Soldaten und der Aufstellung von Freiwilligenverbänden, hing über allem der von den Siegermächten angedroh-

[42] Durch die am 11. August 1919 von der Nationalversammlung angenommene Verfassung des Deutschen Reiches, dessen Einheit stärker als in der Bismarck-Verfassung verankert worden war, wurde Deutschland eine parlamentarische Republik mit einheitlichem Reichsgebiet und Ländern ohne staatliche Souveränität. Die von Hugo Preuß geforderte Neugliederung durch neue Ländergrenzen unterblieb (war jedoch durch § 18 vorgesehen). Die diesbezüglich wichtigste Veränderung stellte der Zusammenschluß der thüringischen Kleinstaaten zum Freistaat Thüringen (durch Gesetz vom 30. April 1920) dar.

te Gewaltfrieden wie ein Damoklesschwert nicht nur über den Deutschen. Jedermann hoffte auf den Frieden; aber Eingeweihte wußten relativ früh schon, daß er ganz anders ausfallen würde, als Wilsons 14 Punkte es hatten erwarten lassen. 58 Kommissionen aus 10 000 Delegierten der 27 alliierten und assoziierten gegnerischen Mächte bestritten von Mitte Januar bis Mitte April 1919 in Versailles mehr als 1600 Sitzungen, deren Ergebnisse schließlich vom »Obersten Rat«, von Wilson, Clemenceau, Lloyd George und dem italienischen Ministerpräsidenten Orlando, in Entscheidungen gekleidet wurden.

Am 18. April endlich wurde auch die deutsche Regierung eingeladen, eine Delegation zur Friedenskonferenz nach Versailles zu entsenden. Als Brockdorff-Rantzau, der nur einen Friedensvertrag zu akzeptieren bereit war, dessen Grundlage Wilsons 14 Punkte bildeten, am 29. April mit den besten Wünschen Eberts und dessen Rückendeckung in Versailles eintraf, schlug ihm und seiner Delegation[43] kalte Feindschaft entgegen. Im Auftrage Eberts hatte er am 21. Januar noch einmal in einer Denkschrift über die »nächsten Aufgaben der deutschen äußeren Politik« zusammengefaßt, was beider Wünsche waren. Zwar bezeichnete er die Denkschrift als »Mein Programm«, um Ebert nicht womöglich zu desavouieren; aber der Inhalt verriet deutlich, daß Eberts Vorstellungen sie trugen. Beide, Ebert und Brockdorff-Rantzau, gingen davon aus, daß die Argumente und Nöte der deutschen Wirtschaft unbedingt berücksichtigt werden müßten, nachdem alle Grundlagen zusammengebrochen seien. Da das Reich von Frankreich politisch und von England wirtschaftlich ausgeschaltet werden sollte, was im Frühjahr 1919 kein Geheimnis war, sah Brockdorff-Rantzau sich verpflichtet, die Ententemächte darauf zu verweisen, daß Deutschland infolge dieser Politik nicht einmal in der Lage sein werde, die Reparationssummen aufzubringen, die es selbst als gerechtfertigt anerkennen würde. Eine unabwendbare Wirtschaftskatastrophe und die jegliche Reparationsleistungen ausschließende Bolschewisierung Deutschlands sollten die Siegermächte als Konsequenz für den Fall sehen, daß sie auf den Forderungen beharrten, die ihnen als endgültig vorschwebten. Als Gegenleistung für milde Bedingungen dachte der Außenminister an ein erfahrenes deutsches »Menschenmaterial« zur gemeinsamen Wiederaufrichtung Rußlands – gegen den Bolschewismus.

Neu oder originell war nichts daran. Da die Pläne der Alliierten ein

[43] Neben Brockdorff-Rantzau waren dies der Justizminister Landsberg, der Postminister Giesberts, Leinert, der Präsident der Preußischen Landesversammlung, Dr. Karl Melchior (Hamburg) und der Nationalversammlungsabgeordnete Schücking.

gänzlich anderes Gesicht trugen,[44] hofften der Außenminister und Ebert schließlich auf Differenzen zwischen Frankreich und England. Tatsache war: England, das die Ausschaltung der deutschen Flotte erreicht hatte und feststellen konnte, daß die deutsche Weltmachtposition so gravierend reduziert worden war, daß auch Frankreich nicht mehr um seine Sicherheit zu bangen brauchte, wollte flexible Prinzipien zu Grundlagen einer Friedensregelung gemacht sehen, die auch bei einer Wandlung des internationalen Kräfteverhältnisses durch die Dynamik sozialer und industrieller Entwicklungen anpassungs- und funktionsfähig blieben und den Frieden nicht gefährdeten. Anders als Frankreich, das eine drastische Unterlegenheit Deutschlands garantiert zu sehen wünschte,[45] war England daran interessiert, das Reich als Großmacht zu erhalten. Es sollte als Bollwerk gegen bolschewistische Einflüsse jedweder Art dienen und als Schlüsselbasis für einen allgemeinen wirtschaftlichen Aufschwung Europas fungieren, ohne britische Interessen verletzen zu können.

Ebert wußte, daß sich die britische Regierung daher auf diplomatischem Wege bemühte, Frankreich nicht nur für die Akzeptierung ihrer Vorstellungen zu gewinnen, sondern auch eine Annäherung zwischen Frankreich und Deutschland einzuleiten. Aber er wußte auch, daß Frankreich nach wie vor eine unangreifbare militärische Überlegenheit gegenüber dem Reich gesichert, die Zahlung hoher Reparationen, die Kontrolle des linken Rheinufers, den Rhein als strategische Grenze und Gebietsabtretungen an Frankreich garantiert haben wollte. Mehr sollten die Versailler Konferenzen offenbaren.

Wie groß die Diskrepanz zwischen den Hoffnungen Eberts und den Forderungen der Alliierten schließlich war, erfuhr Brockdorff-Rantzau am 7. Mai 1919 im Hotel »Trianon-Palast« in Versailles. Obwohl die Siegermächte im Grunde nur bestätigten, was er seit der zweiten Januarhälfte befürchtete, tat er überrascht und gab sich demonstrativ verletzt und enttäuscht. Der Graf, von dem Ebert erwartet hatte, daß er vor den

---

[44] Die Alliierten zeigten sich beispielsweise nicht daran interessiert, zusammen mit Deutschland den Bolschewismus zu beseitigen.

[45] Bereits am 25. Februar 1919 hatte die französische Regierung eine Denkschrift an ihre Verbündeten formuliert, in der es unter anderem hieß: »Deutschland hielt sich, im Besitz der Rheinbrücken und der Angriffsorganisation, die es am linken Rheinufer geschaffen hatte, für fähig, die westlichen Demokratien, Frankreich und Belgien, zu erdrücken, bevor diese den Beistand der überseeischen Demokratien, Großbritanniens, der Dominions und der Vereinigten Staaten, erhielten. Weil das möglich war, entschloß Deutschland sich zum Angriff. Diese Möglichkeit muß daher beseitigt werden.«

legitimierten Repräsentanten der Gegenseite den rechten Ton finden werde, schockte die Ausländer. Er verhielt sich fast so undiplomatisch wie die Bolschewisten während der Verhandlungen über den Friedensvertrag von Brest Litowsk, blieb während seiner Rede sitzen und erklärte herausfordernd schroff: »Wir sind tief durchdrungen von der erhabenen Aufgabe, die uns mit Ihnen zusammengeführt hat: Der Welt rasch einen dauernden Frieden zu geben. Wir täuschen uns nicht über den Umfang unserer Niederlage, den Grad unserer Ohnmacht. Wir wissen, daß die Gewalt der deutschen Waffen gebrochen ist; wir kennen die Wucht des Hasses, die uns hier entgegentritt, und wir haben die leidenschaftliche Forderung gehört, daß die Sieger uns zugleich als Überwundene zahlen lassen und als Schuldige bestrafen wollen.
Es wird von uns verlangt, daß wir uns als die allein Schuldigen bekennen; ein solches Bekenntnis wäre in meinem Munde eine Lüge. Wir sind fern davon, jede Verantwortung dafür, daß es zu diesem Weltkriege kam und daß er so geführt wurde, von Deutschland abzuwälzen... wir bestreiten nachdrücklich, daß Deutschland, dessen Volk überzeugt war, einen Verteidigungskrieg zu führen, allein mit der Schuld belastet ist... Die Politik der Vergeltung wie die Politik der Expansion und die Nichtachtung des Selbstbestimmungsrechtes der Völker hat zu der Krankheit beigetragen, die im Weltkrieg ihre Krisis erlebte. Die russische Mobilmachung nahm den Staatsmännern die Möglichkeit der Heilung und gab die Entscheidung in die Hand der militärischen Gewalten.«
Er hielt den Siegern vor, in ihren Ländern deutsche Verbrechen während des Krieges zum Inhalt der »öffentlichen Meinung« gemacht zu haben, und versicherte, daß Deutschland bereit sein werde, »getanes Unrecht einzugestehen«. »Wir sind nicht hierhergekommen«, sagte er, »um die Verantwortlichkeit der Männer, die den Krieg politisch und militärisch geführt haben, zu verkleinern und begangene Frevel wider das Völkerrecht abzuleugnen.«
»Ich will nicht Vorwürfe mit Vorwürfen erwidern«, behauptete Brockdorff-Rantzau zwar, tat es jedoch massiv. »Die Hunderttausende von Nichtkämpfern, die seit dem 11. November an der Blockade zugrunde gingen, wurden mit kalter Überlegung getötet, nachdem für unsere Gegner der Sieg errungen war«, erklärte er und dozierte: »Daran denken Sie, wenn Sie von Schuld und Sühne sprechen.«
Eine neutrale Kommission und unparteiische Untersuchung fordernd, wiederholte er, was Ebert und er ständig als Grundlage für einen akzeptablen Friedensvertrag bezeichnet hatten: »Die Grundsätze des Präsidenten Wilson«, so hob er hervor, »sind... für beide Kriegsparteien, für Sie und

für uns, und auch unseren früheren Bundesgenossen bindend geworden.« Deutschland sei bereit, so versicherte der Graf, »das Unrecht an Belgien wiedergutzumachen und«, sehr anspruchsvoll, »der Menschheit neue Ziele politischen und sozialen Fortschritts zu zeigen«. Es werde sich mit »seinem schweren Los« abfinden, wenn der Frieden »im Namen des Rechts vor der Welt verteidigt werden« könne. Sei dies nicht der Fall, könne ihn niemand »mit gutem Gewissen... unterzeichnen; denn er wäre unerfüllbar.«

Den Mitgliedern der deutschen Delegation, vor allem von den Franzosen wie Aussätzige behandelt, wurde sofort klar, daß Brockdorff-Rantzaus Mission gescheitert war. Friedrich Ebert fiel nun die undankbare Aufgabe zu, die deutsche Öffentlichkeit unmittelbar über den Stand der Dinge zu informieren und zugleich auch Hoffnungssignale zu setzen und erste Richtlinien – auch für Deutsch-Österreich – zu fixieren.

Ebert, der sich trotz seiner Empörung und Enttäuschung staatsmännisch zu geben bemüht und das ganze Volk hinter sich zu bringen versucht, geht am 9. und 18. Mai an die Öffentlichkeit und hält in Berlin drei Reden, in denen er unter anderem erklärt:

»Der ehrliche Friedenswille unseres schwer duldenden Volkes fand die erste Antwort in ungemein harten Waffenstillstandsbedingungen. Das deutsche Volk hat die Waffen niedergelegt und alle Verpflichtungen des Waffenstillstandes, so schwer sie waren, ehrlich gehalten. Trotzdem setzten unsere Gegner 6 Monate lang den Krieg durch Aufrechterhaltung der Hungerblockade fort. Das deutsche Volk trug alle Lasten im Vertrauen auf die... von den Alliierten gegebene Zusage, daß der Friede ein Frieden des Rechts auf der Grundlage der 14 Punkte Wilsons sein würde.

Was uns statt dessen jetzt in den Friedensbedingungen geboten wird, widerspricht der gegebenen Zusage, ist für das deutsche Volk unerträglich und auch bei Aufbietung aller Kräfte unerfüllbar.... Aus solchem aufgezwungenen Frieden müßte neuer Haß zwischen den Völkern und im Verlauf der Geschichte neues Morden erwachsen.... Zerstückelung und Zerreißung des deutschen Volkes, Auslieferung der deutschen Arbeiterschaft an den fremden Kapitalismus zu menschenunwürdiger Lohnsklaverei, dauernde Fesselung der jungen deutschen Republik durch den Imperialismus der Entente sind das Ziel dieses Gewaltfriedens... Die tiefe Erregung, die alle deutschen Volkskreise ergriffen hat, legt Zeugnis dafür ab, daß die deutsche Regierung den geschlossenen Willen des Volkes zum Ausdruck bringt...

Unser Volk muß sich durch eigenes Handeln retten. Angesichts dieser Gefahr der Vernichtung müssen das deutsche Volk und seine von ihm selbstgewählte Regierung zusammenstehen. Ohne Unterschied der Partei möge Deutschland sich zusammenschließen in dem einmütigen Willen, das deutsche Volkstum und die gewonnene Freiheit zu bewahren. Jeder Gedanke, der ganze Wille der Nation gehören jetzt der Arbeit für die Erhaltung und Wiederaufrichtung unseres Vaterlandes.... Wir müssen unsere letzte Kraft einsetzen gegen die drohende Vergewaltigung. Millionen Volksgenossen in Deutschland und Deutsch-Österreich sollen ihrer Rechte beraubt und geknechtet werden. Unser Volk, wir alle, sollen bettelarm werden. Unsere Industrie, unsere Wirtschaft sollen vernichtet, politisch sollen wir für vogelfrei erklärt werden. Rechtlos macht man uns allen anderen Nationen gegenüber. Wir wären ehrlos, wenn wir uns nicht dagegen mit aller Kraft wenden würden, die in uns wohnt. Im Namen der Regierung kann ich Ihnen versichern: Wir können und werden diesen Frieden nicht unterschreiben!... Das ganze deutsche Volk muß sich hinter uns stellen und uns stützen in dem Kampf um den Frieden, der uns Recht und Lebensmöglichkeit sichern soll... Wir wären ehrlos und würdelos, wenn wir nicht unsere ganze Kraft aufbieten gegen die Schmach, die uns angedroht wird. Man will nicht allein Millionen deutscher Volksgenossen vergewaltigen, man will uns finanziell erwürgen, man will uns wirtschaftlich ruinieren, man will uns rechtlos machen in der ganzen Welt... Wir wären nicht in der Lage, unsere industrielle Wirtschaft aufrechtzuerhalten. Die Arbeitslosigkeit, die heute schon durch die Straßen heult, würde sich vermehren... Abertausende deutscher Arbeiter wären gezwungen, das Vaterland zu verlassen und draußen in der Welt jämmerliche Arbeitsbedingungen aufzusuchen, um dann schmählich unterzugehen. Niemals darf sich ein Volk von siebzig Millionen solche schmachvollen Bedingungen gefallen lassen! Die deutsche Regierung wird diese Bedingungen nie und nimmermehr annehmen. Wir lehnen sie ab, mag da kommen, was auch kommen mag.«[46]

Daß Ebert vermieden habe, eine endgültige Stellungnahme abzugeben, wie der Ebert-Biograph Peter-Christian Witt behauptet, ist – schon angesichts dieser Feststellung Eberts – eine Legende.

Hätte es zu der Zeit demoskopische Institute und zuverlässige repräsentative Befragungsergebnisse gegeben, Friedrich Ebert wäre der deutsche Staatsmann der Stunde gewesen. Die Militärs ließen ihn wissen, daß er trotz der militärisch ausweglosen Lage voll auf sie zählen könne.[47] Selbst

---

[46] Die hier zitierten Auszüge stammen aus den drei Reden.

[47] Dem amerikanischen Oberst Conger, über den Erzberger in Eberts Auftrag die amerikanische Haltung zugunsten des Reiches zu beeinflussen versuchte, ließ Ebert–

Paul von Hindenburg, der ihm am 2. Mai mitgeteilt hatte, daß er sich »mit dem Beginn der Friedensverhandlungen« von »der Spitze der Obersten Heeresleitung« verabschieden und in den Ruhestand treten werde, war nun bereit, seine Vorbehalte gegenüber der Republik erneut zurückzustellen und dem Reichspräsidenten wieder zur Verfügung zu stehen.

Scheidemann, der Präsident des Reichsministeriums (Reichskanzler), erklärte am 12. Mai in der Aula der Berliner Universität vor Vertretern der Regierung und der Nationalversammlung nach Absprachen mit Ebert unter anderem: »Lassen Sie mich ganz ohne taktische Erwägungen reden: Was unseren Beratungen zugrunde liegt, dieses dicke Buch (auf die Friedensbedingungen weisend), in dem hundert Absätze beginnen: ›Deutschland verzichtet – verzichtet – verzichtet‹, dieser schauerlichste und mörderische Hexenhammer, mit dem einem großen Volk das Bekenntnis der eigenen Unwürdigkeit, die Zustimmung zur erbarmungslosen Zerstückelung, das Einverständnis mit Versklavung und Helotentum abgepreßt und erpreßt werden soll – dies Buch darf nicht zum Gesetzbuch der Zukunft werden!«

»Minutenlanger brausender Beifall im Hause und auf den Tribünen – Die Versammlung erhebt sich – Erneutes stürmisches Bravo und Händeklatschen«, notierte der Stenograph im Sitzungsprotokoll als Reaktion der Anwesenden.[48]

Ebert und sein Kanzler konnten überzeugt sein, den Willen des Volkes und der politischen Parteien auszudrücken, auch wenn der USPD-Führer Haase erklärte: »Nicht von der Revancheidee, die wir aus der Tiefe unseres Herzens heraus verwerfen, sondern von der revolutionären Entwicklung der Welt erwarten wir die Umwandelung des Friedensvertrages in ein Bündnis gleichberechtigter Völker.«

---

mit drohendem Unterton – mitteilen, daß durchaus nicht feststehe, daß Deutschland den Kampf nicht wiederaufnehmen werde, wenn die Friedensbedingungen nicht wesentlich gemildert werden würden.

[48] Fünf Abgeordnete der SPD-Fraktion hatten in Sitzungen für eine abwartende Haltung plädiert. Alle anderen – wie auch die Abgeordneten der DDP – forderten die Formulierung »unannehmbar«. Das Kabinett (außer Noske und David) schloß sich unmittelbar der Entscheidung an und empfahl, Scheidemann dies auch öffentlich erklären zu lassen.

Am 2. Mai 1919 schrieb Generalfeldmarschall Paul von Hindenburg an Ebert:

Herr Präsident!

Der Beginn der Friedensverhandlungen veranlaßt mich, schon jetzt der Reichsregierung Folgendes zur Kenntnis zu bringen:

Ich bin im Wechsel der Zeiten an der Spitze der Obersten Heeresleitung geblieben, weil ich meine Pflicht darin sah, dem Vaterland in seiner höchsten Not weiter zu dienen. Sobald der Vorfriede geschlossen ist, halte ich aber meine Aufgabe für erfüllt. Mein Wunsch, mich dann ins Privatleben zurückzuziehen, wird bei meinem hohen Alter allgemein verstanden werden, um so mehr, als es ja bekannt ist, wie schwer es mir, meinen Anschauungen und meiner ganzen Persönlichkeit der Vergangenheit nach, wurde, in der jetzigen Zeit mein Amt weiter auszuüben.

v. Hindenburg.

Ebert antwortete (ohne Datumsangabe):

Herr Generalfeldmarschall!

Von Ihrem Entschluß, nach Unterzeichnung des Vorfriedens von Ihrer Stellung an der Spitze der Obersten Heeresleitung zurückzutreten, um sich ins Privatleben zurückzuziehen, habe ich Kenntnis genommen. Indem ich mein Einverständnis hiermit erkläre, benutze ich diese Gelegenheit, um Ihnen für Ihre dem Vaterlande während des Krieges und in der jetzigen Zeit unter großer Aufopferung geleisteten Dienste den unauslöschlichen Dank des deutschen Volkes auszusprechen. Daß Sie auch in den Zeiten schwerer Not in Treue auf Ihrem Posten ausgeharrt und dem Vaterlande Ihre Persönlichkeit zur Verfügung gestellt haben, wird Ihnen das deutsche Volk niemals vergessen.

Ebert.

Einhellig waren die Entrüstung, der Zorn und die Enttäuschung. Paul Hirsch, der Präsident des preußischen Staatsministeriums (Ministerpräsident), erklärte nach Scheidemann: »... Lieber tot als Sklav! Die Bedingungen, die dieser Frieden uns auferlegen will, sind selbst von dem entsagungsbereitesten Volke nicht zu ertragen. Ihre Ausführung ist eine Unmöglichkeit. Darum ist dieser Friedensvertrag *unannehmbar.*«
Eberts Freund Hermann Müller-Franken sagte: »Dieser Friedensentwurf ist unerträglich und unerfüllbar, und weil er das ist, ist er in der vorliegenden Form für uns *unannehmbar.*«
Konrad Haußmann stellte im Namen der Deutschen Demokraten fest: »Der Feind kann offen Gewalt anwenden, er kann den Krieg fortsetzen gegen Waffenlose, er kann einen Landvogt ins Land setzen. Wir aber können und müssen erklären ... daß dieser Vertrag *unannehmbar* ist.«
Namens der Deutschnationalen Volkspartei erklärte Graf von Posadowsky: »Dieses Friedensangebot ist ein Mischgericht aus französischer Rachsucht und englischer Brutalität.«
Gustav Stresemann sprach für die Deutsche Volkspartei und erklärte: »Der Vertrag entehrt nicht den Besiegten, er entehrt den Sieger.«
Constantin Fehrenbach, der Präsident der Nationalversammlung, sagte in seinem Schlußwort: »Ich nehme an, daß von dem heutigen Tage ab aus diesem Saale heraus nun eine Welle in den nächsten Wochen hinausgetragen werden wird in das deutsche Volk, die es dem Ausland klarmachen wird: So können wir das deutsche Volk nicht behandeln; wir werden gezwungen sein, andere Friedensbedingungen mit ihm einzugehen.«

Die halbherzige Hoffnung Fehrenbachs, des Präsidenten der Nationalversammlung, die feindlichen Mächte durch eine feste und einheitliche deutsche Haltung zum Einlenken zwingen zu können, erfüllte sich nicht. Seine Drohung aber wurde zwei Jahrzehnte später wahr. »Memores estote, inimici, ex ossibus ultor«, hatte er in der Aula der Universität ausgerufen: »Denkt daran, Feinde, aus unseren Gebeinen wird ein Rächer erstehen!«
Fieberhaft arbeiteten Sachverständige, Interessenvertreter und Kommis-

sionen an Vorschlägen und Noten,[49] taten Abgeordnete der Nationalversammlung, Vertreter der Regierung und der Regierungsparteien öffentlich kund, daß der Friedensvertrag, wie er vorliege, deutscherseits nicht unterzeichnet werden würde. Verzweiflung breitete sich in Deutschland aus, wo sich aller Blicke vor allem auf Ebert richteten. Die Siegermächte focht alles dies indes nicht an.

Matthias Erzberger, der für den Wiederaufbau der zerstörten Gebiete in Nordfrankreich und Belgien verantwortlich war und inzwischen eine Denkschrift entworfen hatte, aus der hervorgehen sollte, welche Folgen eine jeweilige Annahme oder Ablehnung des Friedensvertrages nach seiner Auffassung haben werde, schlug Ebert schließlich eine vertrauliche Aussprache vor, an der der Reichspräsident, die Mitglieder des Kabinetts und der preußische Ministerpräsident beteiligt sein sollten. Am 3. und 4. Juni fand sie statt. Arbeits- und Beratungsgrundlage war die Denkschrift Erzbergers, der sich mit dem für die Friedensverhandlungen insgesamt zuständigen Grafen Brockdorff-Rantzau persönlich so heillos zerstritten hatte, daß an eine Zusammenarbeit schon zu der Zeit kaum noch zu denken war. Da Erzberger die wichtigsten deutschen Argumente und Thesen in sein Konzept für Gegenvorschläge an die Siegermächte aufgenommen hatte, war es in sich nicht widerspruchsfrei. Richtpunkte waren:

- Umfassendes und großzügiges finanzielles deutsches Angebot hinsichtlich der Reparationsleistungen,
- unmittelbare deutsche Ersatzleistung durch einen Wiederaufbau in großem Umfange,
- Beteiligung der Siegermächte an der deutschen Industrie als Bestandteil deutscher Entschädigungsleistungen und
- Bitte um Herabsetzung der alliierten Forderungen unter Berücksichtigung der deutschen Zahlungsunfähigkeit.

Für die Annahme des Friedensvertrages sprachen nach Erzbergers Meinung, daß der Kriegszustand beendet, die Blockade aufgehoben, die Grenzen geöffnet und Waren-, Lebensmittel- und Rohstoffexporte wieder möglich sein würden. Die Entlassung der Kriegsgefangenen und die Einrichtung konsularischer Vertretungen im alliierten Ausland müßten ebenso weitere zwangsläufige Folgen sein wie das Ende der polnischen Angriffe auf die deutschen Ostgrenzen und die Sicherung der Einheit des Reiches.

Die ebenfalls fixierten innenpolitischen Erwartungen und Mutmaßungen

[49] Die deutschen Friedensvertragsvorschläge überreichte Graf Brockdorff-Rantzau den Alliierten am 29. Mai 1919.

resultierten aus diesen Kriterien. Gegen eine breite Front plädierte Erzberger für die Akzeptierung der Forderungen der Feindmächte, wobei er auch Friedrich Ebert gegen sich hatte.

Zwischen Ende Mai und Mitte Juni 1919 hatte Lloyd George zwar die von Clemenceau diktierten französischen Bedingungen durch einige relativ geringfügige Konzessionen im Sinne der Reichsregierung[50] lindern können, insgesamt aber weder die harten Forderungen zu reduzieren noch Clemenceau dazu zu bewegen vermocht, das deutsche Kriegsschuldbekenntnis aus dem Vertrag auszuklammern.

Als Artikel 231 blieb es Bestandteil des zu unterzeichnenden Friedensvertrages und hatte folgenden Wortlaut: »Die alliierten und assoziierten Regierungen erklären und Deutschland erkennt an, daß Deutschland und seine Verbündeten als Urheber für alle Verluste und Schäden verantwortlich sind, die die alliierten und assoziierten Regierungen und ihre Staatsangehörigen infolge des Krieges, der ihnen durch den Angriff Deutschlands und seiner Verbündeten aufgezwungen wurde, erlitten haben.«

Am 16. Juni erhielt der Reichsaußenminister das Ultimatum der Ententemächte, das der Reichspräsident am 17. Juni erstmals in die Hände bekam. Die bis dahin schwerste Bewährungs- und Belastungsprobe standen ihm, der Reichsregierung und der Nationalversammlung bevor. Alle Hoffnungen auf nennenswerte Erleichterungen waren zunichte gemacht. Den Charakter eines Gewaltfriedens hatten die von englischer Seite initiierten Änderungen nicht zu beseitigen vermocht. »Die Antwort der Alliierten und Assoziierten Regierungen«, erklärten Brockdorff-Rantzau, Landsberg, Schücking, Giesberts, Leinert und Melchior am 18. Juni 1919 dem Kabinett Scheidemann schriftlich, »läßt den ursprünglichen Entwurf in seinen entscheidenden Punkten bestehen. Auch jetzt noch sind die Friedensbedingungen *unerträglich*, weil Deutschland sie nicht annehmen und dabei als unabhängige, auf die Wahrung ihrer Ehre bedachte Nation leben kann, *unerfüllbar... rechtsverletzend* (und)... *unaufrichtig.«*

---

[50] Die Konzessionen betrafen vor allem die deutschen Ostgrenzen. Pommern, von dem ursprünglich Teile an Polen fallen sollten, blieb nunmehr unversehrter Reichsbestandteil. Auch in Posen und Mittelschlesien waren Grenzzugeständnisse zugunsten Deutschlands gemacht worden. Die Zukunft Oberschlesiens, das anfänglich Polen zugesprochen worden war, sollte jetzt durch Volksentscheid geregelt werden. Linderungen hinsichtlich der Befugnisse der Wiedergutmachungskommission und Details privatrechtlichen Charakters wichen im endgültigen Vertrag vom ursprünglichen Text ab.

Erstmals waren die Reaktionen auch innerhalb des Kabinetts und der Parteiführungen offen gespalten. Scheidemann und Landsberg blieben bei ihrer Ablehnung, ebenso die Deutschen Demokraten Gothein, Preuß und Dernburg. Während sein Zentrumsparteifreund Giesberts sich dem Kanzler anschloß, beharrte Erzberger auf seiner Auffassung, daß der Friedensvertrag unterzeichnet werden solle.

Ebert, der nach wie vor gegen die Annahme der Bedingungen war, scheint vorübergehend sogar ernsthaft dazu tendiert zu haben, das Diktat der Ententemächte nicht nur abzulehnen, sondern den Alliierten darüber hinaus auch die Zwangsverwaltung des Reiches anzutragen. Seine davor gehegte Absicht, die Antwort auf die Friedensvertragsfrage durch einen Volksentscheid demonstrieren zu lassen, ließ er fallen, weil ihm das Ergebnis nicht kalkulierbar genug erschien, nachdem sich immer deutlicher abgezeichnet hatte, daß die Bevölkerung des deutschen Ostens für eine entschiedene Ablehnung eingetreten war, sich im Westen und Süden des Reiches dagegen die Auffassung zunehmend multiplizierte, die Forderungen der Sieger trotz aller Härten zu akzeptieren.

Das vom 18. bis zum 19. Januar um drei Uhr früh mit den Führern der Regierungsparteien verhandelnde Kabinett brach auseinander. Scheidemann und Brockdorff-Rantzau war es nicht gelungen, die Mehrheit hinter sich zu bringen. Am 20. Juni traten sie von ihren Ämtern zurück. Ebert sah sich vor eine schier unlösbare Aufgabe gestellt. Angesichts der Tatsache, daß der französische Marschall Foch mit alliierten Truppen am Rhein stand, wo er darauf wartete, am 23. Juni feldmarschmäßig in Deutschland einzumarschieren, wenn die Reichsregierung den Friedensvertrag bis dahin nicht angenommen hätte, war höchste Eile geboten. Weder die Reichsregierung noch die Parteiführungen standen hinsichtlich der Friedensvertragsfrage einhellig hinter Ebert. Der Kanzler und der Außenminister, die seine öffentlich unmißverständlich geäußerte Auffassung teilten, hatten demissioniert. Er, der darauf hoffte, daß die von den Ententemächten in einer Mantelnote vom 16. Juni zugesicherte Möglichkeit einer späteren Revision bestimmter Vertragspunkte in absehbarer Zeit wahrgenommen werden könnte, mußte als letzte Instanz an der Spitze des Reiches im Amt bleiben – und dennoch sein Gesicht wahren.

Die am 21. Juni in Eile konstituierte Regierung Gustav Adolf Bauer,[51] die

[51] Als sie am 21. August 1919 als erste Regierung auf die Weimarer Verfassung vereidigt

(bis Anfang Oktober 1919) nur aus Sozialdemokraten und Zentrumsmitgliedern bestand, stellte sich bereits am nächsten Tag, es war ein Sonntag, der Nationalversammlung vor und forderte ihre Zustimmung zur Unterzeichnung des vorliegenden Friedensvertrages. 237 gegen 138 Abgeordnete folgten der Regierung, die sich mit Eberts Einverständnis schließlich gezwungen sah, die Erklärung abzugeben, daß sie den Friedensvertrag unterzeichnen werde.[52] Vor der Nationalversammlung, in der Paul Löbe von der SPD und Adolf Gröber vom Zentrum für Eugen Schiffer namens der Demokraten, Graf Posadowsky für die Deutschnationalen und Kahl für die Deutsche Volkspartei gegen die Annahme des Vertrages plädiert hatten, erklärte der neue sozialdemokratische Reichskanzler unter anderem: »Der Rücktritt des Kabinetts ist erfolgt, weil eine einheitliche Haltung gegenüber dem uns vorgeschlagenen Friedensvertrage nicht ermöglicht werden konnte. Die Ansichten der einzelnen Kabinettsmitglieder standen einander unvereinbar gegenüber, nicht nach Parteien getrennt, sondern nach dem Verantwortungsgefühl jedes einzelnen Ministers. Mitten durch die regierungsbildenden Parteien ... ging dieser Zwiespalt, trennte diese Frage, was für das deutsche Volk unerträglicher und zerstörender wirken müsse: die Annahme oder die Ablehnung. Es war für jeden von uns ... ein bitter schwerer Kampf, zwischen empörtem Gefühl und kühler Erwägung Stellung zu nehmen. Und nicht minder schwer wurde uns allen der Entschluß, dieser neuen Regierung beizutreten, deren erste und schleunigste Aufgabe es ist, den Unrechtsfrieden zu schließen.«

Nachdem die Alliierten die deutschen Vorbehalte hinsichtlich der Kriegsschuldfrage und der Auslieferung Kaiser Wilhelms und anderer deutscher Staatsangehöriger unmittelbar brüsk abgelehnt und die Unterzeichnungszusage innerhalb von 24 Stunden gefordert hatten, sah der neue Regie-

---

wurde, lautete die Eidesformel: »Ich schwöre Treue der Verfassung, Gehorsam dem Gesetz und gewissenhafte Erfüllung meiner Amtspflichten.« Ebert ergänzte: »... alles zu tun, auf daß aus dem Willen des deutschen Volkes, das sich diese Verfassung gegeben hat, und aus der treuen Pflichterfüllung aller seiner amtlichen Organe die junge Republik emporwachse zu einer starken, friedlichen, glücklichen Zukunft.«

[52] Dies galt zunächst allerdings mit dem (von der Versailler Konferenz sofort abgelehnten) Vorbehalt, daß die Alliierten darauf verzichteten, die Artikel 231 (Kriegsschuldartikel) und 227–230 (Strafbestimmungen: öffentliche Anklage gegen Kaiser Wilhelm II. und Auslieferung deutscher Staatsangehöriger, »die angeklagt sind, eine Handlung gegen die Gesetze und Gebräuche des Krieges begangen zu haben«) Bestandteile des Vertrages bleiben zu lassen. Hugo Haase stimmte für die Annahme des Vertrages und warnte vor der Hoffnung, daß die Alliierten die Konzession machen würden.

rungschef Bauer nur die Möglichkeit, den Reichspräsidenten um eine endgültige Entscheidung zu bitten und die Nationalversammlung einzuberufen.
Ebert vergewissert sich zunächst noch einmal der Haltung der Obersten Heeresleitung, von der seine Entscheidung mitgetragen werden muß. In der Nacht vom 22. zum 23. Juni informiert er sie über die Zurückweisung der deutschen Vorbehalte durch die Alliierten und bittet die Militärs um ihre Stellungnahme zur Lage. Die Oberste Heeresleitung, bei der sich zusätzlich Generale aufhalten, telegrafiert am 23. Juni:

»Reichspräsident Ebert, Weimar, Schloß.
Am 20. 6. ist dem Herrn Reichswehrminister folgende Erklärung übersandt worden..:
Wir sind bei der Wiederaufnahme der Feindseligkeiten in der Lage, im Osten die Provinz Posen zurückzuerobern und unsere Grenzen zu halten. Im Westen können wir bei ernstlichem Angriff unserer Gegner angesichts der numerischen Überlegenheit der Entente und deren Möglichkeit, uns auf beiden Flügeln zu umfassen, kaum auf Erfolg rechnen.
Ein günstiger Ausgang der Gesamtoperationen ist daher sehr fraglich, aber ich muß als Soldat den ehrenvollen Untergang einem schmählichen Frieden vorziehen. (gez.) v. Hindenburg

Außerdem ist bei einer Besprechung in Weimar am 19. 6. von allen anwesenden Kommandobehörden dem Herrn Reichswehrminister gegenüber zum Ausdruck gebracht worden, daß eine große Anzahl von Offizieren und Freiwilligentruppen einer Regierung die Dienste aufsagen würde, die die Schmachparagraphen annimmt. Bei dieser Kundgebung waren zugegen: der preußische Kriegsminister, die Oberste Heeresleitung, die Oberkommandos Nord und Süd, die Armeegruppe Below, das Generalkommando Lüttwitz, die obersten Militärbefehlshaber von Bayern und Sachsen und der Chef der Admiralität. An dieser Stellungnahme hat sich seitdem nichts geändert. (gez.) v. Hindenburg.«[53]

General Walther von Lüttwitz, der dem Reichswehrminister Noske telefonisch mitteilen ließ, daß auf ihn und seine Offiziere im Moment als

---

[53] Am späteren Morgen des 23. Juni wiederholte Major von Feldmann als Verbindungsoffizier zwischen Reichsregierung und Oberster Heeresleitung gegenüber Ebert die Feststellung der OHL noch einmal mündlich. Auf Eberts Einwand, daß die SPD und das Zentrum jetzt wahrscheinlich bei ihrer Zustimmung zur bedingungslosen Annahme des Vertrages bleiben würden, erklärte ihm Major von Gilsa, daß sich die Mehrzahl der Truppen dann nicht weiter hinter die Haltung der Regierung stellen und »im Osten wohl den Kampf aufnehmen« würde.

Regierungsstützen nicht zu rechnen sei, was Ebert und der Reichsregierung zusätzliche schwere Probleme bereiten mußte, bestätigte Hindenburgs Feststellung sofort. Er drohte mit Bolschewisierungstendenzen innerhalb der Truppe und ließ durchblicken, daß sie zum Kampf gegen Polen bereitstehe und im Falle der Vertragsunterzeichnung auch von sich aus losschlagen werde. Sicher sei, daß sich die Elite der Einheiten gegen die Regierung stellen werde, wenn sie den Friedensvertrag unterschreibe. Hohe Militärs – wie General Maerker – bedrängten persönlich die Vorstände der einzelnen Fraktionen und machten sie ebenfalls darauf aufmerksam, daß sie an den Grenzen Ostpreußens, Schlesiens und Pommerns, wo die Bevölkerung kraß gegen die Annahme des Friedensvertrages eingestellt war, bei Vertragsannahme mit Aufständen rechneten und gegen Polen aktiv werden würden.

Wie Lüttwitz und Maerker so drängten auch die Führer der locker als Reichswehr zusammengefaßten Freiwilligenkorps und aktivistischen Kampfverbände, auf die sich Ebert, Noske und die gesamte Regierung stützen zu können gehofft hatten. Demobilisierte Offiziere der kaiserlichen Armee, inzwischen berufs- und arbeitslos, von den Verhältnissen in der Heimat schwer enttäuscht, nicht selten um ihren einstigen Besitz gebracht und voller Geringschätzung gegenüber den Zivilisten, hatten sich in landsknechtsähnlichen Freiwilligenverbänden zusammengeschlossen, um »dem Vaterland« auch unter der Herrschaft der von ihnen meist verachteten neuen Machthaber ihre Dienste gegen deren linksextreme Gegner und Feinde zur Verfügung zu stellen. Die Regierung hatte sie gerufen und gefördert. Im *Vorwärts* beispielsweise vom 23. Februar 1919 warben das »Freikorps Hülsen«, der »Grenzschutz Ost«, die »Eiserne Eskadron«, die »Brigade Reinhard«, das »Freikorps Dohna«, das »Festungs-Freikorps Thorn«, die Brandenburgische 5. Infanteriedivision, das Infanterieregiment 341 und die Landsberger Fußartillerie. Gesucht wurden Panzerwagenfahrer, Flieger, Artilleristen, Kraftfahrer, Kavalleristen, Pioniere, Fernsprecher, Funker, Flakbedienungen und Militärmusiker. »Wer seine Heimat gegen spartakistischen Umsturz im Inneren und vor Angriffen von außen schützen will« und »Schützt Euch selbst vor Spartakus« waren Schlagworte, die als Werbespots genügten und von jedermann verstanden wurden.

Sie halfen Ebert und den Regierungen zwar aus konkreten Notlagen, zwangen ihnen gleichzeitig aber auch dauerhafte Konsequenzen auf. Daß sie diesem Staat, dem sie im Rahmen der Noske-Einsätze mit ihren reichen militärischen Erfahrungen helfen konnten, betrachteten sie nicht erst später als eine Tat, die ebendieser Staat in einer Weise zu belohnen hätte,

die sie selbst bestimmen wollten. Wie fremd und feindselig sie ihm gegenüberstanden, bekundeten sie fortwährend.
»Was fordern wir von der neuen Regierung?« fragte beispielsweise der bayerische »Deutschvölkische Schutz- und Trutzbund«, dem sich zahlreiche Mitglieder der Freikorps und Freiwilligenverbände angeschlossen hatten. Und er ließ die Antwort nicht offen: »Brechung des jüdischen Einflusses auf das gesamte Leben«, die Todesstrafe für »Schiebertum in Nahrungsmitteln und Industrierohstoffen« und für »Verschiebung des Kapitals und unserer unentbehrlichen Waren ins Ausland«, und schließlich als Programmpunkt auch noch: »Endlich fort mit den Ostjuden.«
In der letzten Juniwoche 1919 erkannten Ebert und Noske, wie gefährlich die Geister waren, die sie da gerufen hatten. Würden sie jetzt zum Kampf gegen Polen antreten, meutern, Aufstände provozieren und die legalen Truppen in ihre Aktionen einbeziehen, mußte es um die Staatsmacht vollends geschehen und der Frieden auch im Westen zwangsläufig verloren sein. Die deutschen Truppen und die mit ihnen kooperierenden Freiwilligenverbände, auf die der Reichspräsident und die Reichsregierung angewiesen waren, mußten »stillhalten«, wenn Ruhe und Ordnung garantiert und das Reich frei von alliierten Armeen bleiben sollte. Ebert vertraute auf Noskes[54] Einfluß – und auf Groeners »Bündnistreue«.
Daß sein alter »Bündnis«-Partner Wilhelm Groener zu denen gehört, die auch jetzt hinter ihm stehen, erfährt er an diesem 23. Juni, an dem die weitaus meisten Militärs ihm und der Reichsregierung den Gehorsam aufzukündigen drohen. Groener telegrafiert ihm und rät ihm »persönlich«, den vorliegenden Friedensvertrag zu akzeptieren. Bereits in der Nacht vom 19. zum 20. Mai hat der General im Rahmen einer Lagebesprechung der Obersten Heeresleitung vorausschauend erklärt: »Ich habe mich bei vielen Männern, deren Beruf es ist, über die Volksstimmung Bescheid zu wissen, über die Stellung des Volkes zu der Friedensakte erkundigen lassen. Sämtliche Befragten haben geantwortet, daß im Falle einer Volksabstimmung im gegenwärtigen Augenblick die Mehrzahl für Unterzeichnung der Friedensakte wäre.«
Friedrich Ebert, der sich in einem schier ausweglosen Dilemma befindet,

[54] Da Noske vorübergehend äußerst unsicher und hilflos reagierte und darüber klagte, daß das Instrument, das er zur Durchsetzung und zum Schutze der Politik Friedrich Eberts geschaffen habe, ihm nun zerbrochen vor die Füße geworfen werde, erklärten die Zentrumsminister plötzlich ihren Austritt aus der Regierung Bauer, was ein totales Chaos signalisierte. Erst nachdem Eberts Freund Landsberg seinen Genossen Noske wieder motiviert und dieser sich einigermaßen zuversichtlich geäußert hatte, waren die Zentrumsminister bereit, weiterhin in der Regierung Bauer zu verbleiben.

ist nicht überzeugt, daß es in der Nationalversammlung eine Mehrheit für die vorbehaltlose Unterzeichnung geben werde. So entscheidet er zunächst und vorsichtshalber ohne sie. Er fragt die versammelten Führer und Sprecher der Rechtsparteien in Anwesenheit des Kabinetts, ob sie bereit seien, eine Regierung zu bilden, falls die Nationalversammlung mehrheitlich gegen die Annahme des Vertrages stimme. Rudolf Heinze, der Sprecher der Deutschen Volkspartei, lehnt unmittelbar ab. Graf Posadowsky erklärt dem Reichspräsidenten, daß er die Frage erst beantworten könne, nachdem er mit seinen Freunden beraten habe. Doch Ebert hat keine Zeit mehr zu verlieren. Er weist darauf hin und besteht auf einer sofortigen Entscheidung, die ebenfalls negativ ausfällt.

Die Würfel für die Unterzeichnung waren gefallen. Ebert konnte sich zwar nicht vorwerfen, etwas unterlassen zu haben, was zur Durchsetzung seiner Vorstellungen auch nur irgendwie möglich gewesen wäre; aber er mußte sich ebenso eingestehen, diesmal an unüberwindbare Grenzen gestoßen zu sein, die zudem auch künftig vor ihm aufgebaut bleiben würden. Und damit noch nicht genug.

Ebert muß diesen erzwungenen »Sinneswandel« öffentlich rechtfertigen. Am 24. Juni spricht er vor allem die Soldaten an und sagt in einer öffentlichen Rede: »Soldaten! Sie wissen, was gestern sich ereignet hat... Wir haben uns mit allen Mitteln und mit aller Kraft gewehrt... aber wir mußten schließlich der brutalen Gewalt der Übermacht weichen. Zur aussichtsvollen Verteidigung gegen diese Gewalt – auch wenn wir sie gewollt hätten – fehlt uns die Kraft. Unser Volk ist zermürbt... Bei Ablehnung wäre nach dem, was uns über die Absichten der rachsüchtigen Gegner bekannt ist, mit Verschärfung der Aushungerung, wenn nicht mit voller Verwüstung Deutschlands, zu rechnen gewesen. Selbstzerfleischung und Verfall des Reiches wären sicher gefolgt, das aber durfte nicht sein... Und dieser Gedanke muß auch Sie beseelen: Deutschland darf nicht zugrunde gehen... Dienstbereitschaft und Manneszucht unter Ihrem bewährten Führer haben bisher dafür gesorgt, daß Deutschland nicht in den Abgrund der Anarchie gestürzt ist. Ich danke dafür Führer und Mannschaften. Nun müssen Sie das Vaterland auch weiter vor dem Abgrund bewahren... Jetzt im größten Unglück unseres Vaterlandes gilt es, das Höchste zu leisten. Nur wenn wir uns selbst aufgeben, sind wir verloren... So wollen wir uns hier gegenseitig geloben, ich für die Regierung und Sie für sich und Ihre Kameraden, unser Vaterland nicht zu verlassen, sondern auszuhalten. Je größer die Not, desto größer die Pflicht.«

Eberts Ratgeber und Gutachter in »Sachen Friedensvertragsvorberei-

Einer der böswilligsten und rücksichtslosesten Gegner Friedrich Eberts: Adolf Hitler am 28. Januar 1923 als Redner auf dem Marsfeld.

Der großdeutsch orientierte und um die Erhaltung der Reichseinheit bemühte Reichspräsident 1924 zusammen mit dem Kölner Oberbürgermeister Konrad Adenauer, der die deutschlandpolitischen Vorstellungen Eberts nicht teilte und seit dem Sturz der Monarchie eine von Berlin unabhängige autonome Rheinische Republik anstrebte.

Ebert 1924 beim Empfang des mexikanischen Präsidenten Calles, den er, der Gastgeber, allein auf dem roten Teppich gehen läßt.

Hitler-Putsch in München: Bewaffnete Hitler-Anhänger „aus der Provinz" starten im November 1923 nach München zur Unterstützung Hitlers und Ludendorffs, die den Reichspräsidenten und die Reichsregierung stürzen wollen.

tung« waren primär die Oberste Heeresleitung, das Auswärtige Amt, das Reichsschatzamt und Banken und Industrielle gewesen, aber auch Kabinettsmitglieder, Abgeordnete der Nationalversammlung, Parteivorsitzende, Fraktionssprecher, deutsche und ausländische Diplomaten und nicht zuletzt einige seiner alten Parteifreunde, auch wenn er gerade sie nicht immer in alle Einzelheiten einzuweihen pflegte. Eberts maßgebliche Zielrichtung war auch da sofort erkennbar geworden. Rasch hatten unter seiner Regie neben der alten militärischen Führung vor allem zwei ebenfalls traditionelle staatliche Instanzen an besonderem Einfluß gewonnen: das Auswärtige Amt und das Reichsschatzamt.

Die deutschen Industriellen standen vorerst noch im zweiten Glied. Sie gewannen erst durch die dominierenden Privatbankiers wieder an Bedeutung, die mit dem Reichsschatzamt und dem Auswärtigen Amt in Verbindung standen und die Friedensplanung hinsichtlich der deutschen wirtschaftlichen und finanziellen Probleme maßgeblich beeinflußten.

Das Auswärtige Amt, das Eberts Politik nach außen vertrat und sich unmittelbar vor allem um Kontakte zur Regierung der USA bemühte, folgte Eberts artikulierter Überzeugung, daß eine proletarische Sozialisierung Deutschlands gravierende Gefahren nicht nur für die Deutschen zur Folge haben müßte. Obwohl es Ebert diesem Amt überließ, sich zu einem relativ sich selbst überlassenen Instrument zu entwickeln, konnte er darauf zählen, ohne sich selbst fortwährend um Einzelheiten kümmern zu müssen. Da die anderen Ministerien ständig von aktuellen innenpolitischen Problemen in Anspruch genommen wurden und die Außenpolitik zudem als ein Ressort betrachteten, dessen Problemstellungen außerhalb ihrer Kenntnisse und Erfahrungen lagen, brauchte er auch überflüssige Einmischungen nicht abzuwehren.

Eberts Image, seine ersten Maßnahmen und Erklärungen als Reichskanzler und Vorsitzender des Rates der Volksbeauftragten hatten die zivilen Träger des alten Regimes – wie zwei Tage zuvor bereits die Oberste Heeresleitung – bewogen, sich ihm sofort zur Verfügung zu stellen. Schon am 12. November 1918, drei Tage nach Eberts »Machtübernahme«, waren im Auswärtigen Amt Vertreter des Außenministeriums, des Reichswirtschaftsamts, des Reichsschatzamts, der preußischen Ministerien für Handel, Finanzen, Arbeit, Landwirtschaft[55] und Krieg, der Obersten Heeres-

[55] Obwohl die ostelbischen Großgrundbesitzer seit August Bebels Diktum vom Land als Rückgrat der Reaktion von den Sozialdemokraten als ihre hauptsächlichen Gegner angesehen worden waren, bediente Ebert sich auch ihrer Ratschläge und teilte – wie andere sozialdemokratische Führungsexponenten auch – beispielsweise ihre Auffas-

leitung und des Reichsmarinerates übereingekommen, »Vertreter der Wirtschaftshändler heranzuziehen«, wenn »die Verhältnisse es gestatten«. Der bereits zur Zeit der Monarchie als Berater der Reichsregierung fungierende Bankier Max Warburg und die von ihm benannten Finanzexperten Arthur von Gewinner von der Deutschen Bank, Franz Urbig von der Disconto-Gesellschaft, Paul von Schwabach von der Bleichröder-Bank, Gustav Ratjen, der Mitinhaber von Delbrück, Schickler & Co., und der Warburg-Teilhaber Carl Melchior waren es schließlich, in deren Hände die Friedensvorbereitungen gelegt wurden. Die SPD-Vertreter, die im Dezember 1918 während des Rätekongresses in Berlin beschlossen hatten, »nationalökonomisch und politisch geschulte Männer aus dem deutschen Volk« zu den Friedensverhandlungen »heranzuziehen«, dürften hauptsächlich an Sozialdemokraten als »Männer aus dem... Volk« gedacht haben.

Doch Eberts Regie und die politischen Ereignisse setzten andere Maßstäbe, schufen andere Voraussetzungen. Da das Deutsche Reich als Staatsorgan im Ausland keinen Kredit mehr besaß, was von namhaften Privatunternehmen dagegen nicht gesagt werden konnte, erschienen Eberts Repräsentanten der Wirtschaft, der hohen Beamtenschaft und des Militärs Anfang 1919 als die geeignetsten deutschen Berater bei der Vorbereitung der finanziellen und wirtschaftlichen Fragen während der Friedensvorbereitungen. Nicht zufällig fand die wichtigste Besprechung über die Grundlagen der finanziellen Vorbereitungen für die Friedenskonferenz unter Beteiligung des Reichsschatzmeisters Erzberger, des Präsidenten des Reichsbankdirektoriums, einiger maßgeblicher Bankiers von Privatbanken und Vertretern des Auswärtigen Amtes statt, rund eine Woche nach dem Austritt der USPD aus der Regierung und eine Woche vor der ersten außenpolitischen Debatte innerhalb des Kabinetts.

Am 25. Juni 1919, drei Tage bevor der Sozialdemokrat Hermann Müller-Franken als Nachfolger des zurückgetretenen ersten Reichsaußenministers Graf Brockdorff-Rantzau und der spätere Justizminister Johannes Bell vom Zentrum in Versailles den Friedensvertrag unterzeichneten, wandte Ebert sich mit einer Rede an das deutsche Volk. Anders als die weitaus meisten Politiker jener Tage, bemüht er sich, die Bevölkerung

---

sung, daß es nötig sei, auch weiterhin eine freie Agrarmarktordnung zu sichern. So war es kein Zufall, daß ihr Einfluß auf die Parteien und auf die Bürokratie in den Anfangsjahren der Weimarer Republik spürbare Konsequenzen zeigte. Daß sie sich, wie Arthur Rosenberg behauptete, in den »Schmollwinkel« gestellt hätten, trifft keineswegs zu, wie jüngere Untersuchungen (z. B. von Martin Schumacher) es beweisen.

nach der endgültigen Entscheidung für die Annahme des Vertrages nicht mehr von dessen Unerfüllbarkeit zu überzeugen, sondern allen arbeitenden Deutschen schlechthin klarzumachen, daß nun unbedingt versucht werden müsse, das durch die Unterzeichnung verpfändete Wort um der Zukunft des deutschen Reiches und Volkes willen auch einzulösen.

»Die Reichsregierung hat mit der Zustimmung der Nationalversammlung erklärt, den Friedensvertrag zu unterschreiben. Schwersten Herzens unter dem Druck der rücksichtslosesten Gewalt, nur in dem einen Gedanken: Unserem wehrlosen Volk neue Kriegsopfer und Hungerqualen zu ersparen«, sagt er und fährt fort: »Der Friede ist geschlossen! Nun wahrt und sichert den Frieden... Jede Anstrengung muß an die Erfüllung dieses Vertrages gesetzt werden; soweit er ausführbar ist, muß er ausgeführt werden!« Aber er spricht sogleich auch das Identitätsbewußtsein an und fordert den nationalen geistigen Widerstand gegen die Ausschließung Deutscher aus historischen deutschen Territorien, indem er proklamiert: »Nimmer werden wir derer vergessen, denen die Abtretung droht, sie sind Fleisch von unserem Fleisch... Aus dem Staatsverband können sie gerissen werden, aber nicht aus unserem Herzen.« Daß der Widerstand angesichts der Lage weder physisch aktiv noch passiv sein dürfe, wenn Deutschland überleben solle, sagt er ebenso deutlich: »Die Lasten dieses Friedens können wir nur tragen, wenn keine Hand müßig ist. Für jede nicht erfüllte Leistung können die Gegner mit Vormarsch, Besetzung oder Blockade antworten... jeder einzelne... muß um des Ganzen willen seiner Pflicht treu bleiben... wenn nicht Offizier und Mann jetzt noch fester für die innere Ordnung eintreten helfen, so liefern sie... Millionen unserer Landsleute aus, und zwar der Okkupation, der Annexion, dem Terror. Deutschland muß lebensfähig bleiben! Ohne innere Ordnung keine Arbeit! Ohne Arbeit keine Vertragserfüllung! Ohne Vertragserfüllung keinen Frieden, sondern Wiederaufnahme des Krieges! Wenn wir nicht alle mithelfen, ist die Unterschrift unter dem Vertrag wertlos. Dann kann es keine Erleichterungen, keine Revisionen und kein schließliches Abtragen der ungeheuren Lasten geben. Was heute an Tagen versäumt wird, kann unsere Kinder Jahre der Knechtschaft kosten... Es gibt nur einen Weg aus der Finsternis dieses Vertrages: Erhaltung von Reich und Volk durch Einigkeit und Arbeit! Helft uns dazu, Männer und Frauen!«

Ebert fordert vom Volk, den Vertrag nach den Maßgaben der Reichsregierung zu erfüllen, kritisiert ihn hart und sucht nach Mitteln und Wegen, die Bestimmungen zu umgehen oder wenigstens doch abzuschwächen. Er empört sich über die alliierte Forderung, den Kaiser und andere Deutsche zur Bestrafung an sie ausliefern zu sollen, wie es die Artikel 227 bis 230 kodifizieren, unterstützt die Emigration gefährdeter deutscher Staatsbürger und duldet, daß sie sich vorübergehend einer anderen Identität bedienen. Die Gebietsabtretungen und Territoriumsbesetzungen akzeptiert er als eine Art Zwangsvollstreckung seitens der Siegermächte, denen er nicht nur im Februar 1919 durch die Einsetzung eines Reichskolonialministers, sondern im August 1922 auch durch die Erhebung des *Liedes der Deutschen* von Hoffmann von Fallersleben zur Nationalhymne ständig vor Augen geführt sehen möchte, daß das von ihm völkerrechtlich vertretene Deutschland von »der Maas bis an die Memel, von der Etsch bis an den Belt« reiche und auch seine Ansprüche auf Kolonien nicht aufzugeben gedenke. Immer sieht er, wie der vom 10. Mai 1921 bis zum 21. November 1922 als Reichskanzler fungierende Zentrumspolitiker Joseph Wirth später schrieb, »seine Politik ... in jeder Hinsicht unter dem großen Gesichtspunkt der baldigen Wiederbefreiung Deutschlands«. Hätte er seine Bemühungen und staatsmännischen Leistungen nicht hinter allgemeinen Formulierungen verborgen und unter striktester Geheimhaltung betrieben, wäre ihm mit Sicherheit weniger Haß von extrem rechts entgegengebracht worden. Immer ist er trotz seiner zeitgemäß pathetischen Erklärungen bestrebt gewesen, erst Fakten zu schaffen und zu etablieren.

Als er Ende 1924 nahe daran ist, die ersten diesbezüglichen Erfolge präsentieren zu können, haben diejenigen, die ständig laut nach einer Revanche und Grenzrevisionen rufen und die Siegermächte damit in ihrer Auffassung bestärken, daß die Deutschen kriegslüstern seien, ihn bereits an den Rand seines Grabes gehetzt. Hjalmar Schacht, den Reichsbankpräsidenten, hat Ebert in aller Heimlichkeit mit Erfolg die Frage ventilieren lassen, wie das über reiche Rohstoffvorkommen, über Diamanten, Bauxit, Wolfram und Kupfer verfügende Angola von Portugal mit finanziellen Mitteln einer deutsch-amerikanischen Privatgesellschaft abgekauft und zur deutschen Kolonie mit deutschen Hoheitsrechten gemacht werden könne. Und er hat mit Schacht über geheimgehaltene Kanäle Vereinbarungen zwischen deutschen und belgischen »Interessenten von Stahl, Eisen und Kohle« vorbereiten lassen, wie er notierte, das durch den Versailler Vertrag an Belgien gefallene Eupen-Malmedy wieder als Bestandteil Deutschlands in das Reich eingliedern zu lassen. Deutsche Industrielle, Wirtschafts- und Geldleute wie Klöckner und Otto Wolf haben ihm ihr Vertrauen geschenkt und sich in den letzten Wochen seines Lebens bereit erklärt, gegebenenfalls ihre Unternehmen und Mittel nach seinen Maßgaben in den Dienst seiner Absicht zu stellen, eine schrittweise Revision der neuen deutschen Grenzen zu »erkaufen«.

Daß er dies jedoch nicht um jeden Preis zu tun bereit gewesen ist, bezeugen auch seine Entscheidungen im Zusammenhang mit den ihm von Hugo Stinnes mehrfach vorgeschlagenen Ministern. Er hat sich, verantwortungsbewußt und nüchtern kalkulierend, nicht bereit erklärt, die ihm von Stinnes offerierten Minister zu akzeptieren,[56] die nach dessen Überzeugung trotz der Waffenlosigkeit, der schlechten Nahrungsmittelversorgung und des fehlenden Staatskapitals in der Lage gewesen wären, unter Eberts Präsidentschaft Reparationszahlungen abzulehnen und den Einmarsch der Ententemächte zu riskieren, »größte Katastrophen« und ein vorübergehendes Chaos als Folgen in Kauf zu nehmen und auf diesem Vabanque-Spiel-Umweg schließlich die »nationale Einheit« in den Vorkriegsgrenzen zu erreichen.

[56] Stinnes selbst war nicht bereit gewesen, als verantwortlicher Minister in ein Reichskabinett einzutreten, wie Ebert und Wirth es ihm vorgeschlagen hatten.

Auszugsweise Bestimmungen des Friedensvertrages von Versailles vom 28. Juni 1919:

Teil III, Artikel 31 – 317: Landabtretungen. Elsaß-Lothringen fällt an Frankreich, Moresnet und Eupen-Malmedy an Belgien. Luxemburg, dessen Neutralität aufgehoben wird, scheidet aus dem deutschen Zollverein aus. Das Reich verliert alle Rechte aus Verträgen der Vergangenheit, die Luxemburg betreffen. Teile Ostpreußens, die Kreise Memel und Heydekrug und Teile des Kreises Tilsit, kommen als »Memelland« unter die Obhut der Alliierten. Nahezu ganz Westpreußen und Teile Pommerns werden polnisch. Ostpreußen wird durch einen »Korridor« vom Reich getrennt, Danzig als »Freie Stadt« dem Völkerbund unterstellt. Die Provinz Posen und Oberschlesien fallen (bis zu einer Volksabstimmung) an Polen. Das Hultschiner Ländchen und die Hälfte des Kreises Leobschütz kommen (falls »infolge der Grenzfestsetzung zwischen Deutschland und Polen der betreffende Teil jenes Kreises von Deutschland abgesondert bliebe«) an die Tschechoslowakei, sämtliche Kolonien an den Völkerbund. Über den Verbleib des Saargebietes soll nach 15 Jahren durch Volksentscheid entschieden werden. Bis dahin wird es durch den Völkerbund verwaltet. Alle Kohlenbergwerke des Saargebiets und der Westpfalz fallen an Frankreich. Deutschland hat sie im Falle eines für das Reich günstigen Ausganges des Volksentscheides von Frankreich zurückzukaufen.
Das Reich verliert insgesamt 73 485 qkm Land mit 7 325 000 Einwohnern (1914 umfaßte das Reichsgebiet 540 787 qkm mit 67 892 000 Einwohnern, 1921 nur noch 467 302 qkm mit 59 360 000 Einwohnern).
Deutschland büßt an Bodenschätzen, Lebensmitteln und Futtermitteln ein: 75 Prozent Zinkerz, 74,8 Prozent Eisenerz, 28,3 Prozent Steinkohle, 7,7 Prozent Bleierz, 4 Prozent Kali; von seiner jährlichen Ernte: 19,7 Prozent Kartoffeln, 18,2 Prozent Roggen, 17,2 Prozent Gerste, 12,6 Prozent Weizen, 9,6 Prozent Hafer.

Teil XIX, Artikel 428–433: Gebietsbesetzungen. Besetzt werden (auf vorläufig 15 Jahre) das Saargebiet und das linke Rheinufer mit den Brückenköpfen Köln, Koblenz, Mainz. Deutschland trägt die Besatzungskosten. Besatzungskosten sind an die USA, an Frankreich, England, Belgien und Italien zu zahlen.

Verbot des Anschlusses von Deutsch-Österreich an Deutschland. Deutschland darf auf dem linken Rheinufer keine Befestigungen und militärischen Streitkräfte unterhalten. Auf rechtsrheinischem Gebiet ist eine 50 km breite neutrale Zone einzurichten.

Teil V, Artikel 100–213: Das Landheer ist ab 31. März 1920 auf 100 000 Mann zu reduzieren und darf nur zur »Erhaltung der Ordnung innerhalb des deutschen Gebietes« und als Grenzpolizei eingesetzt werden. Verbot der Wehrpflicht. Unteroffiziere und Mannschaften haben zwölf, Offiziere 25 Jahre zu dienen. Der Generalstab, die Kriegsakademie und die Militärschulen, Unterrichtsanstalten sind aufzulösen. Universitäten und Kriegervereine usw. dürfen sich nicht mit militärischen Problemen beschäftigen. Es folgen differenzierte Vorschriften über erlaubte Waffen und Kriegsmaterial und über das Verbot aller Vorkehrungen zur Mobilmachung.
Die auf 1500 Offiziere und 15 000 Mannschaften zu beschränkende Marine ist auf sechs Linienschiffe, sechs Kleine Kreuzer, zwölf Zerstörer und zwölf Torpedoboote zu reduzieren. Eine Luftwaffe darf das Reich nicht unterhalten. Die Handelsflotte und die deutschen Kabel sind auszuliefern.
Deutschland hat die Kosten für die Überwachung durch Alliierte zu tragen: ab Anfang 1920 jährlich 500 Millionen Mark.
Alle Schäden, die der Zivilbevölkerung in den Ländern der Ententemächte zugefügt wurden, sind zu ersetzen, Pensionen und Vergütungen an Kriegsbeschädigte und Hinterbliebene von Gefallenen zu zahlen.
Die zum Aufbau zerstörter Gebiete in Frankreich und Belgien nötigen Farbstoffe, Maschinen, Fabrikeinrichtungen, Werkzeuge und Materialien sind von Deutschland ebenso zu liefern wie 140 000 Milchkühe, 4000 Stiere, 40 000 Färsen, 700 Zuchthengste, 40 000 Stuten und Stutfohlen, 1200 Schafböcke, 30 000 Schafe, 10 000 Ziegen und 15 000 Mutterschweine.
Deutsches Eigentum und deutsche Rechte im Ausland werden konfisziert.
Die deutschen Flüsse Elbe, Memel, Donau, Rhein und Mosel werden bis November 1936 internationalisiert und dem Einfluß der Ententeregierungen unterworfen.

»Das gute alte Recht«

Waldemar Besson, der hinsichtlich der Darstellung Friedrich Eberts »die Dürftigkeit... biographischer Versuche« beklagte, schrieb 1963: »An den Verfassungsberatungen selbst hat Ebert sich unter der Last der Alltagssorgen weniger beteiligt, als er es wohl selbst vorgehabt hat.« Zutreffend ist, daß Ebert wenig Zeit für Diskussionen – etwa mit Hugo Preuß – über die einzelnen Details der Verfassung hatte; aber Tatsache ist auch, daß die Weimarer Verfassung ohne seinen Einfluß anders ausgesehen hätte. »Wenn wir einmal an eine Verfassungsänderung gehen«, hat er bereits am 30. Januar 1901 als Abgeordneter der Bremer Bürgerschaft gesagt, »halte ich es für ungeschickt, wenn wir uns mit einer kleinlichen Flickerei bescheiden wollten, die die Sache selbst im Kern unberührt läßt.« Als er zwei Jahrzehnte später, am 21. August 1919, nach der Verabschiedung der Verfassung und nach seiner Eidesleistung auf die Verfassung, vor der Nationalversammlung das Wort ergreift, wendet er den Blick allerdings nicht nach vorn, sondern zurück zur Frankfurter Paulskirchenversammlung und sagt: »Kein neues, willkürliches, nach Parteigründen zugeschnittenes Recht haben wir in der Verfassung geschaffen. Wir sind vielmehr aufs neue vom alten Recht ausgegangen, das verschüttet lag, vom Rechte, das mit uns geboren, vom Rechte, das dem Volke vorenthalten war und nun vom Volke selbst errungen und gesichert worden ist! Darum sagen wir mit Ludwig Uhland: Das gute alte Recht, das aller Verfälschungen und Erzwungenheiten entkleidet, ist heute Allgemeingut und Erbe des Deutschen und soll es bleiben für immer.« Ebert war sich früh darüber klar, daß die Weimarer Reichsverfassung schon infolge ihres Entstehens aus Koalitionsverhandlungen nach der Kriegsniederlage nicht die ungetrübte Erfüllung der Hoffnungen und liberalen Freiheitsträume des Paulskirchenparlaments von 1849, sondern letztendlich nur ein Kompromiß sowohl zwischen den arbeiterschaftlichen Vorstellungen und den Erwartungen des Bürgertums als auch eine normierte Verbindung der älteren Formen des deutschen Staates mit zeitgenössischen politischen Ansprüchen und Bedingungen sein könnte. Daß er sie öffentlich dennoch nicht so differenzierte, entsprach seiner Vorstellung von der Aufgabe und Verantwortung eines Staatsoberhauptes. Er hatte, und auch dies war für ihn charakteristisch, den an der Berliner Handelshochschule lehrenden liberalen jüdischen Juristen Hugo Preuß, von dem seit Juli 1917 ein demokratisch orientierter Verfassungsentwurf vorlag, weshalb zur Zeit der Monarchie ein Disziplinarverfahren gegen ihn eingeleitet worden war, zum Staatsse-

kretär des Inneren berufen und ihn beauftragt, die neue Reichsverfassung vorzubereiten.
Mit ihm, der auf Eberts Veranlassung während der Vorbereitung auch den österreichischen Gesandten hatte konsultieren müssen, empfand Ebert sich in Übereinstimmung, so daß er sich darauf beschränken konnte, lediglich bestimmte Aspekte als verbindlich zu fixieren. Die Akzentsetzungen im Verfassungstext und die Reihenfolge seiner Bestimmungen, die der Nationalversammlung – nach der Änderung eines am 20. Januar 1919 publizierten Preuß-Entwurfes – am 31. Juli 1919 vorgelegt wurden, entsprachen in wesentlichen Punkten den vielfach geäußerten Erwartungen Eberts, dem es – mit Preuß – primär um die Lösung eines alten deutschen Problems ging, nämlich um die staats- und verfassungsrechtliche Stellung Preußens im Rahmen des Reiches.
Nicht die Grund- und Menschenrechte standen am Beginn der Verfassung,[57] wie es demokratisch-liberaler Tradition entsprochen hätte, sondern das Verhältnis zwischen Reich und Ländern. Die Erhaltung der Einheit des Reiches und der Nation und die Beendigung der von Preuß als »gottverdammten Souveränitätsschwindel« charakterisierten Rechtspositionen der Länder und Fürsten blieb Eberts Imperativ und Maxime für die Gestaltung der deutschen Politik und ihre Festschreibung durch die Reichsverfassung. Schon die Reihenfolge des revidierten Januar-Entwurfes, »Das Reich und die deutschen Freistaaten«, »Die Grundrechte des Deutschen Volkes«, »Der Reichstag« und »Der Reichspräsident und die Reichsregierung«, hatte Eberts Einfluß deutlich gemacht.
Wo und wann immer die Architekten der Verfassung ihr Werk auch interpretierten, drückten sie aus, was Ebert in Reden zwei Jahrzehnte hindurch oft auch mehr als nur umrißhaft getan hatte. Stets war er für die Stärkung des Einheitsgedankens und der zentralen Lenkung des Gesamtstaates als einheitlichen Reichsgebiets eingetreten, immer Verfechter einer starken Zentralgewalt – und seit November 1918 – im Rahmen einer parlamentarischen Republik als Bundesstaat gewesen. Wie er seit seiner Bremer Zeit die Leitung der Gewerkschaften zentralisiert und die SPD zu einer ebenso zentral buchhalterisch überprüfbaren politischen Partei gemacht hatte, so wollte er auch das großdeutsch angelegte Reich geführt sehen. Die Ereignisse seit November 1918 – die Entstehung ungezählter Räte-»Regierungen« auf lokalen und regionalen Ebenen, die separatistischen Autonomiebewegungen in Bayern, im Rheinland und in Mittel-

[57] In der endgültigen Fassung erschienen sie schließlich erst als zweiter Hauptteil am Ende des Verfassungstextes.

deutschland, die Weihnachtsereignisse in Berlin, die linksextremen Januaraktionen in allen Teilen des Reiches und die vorübergehende Machtlosigkeit und Funktionsunfähigkeit der politischen Zentralgewalt – waren nicht angetan gewesen, womöglich anderen Sinnes zu werden.

Schon sein »Bündnis« mit der Obersten Heeresleitung als zentraler militärischer Führungsinstanz über General Groener hatte gezeigt, wie Ebert die Macht sichern zu können hoffte. Eine Reichsverfassung für einen Staatenbund einzelner staatlich souveräner deutscher Länder[58] hätte keine Chance gehabt, 1919 von Ebert als Reichspräsident verabschiedet zu werden.

Die beträchtliche Machtfülle, die die Verfassung ihm als Staatsoberhaupt nach dem – von ihm bis Januar 1925 insgesamt 135mal in Anspruch genommenen – Artikel 48 in Notstandsfällen garantierte, entsprach den weiteren Voraussetzungen, die er an die Konstituante geknüpft hatte. Daß er als Reichspräsident ohne eine verfassungsmäßig abgesicherte Vollmacht zur Aufhebung der gewaltenteilenden Verfassung und der Ausschaltung des Reichstages bei Gesetzesverabschiedungen angesichts der politischen Konstellation und der gewaltsamen Störmaßnahmen seitens der extremen Linken und Rechten nicht immer über die ausreichende politische Macht würde verfügen können, hatten ihn die Ereignisse seit dem 9. November 1918 fortwährend gelehrt. Nicht zufällig deckten sich seine Vollmachten im Prinzip mit den Führungsgepflogenheiten, die er auf anderer Ebene (und reduziert als Parteiführer) praktiziert hatte. Als Reichspräsident vertrat er das Reich völkerrechtlich und schloß in seinem Namen Verträge mit ausländischen Mächten, ernannte und entließ er den Reichskanzler und auf dessen Vorschlag die Reichsminister, war er Oberster Befehlshaber der Reichswehr, verkündete er die verfassungsmäßig zustande gekommenen Gesetze und verfügte über das Begnadigungsrecht.[59]

Daß er die Nation der engagiert ersehnten Verfassung schon 1922 für den

---

[58] Vgl. dazu S. 299ff.

[59] Zwar konnte der Reichstag mit Zweidrittelmehrheit an das Volk appellieren, den Reichspräsidenten durch Volksentscheid abzusetzen und Maßnahmen aufzuheben, die der Reichspräsident unter Berufung auf seine Vollmachten nach Artikel 48 angeordnet hatte; aber der Reichspräsident war befugt, den Reichstag (wenn auch nicht mehrfach mit der gleichen Begründung) aufzulösen und eine Reihe von Grundrechten vorübergehend außer Kraft zu setzen. Jedes Gesetz, das der Reichstag beschloß, konnte vom Reichspräsidenten abgelehnt und einem Volksentscheid unterbreitet werden.

Fall vorzog, daß zwischen beiden zu wählen wäre, hing nur unmittelbar mit dem zunehmenden Verlust seines Einflusses auf die Geschicke des Reiches zusammen. Die SPD hatte den Weimarer Staat mitgeschaffen, und sie stützte ihn auch immer wieder; aber sie sah ihn schließlich doch nicht als ihren Staat an, so daß die spürbare kühle Distanz ihrer parteipolitisch orientierten Spitze zur Republik nicht zufällig auch den Entfremdungsprozeß merklich förderte, dem sich die unbestreitbar wichtigsten ersten Exponenten dieses Staates, Friedrich Ebert und Noske,[60] ausgesetzt sahen. Ebert hatte trotz seiner sachlich bedingten Vorbehalte insgesamt mehr erhofft und zu Beginn seiner Präsidentschaft erwartet, daß die Verfassung sich schließlich doch als Rahmen für ein vermeintlich automatisch entstehendes neues Staats- und Identitätsbewußtsein aus altem »verschüttetem« Recht erweisen werde.

Sein als erster Präsident der Nationalversammlung fungierender Freund Eduard David stand ihm – zumindest anfänglich – nicht nach. Der Jurist, der in Eberts Auftrag die Bearbeitung und Entwicklung der Endfassung der vor allem von Hugo Preuß, Konrad Beyerle, Adolf Gröber, C. von Delbrück, Wilhelm Kohl, Katzenstein, Konrad Haußmann, Peter Spahn und Guido Hartmann konzipierten Weimarer Reichsverfassung beratend beobachtete, interpretierte »die Idee der sittlich freien Persönlichkeit aller Staatsbürger« als ihre Grundlage und bezeichnete Immanuel Kants Schrift *Zum ewigen Frieden* von 1795 als den eigentlichen »Grundgedanken für diese Staatsidee«.

Zwar diktierte die unmittelbare Nähe des einschneidenden historischen Ereignisses mit seinen tatsächlich gravierenden positiven Folgen für den weitaus größten Teil der Staatsbürger auch diese Eloge auf die Reichsverfassung; aber das Verfassungswerk konnte tatsächlich als modernste und tatsächlich volksfreundlichste Verfassung seiner Zeit gefeiert werden. Daß Hitler sie 1920 als Vorlage für sein 25-Punkte-Programm der eben in München entstandenen NSDAP mißbrauchte, änderte sowenig daran wie die Tatsache, daß Stalins Außenminister Molotow sie nach 1945 zur Grundlage für eine Verfassung eines wiedervereinigten deutschen Nationalstaates zu machen wünschte und die spätere DDR-Führung nötigte, ihre erste Verfassung zwingend an dem Weimarer Modell auszurichten.

---

[60] Bezeichnend war dafür beispielsweise, daß Scheidemann in der Nationalversammlung nach dem gescheiterten Kapp-Putsch nicht eigentlich die Putschistenführer Kapp und Lüttwitz anklagte, sondern die Aufmerksamkeit der Abgeordneten in die verkehrte Richtung lenkte und gegenüber seinem Genossen Noske Vorwürfe erhob, die nicht zuletzt zu dessen Ablösung führten.

Hitler, der sie später auch als »Führer und Reichskanzler« nicht durch eine nationalsozialistische Reichsverfassung ersetzen ließ, übernahm die Artikel 109 (»Alle Deutschen sind vor dem Gesetz gleich«), 163 (»Jeder Deutsche hat ... die sittliche Pflicht, seine ... Kräfte so zu betätigen, wie es das Wohl der Gesamtheit erfordert«), 161 (Schaffung eines umfassenden Versicherungswesens durch das Reich), 155 (staatliche Überwachung der Nutzung des Bodens und seiner möglichen Enteignung), 156 (Zulässigkeit der Überführung wirtschaftlicher Unternehmen in Gemeineigentum), 146 (freie Schulwahl und Unterstützung für Eltern und Kinder in Fällen, die dies geboten erscheinen lassen), 119 (»Die Mutterschaft hat Anspruch auf den Schutz des Staates«) und 122 (»Die Jugend ist gegen Ausbeutung sowie gegen sittliche, geistige oder körperliche Verwahrlosung zu schützen«)[61] und gab seinem Programm damit einen demokratischen Anstrich. Am 11. August 1919 jedenfalls endete das Provisorium. Das Amt des Reichspräsidenten hatte durch die Verfassung eine Ausgestaltung erfahren, die Ebert verfassungsrechtlich gleichsam sowohl zum – künftig vom Volk unmittelbar zu wählenden – demokratischen Staatsoberhaupt als auch zum Ersatzkaiser erhob, obwohl sich diesmal kein Bündnis souveräner Fürsten die Verfassung gegeben hatte, wie es 1871 geschehen war, sondern – nach langen Diskussionen liberaler Geister – ein frei gewähltes Parlament als Repräsentant einer souveränen Nation. Zwar repräsentierte der Reichspräsident als »demokratische Majestät« das unteilbare Volk auf eine neue Weise; aber der inhaltliche Abstand zum Verfassungszustand von Oktober 1918 war keineswegs revolutionär.

Von Argusaugen verfolgt

Das höchste Amt, das die Nation nach dem Krieg und dem Sturz der Monarchie zu vergeben hat, liegt seit dem 11. Februar 1919 in Eberts Händen. Daß er, der gesellige Süddeutsche, von nun an von jedermann mehr Abstand als bislang wahren muß, nimmt er in Kauf. Um die wachsende Einsamkeit wenigstens etwas zu »neutralisieren«, versucht er

[61] Im Programm der NSDAP fanden sich diese Grundgedanken in den Punkten 9, 10, 15, 17, 20 und 21.

im Umgang mit dem Personal im Haus und im Amt erfolglos einen Umgangsmodus zu etablieren, der »Gleichheit« suggerieren soll. Doch er ist und bleibt der »Herr Reichspräsident«, dem jedermann seinen Tribut durch untergeben-distanziertes Auftreten zollt. Auch die weiblichen Angestellten im Haushalt des Reichspräsidenten weichen zurück. Frau Ebert, die einstige Arbeiterin und Schankwirtin, ist die »gnädige Frau«, auch wenn sie ihre Stuben- und Küchenmädchen so oft wie möglich zu Tisch bittet, um mit ihnen gemeinsam zu speisen, weil sie, was nun häufig vorkommt, nicht allein sein möchte. Die Hausangestellten verhalten sich gezwungen und essen lieber in Abwesenheit Louise Eberts. Immer muß der Reichspräsident das Personal geradezu überreden, sich ungeniert der Speisen und Getränke zu bedienen, die nach Empfängen übriggeblieben sind. Ungebrochene Kontakte hat er nur noch zu einigen seiner alten Heidelberger Freunde.

Zwar bemühen sich zahlreiche Repräsentanten der bürgerlichen Gesellschaft, Bankiers, Geschäftsleute, Unternehmer und Industrielle, von Ebert auch privat eingeladen und empfangen zu werden; aber der Präsident muß bald die bittere Erfahrung machen, daß Vorsicht geboten ist. Mancher Gast erweist sich letztlich als nur getarnter Bittgänger im Frack oder Gehrock. Wie sich in der vergangenen Zeit ungezählte Geschäftsleute darum bemühten, als »Hoflieferanten« auftreten zu können, so versuchten sie nun, sich mit der persönlichen Bekanntschaft des Reichspräsidenten zu brüsten und daraus Kapital zu schlagen.[62] So ist schließlich nur zu verständlich, daß Ebert alten Freundschaften nachtrauert. Auch auf die Gefahr hin, sich selbst zu schaden, hält er an Personen fest, die sein Vertrauen nicht enttäuscht haben. Noske beispielsweise, der ihm und der Republik seit 1918 entscheidende Dienste erwiesen hat, entläßt er aus seinem Amt als Reichswehrminister erst Ende März 1920, als es (nach dem gescheiterten Kapp-Putsch) fast zu spät ist. Hinter seinem eingestandenen Argument, den versierten Sozialdemokraten Gustav Noske in dieser Position halten zu müssen, um die Reichswehr einigermaßen in der Hand zu behalten, verbargen sich nicht nur staatspolitische Überlegungen.

Zu der Enttäuschung, die Ebert bald empfindet, weil die parlamentarische Demokratie nicht entfernt das zur Identifizierung einladende Bild bietet, das er sich erträumt hat, kommen die schier unüberwindlichen und gezielt errichteten Hindernisse, die ihm die Ausfüllung des höchsten Staatsamtes ungemein erschweren. Er hegt insgeheim Bedenken, die Republik nicht

[62] Vgl. S. 309.

tatsächlich aus der Mechanik des Improvisierens herausführen zu können. Nahmen beispielsweise die Deutschnationalen und ihre Anhänger so lange glossierend hin, einen einstigen Sattler in der Spitze der Reichsführung zu wissen, wollten sie es jetzt nicht mehr dabei belassen. Bösartig, niederträchtig und schmähend untergruben sie systematisch das Ansehen des Reichspräsidenten und die Existenz der demokratischen Republik. Als Usurpator, ungebildeter Emporkömmling und Parvenü diffamiert, mußte Ebert Autoritätsreduzierungen hinnehmen, ohne sich effektvoll dagegen wehren zu können. »Zoll um Zoll ein Napoleon: Dritter natürlich, nicht Erster«, so wurde er in der vom Scherl-Konzern herausgegebenen *Täglichen Rundschau* entwürdigend lächerlich gemacht und ungestraft weiter übel verbal karikiert: »Die gedrungene, kurzhalsige Gestalt, der Knebelbart, die Speckfalte im Nacken: Lui! So einer, wie der große Julius Cäsar sie liebte: ›Laßt wohlbeleibte Männer um mich sein, die nachts gut schlafen!‹ Noch heute geht sozusagen der herb-frische Duft von Juchtenleder von ihm aus, das er früher verarbeitete. Wäre er doch bei dieser Tätigkeit geblieben! Er hat den Horizont einer Käseglocke; so ist durch die Revolution überhaupt die Unzulänglichkeit auf den Thron gekommen. Sitzen kann Friedrich der Vorläufige, das steht fest...«
Anstatt das erstmals von der Volksvertretung frei gewählte Staatsoberhaupt des geschundenen Reiches zu stützen, stellten sie ihm Fallen, wo immer dies nur möglich war. Unsicherheit suggerierende, vorgetäuschte Mordanschläge und Schießereien in Gärten der Nachbarschaft des Reichspräsidentenpalais gehörten so zum Leben der Präsidentenfamilie, daß selbst Eberts Söhne es bald nicht mehr wagten, ohne geladene Pistolen zu Bett zu gehen. Die Täter und Scheintäter wurden zwar nicht ermittelt, waren ideologisch jedoch mit Sicherheit im Spektrum der extrem linken und rechten Randgruppen beheimatet. Zu laut und zu aufdringlich klangen die Drohungen von dort, als daß sie als bloß verbale Einschüchterungsversuche hätten abgetan werden können. Die verleumderischen öffentlichen Behauptungen der radikalen Linken, die Ebert der Feigheit ziehen und ihn beschuldigten, ihre Forderungen nach einer Bolschewisierung Deutschlands nur »aus Angst um sein eigenes Leben« abgewiesen zu haben, standen den Argumenten der Rechtsradikalen um nichts nach.
Was Graf Posadowsky, wäre er am 11. Februar 1919 statt Ebert in Weimar zum Reichspräsidenten gewählt worden, nicht unbedingt hätte zu beachten brauchen, muß Ebert ständig im Blick haben. Von Argusaugen sieht er sich verfolgt, wenn er redet, geht, steht, sich setzt, ißt, reitet, Staatsmänner, Politiker und Untergebene begrüßt, Unterschriften leistet und Repräsentationshandlungen wahrnimmt.

Dabei braucht er Vergleiche nicht zu scheuen. Sowohl er als auch seine Frau haben im Laufe der Jahre gelernt, wie »man sich in höheren Kreisen« zu verhalten hat. Niemand kann ihm Würde, Takt und gediegene staatsmännische Attitüde absprechen, niemand vorhalten, tatsächlich einmal grob »danebengegriffen« zu haben. Und niemand kann ihm nachsagen, Vetternwirtschaft zu betreiben, von Amtes wegen Mitglieder der Familie zu bevorzugen oder staatliche Mittel für private Anliegen auszugeben. So müssen sich seine Schwägerin Philippine Ebert[63] und seine in Heidelberg studierende und bei Philippine am Heidelberger »Kornmarkt« wohnende Tochter Amalie barsche schriftliche Zurechtweisungen gefallen lassen, weil die Präsidententochter – unter Berufung auf ihren Vater und auf dessen Kosten – mehr Geld ausgibt, als Ebert ihr genehmigt hat: 40 Mark im Monat. Wenn sie unbedingt mehr Geld wolle, so läßt er seine einzige Tochter wissen, solle sie es sich gefälligst selbst verdienen.
Jederzeit in der Lage, sich als Staatsoberhaupt angemessen zu äußern, braucht er kritische und – gegebenenfalls – sachkundige Zuhörer nicht zu fürchten. Während einer Geselligkeit, die am 6. April 1922 in der Präsidentenwohnung stattfindet, hält er beispielsweise eine Stegreifrede, die jedem »hochgebildeten« Staatsmann durchaus auch zur Ehre gereicht hätte. »Ich möchte«, sagt er, »diesen Abend nicht vorübergehen lassen, ohne Ihnen... meinen Dank dafür auszusprechen, daß so viele hervorragende Vertreter des geistigen Deutschlands sich hier... zusammengefunden haben. Besonders herzlichen Dank... spreche ich... den beiden Herren aus, die durch ihre Darbietungen... uns hier Herz und Sinn erfreut haben, Exzellenz von Harnack... und Herrn Professor Ansorge... Daß der heutige Abend mehr ist als eine gesellschaftliche Zusammenkunft, zeigen schon diese hohen Gaben der Wissenschaft und der Kunst, die uns hier beschert wurden... Daß gute und rege Beziehungen zwischen dem politischen und dem geistigen Leben jeder Nation die Wohlfahrt des Staates nur heben können, ist stets anerkannt worden; in ganz besonderem Maße ist aber gerade in unserem Vaterlande in den Zeiten schweren Drucks von außen und dieser Not von innen eine enge und wechselseitige Fühlung des geistigen und des politischen Lebens der Nation unentbehrlich. Der Staat darf trotz aller seiner Nöte und der Bedrängnis nicht vergessen, welch starke Wurzeln aller staatlichen Kraft in der Wissenschaft und der Kunst des Volkes ruhen, und muß alles in seinen Kräften Liegende tun, um Wissenschaft und Kunst nicht verkümmern zu lassen... Unter-

[63] Bei Philippine Ebert handelt es sich um die Witwe des 1911 verstorbenen Präsidentenbruders Wilhelm Karl Ebert.

schiede der Weltanschauung und der politischen Richtung dürfen niemals dazu führen, daß politisches und geistiges Leben... sich voneinander loslösen und jedes für sich fern vom andern ein Sonderdasein führt...«
Wenn Ebert einmal Höflichkeitsfloskeln mißachtet, das diplomatische Protokoll ignoriert und selbst staatsmännische Szenarien verletzt, geschieht dies absichtlich und so demonstrativ, daß es jedermann registrieren muß.
Im Gegensatz zu seinem 24 Jahre älteren Nachfolger Paul von Hindenburg, der sich auch als Reichspräsident konsequent an »dienstplanmäßig« orientierte Uhrzeiten hielt und nach der Erfüllung der sich ständig wiederholenden Tagesabläufe mit Routinetätigkeiten wie Postauswertung, Besprechungen, Mahlzeiten mit der Familie oder mit Gästen, terminierten Ruhepausen und planmäßigem »Dienstschluß« nur für seine Familienangehörigen und gegebenenfalls noch für bestimmte Berater erreichbar war, gab es für Ebert immer nur den »Dienst« auf Kosten des Privat- und Familienlebens. Die Kunstwerke, die beide Präsidenten auf deren persönlichen Wünsche umgaben, hätten dagegen umgekehrte Schlüsse zulassen können. Die Rembrandt-Gemälde beispielsweise, die Ebert sich in die Amtsräume hatte hängen lassen, wurden auf Hindenburgs Veranlassung durch Bilder militärischen Genres ersetzt, die er – wie vor ihm Ebert – ebenfalls selbst ausgewählt hatte.

»Feldgrau schießt nicht auf Feldgrau«

Viel war in kurzer Zeit erreicht und geschehen, die drohende Gefahr der Bolschewisierung Deutschlands weitgehend gebannt, auch wenn sie bis Ende 1923 latent existierte. Eine Übertragung russischer Verhältnisse stand jedoch außerhalb jeder ernsthaften Diskussion. Selbst die 1918 unter Druck diskutierten vorsichtigen Sozialisierungsmaßnahmen waren wie abgenutzte Wahlversprechen zu den Akten gelegt worden. Der Artikel 156 der Reichsverfassung, in dem es hieß, daß durch Gesetz »für die Vergesellschaftung geeignete private wirtschaftliche Unternehmungen in Gemeineigentum« überführt werden könnten, war kaum mehr als ein rein formelles Zugeständnis an die im November 1918 von den Volksbeauftragten erhobene Forderung, ein sozialistisches Programm zu realisieren.

Nicht anders verhielt es sich mit dem als einzigen inhaltlichen Überbleibsel aus der Rätebewegung der Novembertage 1918 stammenden Artikel 165, der den Arbeitern und Angestellten »zur Wahrnehmung ihrer sozialen und wirtschaftlichen Interessen gesetzliche Vertretungen« in Betriebsarbeiterräten, Bezirksarbeiterräten und im Reichsarbeiterrat garantierte. Da sich an den vorrevolutionären spezifischen Abhängigkeiten von der Großindustrie und Wirtschaft, von den Banken und dem Großgrundbesitz nichts geändert hatte und auch der alte konservative Verwaltungsapparat in den Reichs-, Länder- und Gemeindebehörden meist sogar weithin personell erhalten geblieben war, unterschied sich der neue Staat von der Monarchie für viele nur dadurch, daß er »eine Republik« war, in der »die Staatsgewalt... vom Volk« ausgehe, wie es in den beiden ersten Artikeln der Verfassung hieß.
Das Reich hatte eine vom Volk mit 83prozentiger Wahlbeteiligung gewählte Nationalversammlung und eine angesichts der Voraussetzungen in mancher Hinsicht schwerlich besser zu konzipierende Verfassung erhalten. Der Reichspräsident war sozialer Demokrat und Staatsmann. An die Wiedereinführung der Monarchie oder an die Errichtung eines von Ebert und der SPD konsequent abgelehnten sozialistischen Staates, den die »Unabhängigen« und Kommunisten als Folge der Revolution schaffen und etablieren zu können hofften, konnte infolge des Wahlergebnisses nicht gedacht werden. Die mit 37,9 Prozent der abgegebenen gültigen Stimmen als stärkste Partei aus den öffentlich nur mit mäßiger Intensität vorbereiteten Wahlen zur Nationalversammlung hervorgegangene und zunächst hinter ihrem Reichspräsidenten stehende SPD konnte sich mit der Gewißheit bescheiden, daß in der Nationalversammlung gegen sie vorerst eine Mehrheit kaum zustande kommen würde. Zudem war der Sozialdemokrat Ebert nach der Verfassung Oberbefehlshaber der Reichswehr, so daß er nahezu über die gleiche Macht wie der einstige Kaiser verfügte und nach Artikel 48 der Verfassung die Länder, die den ihnen von der Verfassung oder von den Reichsgesetzen auferlegten Verpflichtungen nicht nachkamen, mit Waffengewalt zur Raison bringen, bei erheblich gestörter Ordnung und Sicherheit wesentliche Grundrechte außer Kraft setzen und gegebenenfalls »mit Hilfe der bewaffneten Macht« die »Wiederherstellung der öffentlichen Sicherheit und Ordnung« erzwingen konnte.
Zwar belasteten die Folgen des verlorenen Krieges, der nicht ignorierbare Zwang zur Erfüllung des Versailler Vertrages und der damit verbundene rapide zunehmende Rechtsradikalismus den Reichspräsidenten und die Reichsführung insgesamt äußerst schwer; aber angesichts der von Ebert

bis dahin überwundenen Hürden konnte davon ausgegangen werden, daß nun eigentlich seine größte Zeit kommen werde. Daß dies nicht so war, ist in insgesamt rund 6000 Büchern über die Weimarer Republik zumindest umrißhaft oder andeutungsweise nachvollzogen worden, so daß hier nur noch die von Ebert von 1920 bis 1925 maßgeblich bestimmten Stationen und Zäsuren proportionsgerecht und spezifisch artikuliert herausgestellt zu werden brauchen. Da Friedrich Ebert sich bis Ende Januar 1925 des Artikels 48 der Reichsverfassung 135mal zur Durchsetzung seiner politischen Vorstellungen bediente und nicht der Reichskanzler, die Nationalversammlung oder der Reichstag, sondern der Reichspräsident die Weimarer Republik repräsentierte und der eigentlich tragende Pfeiler des Staatsgedankens war, ist der Historiker als Biograph Friedrich Eberts nicht darauf angewiesen, durch individuell typisches Lücken schließen und nach Kompensierungsmöglichkeiten suchen zu müssen. Historisch folgenreiche Geschehnisse und gravierende Durchbrüche, staatsmännische Einsichten und Entscheidungen gab es mehr als genug. Tausende Dokumente offiziellen Charakters geben über die repräsentative Tätigkeit des Reichspräsidenten Auskunft. Seine jeweiligen Leistungen als Staatsmann enthalten sie auch. Das bleibende und gesicherte Fazit allerdings hat die Geschichte selbst offenbart. Ebert war die Klammer, die zusammenhielt, was ständig gefährdet war und auseinanderzubrechen drohte: der intakte Nationalstaat und die staatlich geeinte Nation. Für den Ablauf der Ereignisse und deren Inhalte sind die hier folgenden Fallbeispiele so exemplarisch, daß sich ein lückenloser Katalog erübrigt.

Daß die Brücke von der Monarchie zur Republik auf keinem angemessenen Fundament stand, hat Ebert früh erfahren müssen. Die bürgerkriegsähnlichen Auseinandersetzungen und die Putschaktivitäten der Feinde der Republik und der Demokratie konnte niemand mißverständlich interpretieren. Der Untertan des deutschen Obrigkeitsstaates vom Absolutismus bis zur konstitutionellen Monarchie hatte nicht gelernt, Mitverantwortung zu tragen. Der gebildete Bürger leistete sich – wie Madame de Staël und später vor allem Gottfried Keller es im *Grünen Heinrich* besonders eindrucksvoll schilderten – praxisferne, radikal »reine« Gedanken, die als Idee über der Realität »thronten«. Im November 1918 in eine Mitverantwortung fordernde Wirklichkeit hineingestoßen, fehlten den Deutschen nicht nur die demokratische Tradition, sondern auch die Fähigkeit und die Bereitschaft, sich sinnvoll anzupassen und Kompromisse einzugehen, die pauschal und verächtlich als ehrenrührig und charakterlos diffamiert wurden.

Schon ein halbes Jahr nach der Verkündung der Verfassung mußte Ebert erkennen, daß die ihm als Reichspräsident übertragenen Vollmachten teilweise nur auf dem Papier standen, soweit sie seinen Oberbefehl über die Reichswehr betrafen. Am 10. März 1920 war die in Döberitz stationierte Marine-»Brigade Ehrhardt« angewiesen worden, sich termingerecht aufzulösen. Doch dies geschah nicht. Generalleutnant Walther von Lüttwitz, der Befehlshaber des Reichswehrgruppenkommandos I (Ost- und Mitteldeutschland), der weder die Republik noch deren Regierung zu schützen gedachte, wollte die Brigade »in einer so gewitterschwülen Zeit« nicht »zerschlagen« lassen. Er forderte den Reichspräsidenten auf, die Auflösungsanweisung zurückzunehmen, die Nationalversammlung aufzulösen und Reichspräsidentenwahlen anzuordnen. Ebert lehnte diese Anträge nicht nur entschieden ab, sondern wies auch Noske an, den General unmittelbar seines Amtes zu entheben und den ostpreußischen Generallandschaftsdirektor Wolfgang Kapp zu verhaften, der sich mit Lüttwitz darüber geeinigt hatte, Ebert und die Reichsregierung zu stürzen. Am 12. März machte die Marine-»Brigade Ehrhardt« ihre mehr als 6000 Mann »mobil« und bereitete sich darauf vor, wie sich rasch herumsprach, gegen die Reichshauptstadt zu marschieren, die von bestenfalls 3000 Soldaten verteidigt werden konnte, was die Abgeordneten der Nationalversammlung ebenso beunruhigte und irritierte wie die Reichsregierung. Gustav Noske, der am späten Nachmittag an einer Sitzung des Reichskabinetts teilnahm, erfuhr vom Stabschef des Generals von Lüttwitz, daß sein Chef in der Nacht mit Hilfe der Marinebrigade II putschen und einer »nationalen Regierung« zur Macht verhelfen werde. Admiral von Trotha, ein »Kamerad« des Korvettenkapitäns und Freikorpsführers Hermann Ehrhardt, wurde in Eile nach Döberitz geschickt, um an Ort und Stelle zu prüfen, wieweit sich die Meldung mit den Tatsachen deckte. Nachdem von Trotha zurückgekehrt war und beschwichtigend erklärt hatte, »daß in Döberitz alles ruhig sei und niemand an eine ernstliche Aktion denke«, sah Noske seine zuvor schon geäußerte falsche Auffassung bestätigt, daß dem Gerede aufgeregter Leute kein besonderes Augenmerk zu schenken sei. Ein folgenschwerer Irrtum.

Die Reichswehr, die Eberts Einstellung zu ihr und seine Haltung im Zusammenhang mit dem Versailler Vertrag bis zu dessen Unterzeichnung honoriert hatte, war jetzt nicht bereit, ihn vorbehaltlos zu stützen und ihm zu folgen. Mit der von General von Seeckt ausgegebenen Devise, »Feldgrau schießt nicht auf Feldgrau«,[64] hielten sie sich – bis auf den ehemaligen

---

[64] Vier Wochen zuvor, am 16. Januar 1920, hatte von Seeckt – nach der von der Entwicklung suggerierten Modifizierung seiner programmatischen Organisationspläne

preußischen Kriegsminister General Reinhardt – zurück und ließen damit die Flucht Eberts und der Regierung (über Dresden nach Stuttgart) und die ausdrücklich mit Eberts Namen verbundene Ausrufung des Generalstreiks notwendig werden. Daß die Beamtenschaft und die Gewerkschaften in dieser Stunde der Not hinter der Reichsregierung standen und der Kapp-Lüttwitz-Putsch letztlich als ein nur groteskes, aber blutiges Abenteuer endete,[65] war ein Verdienst Friedrich Eberts, dem sie (die Gewerkschaften spätestens seit 1905 und die Beamtenschaft seit 1913) Dank schuldeten – und nun entgegenbrachten. Ohne Ebert als Staatsoberhaupt wäre der Kapp-Putsch mit Sicherheit anders ausgegangen.

Die Reichsregierung war, einer Verhaftung vorbeugend, zunächst nach Dresden ausgewichen. Auch dort nicht sicher, begab sie sich nach Stuttgart, während Lüttwitz, Ehrhardt und der von den Militärs zum »Reichskanzler« ernannte Wolfgang Kapp in Berlin die Parade der einrückenden »Brigade Ehrhardt« abnahmen. Der neue »Reichskanzler«, der 1917 die Deutsche Vaterlandspartei gegründet hatte und nun als Vertreter Ostpreußens dem Hauptvorstand der Deutschnationalen Partei angehörte, war während des Krieges als unerbittlicher »Scharfmacher« und verbissener Gegner des Reichskanzlers Bethmann Hollweg hervorgetreten. Nach der Annahme des Versailler Friedensvertrages hatte er erwogen, auf eigene Faust einen Krieg gegen Polen zu führen und die Polen zugesprochenen deutschen Gebiete wieder zurückzugewinnen. Da jedoch seine politische Begabung seinem bohrenden Ehrgeiz nicht entsprach, sah er sich bei den Militärs bald weitgehend isoliert. Daß er bei General Lüttwitz auf tätige »Gegenliebe« stieß, mochte aus der Tatsache resultieren, daß dieser bereits recht vergreist war und vermutete, daß das Offizierskorps sich letztlich doch hinter Kapp stellen werde.

Von der Berliner Reichswehr im entscheidenden Augenblick schmählich

---

ne von Juli 1919 – unter anderem brieflich vorgeschlagen: »Die Einrichtung des parlamentarisch verantwortlichen, parteipolitisch gebundenen, an den verfassungsmäßigen Aufgaben des Gesamtkabinetts voll beteiligten Reichswehrministers ergibt ohne weiteres die Notwendigkeit, unter ihm an der Spitze der Armee... einen General zu stellen. Der eigentliche militärische Führer und Ausbilder der Armee kann und soll der Reichswehrminister nicht sein.« Nach dem Kapp-Putsch zum Chef der Heeresleitung ernannt, war er bemüht, seine Vorstellungen hinsichtlich der Position des kommandierenden Generals weitgehend umzusetzen. »Der Chef der Heeresleitung«, erklärte er, »ist unter dem Reichswehrminister die höchste militärische Dienst- und Kommandostelle des Heeres.«

[65] Über 3000 Menschenleben und mehr als eine Milliarde Mark kostete das Hasardeurunternehmen.

im Stich gelassen, hatte die legale Reichsregierung von Dresden aus mit einer Erklärung reagiert, die am 14. März in der Presse erschien. »Putschversuche gewissenloser Abenteurer, hinter denen kein ernsthafter Politiker steht«, hieß es da, »haben die Regierung veranlaßt, zwecks Vermeidung von Blutvergießen Berlin zu verlassen. Die verfassungsmäßige Regierung... ist die einzige, die das Chaos verhindern kann. Wir ersuchen, den Dienstverkehr mit uns aufrechtzuerhalten und die Beziehungen zu den Staatsstreichlern in Berlin abzulehnen.«

Die Gewerkschaften und die Beamten der Reichskanzlei hielten dank Ebert zur legalen Regierung und stellten sich hinter sie. Die Gewerkschaften inszenierten einen Generalstreik. Die Beamten verweigerten den Putschisten den Gehorsam. Die Staatsmaschinerie blieb in den Händen der geflüchteten Regierung, während die Anordnung der »Regierung« Kapp zu den Akten gelegt wurde. Die Ebert gegenüber loyalen Offiziere des Reichswehrministeriums erledigten ihren Dienst demonstrativ in Zivilkleidung und ignorierten die Befehle des neuen »Reichswehrministers« von Lüttwitz. So sahen sich die Putschisten in Berlin isoliert, zumal ihnen selbst die Rechtsparteien, auf deren Unterstützung sie gehofft hatten, den Beistand versagten.

In den Provinzen allerdings hatte Kapp Anhänger und Helfer gefunden. Im Osten, wo die Bevölkerung auf die Akzeptierung des Friedensvertrages letztlich auch durch Ebert besonders vehement regierungsfeindlich reagiert hatte und der wegen seiner Teilnahme am Stauffenberg-Attentat auf Hitler 1944 hingerichtete Carl Goerdeler die Errichtung eines Separatstaates anstrebte, war die »Regierung« Kapp ebenso auf Sympathien gestoßen wie in Bayern und teilweise auch in Norddeutschland. Doch Kapp, dessen Putschisten von streikenden Arbeitern und engagierten Beamten in Steglitz, Halle, Suhl, Gotha, Greifswald, Anklam, Rostock, Gevesmühlen und Teterow, in Kiel und Hamburg, Eutin und Hannover, Nürnberg, Frankfurt, Offenbach, Hanau und Fürth davongejagt wurden, kapitulierte angesichts der von ihm und Lüttwitz nicht zu meisternden Situation in weniger als einer Woche und floh nach Schweden. Daß der Sieg über die Putschisten später von verschiedenen »Vätern« in Anspruch genommen wurde, ändert nichts an der Feststellung, daß der tatsächliche Sieger Ebert hieß, auch wenn es ihm nach der Niederschlagung des Putsches (selbst mit Hilfe von Rücktrittsandrohungen) nicht möglich war, Gustav Noske gegen den Willen seiner eigenen Partei im Amt zu halten. Vorübergehend ernsthaft an seinen Rücktritt denkend, fand Ebert nicht nur rasch seelisches Gleichgewicht und Selbstbewußtsein wieder, sondern demonstrierte auch parteipolitische Unabhängigkeit und ungebrochene

Führungskraft. Obwohl er nicht dem Militär, sondern den Gewerkschaften verdankte, daß Kapp und Lüttwitz das Feld geschlagen hatten verlassen müssen, gab er ihren verfassungssprengenden Ansprüchen nicht nach, künftig als Gegenleistung für die ihm während des Kapp-Putsches erwiesene Unterstützung auf die soziale und wirtschaftspolitische Gesetzgebung Einfluß nehmen zu können und darüber hinaus auch über die Zusammensetzung der Reichsregierung und der preußischen Regierung maßgeblich mitbestimmen zu dürfen.[66] Wenn ein deutsches Staatsoberhaupt jemals souverän über den politischen Parteien gestanden hat, dann ist dies Friedrich Ebert gewesen, dem Joseph Wirth, der Zentrumskanzler von 1921, nach Eberts Tod respektvoll attestierte, Ebert habe sich »als ein Mann der entschlossenen Tat und eines klaren, von parteipolitischen Ideologien freien politischen Blicks erwiesen. Niemals hat er sich einer Verantwortung, die an ihn herantrat, entzogen, obwohl er es mitunter schwer empfand, wenn seine eigenen Parteigenossen ihm nur unwillig folgten.« Ähnlich urteilte Hans Luther, der Ebert und Hindenburg als parteiloser Kanzler zur Verfügung gestanden hatte und beide Präsidenten miteinander verglich. »Beide Männer entfernten sich«, schrieb er, »im Dienst am Ganzen des Reiches und Volkes mehr und mehr von ihrer politischen Ausgangslage und fanden Rückhalt bei solchen Deutschen, die der Linie des Vernünftigen im Rahmen des Möglichen folgten: Ebert bis zum frühen Ende seines Lebens, Hindenburg bis zum Erlahmen seiner geistigen Kräfte.«

Zwar mußte Ebert die Reichsminister Noske und Schiffers infolge des massiven Druckes der Gewerkschaften und der SPD gehen lassen; aber er setzte sich schließlich wieder durch, ernannte am 27. März seinen politischen Weggefährten und Außenminister Hermann Müller-Franken zum neuen Reichskanzler und verbat sich energisch jedwede gewerkschaftliche Einmischung bei der Regierungsneubildung. Legien und Scheidemann, die maßgeblich zu der Ablösung Noskes beigetragen hatten und sich ihres diesbezüglichen Erfolges auch noch rühmten, erkannten im Gegensatz zu Ebert nicht, welche Machtbasis und Schlüsselposition der um Wählergunst[67] werbenden SPD mit der Aufgabe des Reichswehrministeriums

[66] An verschiedenen Orten hatten sich im Gefolge des Kapp-Putsches bereits gewerkschaftliche Nebenregierungen gebildet, die sich aktiv in die Geschäftsführung der Länderregierungen einzumischen versuchten.

[67] Die SPD-Führung war – nicht ohne Grund – überzeugt, daß Noske zuletzt als Reichswehrminister so ungeschickt taktiert und gehandelt habe, daß befürchtet werden müsse, in ihm eine politisch untragbare negative Symbolgestalt zu haben, die zahlreiche bisherige SPD-Wähler zu USPD-Wählern werden lasse.

verlorengegangen war. Kein Sozialdemokrat war danach je wieder bereit, dieses Ministeramt zu übernehmen.
Mit der Ernennung des Generals Hans von Seeckt zum Chef der Heeresleitung im März 1920 zog wieder »der Geist der Armee« in die Truppe – und vor allem in deren Führung – ein, hatte sich rasch das Trauma der Demütigung zu verflüchtigen begonnen. Während sich der harte Sozialdemokrat und Zivilist Noske als Reichswehrminister bemüht hatte, das Heer mit der Republik zu versöhnen, tat Seeckt, der bald als militärischer Repräsentant der Staatsführung galt und Ebert aus dem Bereich auszuschalten versuchte,[68] unter dem vormaligen Bürgermeister und bürgerlichweichen neuen Ressortchef Otto Geßler ungefähr das Gegenteil. Seit Anbeginn legte er es zwar darauf an, das Militär diszipliniert und in preußischer Tradition zu erziehen; aber es sollte eigentlich nur ihm gehorchen und dem Reichstag und der Staatsführung entzogen werden. Ungestraft durften beispielsweise militärische Einheiten weiterhin die kaiserlichen schwarz-weiß-roten Kokarden an ihren Mützen tragen und offen von »schwarz-rot-gelb« reden, wenn sie die Nationalfarben der Republik meinten. Seinen militärischen Plänen Rechnung tragend, aus dem erlaubten Restheer ein Kaderheer für spätere Regierungen mit Eroberungs- und Hegemonialabsichten in Europa zu schaffen, bevorzugte er beim Umbau der im Frühjahr 1920 auf 100 000 Mann reduzierten Reichswehr vor allem Stabsoffiziere und adelige Offiziere, deren Anteil am Offizierskorps während des Krieges nur rund neun Prozent betragen hatte. 1925 waren es knapp 24 Prozent. Fast die Hälfte der Offiziere stammte aus Offiziersfamilien, was das Heer der Republik zu einer allgemein unbeliebten sozialen Kaste machte und den Graben zwischen Heer und Republik noch mehr vertiefte. Der arrogant wirkende, Monokel tragende Offizier, der schon zu Wilhelms II. Zeiten beliebtes Karikatursujet gewesen war, blieb dies auch zur Zeit der Weimarer Republik. Stammte zur Zeit der Monarchie noch im letzten Friedensjahr nicht einmal jeder vierte Offizier aus einer Offiziersfamilie, war es jetzt bei jedem zweiten von ihnen der Fall.
Entgegen der Absicht der Alliierten, die im Reich eine zentrale militärische Leitung verhindern wollten, obwohl sich eine zentralisierte militäri-

[68] So gelang es ihm beispielsweise, Ebert systematisch am Besuch der Herbstmanöver der Reichswehr zu »hindern« und – gegen Eberts Erwartungen – die soziale Zusammensetzung und politische Einstellung der Truppenführung allmählich an Stelle der obersten militärischen Kommandogewalt als Basis für die Loyalität der Reichswehr zu machen.

sche Spitzengliederung angesichts der zwangsweisen Reduzierung der Reichswehr auf nur 100 000 Mann geradezu zwangsläufig anbot, war sie unter Eberts »Schirmherrschaft« etabliert worden. Schon im Wehrgesetz vom 23. März 1921, das den Reichspräsidenten als obersten Befehlshaber »der gesamten Wehrmacht« bestätigte und festlegte, daß der Reichswehrminister unter ihm die Befehlsgewalt ausübe, stand: »An der Spitze des Reichsheeres steht ein General als Chef der Heeresleitung, an der Spitze der Reichsmarine ein Admiral als Chef der Marineleitung.«

Zielstrebig wurden beim Aufbau der Reichswehr unter Seeckts Regie Bestimmungen des Versailler Vertrages umgangen, der zwar geltendes Reichsrecht, aber dem Reich von den Alliierten auch unter Androhung von Kriegsfolgen bei Nichtunterzeichnung aufgezwungen worden war, so daß es in Deutschland schließlich weder Parteien noch Regierungen gab, die ihn für unantastbar hielten. Nach sechs Jahren Seeckt-Führung verfügte die Reichswehr über die fünffache Menge der Deutschland in Versailles zugestandenen Gewehre und Karabiner, über die siebenfache Anzahl der erlaubten Minenwerfer und über das sechsfache Kontingent an Geschützen und Kanonen. »Wehrverbände« und »Arbeitskommandos«, getarnte militärische Verbände, wurden im Osten mit Unterstützung der Großgrundbesitzer unterhalten. Eine heimliche, straff organisierte, hervorragend disziplinierte, gut ausgerüstete, fanatisch nationalistisch orientierte und bald von Nationalsozialisten durchsetzte sogenannte »Schwarze Reichswehr« stand für Notfälle – vor allem in den Ostprovinzen des Reiches – bereit. Obwohl Seeckt danach strebte, Deutschland zu vergrößern, trachtete er nicht auch danach, direkte politische Führungspositionen zu bekleiden. Als Hitler beispielsweise im November 1923 in München putschte und die gesamte vollziehende Gewalt im Reich Seeckt übertragen wurde, nutzte er die Vollmachten nicht für Zwecke, die außerhalb seines Auftrages lagen. Ende Februar 1924, nachdem wieder Ruhe eingekehrt war, legte er die ihm anvertraute Macht in die Hände der verfassungsmäßigen Gewalten zurück.

Die Republik hatte den ersten massiven und offenen Angriff von rechts im März 1920 zwar überstanden; aber es war auch erdrückend deutlich geworden, daß sie nach wie vor sowohl von rechts als auch von links jederzeit beängstigend gefährdet werden konnte. Die Gefahr von links folgte dem rechten Vorstoß auf dem Fuße. Weder die demokratischen noch die sozialistischen Kräfte hatten tatsächlich profitiert. Die Kommunisten nutzten die in der Bevölkerung aufwallende Erregung über den Putsch geschickt für ihre Zwecke. Im Ruhrgebiet kam es zu einem – von den extrem Linken geschürten – Aufstand. Plünderungen, Mißhandlungen

und Drangsalierungen waren an der Tagesordnung. Ohne Reichswehr konnte die Staatsmacht nicht Herr der Lage werden, zumal die kommunistische Rote Armee fast vier fanatisch kämpfende Divisionen umfaßte. Daß sie – im Gegensatz zu ihrer Abstinenz in Berlin, wo »Feldgrau nicht auf Feldgrau« schießen wollte – gegen die aufgehetzte Arbeiterschaft mit Brachialgewalt vorging, war bezeichnend nicht nur für ihr Verhältnis zum Staat.
Da die Reichswehr und die Polizei während ihres Einsatzes im Westen des Reiches die Grenzen der entmilitarisierten Zone überschritten, griff Frankreich augenblicklich ein und besetzte im April 1920 strafweise Frankfurt, Darmstadt und Teile des Maingaues, was weitere Unruhen und Unsicherheit im ganzen Reich auslöste. In Sachsen-Thüringen, wo der steckbrieflich gesuchte Schwerverbrecher Max Hölz im Vogtland eine kommunistische Rote Armee aufgestellt und eine »Räterepublik« ausgerufen hatte, wütete ein Bürgerkrieg, in dem die Hölz-Anhänger wie Mordbrenner durchs Land zogen. Auch hier warf die Reichswehr – von studentischen Freiwilligenverbänden unterstützt – die Aufständischen in einem regelrechten Krieg mit zahlreichen beiderseitigen Ausschreitungen und Greueln nieder. Die Kluft zwischen der bewaffneten Macht, der Reichswehr, der Polizei und den Freiwilligenverbänden einerseits und den Arbeitern andererseits war noch tiefer, eine Begegnung der akademischen Jugend mit der Arbeiterschaft noch aussichtsloser geworden. Die »schwarzrotgoldene Koalition«, Sozialdemokraten, Zentrum und Demokraten, verlor ihre Mehrheit – und errang sie bis 1933 niemals wieder. Die Arbeiterschaft, die die sozialdemokratische Führung mit der Verantwortung für den Kapp-Putsch belastete, verließ in bemerkenswertem Umfang die SPD und ging zur USPD über, die seit den Wahlen vom 6. Juni 1920 die zweitstärkste Fraktion stellte.[69]
Was Ebert in dieser Zeit bewegte, welche politischen Vorstellungen er hegte und welche Prognosen er stellte, erfuhr der schwedische Ministerpräsident Branting, dem er in klarer und absolut zutreffender Einschätzung der Lage schrieb: »So ungeheuerlich auch unsere Aufgabe ist, sie wäre halb so schwierig, wenn die Arbeiterschaft einig wäre. An eine Verständigung mit den kommunistischen Gruppen ist natürlich nicht zu

[69] Die SPD verlor zwar 50 Sitze, zog aber als weiterhin stärkste Partei mit 104 Abgeordneten ins Parlament ein, in dem die USPD nun als zweitstärkste Partei über 84 Sitze verfügte. Die SPD, DDP und das Zentrum hatten bei den Juniwahlen von den 23 Millionen Stimmen von 1919 insgesamt acht Millionen Stimmen verloren, so daß sie nicht mehr über die absolute Mehrheit im Parlament verfügten.

denken. Die Unabhängigen befinden sich in einem grausen Durcheinander und pendeln zwischen Rätediktatur und Demokratie hin und her. So müssen wir die demokratische Republik, für die wir jahrzehntelang gekämpft haben, nicht nur gegen Rechts, sondern auch gegen Links verteidigen. Gegen Militärputsche und Kommunistenputsche kämpfen wir für die Sicherung der Republik. Es ist nicht ausgeschlossen, daß uns eines Tages die Putschisten von rechts und links in einheitlicher Front gegenüberstehen... Besonders schwierig ist unter diesen Umständen die Schaffung einer zuverlässigen Staatsgewalt, ohne die eben auch die Demokratie nicht leben kann. Die Friedensbedingungen zwingen uns eine Söldnertruppe auf, die für jedes Staatswesen gefährlich ist. Jetzt gilt es vor allem die offenkundig reaktionären Offiziere aus der Truppe zu entfernen. Beim begreiflichen Mangel an brauchbaren republikanischen Offizieren ist das nicht leicht... Die gleiche Aufräumung muß in der Verwaltung durchgeführt werden. Auch hier ist kein Überfluß an geeigneten Kräften... Die Mißhandlung unserer nationalen Unabhängigkeit und die fortgesetzten sadistischen nationalen Demütigungen müssen die nationalen Leidenschaften aufpeitschen und der nationalistischen Demagogie den Erfolg unter der Jugend sichern. Die Versailler Bedingungen sind der größte Feind der deutschen Demokratie und der stärkste Antrieb für Kommunismus und Nationalismus.«
Es ist eine nüchterne Analyse des Dilemmas, in dem der Reichspräsident sich befand. Eberts Erkenntnisfähigkeit, staatsmännische Begabung und Weitsicht waren – wie auch dieses seltene Schreiben aus jenen Tagen beweist – nicht nur innerhalb der sozialdemokratischen Führung singulär. Nur so scheint erklärbar, daß er jetzt seine eigene Partei gegen sich hatte, die ihn und Noske zu Unrecht für die eigenmächtig abwartende Haltung der Generalität während des Putsches verantwortlich machte.

Sozialdemokratische »Regierungsmüdigkeit« und »Koalition« der Radikalen

Die durch die Stimmenverluste aus dem Gleichgewicht gebrachte Führung der SPD ging davon aus, daß die Partei sich innerlich erneuern müsse, wenn sie ihr Ansehen bei der Arbeiterschaft und die zur USPD übergegan-

genen Wähler wieder zurückgewinnen wolle. Sie teilte dem Reichspräsidenten – gegen den Willen Bernsteins und Davids – mit, daß sie nicht länger bereit sei, sich als Regierungspartei zur Verfügung zu stellen.[70]
Ebert, der zwar über den Parteien steht, aber befürchtet, daß das Ausscheiden der stärksten Partei aus der Regierungsverantwortung die sozialpolitischen Errungenschaften gefährden, seine immerhin doch als »Hausmacht« geltende Basis schmälern und die Position des Reiches im Zusammenhang mit den unumgänglichen Reparationsleistungen gravierend schwächen könne, ist entsetzt und beschwört die Parteiführung, nicht bei der Entscheidung zu bleiben. Seinen Appell an ihre Einsicht ignorierend, haben die Sozialdemokraten ihren Entschluß nicht revidiert. Ebert weist sie prophetisch darauf hin, daß es dann wohl so bald keinen SPD-Reichskanzler mehr geben werde, und ernennt am 21. Juni 1920 den 76jährigen Zentrumspolitiker Fehrenbach zum Regierungschef, dessen Minderheitenkabinett knapp ein Jahr lang nur Vertreter der von Gustav Stresemann nach dem Kriege gegründeten Deutschen Volkspartei (DVP), der Deutschen Demokratischen Partei und des Zentrums sowie der parteilose Walter Simon angehörten. Daß Ebert recht gehabt hatte, zeigte sich alsbald drastisch.
Er selbst profitierte von dem Wechsel der Regierungen jedoch ebenso wesentlich wie das Amt des Reichspräsidenten, was erneut bestätigte, wie richtig seine Wahl zum Staatsoberhaupt gewesen war. Waren doch die sozialdemokratischen Reichskanzler Scheidemann, Gustav Adolf Bauer und Hermann Müller-Franken im Einvernehmen mit der SPD-Fraktion engagiert dagegen gewesen, dem Reichspräsidenten einen angemessenen personellen und technischen Apparat zuzubilligen und einzurichten, der ihn in die Lage versetzte, sich stets rasch und vollständig über die Details zu informieren, die er für seine Entscheidungen und Einflußnahmen kennen mußte. Ebert, der der SPD-Führung bereits als Parteisekretär lehrhaft und frei von Vorbehalten demonstriert hatte, wie eine moderne Massenpartei effektvoll zu führen war, sollte – wie von Scheidemann für Sozialdemokraten richtlinienweise vorgezeichnet worden war – als Staatsoberhaupt nicht in die Lage versetzt werden können, bestimmte Bedenken und Ratschläge verdienter Funktionäre (jetzt zum Teil in Ministerfunktionen) zu mißachten, gegen sie zu entscheiden und eigenmächtige Maßnahmen durchzusetzen. Die Rechtfertigung der im Machtgebrauch äußerst unsicheren sozialdemokratischen Führung, daß ein späterer Reichspräsi-

[70] Für das Ausscheiden aus der Regierung plädierten am 13. Juni federführend Philipp Scheidemann, Otto Braun, Hermann Müller-Franken und Otto Wels.

dent aus den Reihen einer anderen Partei die Ebert einmal eingeräumten Möglichkeiten zum Schaden des Reiches wahrnehmen könnte, war durchsichtig. So mußte sich Ebert bis zur Kanzlerschaft der Zentrumsführer Fehrenbach und Wirth mit völlig unzureichenden technischen Mitteln behelfen. Erst Fehrenbach und Wirth sorgten dafür, daß er das sachkundige Personal erhielt, das er brauchte. Vom Auswärtigen Amt waren es zunächst die Gesandten Nadolny und Riezler und schließlich Otto Meißner, der 1924 Staatssekretär wurde und in der Position später auch Hindenburg und Hitler diente. Doch Ebert, der wußte, daß die Machtfülle seines Amtes und sämtliche Mittel zur konkreten Einflußnahme auf politische Entscheidungsprozesse verantwortungsvoll nur genutzt werden konnten, wenn er über alle Einzelheiten ausreichend informiert war, hat sich bis Juni 1920 der Mittel und Wege bedient, die ihm trotz der boykottierenden Abstinenz der SPD hinsichtlich der technischen Machtausstattung offenstanden. Durch einen Erlaß vom 19. Februar 1919 beispielsweise ordnete er an, daß das von dem Sozialdemokraten Rudolf Wissell geleitete Reichswirtschaftsministerium »Wirtschaftsberichte« zusammenzustellen habe, durch die er sich nicht nur global und regional differenziert über die Auftragslage sämtlicher Industriezweige und deren Kapazitäten, sondern auch über die Löhne, Gehälter, wirtschaftlichen und sozialen Lebensverhältnisse der Arbeiter, über Arbeitskämpfe, Arbeitsgerichtsverfahren und über den konkreten Stand der Arbeitslosenunterstützung und der Sozialversicherung informieren konnte.

Im Mai 1921 brach die von Fehrenbach geführte Minderheitsregierung als Folge der Forderungen auseinander, die das von Regierungsvertretern Großbritanniens, Frankreichs, Italiens, Belgiens und Japans unterzeichnete sogenannte »Londoner Ultimatum« vom 5. Mai fixiert hatte. Dem Reich wurde vorgehalten, die Verpflichtungen des Versailler Vertrages hinsichtlich der Entwaffnung der Truppen, der Goldmarkzahlungen in Höhe von zwölf Milliarden, der Aburteilung der Kriegsverbrecher und anderer Auflagen nicht erfüllt zu haben, weshalb die Siegermächte mit der unmittelbaren Besetzung »des Ruhrtales« innerhalb von sieben Tagen drohten. Bei »Nichterfüllung der... Bedingungen durch die deutsche Regierung«, so hatte es im Ultimatum geheißen, »wird... (diese) Besetzung... so lange dauern, bis Deutschland die... Bedingungen erfüllt haben wird«.

Jetzt konnte die SPD, die den Vertrag von Versailles akzeptiert und deutscherseits mitzutragen hatte, sich nicht länger auf die Rolle der Opposition beschränken. Doch es bedarf wiederum erst des massiven Druckes Friedrich Eberts, der schließlich sogar seinen Rücktritt androht,

ehe die SPD-Führung nachgibt. Allerdings: Zum Kanzler ernennt Ebert am 10. Mai 1921 infolge der strikten Abwehrhaltung der SPD-Führung keinen Sozialdemokraten, sondern wiederum den Zentrumsexponenten Wirth,[71] der deutlich macht, was der Reichspräsident anstrebt. Er will die Forderungen des Versailler Vertrages sichtlich zu erfüllen versuchen und der Welt mit dem Ergebnis beweisen, daß die Bedingungen deutscherseits einfach nicht erfüllbar seien.
Ebert demonstriert seinen Willen, den deutschen Unterschriften um der Gegenwart und Zukunft des Reiches willen Garantiecharakter zu verleihen; aber er läßt auch ebenso oft und so eindrucksvoll wie möglich deutlich werden, daß er hinsichtlich der Anerkennung des Umfanges der alliierten Forderungen nur dem nackten Zwang und der Gewalt folgt. Als er beispielsweise am 25. September 1921 in Ludwigshafen am Rhein anläßlich der Beisetzungsfeierlichkeiten für die in der – umfangreiche Reparationsgüter für Frankreich produzierenden – »Badischen Anilin- und Sodafabrik« durch ein Explosionsunglück ums Leben gekommenen Betriebsangehörigen auf hohe französische Offiziere der Besatzungstruppen trifft, straft er sie mit kalter Geringschätzung und Verachtung und läßt sie vor den Augen der versammelten Volksmenge drastisch spüren, daß sie in Deutschland in ihrer Funktion nicht erwünscht seien. Die über Eberts Mentalität schlecht informierten Franzosen haben vor ihm zur deutschen Bevölkerung sprechen und damit kundtun wollen, daß sie die eigentlichen Landesherren seien, solange das Reich seinen Reparationsverpflichtungen nicht buchstabengetreu nachkomme. Ebert stößt jedoch das französische Protokoll um und erklärt verärgert, daß er die Feier augenblicklich und demonstrativ verlassen werde, wenn ein Franzose es wagen solle, vor ihm, dem deutschen Staatsoberhaupt, das Wort zu ergreifen. Und dabei bleibt es. Die Franzosen dürfen erst nach dem Reichspräsidenten sprechen. Und als schließlich die irritierten französischen Vertreter die Situation wenigstens nach außen hin »harmonisch« abgeschlossen sehen wollen und an Ebert herantreten, um ihm für die Fotografen die Hand zu geben, legt er beide Hände wie ein Rekrut an die Hosennaht.
Jedermann verstand diese demonstrative Geste der Verweigerung, und kaum jemand dürfte sie als deplaziert empfunden haben. Frankreich konnte zu der Zeit am Rhein nur auf Sympathien von Separatisten zählen. Seine während der Friedenskonferenz gescheiterten Bestrebungen, seitens der Alliierten den Rhein als strategische Grenze akzeptiert und ganz

[71] Sozialdemokraten waren der Vizekanzler, der Innenminister und der Wirtschaftsminister – und seit Oktober 1921 auch der Justizminister.

Oberschlesien zur Stärkung seines Bündnispartners Polen als von nun an vorbehaltlos polnisch anerkannt zu bekommen, standen hier unmittelbar vor aller Augen. Jede Aktion Frankreichs wurde – den Tatsachen entsprechend – als Versuch durchschaut, sich dafür in Deutschland anderswo schadlos zu halten. Ebert wußte, was er sich leisten konnte.

1920 hatte im deutschen Bürgertum ein erdrutschartiger politischer Wanderungsprozeß nach rechts eingesetzt, der über die Deutsche Volkspartei und die Deutschnationale Volkspartei ein Jahrzehnt später in der NSDAP Adolf Hitlers seine Endstation fand und die Republik als Staatsform des sozialen Friedens seit dem Ausscheiden der SPD aus der Regierungsverantwortung zunehmend ablehnte. Hinzu kam die von Ebert ebenfalls schon 1920 beklagte und kontinuierlich wachsende mangelnde Kompromißbereitschaft sämtlicher Parteien. Nur Gustav Stresemann ist von seiner eigenen Partei wegen seiner Vermittlungsbemühungen so angegriffen worden wie Ebert innerhalb der SPD, deren Entfremdungsprozeß er so wenig aufzuhalten vermochte wie den Rechtsdrall der bürgerlichen Parteien. Die beiden wichtigsten Männer der Weimarer Republik, Ebert und Stresemann, erkannten früh, wohin das Schiff steuerte; aber sie waren trotz ihres großen Engagements außerstande, den verhängnisvollen Kurs zu korrigieren.

Ebert, der bereits nach dem Kapp-Putsch ahnungsvoll geschrieben hatte, daß »nicht ausgeschlossen« sei, daß »uns eines Tages die Putschisten von rechts und links in einheitlicher Front« gegenüberstünden, predigte tauben Ohren. Als es drei Jahre nach dem Kapp-Abenteuer und den linksextremen Putschen tatsächlich soweit war, wie Ebert es befürchtet hatte, sahen die Republik und die Demokratie sich im Würgegriff der Radikalen von links und rechts, die infolge eines falschen Demokratieverständnisses mit zu weitgehender Nachsicht behandelt worden waren. Zu einer Front vereinigt hatte sie, wie Ebert es vorausgesehen hatte, der Versailler Friedensvertrag. Zwar richteten sich die Aktionen der Linksradikalen primär gegen die Besatzungstruppen im eigenen Lande, während die extrem Rechten ihren Hauptgegner in der amtierenden Reichsregierung erblickten;[72] aber beide Gruppierungen kämpften gemeinsam gegen Ebert als Oberhaupt des Staates, den sie gleichermaßen haßten. Der von Lenin besonders geschätzte und nach wie vor in Deutschland agitierende Karl Radek rief dem während der französisch-belgischen Ruhrbesetzung von den Franzosen standrechtlich erschossenen Albert Leo Schlageter von der

[72] Die Nationalsozialisten arrangierten sich sogar mit den Franzosen, weil sie hofften, mit deren mittelbarer Hilfe Ebert und die Reichsregierung stürzen zu können.

rechtsradikalen »Organisation Roßbach« am 20. Juni 1923 nach, daß die Kommunisten »alles tun« würden, um zu verhindern, daß »die Männer wie Schlageter, die bereit waren, für eine allgemeine Sache in den Tod zu gehen«, zu »Wanderern ins Nichts« abgestempelt würden. Die Kommunistin Ruth Fischer ermunterte »völkisch« gesinnte Studenten 14 Tage vor Eberts Tod, »Judenkapitalisten niederzutreten« und »an die Laterne« zu hängen. Was den Politikern zur Zeit der Ebert-Prophezeiung noch unvorstellbar erschienen war, galt nun als selbstverständlich: Arthur Moeller van den Bruck, Ernst Graf von Reventlow, Radek und Paul Fröhlich schrieben wechselweise im *Gewissen,* im *Reichswart* und in der *Roten Fahne*. Der Kreis hatte sich geschlossen, eine Symbiose sich formiert, deren Gruppierungen in Ebert die negative Symbolfigur für ihre gemeinsamen Aktivitäten sahen. Er war der »Verräter«: für die Linken der Arbeiter- und Revolutionsverräter, für die Rechten der Hoch- und Landesverräter.

Die Justiz allerdings machte wie zuvor grundlegende Unterschiede und unterstützte durch ihre Urteile den rechten Flügel, dessen Hauptgegner Ebert war. So waren bis 1922 beispielsweise in den 705 amtlich angegebenen Verbrechensfällen im Zusammenhang mit dem Kapp-Putsch 412 rechtsorientierte Angeklagte amnestiert worden. 109 starben oder schieden auf andere Weise aus dem Verfahren aus. 176 Prozesse stellte die Justiz ein, sieben erledigte sie nicht. Bestraft wurde insgesamt nur ein Angeklagter. Allerdings war der Kapp-Putsch auch nicht mit militärischer Gewalt niedergeworfen worden, so daß das moralische Recht zur Verurteilung der Putschisten nicht jedermann gegeben schien. Anders verhielt es sich dagegen beispielsweise bei der Behandlung der mit militärischer Gewalt zur Kapitulation gezwungenen kommunistischen bayerischen Räteregierung, in der gegen 52 Personen insgesamt 135 Jahre und zwei Monate Freiheitsstrafen und ein Todesurteil verhängt wurden.

Zwar hatte der Rat der Volksbeauftragten bereits am 16. November 1918 programmatisch erklärt, daß die Richter künftig unabhängig sein würden, doch die Urteile der personell nicht veränderten Gerichte redeten eine eindeutig andere Sprache. So war denn auch dem Antrag des politisch weit links angesiedelten Nationalversammlungsabgeordneten Oskar Cohn, dem Reichstag die Oberaufsicht über die Rechtspflege anzuvertrauen, kein Erfolg beschieden. Hugo Preuß persönlich hatte ihn belehrt, daß die Realisierung seiner Vorstellungen aus dem »parlamentarischen Rechtsstaate die Willkürherrschaft eines Konvents ... machen« würde. Nicht politisch tätige Laien, sondern beamtete Juristen sollten auch weiterhin entscheiden, und von ihnen stand politisch kaum einer links von der Mitte.

Die meisten Richter und Staatsanwälte sahen die Republik als »Volksbetrug übelster Art« an, wie der bayerische Oberlandesgerichtsrat Ernst Pöhner sich 1924 vor dem Münchener Volksgericht ausdrückte, als »Volksbetrug«, dem »der Beamte, Richter... (und) Offizier« weder einen Obrigkeitscharakter zuzubilligen noch seine Loyalität zu verpfänden brauchte. Daß Ebert, den die Gerichte verantwortungslos parteiisch und feindselig behandelten,[73] durch seine »Person... kaum Gewähr dafür« geboten habe, »einen neuen Geist in das alte kaiserliche Reichsgericht einziehen« zu lassen, wie der Jurist Heinrich Hannover 1966 in der Nachfolge der alten und inhaltlich nicht haltbaren linksextremen Ebert-Kritik behauptete, trifft nicht zu und braucht an dieser Stelle nicht mehr differenziert bewiesen zu werden.
Unbestreitbar dagegen ist, daß sich Eberts Einstellung mit der Haltung der deutschen Justizinstanzen deckte, die den Auftrag hatten, die deutschen »Kriegsverbrecher« vor Gericht zu stellen, nachdem die Siegermächte dies nicht mehr selbst tun wollten. Nur insgesamt neun von 907 Personen, gegen die ermittelt werden mußte, wurden bis 1933 mit Urteilen konfrontiert: fünf Freisprüche und vier Haftstrafen. 898 Verfahren verliefen im Sande oder wurden offiziell eingestellt.
Während des Kommunistenaufstandes im Ruhrgebiet marschierte die von April bis Oktober 1920 mit wechselnden Erfolgen gegen polnische Truppen kämpfende Rote Armee an der Weichsel in Richtung auf das Reich, worin Ebert eine zusätzliche ernsthafte Gefahr von außen erblicken mußte. Nachdem die bolschewistischen Truppen jedoch am 14. August 1920 von den von Frankreich unterstützten Polen geschlagen worden waren, was Ebert aufatmen ließ, suchten die Sowjets deutsche Hilfe – allerdings nicht beim Reichspräsidenten, dessen unerbittlich antibolschewistische Haltung sie genau kannten,[74] sondern bei Hindenburg, der im Juli 1919 seine militärische Karriere beendet hatte. Ihm bot der »geheime Sowjetkommissar für Deutschland« schließlich am 3. Juni 1921 schriftlich an, »alle zur Zeit in Deutschland mit Sowjetpropaganda tätigen Personen« abzuberufen und »den deutschen und Sowjetführern« anzuraten,

---

[73] Vgl. S. 311.

[74] Die Sowjets kannten nicht nur Eberts Haltung aus der Zeit bis November 1918. Mit Betroffenheit hatten sie beispielsweise eine Meldung des Wolffschen Telegraphenbüros am 13. November 1918 registriert, das den Text eines Ebert-Telegramms an Wilson zitierte, der von Ebert um Lebensmittellieferungen gebeten worden war. Ein Angebot der Sowjets, 25 Waggons Brotgetreide liefern zu wollen, wurde dagegen auf Weisung Eberts von Hugo Haase abgelehnt, der den Russen empfahl, das Getreide lieber »den Hungernden in Rußland zukommen« zu lassen.

Aufruf zum Sturz Eberts und der Reichsregierung: Volksauflauf vor dem Münchener Rathaus während des Hitler-Ludendorff-Putsches vom 8. und 9. November 1923.

Bezeichnend für eines der ungezählten Mißverständnisse: Der 1924 an 4554 Betrieben beteiligte Industrielle Hugo Stinnes hält – in dieser Karikatur von George Grosz – Ebert als Hampelmann an der Schnur und läßt ihn tanzen. Tatsächlich aber hat Ebert den politisch mit Adenauer kooperierenden Stinnes, der einerseits mit Adenauer gegen Ebert und Stresemann für eine autonome Rheinische Republik eintrat und eine eigene Außenpolitik zu machen versuchte und andererseits bemüht war, dem Reichspräsidenten Minister seiner Wahl einzureden, im Griff gehabt. Um sich des unerbetenen »Ratgebers« zu entledigen, bot Ebert ihm an, doch selbst verantwortlicher Minister zu werden, was Stinnes schließlich zum Rückzug bewog.

Der Reichspräsident mit seiner Frau und seinen Söhnen Friedrich (rechts) und Karl während eines Spazierganges in Berlin.

Der Katafalk mit dem von der Flagge des Reichspräsidenten bedeckten Sarg Friedrich Eberts vor dem Potsdamer Bahnhof.

»Deutschland zu verlassen«, wenn Hindenburg bereit sei, zur Entscheidung des Schicksals »für die jetzige und kommende Generationen Deutschlands und Rußlands« einen »geschickt begonnenen Krieg« gegen Polen zu führen, der nach russischer Ansicht »mit Hilfe der rechts stehenden Parteien gewonnen werden könnte«. Da Hindenburg zu seinem Wort stand und gegenüber Ebert loyal blieb, dem er am 8. Dezember 1918 schriftlich versichert hatte, daß er sich mit ihm »verbündet« habe »zur Rettung unseres Volkes«, konnte der Reichspräsident sicher sein, seitens der Militärs nicht plötzlich wieder mit staatsgefährdenden Problemen konfrontiert zu werden. Hindenburg schrieb auf den Brief des Russen: »Unsinn! Daher, um weiteren Verkehr auszuschließen, wie folgt beantwortet: ... Der Feldmarschall betreibt nicht Politik.« Er, Ebert und die Reichswehrführung waren sich einig, daß die Reichswehr weder mit noch gegen Rußland einen Krieg führen dürfe. Die schon 1919 eingeleitete und seit dem von Ebert nicht begrüßten Vertrag von Rapallo von Mai 1922 aktiv betriebene Zusammenarbeit zwischen der Reichswehr und der Roten Armee, deren Panzer- und Luftwaffenoffiziere von deutschen Offizieren ausgebildet wurden, duldete Ebert nur unter der ausdrücklichen Bedingung, daß er und die Reichsregierung offiziell nicht darüber informiert seien.
Daß der Reichskanzler Wirth, der sich so oft vor den Regierungen der Westmächte zu beugen hatte, aus seiner »Ostorientierung« ein Evangelium machte und damit Anklang fand, akzeptierte und nutzte Ebert zur psychologischen Beeinflussung der Westmächte, die mit der Möglichkeit rechnen sollten, daß sich die geschlagene Großmacht Deutschland und die ausgestoßene Großmacht Rußland gegen den Westen verbünden könnten. An ein deutsches Bündnis mit Moskau hat er (nach dem Frieden von Brest Litowsk) jedoch aus grundsätzlichen Erwägungen niemals gedacht. Als der am 10. Mai 1921 von ihm berufene Reichskanzler Wirth und der Außenminister Walther Rathenau im Mai 1922 dann ohne Eberts Wissen während der in Genua stattfindenden europäischen Wirtschaftskonferenz die deutsch-sowjetischen Beziehungen durch den Vertrag von Rapallo normalisieren, reagiert er äußerst ungehalten. Er macht verfassungsrechtliche Aspekte geltend und moniert verärgert und verletzt, daß ohne ihn und verfassungswidrig ein internationaler Vertrag mit einer solchen Tragweite abgeschlossen worden sei.[75] Und er führt ins Feld, daß er vertraglich

[75] Wichtigste Vereinbarungen: Gegenseitiger Verzicht auf Ersatz der Kriegskosten und (auch zivilen) Kriegsschäden, auf Erstattung der Aufwendungen für Kriegsgefangene und in Deutschland internierte Angehörige der Roten Armee (seitens des Reiches), auf Ausgleich des durch russische Verkäufe erworbenen deutschen Heeresgutes

fixierte deutsch-sowjetische Beziehungen nicht wünsche, auch wenn der Vertrag als erste souveräne außenpolitische Handlung des Reiches vor allem im Ausland außergewöhnliches Aufsehen ausgelöst habe. Nach seiner Meinung wiegen die Vorteile die Nachteile nicht auf, die der Vertrag in der Meinung der Westmächte haben werde. Daß Ebert recht behielt, hat die Geschichte gelehrt. Die Alliierten dachten nun noch weniger als zuvor daran, die deutschen Wünsche hinsichtlich der Milderung der Reparationskonsequenzen zu akzeptieren, zumal sie in Ebert trotz seiner zuweilen angedeuteten Aufgeschlossenheit für den europäischen Osten – mit Recht – den Garanten für eine zuverlässige deutsche Westorientierung gesehen hatten.
Wie wohl kein anderer Politiker und Staatsmann hatte Ebert schon zu der Zeit erkannt, daß die Doppelgleisigkeit der altertümlichen Staatsraison anachronistisch geworden war. Früher als anderen war ihm klargeworden, daß die strikte Scheidung von Innen- und Außenpolitik, von Gesellschaftsform und Diplomatie, es jeder Regierung unmöglich machen mußte, außenpolitisch schadlos mit einem Gegner zu paktieren, den sie im Inneren systematisch ausschaltete und niederhielt. Eine Staatsmacht, die die Kommunisten im Inneren bis aufs Messer bekämpfte und sich außenpolitisch mit ihnen verbündete, mußte unglaubwürdig werden. Der Kanzler, der Außenminister, ihre Berater und die Militärs, die im Rapallo-Vertrag einen großen Gewinn erblickten, hatten auch daran nicht gedacht.
Die von Ebert bereits 1920 vorausgeahnte beängstigende Zunahme der radikal orientierten Gruppierungen auf dem rechten Flügel und dessen zügellose Hetzkampagnen gegen Ebert, gegen die Reichsregierung und gegen die Republik blieben nicht ohne gravierende negative Folgen. Die Ermordung der sogenannten »Novemberverbrecher« und »Erfüllungspolitiker« Erzberger und Rathenau[76] durch Rechtsradikale kam nicht von

---

(seitens der Russen) und auf die Wahrnehmung von Rechten des Reiches und der deutschen Länder gegenüber Rußland. Geregelt wurden ferner die Aufnahme diplomatischer und konsularischer Beziehungen, die Akzeptierung des Grundsatzes der Meistbegünstigung, ein Entgegenkommen im Zusammenhang mit wirtschaftlichen Bedürfnissen beider Länder und die Form des Gedankenaustausches auf internationaler Basis.

[76] Erzberger wurde am 26. August 1921, Rathenau am 24. Juni 1922 ermordet. Erzbergers Mörder, der Marine-Oberleutnant Heinrich Tillessen und der aus der Armee ausgeschiedene Leutnant Heinrich Schulz, die im März 1920 auf seiten Kapps am Kapp-Putsch teilgenommen hatten, konnten nach Ungarn entkommen. Tillessen wurde 1947 in Kostanz zu fünfzehn Jahren und Schulz 1950 in Offenburg zu zwölf Jahren Zuchthaus verurteilt. Auf dem Gnadenwege wurden sie 1952 aus der Haft entlassen. Rathenaus Mörder Werner Techow, Willy Günther und Waldemar Niedrig

ungefähr. Ein nach Rathenaus Tod Ende Juni 1922 in München verbreitetes Plakat der NSDAP rief zur Ermordung auch des Reichspräsidenten auf, den man für den Vertrag von Rapallo verantwortlich machte. »Rathenau ist tot«, hieß es da, »Ebert und Scheidemann leben noch.«[77]

Daß der Reichstag Ebert am 24. Oktober 1922 mit 316 gegen 64 Stimmen für weitere drei Jahre in seinem Amt als Reichspräsident bestätigte, verstand er zwar als überwältigenden Vertrauensbeweis, den er dankbar registrierte; aber zufrieden war er nicht, und er konnte es angesichts der Verhältnisse auch nicht sein. Die Okkupation der verfassungsmäßig ausschließlich ihm übertragenen Rechte und Vollmachten durch die ihm und dem Reichstag gegenüber verantwortlichen höchsten Regierungsvertreter, die zur Realisierung ihrer eigenen politischen Vorstellungen über ihn als Staatsoberhaupt hinweggegangen waren, begriff er als Beschädigung der höchsten Instanzen des Reiches. Ihm, der beispielsweise dem Nuntius des diplomatischen Korps am 1. Januar 1922 anläßlich der Gratulationscour für die ihm dargebotenen Wünsche ausdrücklich als Vertreter des deutschen Volkes gedankt hatte, fiel es außerordentlich schwer, den von Rathenau im Namen des Reiches unterzeichneten Vertrag von Rapallo zu sanktionieren. Mehr als zuvor war er nun darauf bedacht, das Amt des Staatsoberhauptes tunlichst vor Macht- und Ansehenseinbußen zu bewahren.

Die später publizierte Behauptung Scheidemanns, daß Ebert sich infolge seiner Mentalität zur Repräsentanz gedrängt gefühlt habe, weshalb er schließlich Reichspräsident geworden sei, verriet deutlich, daß er auch nach Eberts Tod noch nicht begriffen hatte, worauf es Ebert vor allen Dingen angekommen war. Anders als Scheidemann, der sich nicht nur während seiner Reichskanzlerzeit egoistisch-eifersüchtig und argwöhnisch dagegen gewehrt hatte, dem Staatsoberhaupt zur Bewältigung seiner Aufgaben einen angemessenen Apparat zur Verfügung zu stellen, verstand Ebert sein Amt, wie es von der Verfassung festgeschrieben worden war, als die Instanz, die das 1918 entstandene Vakuum an der Staatsspitze ausfüllen, die Kontinuität der deutschen Geschichte verkörpern und außerhalb der parteipolitischen Aktivitäten stehen sollte. Da seinen Rechten durch die Verfassung jedoch Grenzen gesetzt waren und das exzeptio-

---

erhielten fünfzehn, acht und fünf Jahre Zuchthaus, Hans-Gerd Techow vier Jahre und einen Monat, Karl Tillessen und Hartmut Plaas drei und zwei Jahre Gefängnis.

[77] Auf Scheidemann, der nach seinem Rücktritt als Reichskanzler Oberbürgermeister von Kassel geworden war, wurde ebenfalls im Juni 1922 ein Mordanschlag verübt. Die Täter, Karl Oehlschläger und Karl Hustert, wurden zu zehn Jahren und einem Monat bzw. zu zehn Jahren Zuchthaus verurteilt.

nelle Mittel des Artikels 48 von ihm nicht routine- und gewohnheitsmäßig angewendet wurde, beschränkte sich seine Funktion nicht selten auf moralische Appelle, die politisch allerdings nicht bindend waren. War die sozialdemokratische Partei nicht an der Regierung beteiligt, reduzierten sich naturgemäß die Möglichkeiten Eberts, durch konkrete Maßnahmen in regierungsinterne Entscheidungen einzugreifen, auch wenn seine Partei zu oft nur so etwas wie eine scheinbare »Hausmacht« darstellte. Wenn schon die Sozialdemokraten »ihren« Präsidenten nicht unbedingt stützten, konnte von den Bürgerlichen schwerlich erwartet werden, daß sie es grundsätzlich täten. Der parteilose Finanzminister Hans Luther beispielsweise, den Ebert sechs Wochen vor seinem Tod noch zum Kanzler berief, leistete sich 1923 ausgesprochene Boykottmaßnahmen, nachdem Ebert ihm über Otto Meißner finanzpolitische Empfehlungen gegeben hatte, die Steuernotverordnungen betrafen. Nach dem Verlust einiger sozialer Vorteile für die Arbeiterschaft hatte Ebert empfohlen, die Besitzenden zu ausgleichenden steuerlichen Maßnahmen heranzuziehen. Luther ließ die Empfehlung des Reichspräsidenten nicht nur wochenlang liegen, sondern beantwortete sie auch mit nichtssagenden Formulierungen und Phrasen. Der Reichsfinanzminister, dessen bevorzugte und durch die spätere Reichshaushaltsordnung deutlich aus dem Reigen der anderen Ministerien herausragende Position von Ebert initiiert worden war, tat schließlich das Gegenteil von dem, was Ebert für angebracht hielt.

Die häufig kolportierte Behauptung, daß Ebert sich so maßgeblich in innenpolitische Fragen eingemischt habe, daß er zur Zeit der Kanzlerschaft Bauers vom 21. Juni 1919 bis zum 27. März 1920 gar der eigentliche Reichskanzler gewesen sei, deckt sich keineswegs mit den Tatsachen. Schon der Umstand, daß ihm zu der Zeit von der SPD nicht einmal die Unterstützung als Reichspräsident zuteil wurde, die er unbedingt gebraucht hätte, spricht dagegen. Zwar pflegte er ständige und intensive Kontakte zu den einzelnen Ministern; aber an den offiziellen Kabinettssitzungen, in denen innenpolitische Fragen diskutiert wurden, nahm er schon infolge seines aufwendigen außenpolitischen Engagements nur äußerst selten teil.

Sein ganzer persönlicher Einsatz galt der Außenpolitik, in die er sich nach der falschen Meinung einiger Biographen erst grundsätzlich habe einarbeiten müssen. Tatsache ist, daß es zu der Zeit in Deutschland wahrscheinlich keinen Politiker gegeben hat, der besser als Ebert über die außenpolitischen Probleme informiert gewesen ist. Regelmäßig konferierte er mit den während seiner Amtszeit von ihm bestätigten neun verschiedenen Außenministern, beteiligte er sich persönlich an Sitzungen des Reichsaußenministeriums, wenn politische Grundsatzentscheidungen zu treffen waren, wertete er die Berichte der Botschafter und Gesandten aus und empfing ausländische Diplomaten, Politiker und Staatsmänner, mit denen er auch unmittelbar korrespondierte. Um so mehr mußte die Tatsache wiegen, daß Wirth und Rathenau den Vertrag von Rapallo schließen konnten, ohne ihn überhaupt konsultiert zu haben. Für seine politische Denk- und Handlungsweise und für sein Verständnis des Amtes des Staatsoberhauptes war charakteristisch, daß er stets die Entscheidungen der jeweiligen Regierungen nach außen hin vertrat und trug, auch wenn er sie persönlich nicht als die besten der möglichen Lösungen ansah. Nicht nur sein Verhalten im Zusammenhang mit dem Vertrag von Rapallo bewies es exemplarisch. Wann immer beispielsweise die Reichsregierung den Reparationskommissionen erklärte, daß Deutschland nicht zahlungsfähig sei, stellte Ebert sich vor sie, auch wenn er überzeugt war und wußte, daß die Angaben aus der Industrie und Wirtschaft in bestimmten Fällen nicht zutrafen. Grundsätzlich verzichtete er darauf, das Ansehen der Regierungen durch Eingriffe zu schädigen, wie es seitens Kaiser Wilhelms II. bis zum Ende des Krieges nicht selten geschehen ist.

Die Verhältnisse und politischen Ereignisse erinnerten Ebert jedoch täglich daran, daß seine anfänglich so hohen Erwartungen in absehbarer Zeit keine Erfüllung finden würden. Unmißverständlich bewiesen die politischen Putsche, Hetzkampagnen und Morde, die unterschiedlichen Gruppenbildungen an den Rändern der Gesellschaft, die sich in vielfacher Form offenbarenden nationalpolitischen Identifizierungsprobleme und neurotisch artikulierten nationalen Selbstgefühlsäußerungen bestimmter Schichten und die Separatismus- und Autonomiebewegungen, daß es nicht gelang, die in unterschiedlichen politischen und kulturellen Traditionen lebenden verschiedenen Trägergruppen zu einer nationalen Einheit zusammenzuschweißen. Zwar initiierten die rücksichtslos deutschfeindlichen Forderungen und Maßnahmen vor allem Frankreichs zuweilen ein Gemeinschaftsbewußtsein im ganzen Volk; aber es reichte nicht aus, den neuen Staat zukunftsträchtig zu unterstützen. Ebert, der darunter ganz besonders litt, sagte am 6. Dezember 1922 in einer Rede in Dessau: »Mehr denn je ist heute das Schicksal jedes einzelnen mit dem des Vaterlandes verknüpft; geht Deutschland zugrunde, ist auch der einzelne, mag er nichts oder viel besitzen, nicht mehr als ein verwehtes Blatt.«

Vier Monate zuvor war auf der Londoner Konferenz Poincarés Absicht am Veto Englands gescheitert, von Deutschland »produktive Pfänder« mit einer französischen Gewinnbeteiligung an der deutschen chemischen Industrie als Gegenleistung für ein von der Reichsregierung – wegen der fortlaufenden Entwertung der Mark, die einen Transfer der Reparationszahlungen in der geforderten Höhe unmöglich machte – erbetenes Moratorium zugesichert zu bekommen. Ebert hoffte auf eine zunehmende Verschärfung der Gegensätze innerhalb der seit dem 28. Juni 1919 durch einen Garantievertrag verbündeten Alliierten, unter denen Großbritannien und die USA eine Front gegen Frankreich bildeten.[78] Sie trat zwar ein, nützte Deutschland jedoch wenig, auch wenn sich die USA und England während der Zweiten Londoner Konferenz vom 9. bis 11. Dezember 1922 Frankreichs Rheinpolitik widersetzten und die britische Regierung Anfang Januar 1923 einen englischen Moratoriumsplan vorlegte. Poincaré, der – vom faschistisch, von Mussolini, regierten Italien und von Belgien sekundiert – auf einen einigermaßen vertretbaren Anlaß zum Einmarsch in das Reich hoffte, lehnte die englischen Vermittlungsbemühungen ab und erklärte anläßlich der Pariser Konferenz vom 2. bis 4. Januar 1923, daß Deutschland seinen Verpflichtungen nicht nachkomme und seine Lieferungen an Frankreich und Belgien vorsätzlich vernachlässige.

1923: Das »Schicksalsjahr« der Republik

Am 11. Januar 1923 marschierten fünf schwerbewaffnete französische Divisionen mit zwei Generalkommandos und einige belgische Truppenformationen in Essen ein. Innerhalb kurzer Zeit war das ganze Ruhrgebiet besetzt. Ebert registrierte den an August 1914 erinnernden nationalen Taumel und ließ die deutschen Botschafter als Protest aus Paris und Brüssel abberufen, die Reparationsleistungen gänzlich einstellen und der französischen und belgischen Regierung am 12. Januar mitteilen: »Die deutsche Regierung muß den Schleier zerreißen, den die französische Regierung über den wahren Charakter ihres Vorgehens zu werfen sucht.

[78] Der englisch-französische Garantievertrag, der mit dem Versailler Vertrag in Kraft trat, sah eine englische Unterstützung Frankreichs im Falle eines deutschen Angriffes auf Frankreich vor. Ein gleiches Abkommen schloß Frankreich gleichzeitig auch mit den USA, deren Senat den Vertrag jedoch verwarf, da er keine weiteren auswärtigen Verpflichtungen der USA wünschte.

Die deutsche Regierung erklärt, daß die Beschlüsse der Reparationskommission und die angeführten Vertragsbestimmungen keinerlei Rechtsgrundlage für die Aktion im Ruhrgebiet enthalten, daß diese Aktion vielmehr eine Verletzung des Völkerrechts und des Vertrages von Versailles darstellt... Die deutsche Regierung erhebt gegen die Gewalt, die hiermit einem wehrlosen Volk angetan wird, vor der ganzen Welt feierlichen Protest. Sie kann sich gegen diese Gewalt nicht wehren, sie ist aber auch nicht bereit, sich dem Vertragsbruch zu fügen oder gar, wie ihr angesonnen wird, bei der Durchführung der französischen Absichten mitzuwirken. Sie weist diese Zumutung zurück.«[79]

Wie schon im März 1921, als französische Truppen während der Londoner Konferenz vom 21. Februar bis zum 14. März 1921 Düsseldorf, Duisburg-Ruhrort und später auch Mülheim und Oberhausen besetzten, weil Deutschland sich außerstande sah, die geforderten Reparationsleistungen[80] aufzubringen, breitete sich auch jetzt wieder helle Empörung unter der Bevölkerung aus. Der von der seit dem 22. November 1922 amtierenden bürgerlichen Regierung des parteilosen und als Politiker relativ unerfahrenen »Hapag«-Generaldirektors Wilhelm Cuno am 13. Januar verkündete »passive Widerstand« gegen die Besetzung traf auf offene Ohren. Die Bergleute und die Eisenbahnarbeiter folgten den Aufrufen der SPD und der Gewerkschaften und die Beamtenschaft den Weisungen der Reichsregierung und der Landesregierungen. Sie weigerten sich, Befehle der Militäradministration auszuführen, und stellten ihre Tätigkeiten auf den in von Franzosen und Belgiern besetzten Gebieten ein. Nur 4000 von 170 000 Eisenbahnarbeitern fügten sich den Besatzungstruppen, die 147 000 Einwohner – darunter 46 000 Beamte – aus den von ihnen okkupierten Territorien auswiesen. Blutige Zusammenstöße mit den Besatzungssoldaten, die überall brachial durchgriffen, waren die Folge. Deutsche Tote gab es bereits am ersten Tag des Einmarsches. Überall schlug den Besatzungstruppen blanker Haß entgegen. Selbst die Kommunisten standen hinter der Regierung, die zu der Zeit eigentlich nur von Hitler und der – von Frankreich wahrscheinlich erheblich finanzierten – NSDAP bekämpft und diffamiert wurde. »Ich kann mich nicht erinnern«, schrieb der britische Botschafter, »daß es je so wenig Parteifeindschaft und

---

[79] Am 10. Januar 1923 war der Reichsregierung durch eine französisch-belgische Note mitgeteilt worden, daß eine Ingenieurkommission zur Kontrolle der deutschen Kohlensyndikate ins Ruhrgebiet geschickt werde, die des militärischen Schutzes bedürfe.

[80] Die Alliierten forderten insgesamt 132 Milliarden Goldmark (abzüglich der rund 5,1 Milliarden Goldmark für verschiedene – bereits gelieferte – Reparationsleistungen).

Klassenhaß gab wie heute.« Ebert, der 1921 alles versucht und Verhandlungen auch mit dem Vatikan initiiert hatte, sah sich nun der Verzweiflung nahe. Einerseits stand er auf der Seite derjenigen, die die französische »Sanktion« empört ablehnten, andererseits aber mußte er die moralische Integrität Deutschlands und dessen Bereitschaft zur Vertragstreue vor aller Welt repräsentieren und die weitere Isolierung des Reiches zu verhindern suchen.

Der Widerstandswille der Deutschen nutzte sich zwangsläufig ab. Das Gefühl nationaler Einigkeit, das anfänglich in ganz Deutschland geherrscht hatte, schwand zusehends. Die galoppierende Inflation und die verzweifelte wirtschaftliche Lage, in der sich Millionen von Deutschen befanden, brachten das Land an den Rand des Bürgerkrieges, den die links- und rechtsextremen Gruppierungen systematisch vorbereiteten. Am 11. August 1923 forderte die an der Regierung nicht beteiligte, seit Oktober 1922 wieder mit der USPD vereinigte und im Reichstag mit 171 von 486 Abgeordneten vertretene SPD den Rücktritt Cunos, der zwar in England, in der deutschen Wirtschaft und Industrie und in den gemäßigten Rechtsparteien über besondere Sympathien verfügte, in seiner – eigentlich nur noch von Stresemanns Deutscher Volkspartei unterstützten – Regierungsführung aber eklatante politische Schwächen zeigte und ständig zwischen nationalem Gewissen und republikanischer Vernunft schwankte. Ebert, der über den Schritt der sozialdemokratischen Reichstagsfraktion äußerst verärgert war, jedoch einsah, daß der total entnervte, resignierende, müde und von seiner Verantwortung förmlich erdrückte Cuno nicht länger zu halten war,[81] berief am 13. August 1923 den (seitdem auch als Außenminister amtierenden) DVP-Führer Gustav Stresemann zum neuen Regierungschef, dessen Kabinett dank Eberts Einflußnahme vier SPD-Minister angehörten: der Vizekanzler Robert Schmidt, der Innenminister Wilhelm Sollmann, der Finanzminister Rudolf Hilferding und der Justizminister Gustav Radbruch. Einen Sozialdemokraten hatten die bürgerlichen Parteien als Reichskanzler nicht akzeptiert.[82] Und sie hatten sich auch hinsichtlich der weiteren Amtsführung des wegen seiner Wehrpolitik

[81] Seeckt, der mit Cuno auch privat verkehrte, schrieb an seine Schwester: »Der Reichspräsident ist ganz konsterniert gewesen; aber er konnte den nicht halten, der sich selbst aufgab.«

[82] Die sozialdemokratische Fraktion, die schon wegen der Zustände, die im sozialdemokratisch-kommunistisch regierten Sachsen herrschten, schlecht beraten gewesen wäre, wenn sie das Kanzleramt ernsthaft angestrebt hätte, mußte ihre personalpolitischen Wünsche unter dem Druck der bürgerlichen Parteien insgesamt reduzieren.

sowohl von der sozialdemokratischen Reichstagsfraktion als auch von der sozialdemokratisch geführten preußischen Regierung angegriffenen Reichswehrministers Geßler mit Ebert einigen können. Geßler blieb bis zum 19. Januar 1928 Reichswehrminister.
Nachdem der farblose Kabinettschef Cuno durch Stresemann ersetzt worden war, der seinen Weg zum Kanzleramt innerhalb der Parteien systematisch vorbereitet und infolge seiner Bereitschaft zur Beendigung des passiven Widerstandes am Rhein und an der Ruhr, seiner angestrebten Neuorientierung der deutsch-französischen Beziehungen und seines Engagements für die von den Sozialdemokraten geforderte Währungssanierung auch das Wohlwollen der SPD auf seiner Seite wußte, hatte Ebert die Weichen für die Zukunft der Weimarer Republik in vielfacher Hinsicht entscheidend gestellt. Zwar kam Stresemann, wie Ebert ein erbitterter Feind der Revolution, mit seiner prominent besetzten großen Koalition, die Anfang November zerbrach[83] und von der DVP und dem Zentrum nach rechts erweitert wurde, nicht wesentlich weiter; aber ein Versprechen konnte er immerhin einlösen. Ende September 1923 wurde der ruinöse »passive Widerstand« aus innenpolitischen und finanziellen Gründen abgebrochen. Gegen Gewehre und Kanonen waren Streiks und entsprechende Maßnahmen nutzlos gewesen. Die Millionenbevölkerung des besetzten Ruhrgebiets, die aus Mitteln des zum Übermaß strapazierten Reichshaushaltes ernährt werden mußte, war des Widerstandes müde geworden. Separatisten, die die französischen Truppen offen unterstützten, die Abtrennung der besetzten Gebiete vom Reich und die Errichtung einer Konföderation forderten, hatten Oberwasser bekommen, syndikalistisch orientierte Gewerkschaften den Besatzungstruppen die Zusammenarbeit angeboten. Am 21. Oktober, 15 Tage nach der neuerlichen Ernennung Stresemanns, der am 3. Oktober von seinem Amt als Kanzler zurückgetreten war und am 6. Oktober mit Eberts Unterstützung wiederum eine große Koalition mit der SPD gebildet hatte,[84] ließen die Franzosen in Aachen

---

[83] Infolge des Streites über den Modus der Gesetzgebung, den die SPD schon wegen ihrer Einflußmöglichkeiten durch ihre Fraktionsstärke auf dem Weg des ordentlichen Gesetzgebungsverfahrens, die bürgerlichen Parteien jedoch über den Reichspräsidenten und den Artikel 48 der Reichsverfassung geregelt sehen wollten, kam es bald zu einer Kabinettskrise. Stresemanns DVP und das Zentrum betrieben – gegen Ebert und Stresemann – die Ausschaltung der SPD und hatten schließlich Erfolg.

[84] Ebert hatte nicht nur Stresemanns erneute Berufung und die Fortsetzung der großen Koalition durchgesetzt, sondern der SPD auch das Zugeständnis abgerungen, künftig mit Hilfe des Ermächtigungsgesetzes auch sozialpolitische Fragen – ohne ihren Einspruch – entscheiden zu können. Vgl. auch die Anm. 98

von deutschen Separatisten eine »Rheinische Republik« ausrufen. Am 24. Oktober proklamierte der Beauftragte der Rheinlandkommission für die Pfalz in Speyer einen »autonomen Pfalzstaat«. Beide Gebilde verschwanden infolge des Widerstandes der Bevölkerung und des Engagements Englands zwar rasch wieder von der Bildfläche; aber Ruhe kehrte nicht ein. Der »passive Widerstand« war teuer gewesen und hatte sich nicht gelohnt.

Die Rechtsradikalen um Hitler frohlockten. Hitler, der die Ruhrbesetzung bis dahin zur Flankierung seiner programmatischen Zielsetzung genutzt hatte, Ebert und die Reichsregierung zu stürzen, nahm einen extremen Kurswechsel vor und klagte nun Ebert und die Regierung an, den nationalen Widerstand gegen die Franzosen verraten und der fortschreitenden Inflation freien Lauf gelassen zu haben. Mit seiner Partei, die im November 1923 genau 55 787 eingeschriebene Mitglieder zählte und zahlreiche Anhänger im ganzen Reich hinter sich hatte, nutzte er die Gunst der Stunde und putschte am 8./9. November 1923. Er erklärte – mit General Ludendorff als Aushängeschild – die bayerische Regierung und die Reichsregierung als abgesetzt und ernannte sich selbst zum neuen »Reichskanzler«. Am 9. November erklärte Ebert – der Gustav Stresemann erfolglos auf die sich in München zusammenbrauende Gefahr aufmerksam gemacht und ihn beauftragt hatte, rechtzeitige Sicherheitsmaßnahmen, auch militärischen Charakters, einzuleiten[85] – in einem Aufruf: »In der Zeit größter außen- und innenpolitischer Bedrängnis haben sich Verblendete ans Werk gemacht, um das Deutsche Reich zu zerschlagen. In München hat eine bewaffnete Horde die bayerische Regierung gestürzt, den bayerischen Ministerpräsidenten von Knilling verhaftet und sich angemaßt, eine Reichsregierung zu bilden, den General Ludendorff zum angeblichen Befehlshaber der deutschen Armee, Herrn Hitler... zum Leiter der Geschicke Deutschlands zu bestimmen. Es bedarf keines Hinweises darauf, daß diese Putschbeschlüsse null und nichtig sind. Wer diese Bewegung unterstützt, macht sich zum Hoch- und Landesverräter. Statt unseren Brüdern im Rheinland und an der Ruhr zu helfen, die für Deutschland kämpfen, stürzt man Deutschland ins Unglück, gefährdet die Ernährung, bringt uns in die Gefahr eines feindlichen Einmarsches und zerrüttet alle Aussichten auf die Anbahnung wirtschaftlicher Gesun-

[85] Stresemann, der am 30. November 1923 von dem Zentrumsführer Marx (mit einer DVP-, DDP- und Zentrumsregierung) als Reichskanzler abgelöst wurde, gab später an, die Besorgnis des Reichspräsidenten nicht unbedingt geteilt und die Anweisung Eberts vernachlässigt zu haben.

dung ... Alles ist dahin, wenn das wahnwitzige Beginnen Erfolg hat, das in München versucht wird. In der Schicksalsstunde des deutschen Volkes und Deutschen Reiches fordern wir alle Freunde des Vaterlandes auf, sich einzusetzen für die Bewahrung der deutschen Reichseinheit, deutscher Ordnung und deutscher Freiheit.«

Am 23. November 1923 wurden Hitlers NSDAP und die KPD im ganzen Reich verboten. Der Versuch rechtsradikaler Gruppen, an die Stelle Hitlers, der erst Ende 1924 wieder als Parteiführer und Führer des sogenannten »völkischen Deutschlands« an die Öffentlichkeit treten konnte, den durch seine maßgebliche Rolle im Kapp-Lüttwitz-Putsch von 1920 bekannt gewordenen Korvettenkapitän Ehrhardt zu stellen, blieb erfolglos. Der Appell des in den Kreisen nach wie vor besonders verehrten Generals Ludendorff, der sich 1920 noch hinter Kapp und Lüttwitz gestellt und jetzt neben Hitler gestanden hatte, auf die Rückkehr Hitlers zu warten, wirkte sich bis kurz vor Eberts Tod positiv aus. Der rabiateste Feind Eberts und der Demokratie, der absolute Herr über Tausende straff organisierte Schläger und Terroristen befand sich in Haft. Seine Anhänger waren führerlos.

Kaum war der Hitler-Ludendorff-Putsch jedoch niedergeworfen, Hitler verhaftet und in Bayern wieder die unsichere Ruhe auf reichsfeindlicher Basis eingezogen, als der von Mitgliedern seiner eigenen Partei zum nicht mehr tragbaren Genossen abgestempelte und zum Rücktritt aufgeforderte Reichspräsident mit einem neuerlichen Rheinland-Problem konfrontiert wurde. Das Rheinland geriet in Gefahr, aus dem Reich herausgebrochen zu werden. Poincaré unterstützte die Bestrebungen des französischen Hohen Kommissars Paul Tirard, der mit Adenauer und Hugo Stinnes verhandelte und deren Versuche ermunternd förderte, eine autonome Rheinische Republik zu schaffen und eine eigenmächtige Außenpolitik zu betreiben. Poincaré und Tirard strebten die Bildung einer Konföderation aus drei autonomen Staaten am Rhein (Pfalz, Hessen und Rheinland) an, die mit lockerer Bindung zwar auch weiterhin dem Reich angehören, im Reichstag jedoch keine Vertretung haben und staats- und völkerrechtlich so souverän sein sollten, eigene Außenpolitik zu treiben und eigene Vertretungen in Paris, London und Rom zu unterhalten. Das Ziel war klar abgesteckt: eine dauernde französische Kontrolle über Westdeutschland als Pufferstaat, dessen völlige Lösung vom Reich – zunächst wenigstens – umgangen werden sollte.

Adenauer, der das zwischen November 1923 und Januar 1924 zwischen ihm und Tirard diskutierte französische Konzept nicht akzeptierte, verfolgte in weitgehender Übereinstimmung mit den wirtschaftlichen Programmen der Industriellen Haniel, Thyssen und Krupp einerseits und den Absichten von Hugo Stinnes andererseits[86] wie 1919 das Ziel, die deutsch-französische Politik über das Rheinland maßgeblich mitbestimmen zu wollen. Von Frankreich verlangte er als Voraussetzung für sein Engagement zur Durchsetzung seiner Vorstellungen die Akzeptierung folgender Punkte: die Bildung einer vom Ruhrgebiet bis zur Pfalz reichenden westdeutschen Republik anstelle der von Tirard vorgeschlagenen drei kleinen Staaten, die verfassungsrechtliche Möglichkeit, der Stimme des Rheinstaates bei der Reichsregierung Geltung zu verschaffen und die gleichen Rechte und Pflichten im Reich so wahrnehmen zu können wie alle anderen deutschen Länder. Über seine Überlegungen von 1919 hinausgehend, wünschte er 1923/1924 – wie Stinnes – die Gestaltung einer besonderen wirtschaftlichen Interessenlage, die auf eine Verflechtung der westdeutschen, französischen, belgischen und luxemburgischen Industrie zielte.

Nach Adenauers Angaben vom 3. Juni 1950 scheiterten seine und Stinnes' Bemühungen 1924, weil Stresemann »einem leitenden Franzosen gegenüber zum Ausdruck gebracht habe, daß die Reichsregierung zu Stinnes kein Vertrauen hätte«.[87] Ebert und Stresemann hatten den Autonomiebestrebungen am Rhein ein Ende gesetzt, nicht reparable staatsrechtliche Veränderungen unterbunden und die Außenpolitik auch dort wieder fest in ihre Hände gebracht, was Stinnes zu der verärgerten Bemerkung veranlaßt haben soll, »es werde nun Zeit, daß er Stresemann den Kragen umdrehe«. Hatten er und der Kölner Oberbürgermeister ihre Politik doch

[86] Nach dem Ende des Krieges mußte sich die deutsche Industrie infolge der – durch die neue politische Grenzziehung – unterbrochenen natürlichen Verbindung zwischen lothringischem Erz und Eisen und der Ruhrkohle neu orientieren. Thyssen, Haniel und Krupp verfochten die Auffassung, daß Deutschland die eigene Stahlproduktion auf der Basis von überseeischen Erzimporten ausbauen sollte. Stinnes dagegen, dessen Vorstellungen Adenauers Erwartungen und Ambitionen ganz besonders entgegenkamen, wollte die frühere enge Zusammenarbeit zwischen der lothringischen Erzindustrie und der Kohlenindustrie an der Ruhr auch über die neuen Grenzen hinweg fortgesetzt und eine konzentrierte Herstellung arbeitsintensiver Produkte gesichert sehen. Langfristige Lieferverträge sollten Frankreich den Bezug von Kohle und Koks aus dem Reich und Deutschland die benötigten Mengen von Erz aus Frankreich garantieren.

[87] Schon in einem Brief vom 23. Januar 1924 an den Reichskanzler Marx hatte er Stresemann die Schuld am Scheitern seiner (Tirard am 15. November 1923 in letzter Stunde noch konzedierten) Pläne zugeschrieben: einen außerhalb der Weimarer Verfassung zu schaffenden Staat mit 12 bis 15 Millionen Einwohnern, eigenem Haushalt, eigener Währung, eigenem Parlament und eigenen diplomatischen Vertretungen im Ausland.

als legitime Alternative zur Außenpolitik der pessimistischen Reichsregierung verstanden, der sie infolge falsch interpretierter Voraussetzungen und Vollmachten unterstellten, den Franzosen das Rheinland tatsächlich überantworten zu wollen. Tatsache war lediglich, daß das Rheinland – mit Adenauer als Sprecher – von Berlin aus bevollmächtigt worden war, mit Tirard über die Regelung der rheinischen Lebensverhältnisse verhandeln zu dürfen.

Nicht ohne Grund gilt das Jahr 1923 als das »Schicksalsjahr« der Republik. Eberts Funktion als Nothelfer, Retter, Prellbock und Stabilisator, die er seit dem Beginn des Ersten Weltkrieges auf verschiedenen Ebenen unter souveräner Mißachtung von Popularitätsverlusten ununterbrochen wahrgenommen hatte, war noch einmal total gefordert worden.

Die Gemeinsamkeit des demokratischen Bekenntnisses und die Bereitschaft zu seiner Verteidigung über parteipolitische Interessen und Taktiken stellend und persönliche Antipathien ignorierend, hatte Ebert im August 1923 Gustav Stresemann zum Kanzler berufen und sich mit ihm arrangiert, obwohl er ihm persönlich keineswegs sympathisch war. Daß die zu Koalitionen nicht mehr bereite SPD Stresemann seit Sommer 1920 nicht zuletzt wegen seiner persönlichen Verwicklung in verbotene Auslandsgeschäfte mit Waffen und anderem Kriegsmaterial anfeindete, die eine von dem – mit Unterstützung Stresemanns 1916 eingebürgerten – russisch-jüdischen Unternehmer Paul Litwin gegründete »Deutsche Evaporator AG« betrieb, deren Aufsichtsratsmitglied Stresemann (neben Hjalmar Schacht) war, nahm Ebert in Kauf. Die nach 1918 revidierte politische Haltung und der Sachverstand des bis zum Kriegsende expansiv nationalistisch orientierten DDP-Führers Stresemann, der seit dem November 1923 – wie seine Nachfolger Marx und Luther vom 30. November 1923 bis lange nach Eberts Tod auch – ohne Sozialdemokraten regieren mußte,[88] wogen ihm mehr. Was beide einte, hat Stresemann in Worte gekleidet, die von Ebert stammen könnten. »In diesen Zeiten großer bewegender Fragen, von denen unsere Zukunft abhängt«, sagte er, »gibt es nur einen Leitstern, die Ansprüche der Zeit zu befriedigen: frei von Illusionen in nützlicher, nüchterner Arbeit zu jeder Realpolitik zu stehen, die in Wirklichkeit das höchste an Idealismus ist, weil sie das heiße Herz da bändigt, wo nur der kühle Verstand uns vorwärtszubringen vermag. Bismarck hat einmal gesagt, zu einer ruhigen, dauernden Regierung führt nur der Verzicht auf extreme Gesinnungen.«

[88] Die sozialdemokratischen Minister Sollmann und Radbruch schieden in der ersten Novemberhälfte aus der Regierung aus.

Doch Eberts große politische Karriere hatte den Zenit überschritten. Mit dem von der SPD erzwungenen Sturz Stresemanns als Reichskanzler, der Niederwerfung der sozialdemokratisch-kommunistischen Regierung Sachsens und der glimpflichen Behandlung Bayerns nach dem Hitler-Ludendorff-Debakel, der sichtlichen Zunahme der konkreten Machtfülle des Generals von Seeckt, der eine Umgestaltung der Verfassung und eine Diktatur anstrebte, was Ebert allerdings im rechten Augenblick staatsmännisch klug abzufangen gewußt hatte,[89] den Querelen um die drei Kabinettsbildungen und mit der Annullierung der Achtstundentagregelung und der Aufhebung der Demobilisierungsverordnungen verlor der Reichspräsident 1923 nicht nur in der SPD, sondern auch im Reich merklich an politischem Einfluß.[90] Die Tatsache, daß sich die politische Lage infolge seiner Politik 1924 gravierend besserte und auch die SPD nach ihrer schweren Wahlniederlage im Mai 1924[91] schon Ende des Jahres wieder die Möglichkeit erhielt, ihre Zielvorstellungen zu realisieren, änderte wenig daran. Eberts Versuch, auch ohne Demokraten eine Demokratie zu schaffen, war 1923 im Innern des Reiches besonders drastisch zutage getreten.

---

[89] Ebert übertrug Seeckt während des Hitler-Ludendorff-Putsches im November 1923 in Bayern die gesamte vollziehende Gewalt, nachdem er ihn gezwungen hatte, ihm seine Loyalität zu bekunden. Kritiker, die Ebert vorwarfen, einen mächtigen Feind der Verfassung damit beauftragt zu haben, sie zu schützen, wodurch eine Gefahr für das ganze Reich heraufbeschworen worden sei, mußten sich bald belehren lassen, daß Ebert recht gehabt hatte. Durch Eberts Entscheidung war Seeckt nämlich von den Militärs im Reichswehrministerium getrennt worden, die nach einer Diktatur riefen. In der ihm von Ebert verliehenen Funktion konnte er sich nicht mehr auf die Seite der Putschisten stellen, sondern mußte sie niederwerfen.

[90] Vgl. S. 306.

[91] Vgl. S. 305.

»Wirtschaftswunder« und »Undank ist der Welt Lohn«

Andere ernteten, was Ebert gesät und kultiviert hatte, anderen hat die Geschichtsschreibung viele der Verdienste zugesprochen, die ihm gebühren. In seinem Sinne bestimmte Stresemann, der zwar nur bis zum 30. November 1923 Reichskanzler war, bis zum 4. Oktober 1929 jedoch durchgehend als Reichsaußenminister fungierte, seit dem 13. August 1923 die Außenpolitik der Weimarer Republik. Zu enge Allianzen sowohl mit dem Osten als auch mit dem Westen vermeidend, forcierte er – wie von Ebert teilweise schon 1918 vorgezeichnet – die gesellschaftliche und wirtschaftliche Bindung an den Westen und traf politische Ausgleichsabkommen mit Sowjetrußland, um dem Reich eine zwischen West und Ost balancierende Möglichkeit zu schaffen, den Versailler Vertrag schließlich auf friedlichem Wege zu den Akten legen zu können. Die ersten tatsächlich großen Erfolge dieser Politik zeigten sich bereits 1924.

Der Reichsetat war ausbalanciert, eine vorläufige Großkreditbank zur Überführung ausländischer Kredite errichtet. Die am 15. November 1923 ausgegebene und nach Schachts und Helfferichs Plänen vom industriellen und landwirtschaftlichen deutschen Grundbesitz gedeckte »Rentenmark« (= eine Billion der bis dahin gültigen Reichsmark) blieb stabil, während die Preise sanken, die Arbeitslosigkeit zurückging und die deutsche Produktion an Gütern und Erzeugnissen unterschiedlichster Art anstieg. Mehr als 70 Verordnungen zur Währungs- und Haushaltssanierung waren bis zum Ablauf des von Ebert mit Augenmaß gehandhabten Notstandsartikels der Verfassung im Frühjahr 1924 erlassen worden. Ein »Wirtschaftswunder«, wie es nach dem Zweiten Weltkrieg herrschte, kündigte sich nicht zuletzt auch dank des US-Dawes-Planes an.[92] Die demokratische

[92] Nach dem – der US-Regierung am 12. Oktober 1923 unterbreiteten – Vorschlag der englischen Regierung, zur Lösung der Reparationsfrage eine internationale Konferenz einzuberufen, wurde am 30. November beschlossen, zur Untersuchung der deutschen Währungsstabilisierung und Kapitalflucht zwei Sachverständigenausschüsse zu bilden. Am 14. Januar 1924 trat eine Sachverständigenkommission unter dem Vorsitz des amerikanischen Bankiers Charles Dawes in Paris zusammen. Nach dem Abschluß der Untersuchungen in Berlin, deren Ergebnisse Barthou, dem französischen Außenminister und Vorsitzenden der Reparationskommission, am 9. April 1924 vorgelegt und am 16. April von der deutschen Regierung als »Dawes-Plan« akzeptiert wurden, galt: »Business, not politics«. Die deutsche Zahlungsfähigkeit für die Reparationsschulden sollte die Rückzahlung der europäischen Schulden an die USA sichern. Als deutsche Reparationsquellen galten die Industrie, die

Mitte war gestärkt aus den Wahlen hervorgegangen. Selbst die Monarchisten schienen sich allmählich an die Republik zu gewöhnen. Ausländische Beobachter meinten, in Deutschland Ansätze zu einer weltbürgerlichen Euphorie entdecken zu können. Die Reichsfarben Schwarz-Rot-Gold hatten unantastbaren Symbolcharakter bekommen, die Verfassungsfeiern ein Engagement offenbart, wie es bis dahin geradezu unvorstellbar erschienen war. Das erst im Frühsommer 1924 als Wehrorganisation der Koalitionsparteien der Republik gegründete »Reichsbanner Schwarz-Rot-Gold« zählte im Februar 1925, als Ebert starb, bereits mehr als zwei Millionen Mitglieder.

Zwar übertrug der Reichstag der Exekutive wesentliche Rechte, soweit es sich aber um die Herstellung gesetzgeberischer Mehrheiten handelte, wurde die Verfassung zunehmend ausgehöhlt, während der Parlamentarismus wieder spürbar versiegte; aber das Ende der Krisen war in greifbare Nähe gerückt.

Daß die SPD, deren Repräsentant für die Wähler nach wie vor Ebert blieb, nach ihren großen Verlusten bei den Maiwahlen zum Reichstag am 7. Dezember 1924 wieder 31 Sitze gewann und damit erneut die stärkste Fraktion des Reichstages stellte,[93] ohne sich jedoch an der Regierung zu beteiligen, bedrückte Ebert zwar, warf ihn aber nicht um. Anstatt sich bei ihm für die überraschend positive Wende in der Entwicklung der Verhältnisse zu bedanken, kehrten seine Parteifreunde sich gegen ihn. Sie warfen ihm – unberechtigterweise – vor, im Zusammenhang mit der gewaltsamen Niederwerfung der legal zustande gekommenen sozialdemokratisch-kommunistischen Regierung Sachsens, der sie zuletzt selbst auch zugestimmt hatten, die Verfassung ebenso gebrochen zu haben wie hinsichtlich der Behandlung Bayerns, dessen Regierung, wie das sächsische Kabinett auch, außerhalb der Reichsverfassung agierte und den Sturz der Reichsregierung betrieb. Den von den bürgerlichen Regierungsparteien initiierten Verlust des zur Zeit des Scheidemann-Kabinetts 1919 beschlossenen

---

Eisenbahnen und die Einnahmen des Reiches aus bestimmten Zöllen und indirekten Steuern und die Reichsbank nach deren Umgestaltung zur unabhängigen Notenbank in Berlin. Bis 1927/28 hatte das Reich 1 bis 1,75 Milliarden, ab 1928 2,5 Milliarden Mark jährlich zu zahlen.

[93] Die bis Mai mit 171 von 486 Sitzen im Reichstag vertretenen Sozialdemokraten hatten im Mai 71 Abgeordnete verloren, während die Kommunisten (durch die Zuwanderung der mit der SPD nicht einverstandenen alten USPD-Anhänger) 45 Sitze gewannen und ihre Fraktion von 17 auf 62 Abgeordnete verstärkten. Stresemanns DVP und das Zentrum, die mit der DDP unter Eberts Schirm auch weiterhin ohne SPD zu regieren gezwungen waren, weil die SPD-Führung es gegen Eberts Rat vorzog, auch jetzt in der Opposition zu bleiben, hatten sechs und sieben Sitze hinzugewonnen.

Achtstundentages und der Aufhebung der Demobilisierungsverordnungen hatte er nach Ansicht der SPD-Führung, deren Kritik die jeweiligen Voraussetzungen ignorierte, gleichermaßen zu verantworten, obwohl eine sozialdemokratische Regierungsbeteiligung beides hätte verhindern können. Daß Ebert sich angesichts der negativen Haltung seiner Partei im Zusammenhang mit Kompromissen und Koalitionsbildungen häufig im Sinne der regierenden bürgerlichen Parteien gegen die Erwartungen und Forderungen der SPD entschieden und bestimmte Maßnahmen auf dem Wege der durch den Artikel 48 der Reichsverfassung legitimierten Rechtsverordnung durchgesetzt hatte,[94] mußten die Sozialdemokraten, die beispielsweise sozialpolitische Fragen ausschließlich durch ordentliche Gesetzgebungsverfahren geregelt sehen wollten, sich ebenfalls selbst vorhalten; aber sie taten es nicht. Im Gegenteil! Gustav Hoch, ein langjähriges Mitglied des Parteivorstandes der SPD, sprach nach den debakelhaften Querelen von Oktover und November 1923 aus, was die Parteiführung dachte: »... nach meiner Ansicht«, meinte er lakonisch, »ist Ebert erledigt.«

War die Person des Reichspräsidenten während der Parteitage der SPD von 1919 bis 1923 stets aus den Debatten herausgehalten worden, änderte sich dies 1924 plötzlich. Die 1922 vollzogene Wiedervereinigung der SPD mit der USPD und die außerordentlich schwere Niederlage der Sozialdemokraten bei den Reichstagswahlen vom 4. Mai 1924 hatten nicht nur die Änderung des Stiles und des Inhalts der Parteitagsdiskussionen, sondern auch des sozialdemokratischen Staatsoberhauptverständnisses in entscheidendem Maße bewirkt. Der während des Krieges zum unbestrittenen Führer der Sozialdemokratie avancierte Ebert, der als Reichspräsident zunächst allein schon durch seine Gegenwart Entscheidungen der Nationalversammlung und der obersten Parteiführung der SPD gravierend beeinflußt hatte, ohne öffentlich angefochten zu werden, sah sich nun, wie von 1916 bis 1922 von der USPD, mit Argumenten und Gegnern aus den Reihen der wiedervereinigten Sozialdemokratie konfrontiert, deren linker Flügel seinen Einfluß zurückzudrängen und sein Ansehen nicht nur ganz allgemein, sondern vor allem speziell in den Schichten zu reduzieren versuchte, aus deren Umfeld er einst selbst gekommen war. Meinungsverschiedenheiten über bestimmte politische Fragen und Probleme, die ursprünglich intern ausgetragen worden waren, hatten Grundsatzcharakter

[94] Die SPD wollte zwar nicht regieren, infolge ihrer Reichstagsmehrheit bestimmte Fragen aber gegen die bürgerlichen Regierungen – was durchaus verständlich und legitim war – auf dem Wege des ordentlichen Gesetzgebungsverfahrens durchsetzen.

und eine Ebenenverlagerung erfahren, wobei Ebert von der Warte des sich von Parteiinteressen distanzierenden Staatsoberhauptes argumentierte, das den Fortbestand des demokratisch-parlamentarischen Systems garantieren mußte, während die sozialdemokratische Parteiführung konkrete Parteiinteressen in den Vordergrund stellte und (primär auf Betreiben ihres linken Flügels) Eberts beharrliches Bemühen nicht länger honorieren wollte, durch ihre Beteiligung an Koalitionsregierungen[95] die Kompromißstruktur der Republik zu erhalten. Daß Ebert der SPD allerdings gelegentlich Opfer zumutete, die sie als politische Massenpartei nicht schadlos akzeptieren konnte, übersah er geflissentlich.
Aus der Perspektive konnte der von Sozialdemokraten erhobene Vorwurf, einen Reichspräsidenten zu haben, der nur noch von seinem Amt her denke und seine parteipolitische Herkunft völlig vergessen habe, durchaus nicht einfach ignoriert werden. Doch Ebert war längst nicht mehr der Führer der SPD, sondern der Reichspräsident, der sich an sein Versprechen hielt, das er nach seiner Wahl gegeben hatte: »Ich gelobe, daß ich die Verfassung ... getreulich beachten und schützen werde. Ich will und werde als der Beauftragte des ganzen deutschen Volkes handeln, nicht als Vormann einer Partei.« Daß sich der Parteivorstand 1924 während des Parteitages weigerte, ihn aus der SPD auszuschließen, die Ausschlußanträge zu drucken und an die Delegierten zu verteilen, war nicht viel mehr als ein Akt der Kosmetik zur Wahrung des eigenen Ansehens.
Wer immer Eberts Politik mit dem späteren Scheitern der Weimarer Republik identifiziert[96], die doch vor allem seine historische Leistung war, fälscht die Geschichte in einer Weise, die sich selbst richtet. Ebert, der nach seiner Wahl zum Reichspräsidenten erklärte, daß er »ein Sohn des Arbeiterstandes« sei, war nicht nur von der ersten Stunde an das Staatsoberhaupt aller Deutschen, denen er die Chance eröffnete, ihre Interessen und Wertvorstellungen durchzusetzen, sondern er hat in seiner sechsjährigen Amtszeit auch die Einheit des Reiches und der Nation bewahrt, was ihm allein schon einen immerwährenden Ehrenplatz unter den Großen der Geschichte garantieren muß.

---

[95] Der linke Parteiflügel beanstandete primär den durch Koalitionsregierungen verursachten Verlust bestimmter »revolutionärer Errungenschaften« und die Absetzung der Arbeiterregierungen in Sachsen und Thüringen.

[96] Nur aus der Perspektive kann vor der Schaffung einer »Ebert-Legende« gewarnt werden.

»Das überlebe ich nicht«

Der »Sattler auf dem Präsidentenstuhl« des Reiches, das war für bestimmte Schichten der Bevölkerung ein Symptom für eine Situation, die sie ablehnten und bekämpften[97], wobei Ebert oft nur als personifizierte Angriffsfläche diente. Rasch hatten die alten Führungsschichten ihre Loyalitätserklärungen vergessen und ihre anachronistischen Zeitanalysen und einen gesellschaftspolitischen Koordinatenraster wieder parat. Als im November 1922 beispielsweise der 60. Geburtstag Gerhart Hauptmanns gefeiert wurde, weigerte sich die Mehrzahl der Professoren und Studenten, am Festakt teilzunehmen. Der Germanist Julius Petersen, der in der Aula der Berliner Universität die Festansprache hielt, tat dies unwillig und farblos, nachdem es ihm nicht gelungen war, wenigstens Paul Löbe, den sozialdemokratischen Präsidenten des Reichstages, von der Veranstaltung fernzuhalten. Da der Reichspräsident schwerlich daran gehindert werden konnte, zu erscheinen und neben Hauptmann zu sitzen, hatte Petersen gebeten, dann zumindest Löbe auszuladen, »denn zwei Sozialdemokraten auf einem Mal«, so hatte er argumentiert, seien »doch etwas viel«.
Ebert, der die Zuneigung und Liebe des ganzen Volkes nicht zuletzt um des Ansehens des höchsten Staatsamtes willen ständig suchte und geradezu inbrünstig ersehnte, hat besonders darunter gelitten, daß sie ihm versagt blieben, weil gerade diejenigen, die ihn einzuordnen vermochten, es öffentlich nicht taten. Die Angehörigen der alten monarchischen Besitz- und Führungsschicht, die trotz des Sturzes der Monarchie weiterhin ihren Besitz, ihre Einflußsphären und vielfach selbst ihre Ämter und unmittelbaren Schalthebel der Macht behalten hatten und an sich selbst erlebten, daß der Vorsitzende der SPD in wesentlichen Positionen auf ihrer Seite stand und als konsequenter Wahrer gerade ihrer Ansprüche, Ambitionen und Interessen angesehen werden konnte, vergalten ihm dies nicht. Tragisch für die Republik war, daß sie sich nicht bereit zeigten, dem Präsidenten, der überzeugt war, nur mit ihrer Unterstützung das durch den Krieg erschütterte Reich erhalten zu können, auch öffentlich zu

---

[97] Charakteristisch dafür war beispielsweise die Haltung des Hofrats P. Lehmann, der sich als Übersetzer der antisemitischen H.-Ford-Publikation der *Internationale Jude* einen Namen gemacht hatte. »Ich war«, schrieb er am 6. Oktober 1923 an Hitler, »bis zur Revolution Beamter des Auswärtigen Amtes... Nach der Revolution ließ ich mich pensionieren, um nicht S. M. (Seiner Majestät) Ebert den Treueid leisten zu müssen.«

danken. Nur intern haben sie es manchmal getan – und dann bezeichnenderweise in Situationen, die ihre Kräfte und Fähigkeiten überforderten.
Die »über Nacht« mit der maßgeblichen Führungsrolle im Staat betraute SPD war auch daher nicht in der Lage, dem auf eine besondere Weise autoritätsgebundenen und auf den Wechsel von der Monarchie zur Republik nur unzureichend vorbereiteten deutschen Volk effektvolle und Sicherheit suggerierende neue Identifikationsmuster zu liefern. Daß ohne sie zwangsläufig auch der Umgang mit den alten Machteliten problematisch bleiben und negative Konsequenzen nach sich ziehen mußte, war logisch.
Pure Häme, böswillige Arroganz und beschämende Niedertracht bestimmten auf allen maßgeblichen Ebenen die systematisch kolportierten und multiplizierten »Urteile« über die sozialdemokratischen Führer, deren Exponent Friedrich Ebert zuweilen nur noch als üble Karikatur erschien.
Bösartig und zynisch artikulierte, erfundene, armselige Witze über Verwechslungen von Fremdwörtern in Reden und Gesprächen und mangelnde Beherrschung der Rechtschreibung hatten am Beginn gestanden, Angriffe auf die Würde und Ehre am Ende. Als Säufer und Trunkenbold stellten ihn die einen dar, als Egoisten, der in seine eigene Tasche wirtschafte, die anderen, ohne für solche Schmähungen von den Gerichten angemessen bestraft zu werden. Aus dem Reitpferd, das der gut und gern reitende Präsident von der in Berlin stationierten Reichswehr gelegentlich für Ausritte zur Verfügung gestellt bekam, wurde ein privater Ebert-»Rennstall« gemacht, aus einer Blockhütte in den staatlichen preußischen Forsten ein Ebert-»Jagdschloß«.
173mal hat Ebert während seiner Zeit als Reichspräsident allein innerhalb von fünf Monaten Gerichte angerufen, 173mal enttäuschende Konsequenzen registriert. Lappalien waren es oft, die ihn veranlaßten, sich um der Unantastbarkeit seines Amtes willen der Justiz zu bedienen, aufgebauschte, umgelogene und nicht selten pervertiert entstellte, öffentlich verbreitete Darstellungen die Ursachen gewesen. Daß Gerichte ihn, den Reichspräsidenten, vor ihre Schranken luden, um sich selbst gegen meist leicht durchschaubare Diffamierungen zu verteidigen, war bezeichnend. Allerdings hat er es seinen Feinden infolge seines außergewöhnlich sensiblen Ehrgefühls nicht schwergemacht, ihn herauszufordern. Da genügte beispielsweise die Behauptung, daß der Präsident »besoffen« gewesen sei und dabei seinen »speckig-dreckigen« Hut verloren habe. Der »Hut Eberts«, »speckig« und »dreckig«, wie gehässig kolportiert worden war, lag dann schließlich auf dem Tisch des Gerichts, das den wahren Sachverhalt – wie

bei einer Verhandlung gegen Hühnerdiebe – durch eine »Hut-Anprobe« an den Tag brachte: Der Hut paßte und gehörte einem Hausangestellten. Liebschaften und intime Verhältnisse mit Frauen, die ihn gar nicht kannten, wurden erfunden, Amtsmißbrauch im »Umgang mit Sekretärinnen« des Präsidialamtes erdacht.

Fünfmal war der russisch-jüdische Großkaufmann Barmat, der sich während des Krieges bei der Nahrungsmittelbeschaffung große Verdienste erworben hatte, vergeblich darum bemüht gewesen, von Ebert eingeladen zu werden. Nachdem Ebert ihn schließlich doch einmal empfangen hatte, nutzte Barmat diesen Empfang zugunsten seiner Geschäfte. Mit Hilfe von Lebensmittelpaketen bestach und korrumpierte er Beamte, Stenotypistinnen und Sekretärinnen der Kanzlei des Reichspräsidenten und benutzte ohne Erlaubnis Eberts die sich stets mit der Adresse »Hier Palais des Reichspräsidenten« meldende Telefonzentrale des Reichspräsidenten für Gespräche mit Geschäftspartnern, die er infolge seiner neuen »Verbindung« – und seiner hochstilisierten »persönlichen Bekanntschaft mit Ebert« – für Abschlüsse gewann, wie sie ihm zuvor schwerlich gelungen wären.

Die Folge: ein Prozeß, der sich jahrelang hinzog und Ebert schwer zu schaffen machte. Doch weder der Prozeß noch ein vom Reichstag eingesetzter Ausschuß, der selbst die Stenotypistin Eberts als Zeugin gegen ihn aufgeboten hatte, vermochten den Präsidenten tatsächlich zu belasten.

Nach dem Hitler-Putsch vom 8./9. November 1923 in München, den Ebert vorausgeahnt und durch Weisungen an den Reichskanzler Stresemann rechtzeitig hatte verhindern wollen,[98] schloß der Verband der Sattler, die ihrem einstigen Kollegen, der noch als Reichstagsabgeordneter »Sattler« als Beruf angab, außerordentlich viel zu verdanken hatten, den Reichspräsidenten als »unwürdig« aus seinen Reihen aus. Die Berliner SPD stellte an den Berliner Parteitag den formellen Antrag, es den Sattlern gleichzutun und Ebert aus der Partei auszuschließen, was selbst Scheidemann, der Ebert keineswegs besonders gewogen war, nach dessen Tod als beschämend charakterisierte. Im April 1921 allerdings hatte auch er, immer noch schmollend, weil nicht er, sondern Ebert Reichspräsident geworden war, den Ausschluß Eberts aus der SPD oder aber seinen Rücktritt vom Amt

[98] Ebert ernannte den Staatssekretär Hintze zum zivilen Reichskommissar und informierte Stresemann über die ihm erteilten Vollmachten für eine »Abriegelung Hitlers«, doch weder Stresemann (der am 30. November 1923 von dem Zentrumspolitiker Wilhelm Marx als Kanzler abgelöst wurde) noch Hintze hielten sich an die Weisungen des Reichspräsidenten.

des Reichspräsidenten gefordert. Eberts Stellungnahme, die er seinem alten Freund Otto Wels brieflich mit der Bitte zuleitete, sie dem Parteivorstand zur »Kenntnis« zu bringen, spricht für sich – und für Ebert.
Am 13. April 1921 schrieb er ihm:

Lieber Otto!
In unserer gestrigen Besprechung habe ich nur nebenbei auf die Scheidemannsche Bemerkung in einer Volksversammlungsrede in Mannheim hingewiesen, wonach er meine amtliche Stellung als unhaltbar betrachtet. Die Partei – so sagte er – müsse zwar auf mich Rücksicht nehmen. ›Aber diese Rücksicht muß da ihre Grenze finden, wo die Interessen einer Partei ...gefährdet werden.‹
Da die Bemerkung in der Presse einiges Aufsehen machte, muß ich noch einmal auf sie zurückkommen.
Du wirst Dich erinnern, daß ich bei den Unterhaltungen, die ich mit Dir und anderen Parteivorstandsmitgliedern in den letzten Monaten führte, immer wieder auf die steigenden Schwierigkeiten meiner amtlichen Tätigkeit hinwies und wünschte, bald aus ihr befreit zu werden. Ich habe auch alles mögliche getan, um die Neuwahl des Reichspräsidenten baldigst herbeizuführen.
Ich weiß nicht, wie der Parteivorstand zu der Scheidemannschen Äußerung steht. Von einer weiteren öffentlichen Erörterung der aufgeworfenen Frage, die für mich zunächst eine innere Parteiangelegenheit ist, verspreche ich mir für die Partei nichts. Ich bin aber gern bereit, mich darüber mit dem Parteivorstand auseinanderzusetzen, wobei ganz selbstverständlich jede persönliche Rücksicht auf mich auszuscheiden hat. Würde sich dabei eine Möglichkeit finden, die mich schnellstens von meinem Amte entbindet, so wäre ich dem Parteivorstand aufrichtig dankbar.
Du bist wohl so freundlich und gibst dem Parteivorstand von diesem Schreiben Kenntnis.
Mit freundlichstem Gruß an Dich und den ganzen Bau

Dein Fr. Ebert.

Zwar war Friedrich Ebert im Sommer 1923 vom Reichstag mit 314 gegen 76 Stimmen bis zum 30. Juni 1925 in seinem Amt bestätigt worden, was als überwältigender Vertrauensbeweis angesehen werden mußte; aber die Verleumdungen seitens der meist beruflich, politisch oder sonst irgendwie gescheiterten und irregeführten Fanatiker nahmen kein Ende.
Gerichte ließen sich zu Schaubühnen degradieren und schützten sie. So konnte beispielsweise Hitler in der Nr. 51 seines *Völkischen Beobachters*

ungestraft schreiben, daß es für »die Gesellschaft der... Ebert und Scheidemann nur eine Strafe: den Strick« gebe, und der Oberlandesgerichtsrat Ernst Pöhner, immerhin Mitglied des obersten bayerischen Gerichtshofes, im sogenannten »Hitler-Ludendorff-Prozeß« vor dem Münchener Volksgericht Hitlers gescheiterten Staatsstreich gegen die Reichsregierung in eine nationale Tat ummünzen und die angeklagten Hochverräter als Helden der Nation erscheinen lassen. »Was war denn das für ein Staat, der geschaffen worden ist im November 1918?« fragte er und erklärte, von niemandem korrigiert: »Es ist kein Staat geschaffen worden... sondern es ist ein Staat zertrümmert worden, denn was wir im November 1918 erlebt haben, war Volksbetrug übelster Art... der von Juden, Deserteuren und bezahlten Landesverrätern am deutschen Volk verübt worden ist.«

Das Gericht belehrend und eine der empfindlichen Schwächen der Weimarer Republik ansprechend, fuhr er dozierend fort: »Von jeher entspricht es deutschem Rechtsempfinden, daß Obrigkeit die Stelle ist, für die der Untertan und insbesondere der Beamte, Richter, einschließlich des Offiziers, entschlossen ist, sich einzusetzen, zu kämpfen und letzten Endes zu sterben. Wer von den Beamten ist denn bereit, für diese Art von Obrigkeit... zu kämpfen und zu sterben?«

Ein unmittelbar danach folgender Passus aus dem Protokoll spricht für sich:

Pöhner: »Ich habe diese Frage einmal einem Ministerialdirektor in Berlin vorgelegt, der mir die Vorzüge von Ebert Fritze in hohen Tönen geschildert hat, ob er bereit sei, für Fritz Ebert zu sterben. (Heiterkeit.) Er sagte: Ja, dazu könne er sich allerdings nicht entschließen. (Heiterkeit.) Damit ist auch für mich diese Obrigkeit erledigt...«

Vorsitzender: »Die Äußerung ›Ebert Fritze‹ kann als Geringschätzung aufgefaßt werden.«

Pöhner: »Dann sage ich Fritz Ebert.« (Heiterkeit.)

Nachdem Ebert anläßlich eines Münchenaufenthaltes vor dem Münchener Hauptbahnhof von Dr. Emil Ganßer, einem der bekanntesten nationalsozialistischen Geldbeschaffer Adolf Hitlers, vor aller Öffentlichkeit beschuldigt worden war, im Januar 1918 während des Berliner Munitionsarbeiterstreiks »Landesverrat« begangen zu haben, mußte Ebert den Hitler-Vertrauten verklagen, wenn er und das höchste Staatsamt nicht irreparablen Schaden nehmen sollten. Wie angesichts der in Bayern herrschenden Verhältnisse kaum anders zu erwarten, verlangte das zuständige Münchener Schöffengericht, daß der Reichspräsident persönlich zum Termin zu erscheinen habe, was Ebert unter seiner Würde empfand.

Er zog die Klage zurück. Die Nationalsozialisten münzten Eberts Entscheidung zu einem unausgesprochenen Eingeständnis um und fuhren verstärkt fort, den Präsidenten zu beleidigen und zu diffamieren.
Daß dies nachweisbar wider besseres Wissen und gegen die eigene Überzeugung geschah, bestätigt mehr als ganze Beispielkataloge, wie hoffnungslos Eberts Lage in dieser Hinsicht war. Ganßers Auftraggeber selbst, Adolf Hitler, hat später zugegeben, Eberts tatsächliche Haltung und Leistung anerkannt zu haben. So sagte er beispielsweise am 27. März 1942 in seinem Führerhauptquartier »Wolfsschanze« in Ostpreußen: »Ebert... erschien seinerzeit in der Versammlung im Treptower Park durchaus in der Absicht, gegen den Munitionsarbeiterstreik zu sprechen. Um sich aber bei den Massen überhaupt Gehör zu verschaffen, mußte er ihnen etwas Angenehmes sagen und wurde dann durch ihren Beifall zu Erklärungen verleitet, die ihn bei einer halbstündigen Rede völlig zum Fürsprecher des Streiks abschlittern ließen. In einer solchen Atmosphäre besteht für jeden politischen Redner beziehungsweise Unterhändler die gleiche Gefahr.« 1924 jedenfalls ließ er nicht nur Ganßer hemmungslos gegen Ebert agieren. Nachdem die Staßfurter *Mitteldeutsche Presse* am 23. Februar 1924 einen Ganßer-anti-Ebert-Beitrag mit dem Zusatz versehen hatte: »Beweisen Sie doch, Herr Ebert, daß Sie kein Landesverräter sind«, erhob Ebert in Magdeburg Anklage gegen den Redakteur, von dem der Zusatz stammte. Das vom 9. bis 23. Dezember 1924 verhandelnde Gericht verurteilte den Journalisten zwar zu zwei Monaten Gefängnis, stellte jedoch ausdrücklich fest, daß der amtierende Reichspräsident nach rein strafrechtlichen Gesichtspunkten tatsächlich Landesverrat begangen habe. Den ergänzenden Kommentar zum Urteil, daß politische, moralische und historische Gründe eine andere Beurteilung zuließen[99], konnte Ebert nicht akzeptieren. Obwohl ihm von namhaften Persönlichkeiten des öffentlichen Lebens, von berühmten Professoren und Schriftstellern, von Landesregierungen und Städteparlamenten demonstrativ versichert wurde, daß er sich um das Vaterland verdient gemacht habe, fühlte Ebert sich zu Recht diffamiert und verleumdet. Vieles hätte er »geschluckt« und auf sich beruhen lassen, den infamen Vorwurf des Landesverrats jedoch konnte er nicht ignorieren. »Der seelische Schmerz«, gestand er, »peinigt schlimmer... Sie haben mich politisch umgebracht, nun wollen sie mich auch moralisch morden. Das überlebe ich nicht.« Und es war in der Tat so.

[99] In der NS-Zeit brüstete sich der Landesgerichtsdirektor Bewersdorf, unter dessen Vorsitz das Magdeburger Gericht getagt hatte, daß er es gewesen sei, der »den Kerl zur Strecke gebracht« habe.

Bis sein Berufungsverfahren ans Ende kam, vergingen Wochen. Links- und Rechtsradikale gewannen Zeit und entfachten eine Hetze, die alles übertraf, was es bis dahin gegeben hatte.
Am 9. Februar 1925 bricht Ebert mit Leibschmerzen zusammen. Dem Rat der Ärzte, nun endlich in die Klinik zu gehen[100] und sich einer harmlosen Operation zu unterziehen, folgt er nicht. »Es geht nicht«, sagt er zu Noske, »ich muß um meine Ehre kämpfen, oder nein – um die Ehre des Staatsoberhauptes... Ich kann nicht mehr. Du verstehst mich. Dich hetzen sie ja auch. Wie einen Galgenvogel verunglimpfen sie mich. Daß sie sich nicht schämen, in ihrer moralischen Verlotterung, sie, die für eine sittliche Erneuerung Deutschlands zu kämpfen vorgeben, das ist mein Schmerz, diese Schmutzflut, die mich umbrandet.« Er stellt die Ehre des Staatsoberhauptes über alles – und zerbricht.
Verzweifelt bäumt sich der nach außen hin so robuste Ebert noch einmal auf – für Deutschland, für das Vaterland, dem er seit jeher und unentwegt mit heißem Herzen gedient hat; aber er ist mit 54 Jahren am Ende seines Weges angekommen. Am 28. Februar 1925, um 10.15 Uhr früh, erlischt sein Leben. Eine verschleppte Blinddarmentzündung hat eine Bauchfellentzündung hervorgerufen, gegen die die Ärzte infolge der Verschleppung machtlos sind. Daß er in seiner Heimatstadt Heidelberg wie ein Fürst bestattet wird, macht nichts wieder gut an ihm. Im Ausland erschienen nach Eberts Tod bemerkenswerte Nachrufe, unter anderem in folgenden Blättern: *New York World, Washington Post, Daily News, Observer, Daily Telegraph, Evening Standard, Œuvre, Quotidien, Voce Republicana, Il Mondo, Le Peuple, Indépendance Belge, Neue Zürcher Zeitung, Basler Nachrichten, Gazette de Lausanne.*
In der *Frankfurter Zeitung* schrieb Thomas Mann: »Die Todesnachricht hat mich tief ergriffen. Hier endet ein Mannesschicksal, das die Zeit ins ursprünglich ganz Unglaubwürdige, Phantastische trieb, aber keineswegs vermochte, die Persönlichkeit ins Exzentrische zu zerren, sondern mit schlichter Würde, gelassener Vernunft getragen und erfüllt wurde. Meine Sympathie ist grenzenlos... Sieben Jahre der Gewöhnung an seine klug zurückhaltende Repräsentation, seine stille, vermittelnde und mäßigende Tätigkeit haben viel Vertrauen, viel ruhige Zuneigung, kurz, eine unaus-

---

[100] Seinem Freund Otto Braun erklärte er: »Ich leide sehr und würde längst in die Klinik gegangen sein, wenn der elende Prozeß mich hier nicht noch festhielte. Da hat man nun wieder ein Subjekt als Zeugen aufgetrieben, das das unglaublichste Zeug über mich bekunden will. Wie die Dinge bei den Gerichten und in der Öffentlichkeit liegen, kann ich nicht umhin, mich auch noch darüber einer Vernehmung zu unterziehen. Dann aber gehe ich.«

gesprochene Popularität gezeitigt, die jetzt als Gefühl der Entbehrung sich ihrer bewußt wird. Die Frage der Nachfolge ist schwierig, aber ich halte den Wunsch für vorherrschend, der neue Präsident möchte dieselben Eigenschaften aufweisen, die Ebert auszeichneten.«

Friedrich Ebert ist nicht von »oben« gekommen, ist immer ein Mann des Volkes geblieben, worauf er stets stolz war und stolz sein konnte. Wenn die Geschichte fair urteilt und historische Größe gerecht attestiert, dann kann sie einen Namen nicht übergehen: Friedrich Ebert!

Quellen- und Literaturhinweise. Eine Auswahl

V. Adler, Briefwechsel mit A. Bebel und K. Kautsky, 1954 – Akten der Reichskanzlei. Weimarer Republik. Hrsg. von K. D. Erdmann und W. Mommsen, 1968 ff. – L. Albertin, Liberalismus und Demokratie am Anfang der Weimarer Republik, 1972 – W. T. Angress, Die Kampfzeit der KPD 1921–1923, 1973 – Anschütz, Die Verfassung des Deutschen Reiches, 3. und 4. Aufl., 1926 – W. Apelt, Geschichte der Weimarer Verfassung, 1946 – G. Arns, Regierungsbildung und Koalitionspolitik in der Weimarer Republik, 1972 – Arbeitersekretariat Bremen, Jahresberichte 1900–1916 – E. v. Aretin, Krone und Ketten, 1955 – M. v. Bader, Erinnerungen und Dokumente, 1972 – H. Bayer, Von der Novemberrevolution zur Räterepublik in München, 1957 – E. Beckmann, Der Dolchstoßprozeß, 1925 – L. Bergsträsser, Geschichte der politischen Parteien in Deutschland, 1952 – E. Bernstein, Von der Sekte zur Partei. Die deutsche Sozialdemokratie einst und jetzt, 1911 – W. Besson, Friedrich Ebert. Verdienst und Grenze, 1963 – K. Beyerle, Föderalistische Reichspolitik, 1924 – W. v. Bippen, Geschichte der Stadt Bremen, 3 Bde., 1892–1904 – W. Blos, Marx oder Bakunin? Zeitgemäße Neuausgabe der Berichte an die sozialistische Internationale über M. Bakunin von K. Marx und F. Engels, 1920 – W. Blos, Der Kapp-Putsch, o. J. – U. Böttcher, Anfänge und Entwicklung der Arbeiterbewegung in Bremen, 1953 – K. E. Born, Staat und Sozialpolitik seit Bismarcks Sturz, 1957 – K. D. Bracher, Die Auflösung der Weimarer Republik, 1955 – K. Brammer, Der Prozeß des Reichspräsidenten, 1925 – A. Braun, Die Gewerkschaften, ihre Entwicklung und Kämpfe, 1914 – O. Braun, Von Weimar zu Hitler, 1949 – H. Brauweiler, Generäle in der deutschen Republik. Groener, Schleicher, Seeckt, 1932 – Bremische Bürgerschaft, Verhandlungen 1899–1906. Verhandlungen zwischen dem Senat und der Bürgerschaft 1899–1906 – J. Bruhns, Es klingt im Sturm ein altes Lied. Aus der Jugendzeit der Sozialdemokratie, 1921 – D. K. Buse, Friedrich Ebert and German Socialism, 1871–1919 (Diss., University of Oregon), 1972 – D. K. Buse (Hrsg.), Parteiagitation und Wahlkreisvertretung. Eine Dokumentation über Friedrich Ebert und seinen Reichstagswahlkreis Elberfeld-Barmen 1910–1918, 1975 – H. Claß, Wenn ich der Kaiser wär, 1912 – H. Claß, Zum deutschen Kriegsziel, 1917 – G. D. H. Cole, The Second International 1889–1914, 1955 – A. Damaschke, Ein Kampf um Sozialismus und Nation, 1935 – Das Kabinett Scheidemann ... bearbeitet von H. Schulze, 1971 – Das Kabinett Bauer ... bearbeitet von A. Golecki, 1980 – Das Kabinett Müller ... bearbeitet von M. Vogt, 1971 – Das Kabinett Fehrenfach ... bearbeitet von P. Wulf, 1972 – E. David, Die Nationalversammlung und ihr Werk, o. J. – Die deutsche Arbeiterbewegung 1848–1919 in Augenzeugenberichten, hrsg. von U. Schulz, 1981 – Die Kabinette Wirth I und II ... bearbeitet von I. Schulze-Bidlingmaier, 2 Bde., 1973 – Das Kabinett Cuno ... bearbeitet von K. H. Harbeck, 1968 – Die Kabinette Stresemann I und II ... bearbeitet von K. D. Erdmann u. M. Vogt, 2 Bde., 1978 – Die Kabinette Marx I und II ... bearbeitet von G. Abramowski, 2 Bde., 1973 – Diederich, Fritz Ebert, 1919 – Friedrich Ebert, Schriften, Aufzeichnungen, Reden, hrsg. von F. Ebert jun., 1926 – Friedrich Ebert, Kämpfe und Ziele, 1927 – Friedrich Ebert, Die Lage der Arbeiter im Bremer Bäckergewerbe, 1892 – F. Engels, Briefwechsel mit K. Kautsky, 1955 – Th. Eschenburg, Die improvisierte Demokratie, 1963 – Entscheidungen des Reichsgerichts in Strafsachen, Bd. 65, 1931 – E. Eyck, Geschichte der Weimarer Republik, Bd. 1, 1954 – E. Felden, Eines Menschen Weg. Friedrich Eberts Leben, 1927 – G. D. Feldmann, German Business between War and Revolution. The Origins of the Stinnes-Legin Agreement, 1970 – F. Fischer, Griff nach der Weltmacht, 1962 – W. Fischer, Deutsche Wirtschaftspolitik 1918–1945, 1968 – O. K. Flechtheim, Die KPD in der Weimarer Republik, 1969 – A. Fendrich, Der Lebensgang Friedrich Eberts und seine Persönlichkeit, o. J. – E. Fraenkel, Deutschland und die westlichen Demokratien, 1964 – L. Frank, Ein Vorbild der deutschen Arbeiterjugend. Aufsätze, Reden und Briefe. Auswahl von H. Wachenheim, o. J. – M. Freund, Friedrich Ebert; in: Die Großen Deutschen, hrsg. von H. Heimpel, Th. Heuss, B. Reifenberg, 1957 – P. Fröhlich, 10 Jahre Krieg und Bürgerkrieg, 1924 – W. Gagel, Die Wahlrechtsfrage in der Geschichte der deutschen liberalen Parteien von 1848–1918, 1958 – O. Geßler, Reichswehrpolitik in der Weimarer Zeit; hrsg. von K. Sendtner, 1958 – W. Groener, Lebenserinnerungen. Jugend, Generalstab, Weltkrieg, 1957 – D. Groh, Negative Integration und revolutionärer Attentismus. Die deutsche Sozialdemokratie am Vorabend des Ersten Weltkrieges, 1973 – C. Grünberg, Die Internationale und der Weltkrieg, 1916 – E. Haase (Hrsg.), Hugo Haase. Sein Leben und Wirken, 1929 – S. Haffner, Der Teufelspakt, 1968 – G. Haschke und N. Tönnies, Friedrich Ebert. Ein Leben für Deutschland, 1961 – C. Haußmann, Schlaglichter, 1924 – G. Haupt, Der Kongreß fand nicht statt. Die sozialistische Internationale 1914, 1967 – H. Heidegger, Die deutsche Sozialdemokratie und der nationale Staat 1870–1920, 1956 – F. A. Hermens, Demokratie oder Anarchie? Untersuchung über die Verhältniswahl, 1951 – H. Herzfeld, Die Deutsche Sozialdemokratie und die Auflösung der nationalen Einheitsfront im Weltkriege, 1928 – K. Hildebrand, Der Heimgang, o. J. – W. Hoegner, Die verratene Republik. Deutsche Geschichte 1919–1933, 1979 – W. Huschke, Zur Herkunft führender Persönlichkeiten der Revolution von 1918. Beiträge zu Ahnenlisten: Ebert, Scheidemann u. a. (in: Genealogie 17), 1968 – G. Jasper, Der Schutz der Republik, 1963 – J. Joll, The Second International 1889–1914, 1955 – P. Kampffmeyer, Friedrich Ebert, 2 Bde., 1923 – K. Kautsky, Das Erfurter Programm..., 1892 – K. Kautsky, Sozialdemokratischer Katechismus, 1893 – W. Keil, Erlebnisse eines Sozialdemokraten, 1947 – O. Kirchheimer, Politische Justiz. Verwendung juristischer Verfahrensmöglichkeiten zu politischen Zwecken, 1965 – H. Köhler, Adenauer und die rheinische Republik. Der erste Anlauf 1918–1924, 1986 – K. Korn, Die Arbeiterjugendbewegung, 1922 ff. – K. Koszyk, Zwischen Kaiserreich und Diktatur. Die sozialdemokratische Presse von 1914–1933, 1958 – G. Kotowski, Friedrich Ebert. Eine politische Biographie. Der Aufstieg eines deutschen Arbeiterführers 1871–1917, 1963 – P. Krüger, Deutschland und die Reparationen 1918/19, 1973 – F. A. Krummacher, Die Auflösung der Monarchie, 1960 – J. Kuczynski, Der Ausbruch des Ersten Weltkrieges und die deutsche Sozialdemokratie, 1957 – O. Landsberg, Der Rat der Volksbeauftragten, o. J. – E. Laubach, Die Politik des Kabinetts Wirth 1921/22, 1968 – W. I. Lenin, Ausgewählte Werke in 2 Bdn., 1946 – P. Löbe, Erinnerungen eines Reichstagspräsidenten, 1954 – E. Lucas, Märzrevolution 1920, 1973 ff. – R. Luxemburg, Ausgewählte Reden und Schriften, 1951 – R. Luxemburg, Briefe an K. und L. Kautsky (1896–1918), 1923 – P. Lundgreen, Sozialgeschichte der deutschen Schule im Überblick... 1770–1918, 1980 – K. Marx und F. Engels, Ausgewählte Schriften in zwei Bänden, I., 1953 – K. Marx und F. Engels, Programm-Kritiken, 1946 – K. Marx, Zur Kritik der politischen Ökonomie, 1951 – W. Maser, Der Sturm auf die Republik. Die Frühgeschichte der NSDAP, 1964 ff. – W. Maser, Das Regime. Alltag in Deutschland 1933–1945, 1983 – W. Maser, Deutschland. Traum oder Trauma. Kein Requiem, 1984 – E. Matthias, Die deutsche Sozialdemokratie und der Osten 1914–1945, 1954 – E. Matthias, Kautsky und der Kautskyanismus. Die Funktion der Ideologie in der deutschen Sozialdemokratie vor dem Ersten Weltkrieg, 1957 – G. Mayer, Erinnerungen. Vom Journalisten zum Historiker der deutschen Arbeiterbewegung, 1949 – F. Mehring, Geschichte der deutschen Sozialdemokratie, 1897/98 – H. Meier-Welker, Die Stellung des Chefs der Heeresleitung in den Anfängen der Republik, 1956 – F. Meinecke, Erlebtes, 1862–1901, 1941 – F. Meinecke, Politische Schriften und Reden (= Werke, II.), hrsg. von G. Kotowski, 1958 – O. Meissner, Staatssekretär unter Ebert, Hindenburg und Hitler, 1950 – G. P. Meyer, Bibliographie zur deutschen Revolution 1918/19,

1977 – R. Michels, Zur Soziologie des Parteiwesens in der modernen Demokratie. Untersuchungen über die oligarchischen Tendenzen des Gruppenlebens. Neudruck nach der 2. Aufl. von 1924, hrsg. von W. Conze, 1957 – S. Miller, Burgfrieden und Klassenkampf. Die deutsche Sozialdemokratie im Ersten Weltkrieg, 1974 – S. Miller, Die Bürde der Macht. Die deutsche Sozialdemokratie 1918–1920, 1978 – K. E. Moring, Die Sozialdemokratische Partei in Bremen 1890–1914..., 1968 – R. Morsey, Die deutsche Zentrumspartei 1917–1923, 1966 – H. Müller-Franken, Friedrich Ebert als Parteiführer, o. J. – W. Münzenberg, Die dritte Front, 1931 – F. Naumann, Demokratie und Kaisertum, 1904 – S. Neumann, Die Parteien der Weimarer Republik, 2. Aufl. 1965 – S. Nestrierke, Die Gewerkschaftsbewegung, Bd. I, 1920 – G. Niedhart, Deutschland in der britischen Appeasement-Politik 1919–1933, 1980 – Th. Nipperdey, Die Organisation der deutschen Parteien vor 1918, 1961 – G. Noske, Von Kiel bis Kapp, 1920 – G. Noske, Aufstieg und Niedergang der deutschen Sozialdemokratie, 1947 – E. von Oertzen, Die deutschen Freikorps 1918–1923, 1936 – E. von Oldenburg-Januschau, Erinnerungen, 1936 – F. Osterroth/D. Schuster, Chronik der deutschen Sozialdemokratie, 1975 – D. Otto, Friedrich Ebert. Ein Demokrat und Staatsmann, 1952 – H. Pachnicke, Führende Männer im alten und neuen Reich, 1930 – F. von Payer, Die Reichskanzlerschaft des Prinzen Max von Baden, o. J. – M. Peters, Friedrich Ebert. Erster Präsident der deutschen Republik, 1954 – J. Petzold, Die Dolchstoßlegende, 1963 – R. Poincaré, Au service de la France, 1926 ff. – F. Prager, Geschichte der USPD, 1922 – L. Preller, Sozialpolitik in der Weimarer Republik, 2. Aufl., 1978 – Protokoll über die Verhandlungen des Parteitages der Sozialdemokratischen Partei Deutschlands, 1899 ff. – Protokolle der Sitzungen des Parteiausschusses der SPD 1912–1921 (mit den Protokollen der Parteikonferenz vom 22. und 23. März 1919 in Weimar und der Reichskonferenz der SPD vom 5. und 6. Mai 1920 in Berlin), hrsg. von D. Dowe, 1980 – Protokolle der Parteitage der SPD 1904–1913, 1917 – Protokoll der Reichskonferenz der SPD, 1916 – Protokolle der Sitzungen des Parteiausschusses 1914–1917 – E. Graf zu Reventlow, Von Potsdam nach Doorn, 1940 – E. Ritter, Die katholisch-soziale Bewegung und der Volksverein, 1954 – G. A. Ritter, Die Arbeiterbewegung im wilhelminischen Reich. Die Sozialdemokratische Partei und die Freien Gewerkschaften 1890–1900, 1959 – G. A. Ritter, Die sozialistischen Parteien in Deutschland zwischen Kaiserreich und Republik, 1979 – A. Rosenberg, Entstehung der Weimarer Republik 1871–1918, 1928, 1961 – H. Rosenberg, Die Demokratisierung der Rittergutsbesitzerklasse, 1958 – J. Rovan, Geschichte der deutschen Sozialdemokratie, 1980 – W. Ruge, Deutschland von 1917–1933, 1967 – J. Schadt, Der erste Reichspräsident und Mannheim, 1973 – P. Scheidemann, Die Sozialdemokratie und der Krieg, o. J. – P. Scheidemann, Der Zusammenbruch, 1921 – P. Scheidemann, Memoiren eines Sozialdemokraten, O., 1928 – H. Schieck, Der Kampf um die deutsche Wirtschaftspolitik nach dem Novemberumsturz 1918 (Diss. Heidelberg), 1958 – C. E. Schorske, German Social Democracy 1905–1917. The Development of the Great Schism (Harvard Historical Studies, LXV), 1955 – W. Schröder, Handbuch der sozialdemokratischen Parteitage, I., 1910 – W. Schröder, Geschichte der sozialdemokratischen Parteiorganisation, 1912 – U. Schulz (Hrsg.), Friedrich Ebert in Bremen, 1963 – H. Schulze, Weimar. Deutschland 1917–1933, 1982 – O. E. Schüddekopf, Das Heer und die Republik. Quellen zur Politik der Reichswehrführung 1918–1933, 1951 – M. Schumacher, Land und Politik. Eine Untersuchung über politische Parteien und agrarische Interessen 1914–1923, 1978 – H. von Seeckt, Gedanken eines Soldaten, 1940 – K. Sontheimer, Antidemokratisches Denken in der Weimarer Republik, 1957 – H. Spethmann, Die Rote Armee an Ruhr und Rhein, 1930 – F. Stampfer, Die ersten 14 Jahre der deutschen Republik, 1947 – F. Stampfer, Erfahrungen und Erkenntnisse, 1957 – »A« (=Stein), Friedrich der Vorläufige, die Zietz und die Anderen, 1919 – (H.) von Stein, Erlebnisse und Betrachtungen aus der Zeit des Weltkrieges, 1919 – E. Stern-Rubarth, Graf Brockdorff-Rantzau, 1929 – G. Stresemann, Vermächtnis, Bd. 1, 1932 – M. Stürmer (Hrsg.), Die Weimarer Republik, Belagerte Civitas, 1980 – Th. Trumpp/R. Köhne, Archivbestände zur Wirtschafts- und Sozialgeschichte der Weimarer Republik, 1979 – H. A. Turner, Stresemann. Republikaner aus Vernunft, 1968 – H. J. Varain, Freie Gewerkschaften, Sozialdemokratie und Staat, 1956 – H. Wania, Dreißig Jahre Bremen 1876–1905, 1906 – H. Weber, Die Wandlungen des deutschen Kommunismus. Die Stalinisierung der KPD in der Weimarer Republik, 1969 – M. Weber, Parlament und Regierung im neugeordneten Deutschland (1918), 1958 – K. Graf Westarp, Konservative Politik im letzten Jahrzehnt des Kaiserreiches, 1935 – R. F. Wheeler, USPD und Internationale. Sozialistischer Internationalismus in der Zeit der Revolution, 1975 – H. A. Winkler, Die Sozialdemokratie und die Revolution 1918/19, 1979 – A. Winnig, Vom Proletariat zum Arbeitertum, 1930 – J. Wirth, Festigung der Republik, o. J. – P. Ch. Witt, Friedrich Ebert, 1982 – H. Wunderer, Arbeitervereine und Arbeiterparteien. Kultur und Massenorganisationen in der Arbeiter-Bewegung (1890–1933), 1980 – H. Wulff, Heinrich Schulz 1872–1932, 1962 – L. Zimmermann, Deutsche Außenpolitik in der Ära der Weimarer Republik, 1958 – H. G. Zmarzlik, Bethmann Hollweg als Reichskanzler, II, 1957.

Register

Friedrich Ebert
* 4. 2. 1871 (Heidelberg); kath.;
~ 19. 3. 1871 (Heidelberg);
∞ 11. 5. 1894 (Bremen);
1918 Reichskanzler, 1919 bis 1925 Reichspräsident;
† 28. 2. 1925 (Berlin)
Bestattet in Heidelberg

Franz Karl Ebert
* 8.11.1834, unehel. (Krumbach); kath.;
~ 8.11.1834 (Limbach);
∞ 19. 6. 1864 (Heidelberg);
Schneidermeister;
† 8. 1. 1892 (Heidelberg)

Katharina Elisabeth Hinkel
* ? (Neckargerach); ev.;
~ 10. 8. 1834 (Zwingenberg);
† 14.12.1897 (Heidelberg)

Vater Karl Eberts unbekannt. Anna Maria Ebert, seine Mutter, heiratete 1837 Johann Georg Strötz, der den unehelichen Sohn seiner Frau nicht als seinen Sohn anerkannte. A. M. Ebert starb 1840, Strötz 1847.

Anna Maria Ebert
* ? (Krumbach); kath.;
~ 25. 3. 1807 (Limbach);
∞ 13.11.1837 (Limbach);
† 13. 9. 1840 (Limbach)

Johann Peter Hinkel
* ? (Zwingenberg); unehel.; ev.;
~ 19.11.1795 (Zwingenberg);
Schutzbürger und Tagelöhner, später Bürger;
† 9. 9. 1850 (Neckargerach)

Katharina Elisabeth Dorst
* 6.10.1802 (Neckargerach);
† 2. 4. 1865 (Neckargerach)